揭东年鉴

JIEDONG YEARBOOK

2020

中共揭阳市揭东区委
揭阳市揭东区人民政府 主办
《揭东年鉴》编纂委员会 编

方志出版社
Publishing House of Local Records

图书在版编目（CIP）数据

揭东年鉴. 2020 /《揭东年鉴》编纂委员会编. —
北京：方志出版社，2020.12
ISBN 978-7-5144-4690-6

Ⅰ. ①揭… Ⅱ. ①揭… Ⅲ. ①区(城市)-揭阳-2020-年鉴 Ⅳ. ①Z526.54

中国版本图书馆CIP数据核字（2021）第025857号

揭东年鉴(2020)

编　　者：《揭东年鉴》编纂委员会
责任编辑：顾　洁

出 版 者：方志出版社
地址　北京市朝阳区潘家园东里9号（国家方志馆4层）
邮编　100021
网址　http://www.zgdfz.cn
发　　行：方志出版社图书经销中心
电话　（010）67110500
经　　销：各地新华书店
印　　刷：揭阳市新华印刷厂有限公司

开　　本：889×1194　1/16
印　　张：24印张
字　　数：528千
版　　次：2020年12月第1版　2020年12月第1次印刷
印　　数：0001～1200册

ISBN 978-7-5144-4690-6　定价：180.00元

《揭东年鉴》编纂委员会

《揭东年鉴》编辑部

编辑说明

一、《揭东年鉴（2020）》以马克思列宁主义、毛泽东思想、邓小平理论、“三个代表”重要思想、科学发展观、习近平新时代中国特色社会主义思想为指导，坚持辩证唯物主义和历史唯物主义的立场、观点和方法。

二、《揭东年鉴（2020）》是系统地反映2019年揭东区政治、经济、文化、生态、社会等方面情况，为各级领导决策提供依据，为海内外各界人士了解和研究揭东提供可靠的综合信息。《揭东年鉴（2020）》是宣传揭东、推介揭东的重要窗口和权威性资料。

三、《揭东年鉴·2020》采用分类编辑法。为方便读者检索，结构上采用类目、分目、次分目、条目四个层次的结构形式。

四、《揭东年鉴（2020）》主要记述2019年（2019年1月1日至12月31日）揭东区政治、经济、文化、生态、社会等方面的基本面貌和发展情况。全书设置特载、大事记、重点项目简介、概况、政治、法治、军事、经济、基础设施、财税·银行·保险、综合经济管理、教科文卫体、社会生活、镇（街、开发区）简况、人物·荣誉、文件汇编、附录17个类目。同时还编辑部分彩色图片进行直观地记录。图片如由供稿单位提供，不另注明作者。

五、文内所用的数据为各单位提供，因统计口径不一，有的数据可能不一致，使用时以区统计局公布的数据为准。

六、《揭东年鉴（2020）》由揭东各有关单位提供资料，撰稿人名单（单位）在相关条目后加括号标出，整个栏目或分目撰稿为同一作者的，则于栏目或分目最末一条目文后作一次性标示。

《揭东年鉴》编纂委员会

顾　　问：方　烽　许剑芒

主　　任：王拥新

副 主 任：谢泽湖　谢培钦（2020.9止）　洪美波（2020.10起）　陈楚鹏

委　　员：郑树彬　谢培钦　蔡俊藩　方树林　李卫川　蔡革亮　吴锦海
柯再鹏　陈林浩　张炳怀　吴国贤　蔡广辉　李旭波　李建榕
何长全　江海彬　黄壮杰　江宏锋　霍世超　王少义　宋晓丽
林少斌　方喜松　谢伟波　徐卫东　陆广才　方晓东　吴庆谋
郑创忠　许赐鹏

《揭东年鉴》编辑部

主　　编：陈楚鹏

编　　辑：姚家丰　何巧珠　杨锐标（特邀）　陈小岚（特邀）　林漫娜（特邀）

编辑说明

一、《揭东年鉴（2020）》以马克思列宁主义、毛泽东思想、邓小平理论、“三个代表”重要思想、科学发展观、习近平新时代中国特色社会主义思想为指导，坚持辩证唯物主义和历史唯物主义的立场、观点和方法。

二、《揭东年鉴（2020）》是系统地反映2019年揭东区政治、经济、文化、生态、社会等方面情况，为各级领导决策提供依据，为海内外各界人士了解和研究揭东提供可靠的综合信息。《揭东年鉴（2020）》是宣传揭东、推介揭东的重要窗口和权威性资料。

三、《揭东年鉴·2020》采用分类编辑法。为方便读者检索，结构上采用类目、分目、次分目、条目四个层次的结构形式。

四、《揭东年鉴（2020）》主要记述2019年（2019年1月1日至12月31日）揭东区政治、经济、文化、生态、社会等方面的基本面貌和发展情况。全书设置特载、大事记、重点项目简介、概况、政治、法治、军事、经济、基础设施、财税·银行·保险、综合经济管理、教科文卫体、社会生活、镇（街、开发区）简况、人物·荣誉、文件汇编、附录17个类目。同时还编辑部分彩色图片进行直观地记录。图片如由供稿单位提供，不另注明作者。

五、文内所用的数据为各单位提供，因统计口径不一，有的数据可能不一致，使用时以区统计局公布的数据为准。

六、《揭东年鉴（2020）》由揭东各有关单位提供资料，撰稿人名单（单位）在相关条目后加括号标出，整个栏目或分目撰稿为同一作者的，则于栏目或分目最末一条目文后作一次性标示。

数字揭东 2019

SHUZI JIEDONG

- 地区生产总值（GDP）：336.60亿元
- 全社会用电量：18.74亿千瓦时
- 第一产业增加值：26.24亿元
- 工业用电量：13.16亿千瓦时
- 第二产业增加值：156.25亿元
- 粮食总产量：10.30万吨
- 第三产业增加值：154.09亿元
- 规模以上工业增加值：130.88亿元
- 供水总量：3700万立方米
- 售水总量：3100万立方米
- 农林牧渔业总产值：39.10亿元
- 全社会固定资产投资总额：152.21亿元
- 社会消费品零售总额：144.08亿元
- 外贸出口总额：54.14亿元
- 实际利用外资总额：900万美元
- 地方公共财政收入：8.40亿元
- 其中，税收收入：4.90亿元
- 地方公共财政预算支出：36.66亿元
- 全体居民人均可支配收入：2.47万元
- 城镇居民人均可支配收入：2.87万元
- 农村人均可支配收入：1.87万元
- 职工平均工资：4.96万元
- 金融机构存款：375.48亿元
- 金融机构贷款：191.82亿元
- 区域面积：498.32平方千米
- 森林覆盖率：49.57%
- 年末户籍人口：67.78万人
- 年末常住人口：59.64万人
- 人口自然增长率：8.95‰

（区统计局　供稿）

揭东区行政区划图

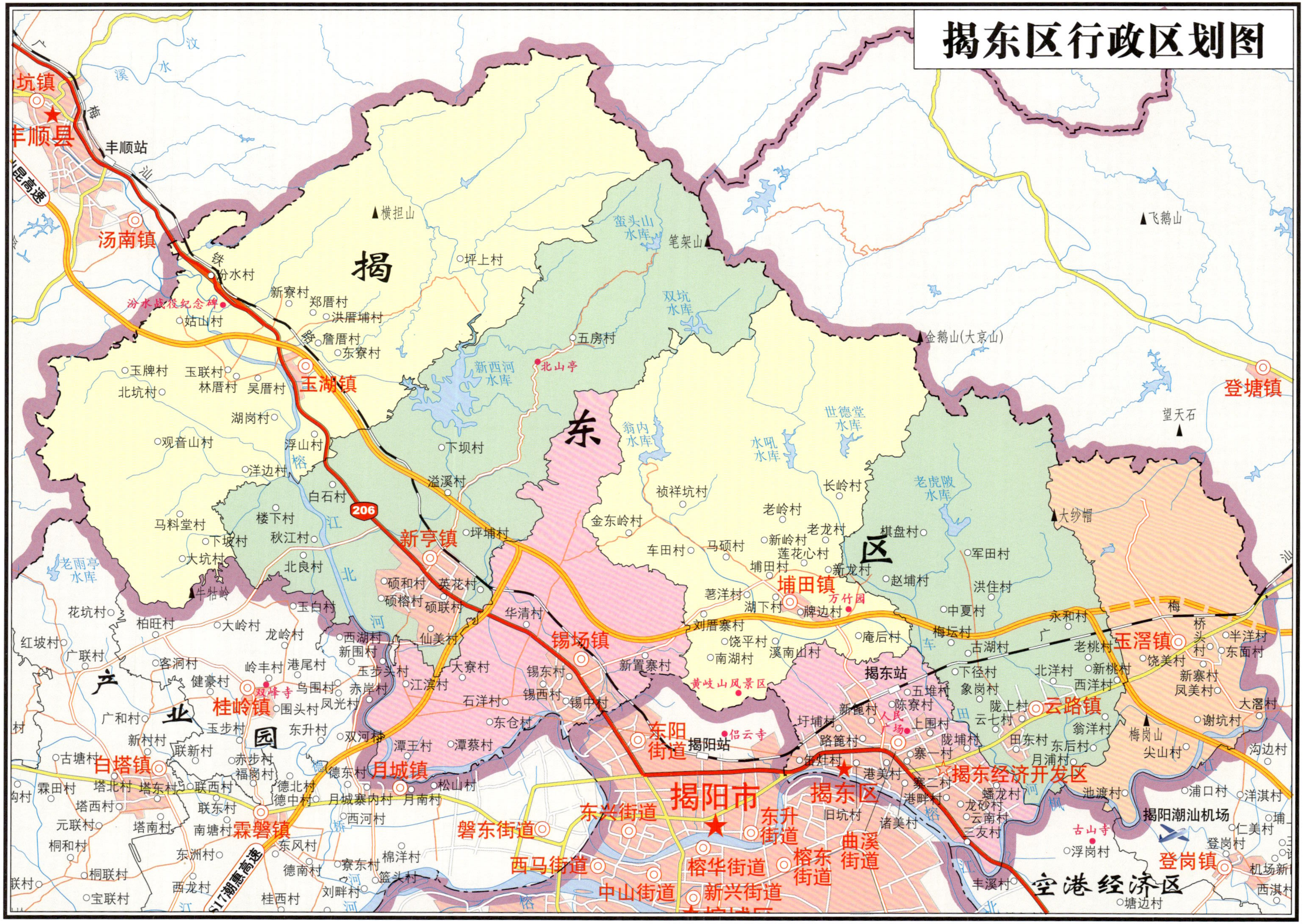

（本图界线不作权属争议依据）

本图由广东省地图院提供，审图号：粤S（2012）023号

卷首语

历史文化是城市的灵魂，要像爱惜自己的生命一样保护好城市历史文化遗产。丰富的历史文化遗产是一张金名片，传承保护好这份宝贵的历史文化遗产是首都的职责，要本着对历史负责，对人民负责的精神，传承历史文脉，处理好城市改造开发和历史文化遗产保护利用的关系，切实做到在保护中发展，在发展中保护。

搞历史博物展览，为的是见证历史、以史鉴今、启迪后人。要在展览的同时高度重视修史修志，让文物说话、把历史智慧告诉人们，激发我们的民族自豪感和自信心，坚定全体人民振兴中华、实现中国梦的信心和决心。

——摘自2014年2月25日，习近平在北京考察工作时的讲话

致读者

《揭东年鉴》是综合记载揭东区政治、经济、文化、生态、社会各方面资料的年度性工具书，具有很强的实用性。一方面，它为各方人士了解和研究历史，为揭东招商引资、对外文化交流等提供丰富的信息资料；另一方面，它为各级领导进行科学决策、发展经济、社会治理等提供翔实的资料依据。由于年鉴纸质本印数较少，传播渠道相对狭窄，信息利用率偏低，有悖于年鉴编写出版的初衷，故揭东区地方志研究中心从2013年起，与清华大学中国学术期刊（光盘版）电子杂志社合作，将《揭东年鉴》各年版本均编入电子期刊《中国知识资源总库》的《中国年鉴全文数据库》（China Yearbook Full-test Database，简称CYFD）中，以互联网的形式传播，并与《中国知识资源总库》中其他数据内容关联整合，向公众提供全文搜索、浏览、下载服务。这将为《揭东年鉴》信息传播打开广阔的空间，充分发挥其存史、资治、教化的功能。

CYFD网址：http：//www.cnki.net.

●1月21日，中国共产党揭东区第二届代表大会第四次会议在区人民广场会议中心召开　（谢泽博　摄）

●1月21日，中国共产党揭阳市揭东区第二届委员会常务委员合影留念　（王锐雄　摄）

●1月22日，揭东区老区建设促进会组织区直有关单位到革命老区五房村"送温暖 献爱心"活动 （许丹琼 摄）

●1月28日，揭东区•玉湖历史文化小镇项目《投资协议书》签约仪式在玉湖镇举行 （谢泽博 摄）

●2月5日，区委书记方烽（前中）、代区长许剑芒（右二）到揭东人民广场与城区人民一起参加迎春文艺活动

（林丽君　摄）

●2月7日，揭东区新春乡贤座谈会暨第二届金凤奖颁奖大会在区政府会议厅举行　（谢泽博　摄）

2月7日，揭东区委、区政府组织部分乡贤代表到揭东区第二小学参观　（谢泽博　摄）

4月2日，揭东区在汾水战役烈士纪念公园举行清明祭奠革命先烈活动　（谢泽博　摄）

● 4月8-9日，揭东区教育局在揭东第二中学举办2019年中小学教育行政干部培训班 （区教育局 供稿）

● 4月10日，为全区烈属、军属和退役军人悬挂光荣牌动员部署会暨启动仪式在揭东区政府举行 （吴志鸿 摄）

●4月19日，副市长曾瑞如（中）带队到玉湖镇督导“三清理三拆除三整治”工作　（区农业农村局　供稿）

●5月9日，香港消防处职工总会主席聂元风（中）率团到揭东区消防救援大队开展交流学习　（林钦培　供稿）

●5月15日，区妇联在揭东区人民广场会议中心举办“好家风我传承•好家教我践行•好家庭共培育”家庭教育讲座 （区妇联　供稿）

●6月9日，揭东人民银行和揭东建设银行“普惠金融下乡镇，助实体经济发展”在云路镇举行 （揭东人行　供稿）

● 6月12日，市委副书记刘光明（前左二）一行在揭东区区长许剑芒（前左三）的陪同下，到革命老区村锡场镇潭王村调研 （周树明 摄）

● 6月19日，揭东区“广东省革命老区村”挂牌仪式在玉滘镇尖山村举行 （许丹琼 摄）

• 6月30日，玉湖镇举行庆祝中国共产党成立98周年暨玉湖镇书画协会成立大会　　（玉湖党政办　供稿）

• 7月1日，揭东区纪检监察系统在区纪委办公大楼前举行纪念建党98周年主题活动　　（王　鑫　供稿）

●7月11日，区人大常委会主任许列群带队到锡场镇开展水污染防治调研等工作

（许丹琼　摄）

●8月1日，揭东区在区政府会议厅召开私人承包管电区域接管工作动员会议，区委常委钟金鸿主持会议

（林苑　摄）

●8月20日，省文明办副主任吴祖清（前一）到云路镇陇上村新时代文明实践站调研

（云路党政办　供稿）

● 8月22日，揭东区机关作风整顿大会在区人民广场会议中心召开　　（周树明　摄）

● 8月23日，揭东区在区政府会议厅召开全区信访暨公安工作会议　　（揭东公安分局　供稿）

●9月6日，区征兵办、人武部在揭东区人民广场会议中心召开征兵定兵大会 （林忠 摄）

●9月9日，贺龙体育基金会主席贺晓明（贺龙元帅次女，左七），原财政部党组成员、中纪委驻财政部纪检组组长贺邦靖（左六）等一行6人到汾水战役烈士陵园参观 （玉湖党政办 供稿）

● 9月11日，广东经济形势报告会揭阳市揭东区专场在区人民广场会议中心召开　（周树明　摄）

● 9月26日，省公安厅副厅长石保江（中）到揭东检查节前安保工作并慰问区干警黄国龙（右一）　（揭东公安分局　供稿）

● 10月6日，区老年人体育协会在榕泰广场举行健身节目展示活动　　（林岳鹏　摄）

● 10月8日，揭东海事处在榕江北河开展青年突击队巡航任务　　（方建羽　摄）

11月9日，省环保厅党组书记，副厅长周德全（前右三）到揭东城区检查水污染防治工作，区委书记方烽（前左二）等领导陪同参加有关活动 （谢泽博　摄）

11月13日，揭阳市2019年“百名法学家百场报告会”进揭东在区政府会议厅召开 （谢泽博　摄）

●12月1日，区委书记方烽（右二）等带队到埔田镇督导美丽乡村建设进展（谢泽博　摄）

●12月12日，省环保厅办公室主任赖海滨（左二）到玉湖镇新寮村调研，区委书记方烽（左三）等陪同参加有关活动（谢泽博　摄）

●12月13日，揭东区乡科级主要领导干部学习贯彻中共十九届四中全会精神专题研讨班在区人民广场会议中心举行　　（周树明　摄）

●12月27日，区司法局在区光正实验学校举行“宪法在我心中”法治宣传进校园暨“宪法大课堂”观摩课　　（柯心志　摄）

● 揭东城区鸟瞰

● 新亭镇北联村

（倪三板 摄）

（区委办　供稿）

● 美丽乡村埔田镇饶平村　　（江杜勇　摄）

● 革命老区牌边村鸟瞰　　（资料相片）

● 揭东二小外貌

● 美丽乡村锡场镇新置寨村　　（林通文　摄）

（吴典璇　供稿）

● 玉滘镇谢坑公园一瞥　　（周树明　摄）

● 望天湖生态旅游风景区一瞥　　（卢烁铭　供稿）

● 美丽新城

● 美丽的环城北路　　（江杜勇　摄）

（区委办　供稿）

● 坪上茶韵　　（区委办　供稿）

● 揭东人民广场　　（黄重明　摄）

● 揭东夜景　　（江杜勇　摄）

● 新亭乡村一景　　　　（郑钊　摄）

● 曲溪寨二村风景　　　　（杨子斌　摄）

● 云路宝山湖风光　　（张灵华　摄）

● 揭东城区夜景　　（江杜勇　摄）

● 革命老区埔田镇金东岭村 （江杜勇 摄）

● 玉湖坪上尖笔崇茶山 （许涌 摄）

● 美丽乡村

● 美丽车田

（江杜勇　摄）

(郑钊 摄)

● 曲溪寨一村夜景 (江杜勇 摄)

● 潭王赛龙舟 (郑创忠 摄)

五房茶园
（张荣君 摄）

埔田镇湖下村一景　（林玉珊　供稿）

● 玉湖镇新寮村院士广场
（玉湖党政办 供稿）

● 五房烈士陵园
（廖雪标 供稿）

● 新亨镇楼下村文化广场一景
（陈楚鹏 摄）

● 革命老区玉滘镇尖山村　　（吴伟健　摄）

● 云路镇陇上村文化公园一瞥　　（江杜勇　摄）

●美丽东仓　　（苏泳龙　供稿）

● 玉湖镇大坑村一景　　（倪三板　摄）

● 美丽乡村玉湖镇北坑村鸟瞰　　（倪三板　摄）

目 录

特 载

大事记

重点项目简介

概 况

政 治

法 治

军 事

经　济

基础设施

财税·银行·保险

综合经济管理

教科文卫体

社会生活

镇（街、开发区）简况

人物·荣誉

文件汇编

附 录

TEZAI

特 载

特　载

■责任编辑：陈楚鹏

举旗帜　谋振兴　图跨越
打造“生态型、效益型”新型城镇化示范区

——在中国共产党揭阳市揭东区第二届代表大会第四次会议上的报告
（2019年1月21日）

中共揭东区委书记　方 烽

这次会议是在揭东加快推动高质量发展重要时期召开的一次十分重要的会议。会议的主要任务是：高举习近平新时代中国特色社会主义思想伟大旗帜，全面贯彻党的十九大和十九届二中、三中全会以及中央经济工作会议精神，深入贯彻落实习近平总书记对广东重要讲话和重要指示批示精神，认真学习贯彻省委十二届六次全会、市委六届六次全会精神，回顾总结2018年工作，研究部署2019年工作，动员和组织全区广大党员干部群众，不忘初心再出发、牢记使命勇担当，为打造“生态型、效益型”新型城镇化示范区而努力奋斗。

一、筑底蓄势、奋力拼搏，新起点拓开新局面

2018年是改革开放40周年，也是揭东打基础、勇拼搏、争前列的重要一年。一年来，区委全面贯彻落实中央和省委、市委各项决策部署，按照区二届三次党代会确定的工作思路，不换频道、接续发力，各项工作打牢了基础、拓开了局面。全年全区预计完成GDP338.5亿元，增长6%；地方公共财政预算收入9.11亿元，增长5.99%，年初确定的各项目标任务圆满完成。

（一）坚持党建引领，党的建设全面加强

始终把学习贯彻习近平新时代中国特色社会主义思想作为首要政治任务，创新开展“不忘初心、牢记使命，学、比、干”主题党建活动，带动各级形成常态化学习机制，党员干部“四个意识”和“四个自信”不断增强，“两个维护”更加坚定。坚决落实中央和省巡视、督察、督导整改，坚决全面彻底肃清李嘉、万庆良恶劣影响，全面加强意识形态工作，涵养良好政治生态。落实加强党的基层组织建设三年行动计划，积极实施“领头雁”、整治软弱涣散党组织、党建指导员和“春苗计划”四项工程，基层组织战斗堡垒作用得到加强。发挥巡察政治体检作用，全年开展3轮巡察，共巡察3个镇、15个区直单位和8个村党组织；严肃查处一批典型案件，营造了风清气正的干事创业氛围。

（二）注重扩容提质，城市更新起步良好

以规划为先导，先后编制旧城区城市更新概念规划、滨江片区“退二进三”规划、高铁新城规划和主城区中心片区控规等11个规划。以交通为框架，全年拆迁总面积超过26万平方米，完成金溪大道、西一西二横路、金新南路南段、人民大道等主次道路的改造优化，接续推进北环大道、环山路东段建设；全面打通滨江廊道，全力加快滨江路东段道路、堤防及配套建设；启动206国道改线一期建设；进贤门大道（景观大桥）延伸工程揭东段征地拆迁工作扎实推进。以功能为配套，完善华侨博览馆、档案馆、老干部活动中心等城市配套，启动建设区中医院、妇幼保健计划生育服务中心住院综合楼，改造提升区第一人民医院软硬件配套；加快建设“盛泰·君和广场”城市综合体和“美斯学谷”文化综合体。全力配合创建全国文明城市工作，基本顺利通过国家测评组对揭东的测评，净化了城乡环境、完善了城市设施、改善了市场条件、规范了交通秩序、提升了城市档次。在此基础上，以旧城区为主战场，全面解决制约城市更新的一系列历史遗留问题，启动糖厂、电力厂、缶灶、庵前和圩埔等片区的“三旧”改造，为新一年全面铺开城市更新打下良好基础。

（三）坚守工业阵地，产业更新迎难而上

面对实体经济发展困境，紧抓两大产业平台。成立中德金属生态城管委会（筹），与揭东开发区管委会合署办公，统筹抓好两个园区的规划、建设、管理、运营和服务等工作，理顺体制机制，协调解决诸多历史遗留问题；完成中德金属生态城规划调整工作；配合办好第四届中德（欧）中小企业合作交流会。全力以赴抓好入园企业催建促产工作，新招引的45家企业，已有8家建成投产，11家实质性动工。落实贷款贴息、扶持上市等激励机制，坚定不移推动产业创新发展，圆满完成年度技术改造任务；以“扎根揭阳、共创未来”为目标，全力服务巨轮公司在揭东建设“两基地一中心”。加大土地整备和招商引资力度，引进天悦智能科技、泰邦装配式建筑等一批生产企业和韵达、圆通、益商等工业服务企业落户发展。

（四）突出民生导向，乡村振兴步伐加快

全力推进实施乡村振兴战略示范区建设，埔田镇全国首个“近零碳排放”竹文化特色小镇起步区全面建成，玉湖历史文化小镇和锡场电商小镇纳入省特色小镇培育库，“时光玉湖·文旅小镇”进入实质性运作阶段，特色小镇建设不断取得新突破。结合全面完成农村土地确权和启动农村集体产权改革省级试点工作，统筹农村各种资源，做优做强竹笋、绿茶、淮山等特色农产品，田田绿、宝山湖、念恩山等乡村旅游蓬勃发展，推动农业产业与二、三产业融合发展、提升效益；埔田竹笋荣获国家地理标志证明商标。以“五城同创”为契机，结合新农村建设“八项核心任务”，全力实施“五河毓秀”“五路绿化”工程，持续开展“五水清漂”“五边清污”大行动，全区乡村环境明显改观。切实抓好精准扶贫工作，积极探索通用厂房建设与扶贫攻坚产业相结合的路子，年度脱贫任务指标完成在全市综合排名第一。

（五）实施环保攻坚，生态更新成效明显

中央和省、市环保督察、巡察交办案件全部整改落实，自然保护区、饮用水源保护区的违法建筑全面拆除，坪上村的排污问题得到根本解决；“散乱污”企业全面整治，关停取缔37家；面源污染全面清理，牛蛙养殖得到根治；大港溪黑臭水体整治全面完成，曲溪河黑臭水体整治北段基本完成，南段今年上半年全面完成。环保设施不断配套完善，在全市率先实现农村雨污分流工程建设全覆盖，全区264个自然村已全面完成规划设计并启动建设，30个提前完成工程建设；4座PPP污水处理厂完成厂区主体工程并成功通水试运营，已完成配套管网建设23千米。“五河毓秀·枫江先行”取得显著成效，沿江廊道全面拆通，江面漂浮物全面捞净，鱼虾等水底生物久违重现，玉滘、云路、曲溪沿江堤围及防汛路示范段基本完成建设，“河畅、水清、堤固、岸绿、景美”的生态面貌初步显现。

（六）共建共治共享，营造文明和谐局面

着力推进治理体系和治理能力现代化，抓好基层矛盾纠纷排查化解，打好信访积案“歼灭战”，成功化解积案33宗，维护了人民群众切身利益。结合“众剑行动”，深入开展扫黑除恶专项斗争，铁腕打击各类违法犯罪行为。抓好依法治区和科学普及工作，揭东先后被评为全国法治创建先进单位和省科普示范区。加强社会主义核心价值观教育，建设新时代文明实践中心（所、站），全区村级（社区）综合性文化服务中心实现全覆盖。开展“破陈规陋俗、反奢侈浪费、树文明新风”专项行动，评选“贤德揭东人”，“贤德揭阳、揭阳进贤”深入人心。严格落实安全生产责任和管理制度，全力以赴做好食品药品安全、消防安全等工作，人民群众的安全感和幸福感进一步提升。

此外，我们认真抓好教育、卫生、文化、旅游、残疾人等民生事业，扎实推进机构改革前期筹备和有关机构设置工作，全力支持人大、政府、政协依法履行职能，统战、民族宗教、老干部、双拥、国防后备力量建设等工作不断加强，各民主党派、工商联、群团组织作用进一步发挥，民主政治建设取得新进步。

在肯定成绩的同时，我们也清醒地认识到当前工作中还存在着许多不足和差距，主要表现在：一是改革深度还不够。一些重点领域、关键环节，比如农村体制改革、工业园区体制机制改革还不够全面彻底。二是城市档次还不高。对照全国文明城市的高标准、严要求，揭东城区规模总体偏小，规划不优、配套不足、管理不到位、人气商气聚集度不够。三是发展动能还不足。受外部经济形势不景气影响，产业项目建设动力不强，园区效益提升还不明显，发展后劲仍需增强。四是生态欠帐还不少。由于建县以来粗放型发展的惯性，造成历史欠帐较多，环境整治任务艰巨，域内河溪沟渠塘水质距离达标还有较大差距，生态保护工作依然任重道远。五是项目建设还不快。一些重点项目因各种因素影响进展不快、无法按期完成年度建设任务，如北环大道、环山路东段、206国道改线工程，以及新招引企业开工及投产进度偏慢等。六是队伍作风还不优。虽然区委实施了一系列正向激励措施，但干部队伍中作风懈怠、担当精神不够、攻坚意识不强等问题仍然不同程度存在；少数基层党组织还存在着战斗力、凝聚力不强，服务发展、服务群众能力不够，党员先锋模范作用发挥不好等问题。这些不足和差距，迫切需要我们解放思想、更新观念，敢于担当、勇于作为，切实加以改进和解决。

二、高举旗帜、精准对标，新要求引领新发展

习近平新时代中国特色社会主义思想，是指引揭东全面建成小康社会的伟大旗帜；总书记对广东重要讲话和重要指示批示精神，是指引我们今后发展的总纲领；市委要求打造“生态型、效益型”新型城镇化示范区，是揭东推动高质量发展的总目标。我们要学懂弄通做实习近平新时代中国特色社会主义思想，深入学习习近平总书记对广东重要讲话和重要指示批示精神，深刻领会省委、市委全会精神，在全省、全市发展大局中找准坐标、明确方向、发挥优势、补齐短板，确保揭东改革发展始终沿着正确方向前进。

（一）要对标“四个走在全国前列”，强化“五种意识”

总书记对广东提出的“四个走在全国前列”重要要求，已经成为全省的共识共举；当好揭阳城市发展“领头羊”，是市委要求揭东走在前列的殷切期望。去年以来，市委在推进改革发展中总结提升的党章意识、创业意识、科学意识、较真意识、担当意识“五种意识”，生动诠释了新时代揭阳“走在前列”精神，这是激励我们在新时代展示新担当、作出新作为的强大精神动力。我们要大力发扬、深入践行这“五种意识”，用工作体现忠诚、用发展体现担当、用解决问题体现落实，用我们的苦一点、累一点，换取群众生活好一点、揭东发展快一点。

（二）要对标“深化改革开放”，用好“关键一招”

一个地方要有大发展，必须要有改革的精神、开放的姿态。揭东建县初期，就是有一大批敢闯敢试、敢为人先的“拓荒牛”，为今天的揭东发展奠定了良好基础。当前已进入改革的“深水区”，我们更应该拿出改革的魄力定力，坚持向改革要动力，深入推进供给侧结构性改革和机构改革，重点在农村体制、产业发展、城市管理等方面改革上谋求突破；坚持向开放要空间，引导广大干部群众打开封闭保守的思想禁锢，解放思想、开放姿态，善于借鉴和吸取先进地区的先进方式、模式、养分，不断提升发展档次、拓展发展空间。

（三）要对标“功能区发展战略”，落实“133”版型布局

省委提出要以构建“一核一带一区”区域发展格局为重点，以大交通、大产业、大城市为支撑，把贯通东西两翼与珠三角、覆盖14个市的沿海经济带打造成为全省发展主战场，加快推动区域协调发展；市委提出全面实施以功能区为引领的区域发展新战略，突出差别化特色化精准化发展，加快构建“一轴一带一区”，同时把揭东纳入揭阳中心城区板块。揭东地处汕潮揭三市中心，是揭阳的东大门，要抓住省委提出建设汕潮揭城市群的契机，加快城市建设发展；在市委“一轴一带一区”区域发展战略中，揭东位处“一轴一区”范围内，既有城市发展的要求，也有乡村振兴、生态发展的任务。因此，我们要落实好“133”版型布局，打造曲溪街道一个龙头，加快城市建设步伐，发展城市产业经济；打造锡场、玉滘、云路三个专业镇，坚持产城融合，在加快城市化进程的同时，大力发展电商和先进制造业，推动传统产业转型升级；打造埔田、玉湖、新亨三个特色镇，打造竹文化特色小镇、文旅特色小镇和西部商贸特色小镇，全力推动全区各镇（街道）差异发展、精准发展、协调发展，既各美其美，又串连成珠，既各具特色，又铺排成局。

（四）要对标“推动高质量发展”，打造“四个板块”

高质量发展既是新时代发展的新要求，也是我们建设“生态型、效益型”新型城镇化示范区的题中应有之义。我们要坚持新发展理念，坚持“生态型、效益型”的发展目标，在发展中更加注重品质、价值、绿色与和美。要摒弃城市的低层次发展，精心规划、建设、管理好城市，建设品质之区；要摒弃产业的低端发展，加快经济结构优化升级，提升科技创新能力，以大产业为支撑，重点发展先进制造业，建设价值之区；要摒弃以牺牲生态环境为代价换取发展的错误观念，实施“蓝天、碧水、净土”保卫战，建设绿色之区；要摒弃乡村的无序发展，以“五村共建”为抓手，大力实施乡村振兴战略，建设和美之区。

三、明晰思路、聚焦重点，新作为推动新跨越

今年是新中国成立70周年，是全面建成小康社会关键之年，也是揭东打造“生态型、效益型”新型城镇化示范区的重要一年。今年工作的总体思路是：高举习近平新时代中国特色社会主义思想伟大旗帜，全面贯彻党的十九大和十九届二中、三中全会以及中央经济工作会议精神，深入贯彻落实习近平总书记对广东重要讲话和重要指示批示精神，认真学习贯彻省委十二届六次全会、市委六届六次全会精神，筑牢“一个核心”，加强党的领导和党的建设，激发广大干部群众干事创业的精气神；抓好改革和稳定“两个支撑”，在全面深化改革、扩大开放，创新治理、保障稳定上下功夫；围绕“133”版型布局，以“四个更新”为抓手，打造城区、产业、生态、乡村“四个

板块”，努力打造“生态型、效益型”新型城镇化示范区，为揭阳创湾区融入地、建粤东发展极作出应有的贡献。综合各方面因素，区委考虑2019年的预期发展目标为：GDP增长7%，一般公共预算收入增长6%。具体要抓好以下几方面工作。

（一）筑牢“一个核心”，加强党的领导和党的建设

要围绕市委“大党建促大担当、大作为促大发展”主题，着力筑本塑魂、正本清源、固本强基，全面落实党对一切工作的领导，使党建引领成为揭东改革发展的最强音。

一要着力营造良好的政治生态。抓住机构改革契机，完善坚持和加强党的领导的体制机制，确保党始终处于总揽全局、协调各方的核心地位。要持续深入开展“不忘初心、牢记使命”主题党建活动，用习近平新时代中国特色社会主义思想统领揭东一切工作。要加强党对意识形态的领导，牢牢掌握意识形态工作的领导权、管理权、主动权，唱响主旋律，弘扬正能量。要严肃党内政治生活，严格执行民主集中制，落实和完善党委（党组）集体议事规则、决策程序和责任追究制度。要严明政治纪律和政治规矩，坚决反对“七个有之”，自觉做到“五个必须”。要深入抓好巡视巡察整改落实工作，发挥巡察利剑作用，盯紧重点人重点事，推动全面从严治党，营造风清气正政治生态。

二要坚决落实正确的用人导向。坚持党管干部原则，突出“好干部”标准，落实“三不用三重视”。要严把政治关口，突出担当导向，坚持事业为上、以事择人，坚决调整不担当不作为的干部，形成鲜明的选人用人导向；坚决落实“三个区分开来”，运用好“四种形态”，健全完善鼓励激励、容错纠错和能上能下“三项机制”，建立科学考评体系，让担当干事的干部放下包袱、轻装上阵，进一步激发干部队伍干事创业的精气神。要培养干部的学习精神，加强干部的理论培训和能力培训，增强干部“八个本领”。

三要全面加强基层党组织建设。以党的基层组织建设三年行动计划为抓手，以“组织力提升”为主题，着力构建党组织对各类基层组织全面领导的机制体制，建立农村基层组织向村（社区）党组织请示报告制度，健全村级组织议事规则和决策程序，制订农村各类组织事权清单，加强党组织在基层一切工作的领导地位。要推进新一轮规范化建设，抓好基层党组织设置和活动创新，健全党建工作机制，做实每周一党建活动日，探索创建“党建+”示范镇、示范村。要深入实施基层党建“领头雁”、整治软弱涣散党组织、党建指导员和“春苗计划”四项工程，聚焦村党组织队伍建设，建立完善培养、考核、激励、管理机制，配齐配强村级党组织书记，全面加强村级党组织书记考核管理；配合做好探索公开选拔优秀村级党组织书记担任镇（街道）班子成员工作。

四要下狠决心正风肃纪反腐。注重从源头抓好党风廉政建设，强化“两个责任”，推动中央八项规定精神更好落实，坚决纠治“四风”问题，强化执纪问责力度，使广大党员干部讲政治、守规矩、知敬畏成为常态。要以整治“怕慢假庸散”为重点，深入开展机关作风整顿活动，从源头上根本上解决干部队伍作风中存在的做表面文章、搞花拳秀腿，表态多调门高、行动少落实差，不敢担当、回避矛盾等突出问题。坚持抓“关键少数”和管“绝大多数”相统一，保持惩治腐败高压态势，深入开展“微腐败”专项整治，巩固发展反腐败斗争压倒性胜利，切实以党风廉政建设和反腐败斗争实际成效取信于民。

（二）夯实“两个支撑”，着力营造发展良好环境

改革和稳定是揭东加快高质量发展的“两个支撑”。要多措并举、综合发力，夯实“两个支撑”，全力营造开放创新、公平公正、平安稳定的良好环境。

一要坚持深化改革开放。当前，我们必须补上深化改革开放“关键一课”，才能谋取经

济社会的更大发展。按照市委全面深化改革推进年活动的要求，全面落实“1+1+10+N”改革总体布局，扎实做好揭东各项改革工作。稳妥推进机构改革，严格遵循中央顶层设计和省、市的部署要求，有步骤、按规定、按时限、高质量推进各项工作，切实转变优化政府职能，确保3月底前基本完成机构改革任务。深化农村综合改革，巩固提升农村集体产权制度改革和土地确权工作成果，创新土地流转方式和农村集体产权交易方式，选择1—2个点探索农村产业股份制改革。深化“放管服”改革，深入推进简政放权，建设“数字政府”，实施企业投资项目分类管理和落地便利化改革，实现开工前政府审批时间民用建筑项目不超过41个工作日、工业项目不超过45个工作日，营造公开透明、可预期的营商环境。制定人才引进、培养、评价、激励、服务等配套政策，力求在科技、教育、卫生以及其他专业领域引进一批高端专业技术人才。持续推进产业园区管理体制机制改革，进一步完善园区评价考核体系，优化管理运营制度，落实“领导小组+管委会+投资公司”管理运营，探索依法在园区实行审批委托和授权，提升园区管理服务水平。切实加强对外开放，发挥政府主导作用和中德金属生态城在对外合作交流的重要窗口作用，继续配合办好中德（欧）中小企业交流会，积极与“一带一路”沿线国家和地区开展商务合作，在粤港澳大湾区建设中寻求揭东融入点，加快形成全面开放局面。

二要坚决维护社会稳定。稳定是第一责任。要切实加强和创新社会治理，努力把揭东打造成为全市最安全稳定、最公平公正和法治环境最好的地区。打好“三大攻坚战”，增强风险防控意识，加强金融风险、社会风险、安全风险防范排查处置，确保不发生系统性风险。加快建设法治政府，落实“七五”普法规划，广泛开展宪法学习宣传教育，深化“一村（社区）一法律顾问”工作，引导群众依法理性维权。全面加强社会治理，探索集聚各方力量做好社会治理，营造共建共治共享的治理格局。运用法治思维、法治方式加强和创新社会治理，持续开展清理打击违法用地、违法建设行为，严格依法清理处置闲置土地，扎实开展问题楼盘清理处置。运用情、理、法等综合手段，及时就地解决群众合理诉求，努力实现重点领域信访矛盾明显减少、信访秩序持续好转。全面加强平安建设，深入开展扫黑除恶专项斗争，持续推进“众剑行动”，集中精力摸排一批重要涉黑涉恶犯罪问题线索，集中攻坚侦办一批涉黑涉恶重大案件，集中查处一批黑恶势力“保护伞”，巩固扫黑除恶专项斗争阶段性成果。严格落实“党政同责、一岗双责、失职追责”的安全生产责任制，强执法、严监管，坚决遏制重特大安全生产事故发生；从严抓好食品药品安全工作，确保人民群众舌尖上的安全。

（三）打造“四个板块”，推动高质量发展

把“生态型、效益型”理念贯穿揭东经济社会发展全过程，围绕“133”版型布局，突出打造城区、产业、生态、乡村“四个板块”，认真谋划一批“谋振兴·百日百项大行动”项目，实施挂图作战、务实推进，着力建设品质之区、价值之区、绿色之区、和美之区。

一要打造城区板块，建设品质之区。作为揭阳中心城区的一个板块，揭东要围绕融入粤东城市群目标，贯彻“大城市”发展战略，主动对接、积极作为，多做打基础工作，加快推动区域扩容提质、项目建设提速、管理水平提升、城市更新提档，努力建设品质之区。

实施畅通工程：要以构建“大交通”为抓手，统筹谋划交通路网，对接揭阳大道规划建设，布局融入中心城区的路网和连接东西北的城际路网；拓宽优化滨江廊道，完善提升城区路网，推动干道连通、环路畅通、断头路打通、微循环疏通，使揭东城际交通更加畅达、内部交通更加顺畅。重点是要加快北环大道、国道206改线、环山路东段和滨江路东段道路工程建设，扎实推进梅汕客专揭阳北站站前广场及道路配套工程和“四好农村公路”等项目建设，打通区间道路，改造优化县道。同时配合做好进贤门大道（景观大桥）延伸工程建设和揭阳大道规划建设。

实施配套工程：要完善教育、文化、卫生和商贸等城市服务配套，提升城区服务功能。启动科教小区、第一初中等教育基础设施建设，优化提升城区教育布局；借助覆盖全区的村（社区）综合文化服务中心，不断完善文化设施配套；以创“国卫”和“慢性病示范区”为契机，做大做强区第一人民医院，加快推进区中医院、妇幼保健计划生育服务中心住院综合楼和村级公共卫生站等项目建设，启动区第二人民医院扩建工作，不断提升和优化基层卫生服务能力。加大力度推进城市综合体等商贸配套。

实施点睛工程：要注重城市细节的“精装修”，通过“微改造”，打造城市景观工程、交通节点工程、休闲功能区和特色风貌区，做好金溪大道改造提升扫尾工作，推动麒麟路和曲埔路景观配套，金凤路、金新路交通节点改造优化和曲溪河、大港溪黑臭水体整治景观工程建设；推动城区道路“三线”落地，做到改造一条、落地一条，提升城市品位。

实施宜居工程：要坚持旧城改造、新城拓展的思路，抓好重点片区打造。旧城区要加快推进糖厂、电力厂、缶灶码头和庵前等重点片区的“三旧”改造；完成滨江片区“退二进三”改造规划编制并尽快启动建设，打造旧城区新门户；积极谋划推进圩埔、港美、诸美“旧村”改造，加快城市化步伐。新城区要在加快推进道路建设、拉开城市框架的基础上，启动高铁新城规划建设，优化飞鹰山片区、人民广场片区的基础设施和生活配套建设，改善居住环境，提升市民生活品质。

实施创文工程：要以创建国家文明城市为新起点，持续开展城市环境综合治理，完善管理体制机制，借助机构改革契机谋划设立城市综合执法局，细化网格化管理，加强交通秩序整治，提高城市管理水平；要完善环境卫生工作机制，深化“两清”大行动，营造干净有序的城市环境。要加强精神文明建设，大力弘扬社会主义核心价值观，用新时代揭东“贤文化”涵养文明新风，教育引导广大干部群众自觉做“贤德揭东”的践行者和传播者。

二要打造产业板块，建设价值之区。围绕“一产做优、二产做强、三产做大”的目标，以产业更新为抓手，着力实施“大产业”工程，全方位提升揭东产业价值，努力建设价值之区。

坚定不移做优一产。要大力发展“一镇一品”“一村一品”等特色经济，加大力度推进一批乡村旅游项目，促进竹笋、餐饮、旅游和文化等相关产业质效提升，深度推进一、二、三产业融合发展，提高第一产业效益。要全力加快省级菜篮子工程示范基地和袁隆平院士工作站——灿邦农场建设；依托竹笋、绿茶、淮山、香蕉等生态农业基地，大力发展特色经济，积极申报建设现代农业产业园，以点带面、示范带动，不断提升农业产业化水平。

坚定不移做强二产。围绕市委“确定一个重大项目、一个产业园区、一个龙头产业，集中精力打造，突出重点招商，力争在3—5年内，培育百亿乃至千亿的产业集群”的要求，推动揭东开发区扩区工作，完善园区基础设施建设，规划建设好中德金属生态城和新型工业园的路网，加大土地收储和整备力度，为更好更快更高质量发展留足空间。要加大新招入园企业催建促产力度，坚决收回供而未建的闲置土地。要通过“扶优、引强、汰劣”等综合手段，做强做优第二产业。“扶优”就是要集中优势资源、落实“民营经济十条”等扶持政策，支持优势企业加快转型升级，实现优上加优，推动“个转企、企升规、规转股、股上市”。要以省化学与精细化工实验室揭阳分中心（榕江实验室）落户中德金属生态城和高校设立分教机构为契机，加大科技创新和科技招商力度，推动科技资源与本地优质企业的无缝对接、协作发展，形成集孵化、研发、制造和人才培育为一体的集成创新基地，全区全年要新增高新技术企业15家以上。支持巨轮公司打造“两基地一中心”，着力建设世界级智能制造企业。“引强”就是要发挥两大产业平台资源优势，利用揭籍外出企业家众多的有利条件，组织走出去开展精准招商，争取引进一批战略性新兴产业项目、先进制造业项目和生产性服务业项目落户，增强发展后劲。“汰劣”就是要借助环保督察和政策措施，下狠决心清理整顿一批“散乱污”企业。通过综合手段做强第二产业，实现抓大扶优、抓小汰劣、转型升级。

坚定不移做大三产。要全力服务、推进“四站合一”交通枢纽项目建设，着力推动现代物流、仓储服务业发展提升，打造高铁产业经济带，布局推动“轨道经济”起步发展。要积极引进大型物流企业落户，推进韵达粤东总部基地和易商项目建设，做大做强现代物流业；要经营好城市，挖掘城市资源价值，加快推进城市综合体、文化综合体项目和金叶大厦建设，大力发展城市经济、楼宇经济和总部经济等，做大第三产业块头。

三要打造生态板块，建设绿色之区。围绕“天更蓝、水更清”的目标，继续开展环境保护决战决胜年活动，以“三大类”“两大片”“三大区”为重点，全力抓好上级环保督察整改落实和环境综合治理，进一步补齐生态短板，努力建设绿色之区。

突出整治“三大类”。扭紧企业、面源和生活“三大类”污染整治。运用行政手段予以打击、技术手段加强监管、宣传手段加以引导，严格规范合法企业和规模养殖业管理，从源头上减少企业和面源污染；加快新亨、锡场、玉滘和开发区新区等4座污水处理厂配套管网建设步伐，确保今年9月底前全面完成全区城乡雨污分流工程建设，完善智能环保系统性治污设施，从源头上解决生活污水污染问题。

强力管好“两大片”。认真落实“河长制”，聚焦义属片和枫江片“两大片区”，加大对榕江北河、枫江沿岸、支流零散养殖场的再清理、再排查力度，综合施策改善生态环境，全力推动消除劣V类水体和黑臭水体。扎实推进水利工程建设，全力配合做好“三江连通”工程。深入开展“五河毓秀·枫江先行”水环境综合治理，巩固提升治理成效。计划今年在枫江、榕江举行端午龙舟比赛，让群众亲身感受水环境治理成效，提升治水信心。

重点保护“三大区”。认真吸取双坑自然保护区、世德堂水库、大龙采石场等案件的深刻教训，举一反三，在全区范围内全面开展自然保护区、饮用水源保护区、生态区“三大区域”违法违规问题排查整治，坚决管住非法采石、采砂、采土和违法违规建设，牢牢守住生态红线。

四要打造乡村板块，建设和美之区。乡村板块是我区发展不平衡不协调不充分的短板区域，要围绕建设全市实施乡村振兴战略示范区的目标，以“五村共建”为抓手，在更高水平上推动全区均衡协调发展，努力建设和美之区。

加快特色小镇建设。要聘请专业团队做好埔田竹文化特色小镇整体规划，以竹笋等特色产业开发和全域旅游为重点，积极申报建设省级农业现代产业园。要抓紧启动“时光玉湖·文旅小镇”实质性建设，打造揭东乃至整个揭阳乡村振兴发展的新亮点。要把军埔电商村作为锡场电商特色小镇的战略支点和核心区域，推动传统产业与互联网融合发展，构筑电商生态圈和“双创”基地，打造电子商务全产业链。要打造好中德金属生态城合创小镇，推进玉滘“水岸同治”，助力乡村振兴发展。

加快美丽乡村建设。紧扣新农村建设“八项核心任务”，因地制宜、分类施策，一项一项攻坚，确保3年全面完成农村人居环境整治，10年全面建成生态宜居美丽乡村。要以农村人居环境整治为抓手，强化乡村规划建设管理，规范农村宅基地和联建房的审批和报建。狠抓生活垃圾规范收集处理，确保今年底前全区农村积存垃圾得到全面清理。要抓好“三清三拆”、绿满家园、厕所革命等工作，切实扭转农村“脏、乱、差”落后面貌。要优选一批整治成效突出、可塑性较强、连线成片的村庄，谋划打造一批生态宜居美丽乡村示范村，辐射带动全域生态宜居美丽乡村建设。要充分调动乡贤的积极性，切实将乡贤文化融入基层治理中，为乡村治理和乡村振兴凝聚乡贤智慧、提供乡贤方案、汇聚乡贤力量。

扎实推进精准扶贫。今年，是打赢精准脱贫攻坚战的关键一年，要按照“六个精准”要求，结合政府兜底帮扶，强化精准发力，找准穷根、明确靶向、量身定做、对症下药，真正把扶贫“扶到点上、扶到根上”，确保扶贫成果得到人民认可、经得起历史检验。要围绕长效脱贫目标，加快扶贫通用厂房建设，确保尽快发挥效益，探索一条政府主导、市场带动、社会参与的扶贫协作新路子，把扶贫通用厂房

书法作品 （林通文 作）

政府工作报告

——2019年3月28日在揭阳市揭东区第二届人民代表大会第四次会议上

揭东区人民政府区长 许剑芒

2018年工作回顾

过去一年，区政府在市委、市政府和区委的坚强领导下，在区人大及其常委会、区政协的监督支持下，深入学习习近平新时代中国特色社会主义思想和党的十九大精神，全面贯彻落实习近平总书记对广东重要讲话和重要指示批示精神，坚持稳中求进工作总基调，积极践行新发展理念，围绕当好揭阳城市发展“领头羊”、打造“生态型、效益型”新型城镇化示范区的目标，紧紧团结依靠全区人民，凝心聚力、攻坚克难、砥砺奋进，推动经济社会高质量发展，圆满完成年初确定的各项目标任务。

一、稳增长，优结构，经济运行稳中向好

坚持以新发展理念为引领，推动经济发展稳中有进、稳中提质，经济运行保持在合理区间。全区实现生产总值340.50亿元，同比增长5.10%，三次产业比例调整为7.1∶61.7∶31.2，第三产业占比首次突破30%。完成规模以上工业增加值135亿元，增长5.20%；固定资产投资128.10亿元，增长15.40%；社会消费品零售总额132.60亿元，增长11.20%；工业用电量12.95亿千瓦时，增长1.74%；实际利用外资628万美元，完成市下达年任务的224.30%。实现地方一般公共预算收入9.11亿元，增长5.99%，其中税收收入5.63亿元，增长5.82%；本外币各项存贷款余额分别为356.26亿元、179.93亿元，分别增长8.64%和7.29%。26个列入市“百日百项大行动”重点项目推进顺利，开工项目21个，完成投资35.95亿元；178个区级重点项目完成投资142.6亿元，其中46个市级重点项目投入68.90亿元，占年度计划的113.40%；15个省级重点项目投入22.30亿元，占年度计划的126.10%，全区发展后劲持续增强。

二、谋创新，促转型，产业更新提质提速

积极实施创新驱动发展战略，以平台建设聚集动能，以转型升级催生活力，协调发展三次产业，打好产业提质增效组合拳。产业平台不断夯实。揭东经济开发区基础设施进一步完善，综合产业园人民大道完成改造升级；新型工业园宝丰路、夏新路西段及万发路二期3条道路竣工交付使用。37家入园企业已建成投产8家。协助巨轮、吉青等10多家企业申报技改项目补助资金1200多万元，推动园区企业技术改造。中德金属生态城体制机制逐步理顺，成立管理委员会（筹），负责园区的统一规划、建设、管理、运营和服务。园区5条次干道完成施工招投标。落户环保装备园的8家企业抓紧做好开工前期准备工作。配合办好第四届中德（欧）中小企业合作交流会，进一步扩大园区影响力。榕江实验室（化学与精细化工广东省实验室揭阳分中心）成功落户，开始筹备建设。工业转型升级加快。落实贷款贴息、扶持上市等激励措施，全年共投入技改资金34.5亿元，实施技改的规模以上工业企业80家。新增认定高新技术企业8家、省级工程技术中心1个。完成发明专利申请量68件，其中PCT国际专利5件。经济户口清理扎实推进，培育引导“个转企”54家、“企升规”28家，推动越群、蒙泰加快上市步伐。现代农业发展壮大。积极实施乡村振兴战略，竹笋、炒茶、淮山、芋头等特色农业产业化、基地化、规模化的生产经营格局初步形成。新增省级龙头企业1家、省名牌产品2个。省首个出口竹笋质量安全示范区顺利通过考核验收，全区首张地理标志证明商标“埔田竹笋”成功注册，竹笋出口量居全国同类产品首位。特色小镇建设取得新突破，全面建成埔田镇全国首个“近零碳排放”竹文化特色小镇起步区，玉湖历史文化小镇和揭东电商小镇纳入省级特色小镇培育库。物流商贸有效集聚。新亨西岗片区物流园基础设施建设前期工作扎实推进，引进韵达、中通、圆通等企业落户揭东，现代物流业不断做大做强。军埔电商村“双十一”实现交易额1.2亿元，快递业务量353.2万件。“盛泰·君和广场”城市综合体和“美斯学谷”文化综合体等项目加快建设，为商贸服务业集聚发展提供载体。

三、拓功能，提品位，城市更新步伐加快

以规划为先、建设为重、管理为要，统筹推进旧城改造和新城拓展，全力掀起城市更新大会战。旧城改造扎实推进。滨江片区“退二进三”规划修编完成初步成果，启动糖厂、电力厂片区“三旧改造”，其中电力厂片区已完成土地出让。加快旧城区基础设施改造，揭东大道车站路口、金叶酒店路口交通及景观工程实现改造提升，金溪大道、西一西二横路、金新南路南段等主次道路完成改造优化，滨江路东段堤防改造综合工程启动建设。新城拓展取得实效。完成城区中心片区控规修编，优化城区功能和城市建筑群空间。国道206改线、北环大道、环山路东段等市政道路加快建设，国道539线揭东曲溪至深坑桥段完成路面改造，进贤门大道（景观大桥）延伸工程揭东段征地拆迁工作扎实推进，御江南、紫麟城二期、滟澜春天等楼盘建成交付使用，华侨博览馆、档案馆、老干部活动中心等配套加快建设。城乡设施日臻完善。地方公路建设改造20.7公里，农村公路硬底化建设20公里。国家电投揭东燃气热电项目启动建设，500千伏岐山变电站竣工投产，一大批电网工程完成升级改造。水利建设投入3.56亿元，完成15宗省级水利示范县项目和9宗村村通自来水工程建设，引韩供水工程揭东段建设抓紧推进。新增光缆里程305皮长公里，实现全区光纤网络全覆盖。城市管理明显加强。以创文统领“五城同创”，全力实施“五河毓秀”“五路绿化”“五水清漂”“五边清污”行动，城乡面貌明显改观。坚决拆违控违治违，处置问题楼盘，加强城乡用地管理，有效遏制无序建设行为。持续开展环境综合整治和志愿服务活动，市容市貌明显改善，社会文明程度不断提高。

四、重治理，补短板，生态更新成效明显

严格落实生态环境保护“党政同责、一岗双责”，坚持污染防治与生态保护协同并重，坚决打好蓝天、碧水、净土“三大保卫战”。污染防治力度加大。立行立改中央和省、市环保督察、巡察交办案件，全面拆除自然保护区、饮用水源保护区违法建筑，着力解决坪上村生活污水排放问题。清理取缔“散乱污”小作坊37家，查处环境违法行为37宗，整治燃煤锅炉74台、挥发性有机物排放企业29家。加强固体废弃物安全处置和管理，扎实推进土壤污染防治。设施短板逐步补齐。4座PPP镇级污水处理厂完成厂区主体工程并实现通水试运行，管网配套抓紧铺设。实施农村雨污分流工程，全区264个自然村基本完成规划设计并启动建设。全面完成大港溪黑臭水体、曲溪河黑臭水体北段整治。建成城区3座生活垃圾压缩中转站，完成4个镇级垃圾转运站和49个村级收集点的改造提升。加强禁养区、限养区和适养区监管，28家规模养殖场、167户养殖专业户完成治污设施配套。水岸同治有序推进。全年累计投资近1.50亿元，完成内河清淤223公里，砌石篱22.50公里，岸坡植绿25公里，建设车田河绿道、沿溪长廊等一批河岸景观工程，常态化打捞水浮莲及水面漂浮物。坚持“五河毓秀、枫江先行”，大力整治榕江、枫江流域水环境问题，义属片区污染治理稳步推进，枫江水质得到改善。全面落实“河长制”，建立起区镇村三级河长组织体系。

五、抓改革，转作风，政务更新全面推进

坚持以改革为引领、向改革要动力，落实“1+1+10+N”改革总体布局，着力构建高效的政务环境、透明的法治环境、清朗的政商环境。改革步伐稳妥前进。按照中央和省、市统一部署推进政府机构改革，稳妥推进区退役军人事务局筹建等工作。启动道路客运体制改革。抓好国家农村集体产权制度改革试点工作，完成全区经联社清产核资。依法行政全面推进。获评第四批“全国法治区创建活动先进单位”，完成司法所规范化建设，公共法律服务体系逐步健全。自觉接受人大工作监督、政协民主监督、社会舆论监督，共办理人大代表建议意见11件、政协委员提案和建议意见18件。强化重大行政决策合法性审查，完善政府权责清单制度，全面推进行政决策、执行、管理、服务、结果“五公开”。政务服务不断提升。深化“放管服”改革，取消行政审批事项14项，清理规范各类行政职权中介服务事项98项。深入推进“一门式一网式”政务服务改革，完成区政府门户网站集约化平台和电子政务云平台建设；加快网上办事，上网办理率达95.43%，网上办结率达95.65%。纵深推进商事制度改革，新增市场主体6428户，增长37.44%。建立区领导挂钩联系制度，对30家“梁柱”企业实行“一企一策”结对帮扶。廉政建设持续加强。抓牢抓实政府系统党建工作，扎实开展“两学一做”“不忘初心、牢记使命，学、比、干”主题教育，严格执行中央八项规定精神，深入开展“怕慢假庸散”专项整治，持之以恒正风肃纪，查处违反八项规定问题5起、问责“为官不为”116件。始终保持反腐高压态势，强化对权力运行的制约和监督，给予政务处分13人，营造风清气正的干事创业氛围。

六、惠民生，增福祉，社会环境和谐稳定

坚持在发展中保障和改善民生，统筹推进各项社会事业，不断满足人民日益增长的美好生活需要。脱贫攻坚深入实施。全力打好脱贫攻坚战，完成预脱贫2043人，改造农村危房53户；积极探索通用厂房建设与扶贫攻坚产业相融合的路子，扶贫开发通用厂房项目完成立项并进入招投标阶段。科教卫生齐头并进。科普示范区创建工作通过省考核，获评“2016—2020年度第二批广东省科普示范区”。在全市率先建成“广东省推进教育现代化先进区”，成为推进教育现代化排头兵。完成华南师大粤东实验学校改扩建工程，新亨镇硕榕中心小学北校区建设基本完成。新建幼儿园10所，公办幼儿园和普惠性幼儿园覆盖率达到85%。启动区中医院、妇幼保健计划生育服务中心住院综合楼建设，改造提升区第一人民医院软硬件配套，完成33家卫生站规范化建设。迎“省卫”复审与创“国卫”工作有序推进，有效防控登革热、H7N9等传染病。文旅事业并肩发展。开展“践行核心价值观，争做贤德揭东人”评选活动，完成大型现代潮剧《贤德魂》剧本创作。成立梅冈书院文化研究会，大力弘扬郑大进、翁万达等先贤人文精神。全区村级（社区）综合性文化服务中心实现全覆盖。宝山湖、念恩山、新寮古村落等项目加快建设，乡村旅游蓬勃发展。民生保障更加完善。城镇新增就业人数3396人，失业人员再就业1112人，城镇登记失业率降至2.15%。“9070”社保扩面征缴计划有序推进，医疗保险覆盖面继续扩大，城乡居民养老金每人每月提高至148元以上。完成社区康园中心项目选址工作，实施100户贫困重度残疾人家庭无障碍改造。区政府承诺的10件民生实事有效落实。社会大局平安稳定。持续打好防范化解重大风险攻坚战，深入开展扫黑除恶专项斗争，纵深推进“众剑行动”，完成“综治+网格化+信息化”建设和“平安细胞”系列工程创建；实施社会矛盾隐患排查化解，落实领导包案化解信访突出问题攻坚行动，成功化解积案33宗；有效化解地方政府性债务和隐性债务，统筹推进农合机构改革与风险化解。严格落实安全生产责任制，全区食品药品安全、消防安全、道路交通安全等形势总体稳定。

与此同时，有序推进第四次经济普查、第二次污染源普查，应急、档案、史志、外事侨务、民族宗教、广播电视、人民防空、国防动员、双拥等工作取得新进展，工会、妇联、共青团、红十字会、文联、残联、科协、工商联等群团组织为揭东的建设和发展发挥了重要作用。

在充分肯定成绩的同时，我们也要清醒看到，全区经济社会发展仍存在不少问题和挑战，主要有：一是稳增长压力较大，经济发展动能不足，传统产业转型升级慢，民间投资较为乏力，企业创新意识不强、技术创新能力不足。二是城市档次不高、辐射力弱，城市规划、建设、管理、运营有待提升，人气商气集聚度不高。三是生态环境保护任重道远，“散乱污”企业整治亟待加强，域内河溪沟渠塘水质距离达标仍有较大差距。四是民生领域供给质量有待提高，社会治理还有不少薄弱环节，企业风险、金融风险不容忽视，改善民生和维护稳定的任务艰巨。五是政府职能需进一步转变，政府效能需进一步提升，营商环境需进一步优化，干部队伍的忧患意识、机遇意识、担当意识、创新意识、战略意识、服务意识需进一步增强。对这些困难和问题，在今后的工作中我们将予以高度重视，采取切实有效措施加以解决，决不辜负人民的期待。

2019年工作安排

2019年是新中国成立70周年，是全面建成小康社会关键之年，是揭阳“高质量、谋振兴”的关键一年，也是揭东打造“生态型、效益型”新型城镇化示范区的重要一年，做好今年各项工作至关重要。我们要抢抓国家实施“一带一路”和粤港澳大湾区战略的机遇，在省“一核一带一区”和市“一轴一带一区”新格局构建中凸显揭东区位和产业优势，主动承接珠三角产业技术溢出，积极参与粤港澳大湾区建设。我们要充分发挥揭东厚实的工业基础、亲清的营商环境、实干的干部队伍等优势，对标“四个走在全国前列”重要要求，坚定信心，革新观念，以“谋振兴·百日百项大行动”为抓手，处理好当前与长远、数量与质量、产业与民生、城市与乡村、经济与生态、发展与稳定的关系，卯足干劲，担当作为，全力推动揭东经济社会高质量发展。

今年区政府工作的总体要求是：高举习近平新时代中国特色社会主义思想伟大旗帜，深入学习贯彻习近平总书记对广东重要讲话和重要指示批示精神，认真贯彻落实省委十二届六次全会、市委六届六次全会精神，按照区二届四次党代会的决策部署，坚持稳中求进工作总基调，坚持以新发展理念和高质量发展要求为统揽，以供给侧结构性改革为主线，围绕“133”版型布局，做优一产，做强二产，做大三产，协同发展一、二、三产业，激发内生动力，以“四个更新”为抓手，打造城区、产业、生态、乡村“四个板块”，增进民生福祉，建设有为政府，努力打造“生态型、效益型”新型城镇化示范区，为揭阳创湾区融入地、建粤东发展极作出揭东应有贡献。

今年全区经济社会发展的主要预期目标是：生产总值增长7.80%；规模以上工业增加值增长7.80%；固定资产投资增长15%；社会消费品零售总额增长11.50%；外贸进出口总额增长3.50%；地方一般公共预算收入增长7.38%；城乡居民人均可支配收入增长8%；城镇登记失业率控制在3.20%以内。

为实现上述目标，重点抓好以下六个方面工作：

一、围绕建设品质之区，在城市发展上精

准发力

以提升城市综合竞争力为重点，运用好规划、建设、管理、运营手段，推动区域规划提质、基础设施配套、公共服务完善、治理水平提升，建设品质之区。

推进区域规划大提质。以建设粤东中心城市为目标，强化规划引领，启动编制城市设计导则，尽快完成城东滨江片区控制性详细规划，对旧城区城市更新进行概念性规划设计，突显揭东文化特质和城市品位。抓好糖厂、电力厂、缶灶码头和庵前等重点片区“三旧改造”，积极谋划圩埔、港美、诸美“旧村”改造；启动高铁新城规划建设，完善飞鹰山片区、人民广场片区基础设施和生活配套，改善城市居住环境。加强土地管理，落实控规单元规范土地征收整合储备，加大用地促建、闲置土地清理和低效用地盘活力度，提升土地资源使用效益。

推进功能配套大完善。交通方面，围绕融入和服务市区核心区，扩展城区空间的目标，扎实推进梅汕客专揭阳北站站前广场及道路配套工程建设，对接揭阳大道规划建设，加快建设国道206改线、北环大道、环山路东段和滨江路东段堤防改造综合工程，配合做好进贤门大道（景观大桥）延伸工程建设，完善城区交通路网。启动实施新一批路桥修补加固工程，打通一批断头路、中梗路，推动揭丰公路改造提升工程开工建设。实施交通节点微改造，抓好金凤路、金新路改造优化和麒麟路、曲埔路景观配套。实施“四好农村公路”建设，加快形成四通八达的公路网络。水利方面，抓紧启动省级水利示范县3宗置换项目、虎仔拦河闸和北关灌区揭东片项目，配合做好“三江连通”工程，加快中小河流清理整治和引韩供水工程揭东段建设。能源方面，全面优化配电网规划体系，推进农网升级改造，加快国家电投揭东燃气热电项目、岐山变电站配套220千伏输电线路建设。通信方面，加快旧城光纤网络改造，推进4G+网络和新一代物联网行政村以上全覆盖，谋划布局建设5G网络。

推进城市经济大发展。大力发展现代服务业，加快推进“盛泰·君和广场”城市综合体、金叶大厦等项目建设，引进和建设酒店、高端商务区、科技服务等城市配套，增加商品房市场投放量，促进房地产市场提质增效。精心打造宝山湖、念恩山、万竹园、新寮古村落等旅游项目，做强做大旅游经济。依托高铁片区重点发展时效型中高端物流，高速沿线重点发展普通陆路物流，积极引进益商等大型物流企业落户，推进韵达粤东总部基地、圆通速递总部基地等项目建设，带动全区物流业快速发展。

推进治理水平大提升。以“五城同创”为载体，推动创文“专项行动+机制建设”常态化。建立“镇街+村居+城管+公安”联合执法机制，设立城市管理和综合执法局，细化城市管理事权责任，提高柔性化治理、精准化服务水平。在巩固原有“五个起来”的基础上，组织实施新的“五个起来”（门口路口靓起来、红绿灯口乔木撑起来、街边未改造区域绿色挡起来、路边线路缘石净起来、停车治起来）。推动城乡环卫作业一体化，开展“门前三包”和“垃圾不落地”。严格交通执法，加强社区警务管理和农村道路“两员两站”建设，倡导文明出行。开展志愿者服务活动，以“贤文化”涵养文明新风。全面理顺房地产开发管理体系，从源头上解决问题楼盘和违法建设，促进房地产市场健康发展。

二、围绕建设价值之区，在质量效益上精准发力

坚守工业主阵地，坚持科技创新引领，夯实产业发展平台，加快产业转型升级，着力扶优、引强、汰劣，促进以制造业为主的实体经济发展，建设价值之区。

提升园区承载能力。按照“项目+园区+产业”的工作思路，支持巨轮公司打造“两基地一中心”，以揭东经济开发区、中德金属生态城为平台，培育发展高端装备制造产业。抓好园区落户项目跟进、服务，清理和使用好“9+6+2”产业用地，坚决收回供而未建的闲置土地。揭东经济开发区要坚持量质并举、扩能增效，做大做优存量，引新引强增量。启动扩区工作，提升陶瓷科技园发展层次，统筹开发利用土地，推动产业集聚发展。抓好入园企业的培优创强，利用滨江片区“退二进三”，加快城区17家企业转移入园；加大新型工业园催建促产、选商择资力度，坚持“一企一人一策”精准服务，推动入园29家企业建设，力促全面建成投产。推进龙腾路改造和云棋路、中心大道建设，规划建设新型工业园工业污水处理厂，不断完善园区基础设施。中德金属生态城要完善管理体制机制，成立管理委员会，完善“领导小组+管委会+开发公司+基金”模式，全力提升园区规划、建设、运营、服务水平。加快推进园区5条市政道路和珠江大道北段、中德大道西段建设，筹建污水处理厂，完善园区基础设施配套。全方位服务企业办理报建手续，推动环保装备园8个落户项目开工建设。发挥驻德中国中小企业中心等平台作用，办好第五届中德（欧）中小企业合作交流会，积极与“一带一路”沿线国家和地区开展商务合作。

加快产业转型升级。围绕推动制造业高质量发展，强化工业基础和科技创新能力，促进先进制造业和现代服务业融合发展。实施新一轮技术改造三年行动计划，重点支持企业运用数字化、信息化手段更新设备、改进工艺、提升技术。加快推进产学研合作，围绕企业技术需求，创新平台建设，积极牵线对接高校、科研院所的技术供给和人才服务，推动企业与高校、科研院所产学研深度合作。全力建设榕江实验室和武汉理工大学研究生分院、产业技术研究院，发挥科技创新引擎作用，推动科技资源与本地企业无缝对接、协作发展，形成集孵化、研发、生产和人才培育为一体的集成创新基地。力争新增高新技术企业15家以上，R&D（研究开发）经费投入占GDP比例达到0.85%。以市场化方式运营好科技孵化器、众创空间等“双创”平台，支持发展电子商务、创意设计、“互联网+”等新业态，培育经济新动能。

支持民营企业发展。落实省“实体经济新十条”“民营经济十条”“促进就业九条”“科技创新十二条”以及市“人才新政二十五条”“科技创新八条”等惠企政策，统筹优化并坚决兑现各类扶持政策，落实减税降费措施，支持民营企业发展。加强政银企对接合作，建立金融科技产业融合风险准备金，扩大企业融资渠道，推动金融资源更加精准服务实体经济。推进市场主体培育工程，实行差别化服务措施，支持巨轮、榕泰等龙头企业做强做大，鼓励蒙泰、越群、海兴、热金宝、裕洲等“单打冠军”企业在细分行业“顶天立地”，带动中小企业转型升级和小微企业上规模、上档次。支持企业组团开拓国际国内市场，加强对外合作交流。大力培育和弘扬优秀企业家精神，把投资有回报、产品有市场、企业有利润、员工有收入、政府有税收、环境有改善作为衡量发展质量和效益的标准。

聚力产业招大引强。主动对接粤港澳大湾区，抢抓产业梯度转移机遇，加大招商引资和产业共建，参与广东沿海经济带建设。运用好各级招商引资政策，采取乡贤回归、以商引商和产业招商的方式，以创新要素严格准入门槛，引进一批高质量产业发展项目。依托产业园区，精准引进智能制造、生态环保、生物医药等先进制造业，以及产业链配套相关的研发设计、现代物流、现代金融、信息服务等生产性服务业。盘活园区现有物业和厂房资源，实行“零地”招商。

三、围绕建设绿色之区，在污染防治上精准发力

深入贯彻落实习近平生态文明思想，牢固树立“绿水青山就是金山银山”理念，贯彻落实省环保1号令，接续开展环保决战决胜年行动，动员全区人民共同建设绿色新揭东。

打好防治攻坚战。深化中央和省环保督察及“回头看”反馈问题整改，确保整改到位、见底清零。健全联动打击机制，加强涉水企业监管，从严整治“散乱污”企业和工业、农业面源污染，严厉惩治非法转移倾倒固废行为。加强水质监测和污染物成因分析，开展“五清”“四乱”专项整治行动，确保水体水质达标和城乡居民饮用水安全。加强建筑工地扬尘管理，加大燃煤、锅炉、露天焚烧、烧烤排查治理，大力整治交通运输遗漏飘洒行为，鼓励老旧车辆淘汰。建立土壤污染重点管控清单，开展污染源头管理。

打好短板补齐战。6月底前完成4座镇级PPP污水处理厂配套管网建设，9月底前全面建成城乡雨污分流工程。深入开展“水岸同治”“五河毓秀”工程，“一河一策”推进枫江、榕江义属片区等流域治理和曲溪河黑臭水体综合整治，着力做好枫江两岸贯通工作，加快推进枫江“一带五珠”生态景观廊道建设。改造提升生活垃圾镇级转运站和村级收集点，完善垃圾分类投放收集设施。配套完善养殖场治污减排设施，减少养殖业污染。创新科技监测方式，建设信息综合管理平台，提高现代监管能力，构建“智慧环保”。

打好生态修复战。全面落实“河长制”和最严格的水资源管理制度，突出抓好枫江和榕江义属“两大片区”巡查监管和执法整治，推进河溪沟渠塘划界确权和清淤疏浚。加强耕地保护，严格土地矿产卫片执法，大力推进高标准农田、水田垦造和农村拆旧复垦。开展自然保护区、饮用水源保护区、生态区违法违规问题排查整治，坚决管住非法采石、采砂、采土和违法违规建设。推进“五路绿化”工程，大力开展造林绿化活动，扎实做好森林防火工作。实施省级碳汇林项目，改造建设松材线虫疫区林地。

四、围绕建设和美之区，在乡村振兴上精准发力

全面实施乡村振兴战略，突出“五个振兴”和“五村共建”，推进农业农村现代化，着力改善人居环境，打赢脱贫攻坚战，让农业更强、农村更美、农民更富，提高发展平衡性和协调性，建设和美之区。

做优做特现代农业。依托竹笋、炒茶、淮山、芋头、香蕉等特色农业和特色农产品，大力发展“一镇一业”“一村一品”等特色经济，推动竹笋现代农业产业园建设。加快培育家庭农场、农业合作社等新型农业经营主体，推广“龙头企业+合作社+农户”经营管理方式，推动农业规模化经营。深入推进“互联网+农业”，促进农村三大产业融合发展。积极培育特色小镇，推动埔田特色小镇整体规划和全域旅游的发展，加快玉湖历史文化小镇建设，打造锡场“互联网+”电商小镇。

大力建设美丽乡村。发挥规划统领作用，坚持一张蓝图干到底。加快村庄规划和村庄土地利用规划编制，规范农村宅基地和联建房的审批和报建。遵循“修旧如旧”原则，突出保留乡土气息和乡村特色文化，因地制宜，分类施策，保护传统古村落、历史文化名村，保留潮韵潮貌，避免千村一面，杜绝“东施效颦”，留住乡情乡愁。紧扣新农村建设“八项核心任务”，以农村垃圾、污水治理、溪河清淤、村巷道硬化、“厕所革命”“三线”整治、规整村容村貌等为重点，推进人居环境整治建设生态宜居美丽乡村三年行动，建成一批干净整洁村、美丽宜居村和特色精品村。

全面加强乡村治理。做好土地承包经营权确权登记颁证扫尾工作，抓住被定为国家农村集体产权制度改革试点的契机，建立健全集体产权流转交易和收益分配机制，规范农村集体“三资”管理。加强农村法治宣传教育和法律服务，深入推进“一村一法律顾问”工作，引导农民依法表达诉求、解决纠纷、维护权益。发挥乡贤咨询委员会作用，形成民事民议、民事民办、民事民管的基层治理格局。抓好农村精神文明建设，推进移风易俗，培育文明乡风、良好家风、淳朴民风。

扎实推进脱贫攻坚。健全扶贫脱贫长效机制，实施产业扶贫、就业扶贫，引导有劳动能力贫困户对象参与产业、就业扶贫项目。加快推进扶贫开发通用厂房建设，确保2020年年底前建成投入使用。完成建档立卡动态管理机制，加强跟踪服务，实施“六个精准”，强化兜底保障，确保“两不愁三保障”落实到位，切实减少和防止脱贫人口返贫。

五、围绕创新社会治理，在民生福祉上精准发力

坚持以人民为中心，多谋民生之利、多解民生之忧，完善社会保障制度和政策，加强和创新社会治理，引导全民参与，努力营造共建共治共享社会治理格局，让改革发展成果更多惠及全区人民。

突出均衡普惠，大力发展社会事业。落实立德树人根本任务，办好人民满意的教育。启动建设科教小区、揭东第一初级中学；落实学前教育三年行动计划，新建揭东区第一幼儿园、玉湖镇华星幼儿园等14所幼儿园；坚持把教师队伍建设作为基础工作，启动建设教师发展中心，培树“贤德教师”，积极稳妥推进中小学教师“县管校聘”管理改革；开展多元化教育活动，推动国防、安全、环保、科普等进校园，促进学生综合素质全面提升。创建国家卫生城市，提升基层卫生服务能力，推动区第一人民医院、区中医院、妇幼保健计划生育服务中心住院综合楼、玉湖卫生院以及第三批村级公建卫生站等项目的改造、建设，启动区第二人民医院扩建工作；坚持“不求所有、但求所用”，积极推进“紧密型医联体”创建，打造“一院一品牌”；推进“三医联动”改革，落实公立医院薪酬制度改革，建立健全分级诊疗体系；加强公共卫生服务，做好人口监测和计生政策宣传。坚持“以文化人、以文载道”，落实文化惠民、全民健身，深入开展“贤德揭阳、揭阳进贤”等群众性文化活动，建设一批镇村文体设施示范点；充分宣传发挥黄旭华、蔡翘、黄叔培等本土院士效应，加大“院士文化”挖掘、提炼和总结，完成大型现代潮剧《贤德魂》精品创作。加快科普信息化建设，纵深推进“全国科普示范区”创建。制订出台人才引进、培育、评价、激励、服务等政策，引进教育、卫生、科技及其他领域高端专业技术人才。

突出扩面提质，着力健全保障体系。强化预算资金监管，优化财政支出结构，切实保障和改善民生。落实就业扶持政策，支持创业带动就业，实施“潮菜师傅”等职业培育工程，计划新增城镇就业3050人，城镇失业率控制在3.20%以内。推进企业养老保险省级统筹和扩面征缴，稳步提高各类社保待遇水平。推进区儿童福利院、云山殡仪馆改扩建二期工程、残疾人社区康园中心、市区经营性公墓等项目建设，完善城乡低保、医疗救助、临时救助等社会救助体系，加快社会福利事业发展。落实粮食安全和“菜篮子”负责制，推进生猪屠宰改革，加强非洲猪瘟等动植物疾病防控，保障农产品安全和充分供给。

突出标本兼治，全力维护社会稳定。推进“七五”普法，提升法治宣传教育、公共法律服务和社区矫正工作水平。注重社会心理服务，加强重点人员心理疏导和跟踪帮扶。以扫黑除恶专项斗争为抓手，深入开展社会治安综合治理，依法惩治盗抢骗黄赌毒等违法犯罪活动，打击非法集资、传销等违法行为，整治侵犯公民个人信息等突出问题，营造良好社会环境。防范化解重大风险，加强政府债务管理，统筹推进农合机构改制和风险化解，规范金融秩序。严格落实“党政同责、一岗双责、失职追责”安全生产责任制，扎实抓好消防安全、交通安全、食品药品安全、公共安全等工作，排查整治各类安全隐患，加强突发事件应急处置能力，坚决预防和遏制较大以上事故发生。

突出用心用情，办好十件民生实事。一是启动“四好”（建好、管好、护好、运营好）农村公路建设，推动每个乡镇（街道）至少改造1条乡村道路，逐步消除制约农村发展的交通瓶颈，提升农村公路安全、畅达和服务水平。二是充分利用主城区现状空地和边角地、插花地，打造一批“小公园+停车场”“小绿地+停车场”或城市景观小品示范点。三是综合整治枫江玉滘截洪、榕江北河锡场埔边截洪和新西河排洪溪3条重点支流（河涌），在枫江举行端午龙舟比赛。四是加快农村雨污分流工程建设，确保9月底前全面建成。五是推动义务教育阶段学校均衡发展，新（改、扩）建新亨镇硕榕中心小学、玉湖镇达能小学、锡场镇锡东中心小学3所基础教育学校，扩充优质学位，优化办学条件。六是全面完成46家村卫生站规范化建设，提升基层医疗卫生服务能力。七是组织开展全民阅读推广和文化惠民活动100场次，打造城区“读吧”10个，倡导全民阅读，建设“书香揭东”。八是为城乡居民基本养老保险和基本医疗保险等公共服务开通移动支付、银行转账等自助缴费方式。九是规划建设揭东中心城区（曲溪）畜禽定点屠宰场，实现生猪“定点屠宰、集中检疫、生鲜上市”。十是深入推进“一门式一网式”政府服务模式改革，整合公安等窗口服务部门入驻区公共服务中心，建成多部门自助服务区。

同时，推进第四次经济普查、第二次污染源普查，做好审计、物价、国防动员、民族宗教、外事侨务、文史档案、退役军人事务管理等工作，支持工会、共青团、妇女儿童、红十字会、文联等工作。

六、围绕优化营商环境，在有为政府上精准发力

坚持把从严治党要求落实到从严治政之中，大力推进政务更新，打造忠诚、法治、高效、廉洁、诚信政府，营造良好的营商环境。

坚持政治引领。深入学习贯彻习近平新时代中国特色社会主义思想，树牢“四个意识”，坚定“四个自信”，坚决做到“两个维护”。持续推进“两学一做”学习教育常态化制度化，深入开展“不忘初心，牢记使命”主题教育。以最坚决的态度、最严格的要求，抓好巡视巡察反馈问题整改。认真落实意识形态工作责任制。

坚持依法行政。牢固树立宪法意识，严格按照法定权限和程序行使职权、履行职责，完善政府法律顾问和科学民主决策机制，建立健全行政执法与刑事司法相衔接的工作机制。自觉接受区人大、政协和社会监督，完善政府与人大代表、政协委员联系沟通机制，认真办理人大代表建议和政协委员提案。支持人民法院依法受理行政案件，及时化解行政争议，维护社会和谐稳定。

坚持务实高效。既要有效市场也要有为政府，强化服务意识，统筹推进“放管服”与数字政府建设，优化审批流程，加强数据共享，推进减证便民，努力让老百姓办事少填、少报、少走、快办。实施企业投资项目分类管理和落地便利化改革，实现开工前政府审批时间民用建筑项目不超过41个工作日、工业项目不超过45个工作日。继续推进区直有关单位梳理“十统一”事项，完善提升“一门式一网式”政务服务，建立政务服务“好差评”制度，形成社会监督、社会推动机制。落实机构改革方案，有序做好职能和人员划转，科学设计内设机构和职能配置。推进镇街行政管理体制改革和基层财政保障机制改革，确保责、权、利统一。

坚持清正廉洁。全面落实党风廉政建设主体责任和“一岗双责”，严格执行廉洁从政各项规定。坚决落实中央八项规定精神，深入整治“四风”问题。适应监察体制改革，转变行政监督方式，加大审计监督和督查问责力度，着力增强政府的执行力和公信力。建立健全政府廉洁风险防控体系，重点从制度建设入手，开“前门”，堵“后门”，完善公务员正向激励机制，营造风清气正的良好政治生态。

坚持诚实守信。以打造诚信政府为目标，把政务履约和守诺服务纳入政府绩效评价，逐步建立健全政务和行政承诺考核制度。发挥领导干部的“头雁效应”，做到一级抓一级、一级带一级，一件事情接着一件事情办、一年接着一年干，让诚信在干部队伍里蔚然成风。深入推进政务公开，广泛接受公众监督和社会舆论监督，让权力公开透明、阳光运行。

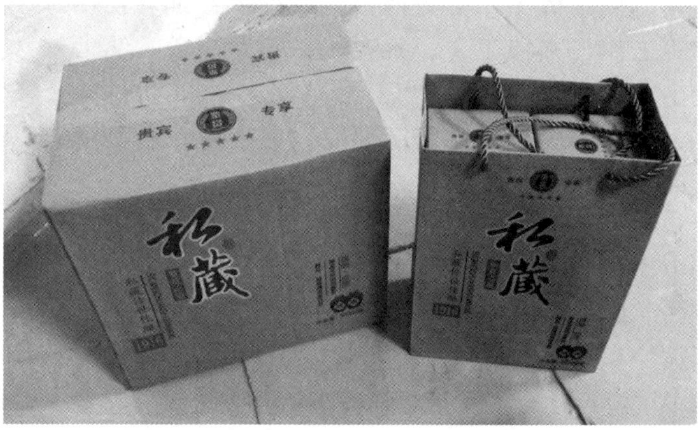

广东古酒坊酒业有限公司

该公司以潮汕乡村荒废老宅作为创业基地，结合当地水果产业种植基地的资源，传承潮汕传统果酒和果醋的酿造技艺，遵古法匠心制作。生产销售具有潮汕地方文化特色的果酒及果醋产品。通过资源整合，引进现代酿造技术，丰富果酒果醋的产品线。在传承潮汕千年酒醋文化的同时并结合互联网手段进行推广、销售等。

在中国古村之友，国内外潮属社团的大力支持下，走上乡村创客之路，助力乡村振兴。

电话：18025538786

揭阳市揭东区2018年国民经济和社会发展计划执行情况与2019年计划草案

——2019年3月28日在揭阳市揭东区第二届人民代表大会第四次会议上

揭东区发展和改革局局长　林仲龙

一、2018年国民经济和社会发展计划执行情况

2018年，在区委领导下，在区人大及其常委会的监督和区政协的支持下，全区以习近平新时代中国特色社会主义思想为指导，认真贯彻落实党的十九大精神、习近平总书记对广东重要讲话和重要指示批示精神，紧紧围绕打造“生态型、效益型”新型城镇化示范区的目标定位，坚持稳中求进工作总基调，按照高质量发展要求，深入推进供给侧结构性改革，统筹做好稳增长、促改革、调结构、惠民生、防风险、保稳定各项工作，经济社会保持平稳健康发展，计划执行情况总体良好，主要经济指标增速位居全市各建制县（市、区）前列。

全区实现生产总值340.50亿元，比去年同期（下同）增长5.10%。经济结构逐步优化，三次产业比例优化为7.1∶61.7∶31.2，第三产业占比首次突破30%。内需拉动作用增强，固定资产投资额128.10亿元，增长15.40%；社会消费品零售总额132.60亿元，增长11.20%。实体经济保持平稳，规模以上工业增加值135亿元，增长5.20%；工业用电量12.95亿千瓦时，增长1.74%。财税收入稳步增长，地方一般公共预算收入9.11亿元，增长5.99%；其中税收收入5.63亿元，增长5.82%。

（一）全力以赴壮二产、拓三产，质量效益稳步提升

工业经济提质增效。全区新增规模以上工业企业28家，完成规模以上工业总产值641.40亿元，增长4.70%。工业向中高端方向转型，规模以上先进制造业、高技术制造业增加值为55.50亿元、14.50亿元，分别增长10.50%、11.70%。大力弘扬企业家精神，建立“政府+部门”挂钩制度，实行“一企一策”结对帮扶，培育30家“梁柱”企业。加快蒙泰、越群等重点企业上市步伐，服务好巨轮公司建设机器人及智能装备制造基地、精密机床及液压机械制造基地、制造业生活配套服务中心“两基地一中心”；落实民营经济融资扶持措施，3家企业获得市科技金融贷款。加快新一轮技术改造，完成工业技改投资34.5亿元，实施技改的规模以上工业企业80家。

创新能力稳步提高。开展“实验室+”行动，推动巨轮、越群等企业与国内知名大学开展产学研合作。化学与精细化工广东省实验室揭阳分中心（榕江实验室）落户中德金属生态城，进入筹备阶段。企业创新潜力有效激发，全区新增高新技术企业8家、科技型中小企业24家、省级工程技术中心1家。全年申请发明专利68件，其中PCT国际专利5件；万人拥有发明专利2.34件。

第三产业提速提效。全区完成第三产业增

加值106.10亿元，增长3.10%。商贸载体建设扎实推进，“盛泰·君和广场”城市综合体、“美斯学谷”文化综合体等项目加快建设，人民广场商业圈初现雏形。现代物流规模持续扩大，韵达、中通、圆通等企业成功进驻，新亨西岗物流园基础设施建设前期工作快速推进。电子商务加快发展，“军埔电商发布”平台正式运营，“双十一”军埔电商村交易额突破1.20亿元。旅游市场持续增长，第二届乡村旅游文化节暨东寮芋头节成功举办，万竹园、宝山湖、念恩山等旅游景区建设不断完善，全年旅游接待总人数491.80万人次，总收入19.10亿元，分别增长17.90%、4.90%。

（二）综合施策抓项目、搭平台，发展后劲不断增强

紧扣项目投资抓出成效。百日攻坚取得实效，列入市“百日百项大行动”项目26个，完成投资36亿元。项目建设高效推进，178个重点项目完成投资142.60亿元，其中15个省级、46个市级重点项目分别完成投资22.30亿元、68.90亿元，占年度投资计划的126.10%、113.40%。国道G539线揭东曲溪至深坑桥段路面改造工程全面竣工，揭阳市环市路（揭东段）一期工程、绿源环保资源综合利用示范基地加快推进，滨江路东段堤防改造综合工程启动建设。

围绕招商引资抓出亮点。积极实施“梧桐计划”，10个项目达成投资意向，其中5个项目已落户。引进天悦智能科技、泰邦装配式建筑等一批项目。揭东玉湖历史文化小镇以及上海益商粤东电商物流总部基地、揭阳铁塔公司通信网络基础设施建设等一批优质项目成功签订框架协议。

聚焦园区建设抓出特色。揭东经济开发区成功入选《中国开发区审核公告名录》（2018年版）；人民大道完成升级改造，3条园区道路相继竣工交付使用。中德金属生态城管委会（筹）挂牌成立，与揭东开发区管委会合署办公，体制机制逐步理顺；园区规划调整完成，5条园区区间道路建设前期工作有序推进。对入园企业服务力度加大，新招引的45家企业，已有8家建成投产，11家实质性动工。

（三）千方百计攻弱项、补短板，城区建设步伐加快

城市更新全面推进。强化规划引领，高质量编制旧城区城市更新概念、滨江片区“退二进三”、高铁新城等11个规划。优化交通网络体系，配合做好进贤门大道（景观大桥）延伸工程揭东段征地拆迁工作，北环大道、环山路东段加快推进，滨江廊道全线打通，金溪大道、西一西二横路等主次道路得到优化，揭东大道车站路口、金叶酒店路口交通及景观工程实现改造提升。完善城市功能配套，华侨博览馆、老干部活动中心等项目建设加快，糖厂、电力厂、缶灶等片区“三旧”改造项目正式启动。

基础设施日臻完善。地方公路建设改造20.70千米，新增通自然村硬底化道路20千米。15宗省级水利建设示范县项目已建成，9宗村村通自来水工程基本竣工，揭阳市引韩供水工程揭东段建设加快。国家电投揭东燃气热电项目启动建设，500千伏岐山变电站及配套500千伏输电线路投产运行。新增光缆里程305皮长千米，实现光纤网络全覆盖。主城区垃圾转运站建成投入使用。

城市管理成效明显。以创建全国文明城市为契机，开展市容整治，强化交通管理，城市面貌持续改善，城市管理精细化水平有效提升。强势推进控违拆违工作，控停在建违法建设70宗。

（四）多措并举活机制、提效能，市场活力持续释放

重点领域改革有序推进。供给侧结构性改革持续深化，“三去一降一补”成效明显。巩固提升取缔“地条钢”成果，扶持企业转型发展，有效防止“地条钢”企业死灰复燃；化解房地产库存20.70万平方米；狠抓金融领域风险防控，全区金融机构本外币各项存款余额356.30亿元，增长8.60%；各项贷款余额179.90亿元，增长7.30%；全面实施营改增所

释放的减税红利，有效降低实体经济企业成本约1.62亿元，其中减免税费1.11亿元；完成基础设施投资23.80亿元，加快补齐发展的软硬“短板”。启动道路客运体制改革。加快要素配置市场化改革，揭东五房生态旅游及绿色农业产业园增量配电业务项目列入国家第三批增量配电业务改革试点。继续深化医疗卫生、公务用车制度改革。

营商环境持续优化。深化“放管服”改革，取消行政审批事项14项，清理规范各类行政职权中介服务事项98项。“一门式、一网式”政府服务模式改革深入推进，完成区政府门户网站集约化平台和电子政务云平台建设；网上办事效率持续提升，网上办结率达95.65%，打造“马上就办”“办就办好”的便民服务品牌。推进社会信用体系建设，建立联合奖惩机制。

（五）坚定不移夯基础、创振兴，乡村面貌明显改观

现代农业优化升级。全区完成农林牧渔业总产值35.30亿元，增长5.10%。农业供给侧结构性改革加快推进，全省首个出口竹笋质量安全示范区落户揭东，“埔田竹笋”成功注册国家地理标志证明商标。粮食产量保持稳定，全区粮食作物播种面积21.29万亩，总产量10.50万吨，总产值2亿元。积极培育新型农业经营主体，新增农民专业合作社8个，省级龙头企业1家。

农村改革稳步推进。农村土地承包经营权确权登记稳妥推进，已有233个经联社完成土地确权登记工作，颁证率达95.30%。抓好农村集体产权制度改革试点工作，对265个经联社开展清产核资。“三资”管理进一步规范，进入农村“三资”交易平台项目368宗，交易额4.50亿元，成交额4.40亿元。

美丽乡村加快建设。统筹推进镇村规划编制工作，完成3个镇总体规划编制和14个村庄规划修编。深入推进新农村建设“八项核心任务”，开展“五水清漂”“五边清污”行动，实施农村雨污分流工程，人居环境持续改善；4个镇级垃圾转运站、49个行政村垃圾收集点完成改造升级，农村生活垃圾有效处理率达95.10%。

脱贫攻坚取得实绩。落实“一对一”挂钩帮扶，因户施策精准扶贫，年度脱贫任务指标完成在全市综合排名第一。对无劳动能力的扶贫对象，实施财政“兜底”帮扶，完成预脱贫人数2043人。探索产业扶贫新路子，揭东开发区新型工业园通用厂房建设项目完成前期工作。

（六）突出重点建小镇、深合作，开放联动成效初显

特色小镇打造亮点纷呈。埔田特色小镇起步区全面建成。中德金属生态城合创小镇通过线上线下联动，加强对德（欧）合作宣传推介，打开小镇知名度。揭东电商小镇、揭东玉湖历史文化小镇成功入选第二批省级特色小镇培育库，玉湖历史文化小镇概念性设计初步完成。

对外开放水平持续提升。配合办好第四届中德（欧）中小企业合作交流会。坚持“引进来”和“走出去”相结合，主动融入“一带一路”大格局，全年实际利用外资628万美元；支持本土企业“走出去”，参加欧洲、北美等地区的展销会，拓展海外市场。培育出口新增长点，新注册进出口企业26家。

（七）持之以恒治污染、美环境，生态优先纵深推进

污染治理力度加大。全面落实中央和省、市环保督察、巡察交办案件整改工作，做好自然资源保护区、饮用水源保护区和生态保护区三大区域的保护。清理取缔“散乱污”企业37家、挥发性有机物排放企业29家。开展农用地土壤环境质量调查和土壤环境质量监测网络建设，构建土壤环境质量基础数据库。全面落实“河长制”，开展枫江、义属两个片区的水域整治，加快推进曲溪河、大港溪黑臭水体整治工程建设。水岸同治成效凸显，全年累计投资近1.50亿元，完成内河清淤223公里，砌石篱22.50公里，岸坡植绿25公里，建成车田河

绿道、沿溪长廊等一批河岸景观工程。

生态环境持续改善。加快补齐环保设施短板，4座镇级污水处理厂厂区主体工程完工并实现通水试运行，完成配套管网铺设23公里。开展新一轮绿化揭东大行动，实施森林碳汇林绿化5000亩。落实“五路绿化”工程，完成绿化道路60条。绿色建筑有效推进，新增绿色建筑4宗，总建筑面积9.60万平方米。

（八）真招实措惠民生、增福祉，社会事业加快发展

民生保障扩面提质。大众创业万众创新深入发展，全区城镇新增就业人数3396人，城镇登记失业率为2.15%。民生保障水平进一步提升，全区企业职工最低工资标准提升至1410元/月，城乡居民基础养老金水平提升至148元/月。养老服务体系逐步健全，全区现有各类养老服务场所127家，每千名老人拥有养老床位数达到34.60张。

群众安全感稳步提升。“依法治区”取得成效，获第四批“全国法治区创建活动先进单位”称号。加强粮食安全保障，2017年度粮食安全责任制考核获优秀等次。“平安揭东”建设持续扎实推进，深入开展“众剑行动”和扫黑除恶专项斗争，完成“综治+网格化+信息化”建设和“平安细胞”系列工程创建，积极惩治各种损害人民群众合法权益的违法犯罪行为，保障社会和谐稳定。

各项事业全面进步。教育科技事业取得长足发展，率先在全市建成“广东省推进教育现代化先进区”；3所学校入选2018年全国青少年校园篮球特色学校；科普示范区创建工作通过省考核，获“2016—2020年度第二批广东省科普示范区”称号。卫生强区建设有力推进，揭东区中医医院新建工程和区妇幼保健计生服务中心综合楼新建工程建设加快，33家卫生站规范化建设基本完成。文化事业繁荣发展，“践行核心价值观，争做贤德揭东人”评选活动成功举办，村级综合性文化服务中心率先在全市实现全覆盖。体育、档案、消防、安全生产、防震减灾、广播电视、外事侨务、民族宗教、国防动员、工、青、妇、儿童等各项事业也取得新的发展。

二、2019年国民经济和社会发展计划安排意见

2019年是新中国成立70周年，是全面建成小康社会关键之年，也是揭东打造“生态型、效益型”新型城镇化示范区的重要一年，做好今年工作意义重大。从国际看，全球贸易摩擦升级和地缘政治冲突多发可能加剧全球经济和贸易的风险和挑战，不确定不稳定因素依然较多，但全球经济仍将保持温和增长态势。从国内看，我国发展仍处于并将长期处于重要战略机遇期，经济运行总体平稳，但部分企业经营困难较多，长期积累的风险隐患有所暴露，经济下行压力有所加大。从全省看，粤港澳大湾区效应加快释放，转型升级效应逐步呈现，新的“实体经济十条”“外资十条”等措施出台实施，尤其是贯彻落实习近平总书记视察广东重要讲话精神，着力增强提高发展平衡性和协调性，为我区提供有力政策支撑。从全区看，全区经济发展基本面没有改变，经济结构持续优化，新旧动能加速转换，经济增长的质量效益不断提升，经济平稳健康发展的基础依然坚实。新型工业规模日渐壮大、现代服务业快速发展、城市硬件设施日臻完善，为我区全面建成小康社会提供强有力保障。

综合考虑我区发展阶段性特征和环境条件，经与区“十三五”规划目标衔接，建议2019年我区经济社会发展主要预期目标如下：

——生产总值增长7.80%；

——人均生产总值增长7.60%；

——规模以上工业增加值增长7.80%；

——固定资产投资增长15%；

——社会消费品零售总额增长11.50%；

——外贸进出口总额增长3.50%；

——一般公共预算收入增长7.38%；

——居民人均可支配收入增长8.0%；

——城镇登记失业率控制在3.20%以内；

——节能减排等约束性指标完成市下达年度指标。

为实现上述目标，2019年重点做好八方面工作：

（一）凝心聚力扩投资、谋长远，在提升综合经济实力上实现新突破

着力建设重大项目。找准产业、区位和资源优势的结合点，加强潜在市场需求的研究，谋划、储备一批重大项目，为扩大投资积蓄力量。全力推进重点项目建设，计划安排区重点建设项目125个，年度计划投资104.30亿元。进一步深化投资项目审批改革，加大项目建设各项要素保障，推动重点项目建设全面提速。进一步清理市场准入限制性条件，优化投资环境，拓展投资领域，促进投资持续平稳较快增长。

着力扩大有效投资。继续深化基础设施供给侧结构性改革。交通领域，启动梅汕客专揭阳北站站前广场及道路配套建设工程建设，加快进贤门大道（景观大桥）延伸工程揭东段、揭阳市环市路（揭东段）等道路建设。水利领域，配合做好“三江连通”工程和揭阳引韩供水工程（揭东段），加快水利示范县、滨江路堤防改造综合工程项目建设。能源领域，加快西气东输闽粤支干线揭东区境内工程、粤东天然气主干管网揭阳—梅州干线（揭东段）等一批天然气互联互通重点工程项目建设；推进国家电投揭东燃气热电项目建设；继续实施新一轮农村电网改造升级工程；推动党政机关、社会公共停车场和住宅小区电动汽车充电基础设施建设。

深化特色小镇建设。埔田特色小镇要抓好顶层设计，以竹笋等特色产业开发和全域旅游为重点，找准功能定位，做好整体规划。中德金属生态城合创小镇、揭东玉湖历史文化小镇和揭东电商小镇要坚持“产城人文旅”有机结合的发展理念，提高策划规划水准，引导主导产业链从“微笑曲线”向“兔耳朵曲线”转变，增大品牌效应，推动小镇高质量发展。

（二）聚集要素优布局、促消费，在促进第三产业发展上实现新突破

优化服务业空间布局。根据各镇（街道）产业基础与环境条件，结合“133”版型布局，构建“一核二区”的服务业发展格局。“一核”即打造曲溪街道为主体的高端服务业发展核心区，“二区”即重点发展以锡场镇、云路镇、玉滘镇三个专业镇为主体的生产性服务业创新示范区；以埔田镇、新亨镇、玉湖镇三个特色镇为主体的生态旅游服务集聚区。高端服务业发展核心区以城市建设为载体，整合各类服务业资源，重点发展商务服务、金融保险、房地产、文化娱乐等服务业，培育完善行政服务、科技服务、生产服务等服务体系，打造功能新、品位高、集聚强、辐射广的现代服务业核心发展区。生产性服务业创新示范区以满足揭东经济开发区、中德金属生态城、“四站合一”综合枢纽工程生产生活需求为目标，积极推进科技服务、现代物流等生产性服务业集聚发展，加快商贸商务、住宿餐饮等生活服务设施建设，形成发达、高效、完善的现代服务业产业体系。生态旅游服务集聚区突出抓好观光旅游、养老康养等产业，促进红色休闲旅游、历史文化和自然生态环境的有机融合，力争建设成为粤东地区重要的人文休闲旅游胜地。

推动消费提档升级。加强预期引导，推动消费引领新供给，扩大教育、健康、文化、养老等服务消费，着力增强消费吸纳能力，精心培育一批拉动力强的消费新热点、新业态。聚力服务“四站合一”交通枢纽项目建设，做大做强现代物流、仓储服务业，打造高铁产业经济带，布局推动“轨道经济”起步发展。加大人民广场商圈的培育力度，创新美斯学谷文化综合体运营推广，加快盛泰·君和广场、滨江创意文化产业街建设，打造30分钟商业圈。大力发展节庆、旅游消费，组织举办促进大众消费系列活动和消费购物节等文化旅游系列活动，不断提升消费对稳增长的拉动能力。

（三）高屋建瓴重规划、添品位，在加快建设品质之区上实现新突破

高起点编制建设规划。启动高铁新城规划建设，布局一批具有较强带动能力的产业项

目、重大基础设施和民生工程。配套完善飞鹰山片区、人民广场片区的公共服务设施，进一步增强城市功能。加快主城区旧城旧村改造步伐，重点抓好糖厂、电力厂、缶灶码头和庵前等片区的“三旧”改造，谋划推进圩埔、港美、诸美“旧村”改造，精心编制滨江片区“退二进三”改造规划并尽快启动建设，进一步改善人居环境。

高水平提升城市内涵。启动科教小区开发建设，加快推进第一初中建设进度，增强教育公共服务能力。清理整治问题楼盘，加大在建楼盘建设力度，全面完成碧桂园、恒大华府等住宅小区建设。配合揭阳大道规划建设，拓宽滨江廊道，打通一批断头路，推动揭丰公路改造提升工程开工建设，优化区域内外路网结构。实施交通节点“微改造”，优化提升金凤路、金新路交通节点。完善麒麟路、曲埔路等道路景观配套，全面完成金溪大道改造提升工程，推动城区道路“三线”落地，改善城区交通环境。加快曲溪河、大港溪景观工程建设，优化城区生态水系。

多举措强化城市管理。对照全国文明城市测评体系，改差补缺，完善基础设施建设，深化“两清”大行动，巩固提升城市环境综合整治成果，不断完善城市功能。建立“镇街+村居+城管+公安”联合执法机制，继续做好城市管理综合执法体制改革。严格依法清理处置闲置土地，查处违法用地、违法建设等行为，为城市发展提供空间保障。

（四）内引外联求创新、育载体，在加快建设价值之区上实现新突破

提升制造业核心竞争力。落实省、市“实体经济十条”扶持措施。加快推进榕江实验室前期工作和新一轮工业企业技术改造。落实战略性新兴产业“十三五”规划，积极培育高端装备机械（模具）制造、新材料和节能环保、生物医药、新型电子信息等战略性新兴产业。深入实施“乡贤回归”工程，引进一批高质量产业项目，扩大制造业有效投资。

增强自主创新能力。深入推进质量强区建设，实施品牌带动战略，全面提升质量工作水平。鼓励企业走自主创新的发展路子，对优质企业做到增量、存量齐抓齐发展，全年新增高新技术企业15家以上。支持巨轮公司建设“两基地一中心”，着力打造世界级智能制造企业。大力培育“梁柱”企业，推动“个转企、企升规、规转股、股上市”，加快蒙泰、越群等骨干企业上市步伐。

创新园区管理模式。按照“项目+园区+产业”的工作思路，强化政府主导作用和园区管委会主体责任，抓好揭东经济开发区、中德金属生态城两个价值创新园区建设运营，着力实施扶优、引强、汰劣，提升园区发展的含金量、含新量、含绿量。持续推进产业园区管理体制机制改革，进一步完善园区评价考核体系，优化管理运营制度，落实“领导小组+管委会+投资公司”管理运营，探索依法在园区实行审批委托和授权，提升园区管理服务水平。

推动载体平台建设。揭东经济开发区要尽快启动扩区工作，整合土地资源，盘活园区现有物业和厂房资源，以主导产业为导向，实施“零地”招商；加快启动一批园区路网等基础设施开工建设，全方位提升园区承载力；服务入园企业促建促产，创造条件鼓励和支持企业增产创效。中德金属生态城要完善管理体制机制,全面提升园区管理服务水平；加快环保装备园8个落地项目建设步伐，促进项目早日投产达效；抓好园区5条市政道路、污水处理设施等基础设施建设，着力提升园区品位。

（五）多策并用推治理、保生态，在加快建设绿色之区上实现新突破

着力解决突出环境问题。坚决整改落实中央、省环保督察及“回头看”反馈的各项问题，对已办结案件适时开展“回头看”和后督查。强化“企业、面源和生活”三大类污染治理，打好污染防治攻坚战。突出抓好水污染治理，落实最严格水资源管理制度，开展“五河毓秀·枫江先行”水环境综合治理，管好枫江、义属两个片区，提升水环境质量。开展

“散乱污”工业企业（场所）清理整治，加强企业废气和建筑工地、道路交通的扬尘污染防治，坚决打赢蓝天保卫战。扎实开展土壤污染防治，严格建设用地准入管理。加强固体废物综合管理，加快危险废物处置设施建设，加强工业园区、矿山和尾矿库环境监管，严厉打击非法转移倾倒固体废物行为。

推进环保基础设施建设。加快城乡生活垃圾无害化处理设施建设。推进4座镇级污水处理厂配套管网建设，确保今年9月底前全面完成全区城乡雨污分流工程建设，完善智能环保系统性治污设施。大力推进农村农业污染防治，推进“厕所革命”；强化畜禽养殖污染治理，严格查处畜禽养殖业违法行为，完善养殖场配套治污减排设施建设，确保畜禽养殖场污染物达标排放。

筑牢生态环境安全屏障。坚决落实生态红线，盯紧自然保护区、饮用水源保护区、生态保护区三大区域，切实保护好生态环境。深入实施新一轮绿化揭东大行动，巩固深化“五路绿化”成果，计划绿化道路77.48公里。加强森林保护管理，改造建设松材线虫病疫区林地。

（六）蹄疾步稳兴产业、助脱贫，在加快建设和美之区上实现新突破

发展现代农业。落实最严格的耕地保护制度和粮食安全责任制，推进高标准农田建设。建设“揭阳市揭东区竹笋产业园”，打造“一镇一品”“一村一品”，促进特色产业提档升级。支持农业产业化龙头企业和农民合作社开展农产品加工流通和社会化服务，带动农户发展规模经营。推进农业与健康养生、休闲娱乐、教育文化等深度融合，加快袁隆平院士工作站—灿邦共享农场项目建设。

建设美丽乡村。编制乡村振兴战略规划，推进“五村共建”。科学编制全区乡村建设规划，连片统筹安排公共服务设施建设。紧扣新农村建设“八项核心任务”，对标省级“干净整洁村、美丽宜居村、特色精品村”标准，全面推进人居环境整治建设生态宜居美丽乡村三年行动，谋划打造一批示范村。加快“四好农村路”、供水等农村基础设施建设，推动城乡基础设施互联互通。

冲刺脱贫攻坚。紧扣“两不愁三保障”目标，落实“六个精准”任务，夯实脱贫基础，激发内生动力，提高脱贫质量。抓实产业扶贫，重点扶持农业特色产业、电商、旅游等扶贫产业，加快建设揭东开发区新型工业园通用厂房，带动更多贫因户持续稳定增收。引导有劳动力贫困户对象积极参与就业扶贫项目，提高就业脱贫覆盖面。

（七）坚持不懈强改革、敢开放，在激发发展内生动力上实现新突破

推进重点领域改革。全面完成深化党政机关机构改革，构建完备、规范、高效的机构职责体系。继续推进供给侧结构性改革，牢牢把握“巩固、增强、提升、畅通”总要求，落实“三去一降一补”政策措施，推动经济高质量发展。深化农村综合改革，抓好土地承包经营权确权登记颁证扫尾工作，创新土地流转方式和农村产权交易方式，选择1—2个点探索农村产业股份制改革。扎实推进揭东五房生态旅游及绿色农业产业园增量配电业务项目试点工作。深化医疗卫生制度改革，建立更加公平、更可持续的社会保障制度。推进中小学教师“县管校聘”管理改革，促进区域内师资均衡配置。统筹推进农合机构改制工作，打响防范金融风险的关键一仗。

支持民营企业发展。着力激发微观主体活力，加快落实促进民营经济高质量发展的若干措施，大力培育和弘扬企业家精神。多措并举减轻民营企业负担，全面落实国家和省已出台的各项涉企收费减免政策措施，大力清理规范转供电环节加价行为。拓宽民营企业融资途径，纾解小微企业融资难融资贵问题。

打造最优营商环境。持续深化“放管服”改革，继续推进简政放权，推动“互联网+政务服务”，加快“数字政府”建设。实施企业投资项目分类管理和落地便利化改革，提升政务服务效率，实现开工前政府审批时间民用建

筑项目不超过41个工作日，工业项目不超过45个工作日。加强信用信息应用和联合奖惩机制建设，加强反垄断和反不正当竞争执法，营造公平竞争环境，构建新型亲清政商关系。

深化区域开放合作。继续配合办好中德（欧）中小企业交流会，与“一带一路”沿线国家和地区开展商务合作，强化与海上丝绸之路沿线国家地区的贸易往来，提高对非洲、南美、东欧等新兴市场的出口比重。支持揭东全面接轨粤东城市群，加强与周边城市在规划、交通、产业、环境和市场等方面的全面合作。积极参与沿海经济带、粤港澳大湾区建设和泛珠三角地区合作发展。

（八）尽心竭力办实事、解民忧，在增强社会保障能力上实现新突破

实施就业优先战略。落实稳就业的各项政策措施，确保全面落地，发挥效应。多渠道、多方式提供有针对性的培训，不断提高劳动者就业创业能力，全年新增城镇就业3050人。发挥就业创业政策翘板作用，制定人才引进、培养、评价、激励、服务等配套政策，吸引科技、教育、卫生以及其他专业领域的高端专业技术人才回流，投身创业创新。

健全完善保障体系。加大基本民生保障投入，办好10项民生实事，确保民生支出占一般公共预算支出比重达到80%以上。组织实施好企业养老保险省级统筹和推进“9070”扩面缴费计划工作，提高参保缴费率。稳妥推进城乡居民养老保险、医疗保险扩面续保征缴工作。加强社会救助体系建设，提高特困供养和医疗救助等补助标准。加快社区养老服务设施建设进度。

创新社会治理体制。全面落实依法治国理念，提升依法治区水平。深入开展扫黑除恶专项斗争，持续推进全民禁毒工程，继续对惩治各类违法犯罪活动保持高压态势，提高“平安揭东”建设水平。严格落实安全生产责任制，有效预防和遏制重特大安全事故发生。加强食品药品安全监管，确保人民群众舌尖上的饮食用药安全。

统筹发展社会事业。大力发展科教事业，推进“全国科普示范区”创建；对接武汉理工大学共建研究生分院；深入实施第三期学前教育三年行动计划，新（改、扩）建一批基础教育学校，推动义务教育阶段学校均衡发展。全面提升卫生事业，深入开展“创国卫”和“慢性病示范区”创建活动，完善分级诊疗制度，启动区第二人民医院扩建工作，加快推进区中医院、妇幼保健计划生育服务中心住院综合楼和村级公建卫生站等项目。加快推进文化事业，深入落实文化惠民工程，推动精神文明建设，弘扬“贤文化”。继续抓好第四次经济普查、体育、民政、物价、物资储备、人口、广播电视、应急管理、外事侨务、民族宗教、国防动员、工、青、妇、儿童等工作，促进社会事业的全面发展。

揭东区实施“乡村振兴”战略工作报告

2019年，揭东区坚持以习近平新时代中国特色社会主义思想为指引，按照“产业兴旺、生态宜居、乡风文明、治理有效、生活富裕”总要求，坚持抓重点、补短板、强弱项，以严密的组织领导和督促指导体系，扎实推动农业全面升级、农村全面进步和农民全面发展，乡村振兴工作取得新成效。

揭东区委、区政府高度重视实施乡村振兴战略，将其列为“一把手”工程，对全区乡村振兴工作进行全面落实部署，推动乡村振兴战略各项任务落到实处、取得实效。

一是成立由区委书记方烽为组长的实施乡村振兴战略领导小组，明确“区负责、镇组织、村实施”的责任分工，形成区主责、镇主力、村主体的乡村振兴工作格局。二是用“一线工作法”强势推进乡村振兴战略。区委多次召开常委会专题研究推进乡村振兴战略工作；区几套班子成员高频次深入基层、深入农村调研督导，全面部署推进乡村振兴工作；区委也多次召开实施乡村振兴工作推进会和业务培训班，建立起区统筹推进、区镇村抓落实的工作机制，形成了上下联动、齐抓共管的工作格局。同时，建立区委实施乡村振兴战略工作专班，承担实施乡村振兴战略专项工作任务。

在构建乡村振兴政策体系方面，出台《揭东区乡村振兴三年重点工作安排（2018—2020年）》《关于推进乡村振兴战略的实施意见》《揭东区2019—2020年推动乡村振兴硬任务实施方案》和《揭阳市揭东区实施乡村振兴战略规划（2018—2022年）》等政策体系，明确实施乡村振兴战略的总体要求和具体任务，扎实推动乡村振兴战略取得重大进展。区委农办承担乡村振兴工作的综合协调和统筹推进，及时制定出台《揭东区实施乡村振兴战略2019年下半年主要工作清单》和《揭东区脱贫攻坚2019年下半年主要工作清单》，明确责任单位和责任人，并有效推动工作落实。在全面完成村庄规划编制上，坚持规划引领，认真狠抓乡村规划编制，至2019年年底，全区112个行政村已全面完成村庄规划编制工作，实现村庄整治规划全覆盖，把一个个项目变成一张张可操作的规划蓝图。并加大规划执行力度，要求各村坚决按照规划实施建设。揭东区以项目规划引领资金安排，推进涉农资金统筹整合。制定出台《揭东区涉农资金统筹整合实施方案（试行）》《揭东区2019年涉农资金任务安排、分配方案和使用指引》和《揭东区涉农资金统筹整合管理办法》等一系列文件，确保资金、任务和责任“三落实”，有力地推动了项目建设。

揭东区坚持以习近平总书记“三农”工作重要论述为指引，一步一个脚印，扎实推进实施乡村振兴战略工作。一是制订《关于深入学习贯彻〈习近平关于“三农”工作论述摘编〉工作方案》，组织开展系列学习贯彻活动，区委副书记为各地各涉农单位讲授“三农”工作论述摘编相关内容。二是进一步落实习近平总书记关于“三农”重要指示批示精神。召开区委常委会、政府常务会传达学习、研究贯彻习近平总书记关于“三农”工作重要指示批示精神，为“三农”工作的贯彻制定提供有效的措施，具体为：

（一）以产业兴旺为重点，提升特色现代农业发展水平。

为实现“农业强、农村美、农民富”的乡村振兴目标，揭东区以产业兴旺为重点，推动农业高质量发展。重点推进现代农业产业园、农特产品等产业兴村项目，加快乡村经济提档升级。

1.创建现代农业产业园。揭东区把创建现代农业产业园作为实施乡村振兴战略、加快农业现代化发展的重要抓手，揭东区竹笋产业园实现竹笋种植面积约5万亩，成功入选2019年全省首批25个省级现代农业产业园，获省财政5000万元专项资金支持。获批创建以来，严格按照省有关要求，通过抓好园区规划、园区建设、园区配套、园区管理等，统筹布局竹笋产业的生产、加工、收储、物流、销售、旅游、电商等功能板块，推动一、二、三产业融合发展，致力打造国内领先的现代农业产业园。充分发挥现代农业产业园的引领作用，带动农业增效、农民增收、贫困户脱贫和农村经济全面发展。

2.发展“一村一品、一镇一业”，做大做强特色产业。因地制宜发展“一村一品、一镇一业”，逐步实现生产标准化、产业化、品牌化，进一步提升产品档次和市场知名度。为扶持特色产业发展，积极组织实施2019年“一村一品、一镇一业”4个项目建设（玉湖镇坪上村茶叶、新亨镇白石村种兔养殖、埔田镇埔田村竹笋加工、埔田镇新岭村笋壳加工利用），投入省级专项资金400万元支持优势产业发展壮大，推进农业提质增效。项目实施带动了大批农户参与，有效提升参与农户的收入，助力实现乡村振兴。埔田镇也被列入农业农村部2019年农业产业强镇建设。同时，不断提升农业产业化水平，积极培育新型农业经营主体。至2019年年底，全区共有龙头企业17家（其中省级11家、市级6家），农民专业合作社180家（市级以上17家），市级示范家庭农场7家。

3.实施“千企帮千村”工程，发展壮大村集体经济。一是启用“万企帮万村”对接平台，指导发动企业登陆系统选择帮扶对象，动员组织8家企业参加帮扶乡村振兴工作。二是根据上级发展壮大农村集体经济的政策性文件，制订《揭东区关于开展扶持村级集体经济试点工作壮大村级集体经济的实施方案》，选择埔田镇金东岭村、南湖村、玉滘镇池渡村和云路镇永和村四个乡村进行扶持。

4.实施新型职业农民培育，强化人才支撑。通过实施揭东区2019年度新型职业农民培育项目，培育新型职业农民共100人（其中新型农业经营主体带头人96人，现代青年农场主4人），通过6天的集中授课、基地实训，给学员们讲授销售渠道开拓、品牌塑造等，使农民经营管理能力以及利用电商和互联网应用能力得到明显提升，为发展现代农业产业提供人才支撑。

（二）以生态宜居为关键，深化美丽乡村建设行动。

1.全面开展农村人居环境整治行动。制订《揭东区推进村庄清洁“三清理三拆除三整治”专项工作方案》和《揭东区农村人居环境整治专项行动责任落实管理办法》等一系列文件，以村庄清洁“三清理三拆除”为抓手，真抓实干抓好农村人居环境整治、水利沿线清拆和交通沿线清拆等专项工作。区领导班子、区直各单位分片分点挂钩帮扶、指导支持各村开展人居环境整治工作。区、镇、村形成“1+7+9”三级联动机制，推动“三清三拆三整治”工作往纵深发展。“区级1个一”即区对每个镇进行1次地毯式全覆盖的暗访排查；“镇级7个一”即各镇上下一条心做好“三清三拆三整治”工作，成立一个工作组对各村社区遇到的问题进行指导，每个村由一名班子成员挂钩进行指导负责清拆工作，成立一个督查组对问题整改情况进行督查，每天出动一台宣传车在全镇所有村社区进行不间断宣传“三清三拆三整治”工作，成立一支清拆机动队随时做好对督查组发现的问题进行清拆整改，对进度滞后的村两委干部进行一次问责；“村级9个一”即每个村召开一次党员和村民代表大会，全村按区域划分为若干网格，配备一名网格员负责区域内清拆工作，对清拆每一户分发一份倡议书让村民了解“三清三拆三整治”工作的重要意义，每天早中晚通过一次广播宣传“三清三拆三整治”工作，成立一支清拆专业队，配备一台钩机用于清拆，一部清运车用于载走清拆下来的垃圾杂物，初步形成一套行之有效的村级清拆制度，将每周清拆进度进行一次村务公开。据统计，2019年，全区“三清理三拆除”专项工作共投入资金9900万元（其中，区级奖补2579万元），共清理乱堆乱放34259宗、杂草杂物、积存垃圾等40761吨，溪河淤泥、漂浮物等渠池塘溪河淤泥、漂浮物和障碍物22437吨，拆除危旧房、猪牛羊栏和露天厕所、乱搭乱建、违规广告牌共39456宗、563072平方米；完成垃圾乱扔乱放整治38155宗、开展污水乱排乱倒整治8730宗、开展“三线”乱搭乱接整治2298宗。“三清三拆三整治”取得了阶段性成果。

2.示范先行，推进美丽乡村建设。2019年全区共创建生态宜居美丽乡村示范镇1个（埔田镇）、示范村17个，其中省级新农村连片示范建设3个，自2014年开始创建，分别是玉湖新寮村、埔田镇牌边村和云路镇陇上村，建成项目45宗，已通过省的验收（另牌边村和陇上村还新增谋划项目30宗）；2019年新创办示范村14个，计划投资24183万元，共谋划项目176宗，已竣工62宗、在建102宗、未开工12宗。

区成立“生态宜居美丽乡村”示范村创建工作巡回督导组，制订督导工作方案，同时落实区直17个单位到示范村进行挂钩帮扶。按照《揭东区关于推进全域农村人居环境整治建设生态宜居美丽乡村实施方案》《揭阳市揭东区推进生态宜居美丽乡村建设工程工作方案》和《关于揭东区生态宜居美丽乡村项目建设和资金管理的意见》等文件要求和规定，简化流程，稳步有序推进美丽乡村创建工作，2019年年底新创建的示范村基本达到干净整洁村标准。

3.农村基础设施日臻完善。完成村道路面（村委会通自然村）硬化190个和自然村村内路面硬化110个。全域范围内99.24%的自然村已实现集中供水，完成年度建设任务。

4.加快推进农村“雨污分流”工程建设。以“五个到位（组织发动到位、规划引领到位、示范带动到位、奖补激励到位、督导考核到位）”全面开展农村雨污分流建设工作。全区农村雨污分流建设工作计划投入6.23亿元，至2019年年底，已投入5.49亿元，其中，市、区财政已拨付奖补资金2.69亿元；应覆盖村庄面积5284.83公顷，已设计覆盖面积4886公顷，覆盖率92.5%；已开工建设的自然村242个（含建成），开工率占100%其中，已完成工程建设的自然村173个，完成率占71.49%，正在建设的自然村69个；污水管网设计长度2211.85公里，其中，120.23公里是后期增加的，不列入工程完成率计算，已完成管网建设长度2088.51 公里，完成率占99.86%；采用接入式、生化式、一体式的污水处理设施村数分别为107个、106个和29个；计划建设污水处理设施341宗，已建成污水处理设施254宗；应接入口275宗，已接入201宗。

5.完善农村垃圾清运处理长效机制。按照全面实施“户收集、村集中、镇转运、区处理”的处理模式，全区共有217个自然村建立垃圾收运处理体系，264个自然村建立保洁队伍，配备保洁员1200多名，完成4个镇级转运站和54个行政村收集点的规范化建设。垃圾日清机制基本形成，生活垃圾处理率达95.1%。同时，结合正在开展的创文创卫活动，大力整治农村乱扔乱放垃圾现象，取得较好的成效。

6.推进乡村“厕所革命”。制定出台《揭东区农村“厕所革命”行动方案》，进一步明确目标任务，大力开展农村卫生厕所建设和改造，坚持建管结合，积极构建长效运行机制。全区完成无害化卫生厕所改造13.89万户，完成率达100%，共建有卫生公厕615个，基本实现卫生户厕、公厕全覆盖。2019年完成50座农村公共厕所新建和改造任务。

（三）以乡风文明为保障，凝聚乡村振兴正能量。

一是以全国文明城市创建为龙头，开展“创文为我，我为创文”活动，创建一批文明村镇、文明家庭、文明校园，助推农村文明。共创建市级文明单位16个、文明镇3个和文明村15个，区级文明村覆盖率已达到95%。在开展寻找“最美家庭”活动中，2019年，评选揭东区“最美家庭”13户，揭阳市“十大最美家庭”1户，揭阳市“最美家庭”5户，省“优秀书香家庭”1户，省“十大最美家庭”1户，全国“最美家庭”1户。二是开展主题为“正学风、树家风、促乡风”的文明实践活动，在全社会营造良好文明氛围，用端正学风带动树立良好家风，用良好家风促进文明乡风建设，播撒文明之花。主题活动在“中国核潜艇之父”黄旭华院士故里揭东区玉湖镇新寮村拉开帷幕，通过观看《大国赤子》潮剧，感受黄旭华院士的家国情怀。三是围绕“共谋共治共建共享”的宗旨，建立成立119个村（社区）乡贤咨询委员会，率先在全市实现了全覆盖，积极发挥桥梁纽带作用，集众智、聚众力、解众忧、释众疑，多谋实策、多献良计，积极发挥各自的优势，汇聚起建设美丽家园的巨大合力。四是大力推进农村文化场所建设，全区已建成基层综合性文化服务场所112个，体育服务场所1个，提前完成年度任务。五是深入开展移风易俗行动。印发《揭东区民政局转发关于做好优秀村规民约和居民公约宣传推广工作的通知》《关于印发揭东区做好村规民约和居民公约工作行动方案的通知》和《揭东区民政局关于加快推进村规民约和居民公约修订完善工作的通知》等文件，推进各地做好村规民约（居民公约）修订完善工作。充分发挥村规民约、红白理事会等作用，坚决遏制大操大办、天价彩礼、人情攀比等陈规陋习。深化农村殡葬改革，引导群众大力弘扬时代新风，自觉抵制封建迷信等腐朽文化的侵蚀。六是切实提高政治站位，突出政治引领，把稳正确导向，把新时代文明实践中心作为宣传群众、教育群众、关心群众、服务群众，最后一公里的重大政治任务来抓。自2018年11月被定为省级新时代文明实践中心试点单位以来，揭东区贯穿“一条线”，织就“两张网”，建立“三机制”，紧扣“四结合”，全面夯实这项书记工程、民心工程、示范工程与实体工程。不到一年时间，实现从省级试点单位向国家级试点单位的跨越，标志着揭东区新时代文明实践中心建设工作再迈新台阶，再踏新征程。目前，已建成1个区级中心、38个实践所和112个实践站，形成完善工作机制和一系列的制度，成立文明实践志愿服务队伍超150支，开展活动1000多场。建成区级志愿服务总队1支共161人（包含区级“五类”志愿者共52人），各镇（区直）实践所志愿服务队38支共295人，村级实践站志愿服务队112支共1416人，百姓宣讲志愿队1支共18人，合计1890名志愿者。

（四）以治理有效为基础，推动乡村和谐发展。

一是加强农村基层党组织建设。全面整顿软弱涣散村党组织，共排查出4个村作为主题教育期间集中整顿软弱涣散村党组织的整改对象，并采取区级领导联村、镇级领导包村、第一书记驻村、区级机关结对的方式开展集中整。同时，通过揭阳市驻镇巡村专项巡察，加大对基层小微权力腐败惩处力度，严厉整治惠农补贴、集体资产管理、土地征收、扶贫等领域侵害农民利益的不正之风和腐败问题。二是深入开展“三个最”乡村创建活动。制定村镇平安标准，扎实推进相关工作。全区有7个镇（街道）已划分为413个网格，按照一格一员的原则，配备网格员413名，职责已全面分清，流程已全面规范，综治网格化管理的村（社区）覆盖率达到100%。三是广泛开展“民主法治村”创建。针对市委“驻镇巡村”专项巡察反馈提出的“村务监管乏力”问题，认真研究整改落实措施，坚持加强党的领导与促进村民自治相统一，以公开为原则、以制度为核心、以监督为保障，扎实推进“阳光村务”创建工作。制定出台《揭阳市揭东区“阳光村务”创新示范点创建工作实施方案》，明确创新公开形式、规范公开内容、统一公开程序、建立工作机制四大工作任务。在创新公开形式方面，计划投资480万元打造区、镇、村三级平台系统，采取互联网+云服务平台的形式，通过LED屏、电脑端对规定内容进行公开公示，推动公开工作规范化、常态化、智能化和专业化。在规范公开内容方面，统一列出“阳光村务”公开事项清单，规范公开目录、严格时限要求，把党务、政务、村务、财务、集体三资等11方面、86小项晒在阳光下，强化对基层干部的监督，促使基层干部更守规矩、遵法纪，也给群众一本明白账，消除群众误解，更好地凝聚民心。此项工作受到省、市民政部门的充分肯定，揭东区被定为“阳光村务”创新示范点。四是“一村一法律顾问”有序开展。共创建7个公共法律服务工作站、121个公共法律服务工作室；民主法治村覆盖区，全区有60个村（社区）被确认为广东省民主法治村创建单位，47个村（社区）已申报民主法治村（社区）创建单位，创建率达90%。五是扎实推进农村产权集权制度改革试点工作。2018年3月，揭东区被确定为国家农村集体产权制度改革试点以来，按照广东省农业农村厅印发的农村集体产权制度改革试点工作“十步法”流程，结合“不忘初心，牢记使命”主题教育活动，克服重重困难，化解诸多复杂问题和矛盾，全区农村集体产权制度改革试点工作已基本完成，总体平稳顺利，得到农村基层干部和广大农民群众的普遍认可。

（区农业农村局办公室）

国画作品　　（陈和光　作）

黄仲石雕作品系列　　（黄仲　作）

DASHIJI

大事记

大事记

■责任编辑：何巧珠　陈楚鹏

1月

1月2日，揭东区消防救援大队举行授衔和换装仪式，从“橄榄绿”变身“火焰蓝”。揭东区委副书记、代区长许剑芒出席仪式，副区长、区公安分局局长赖天鸿主持仪式。

1月3日，揭阳首届全脑教育公开课暨最强大脑石彬彬见面会在区青少年宫举行。

1月8日，揭东区锡场镇潭王村党总支升格设置党委并举行揭牌仪式，这也是揭东区首个村级党委。揭东区委副书记陈建雄为潭王村党委揭牌。

1月9日，揭东区委召开专题会议，对全区“两清”大行动等工作进行再动员再部署。揭东区委书记方烽主持会议。揭东区人大常委会主任许列群、区政协主席林炳华、区委副书记陈建雄等区几套班子成员参加会议。

1月14日，揭东区在揭东开发区新型工业园举行重大项目集中签约、开工仪式。揭东区委书记方烽，区委副书记、代区长许剑芒，区政协主席林炳华，区委副书记陈建雄，区委常委、区政府党组成员钟金鸿，副区长袁镇松等参加活动。

是日，揭东电信“天翼4G+ 高清通话”高清语音VoLTE网络正式商用。

1月15日，揭东区召开省卫生城市复审迎检冲刺会议。

1月16日，揭阳市委常委、常务副市长陈定雄在区委副书记、代区长许剑芒的陪同下，到揭东区检查曲溪河、大港溪等黑臭水体整治工作。

1月17日，揭东区委召开二届四次全会，听取区二届四次党代会筹备工作，区委以及区纪委工作报告起草工作汇报，审议通过有关事项及报告。区委书记方烽主持会议。区委副书记许剑芒、陈建雄，区委常委关敬军、周武城、林志伟、林晓珊、龙志飞出席会议。

1月21日，中国共产党揭阳市揭东区第二届代表大会第四次会议在区人民广场会议中心召开。

1月22日，广东省委常委、省委宣传部部长傅华莅揭调研，并到揭东区锡场镇潭王村红色主题公园、揭东经济开发区新时代文明实践站实地调研。

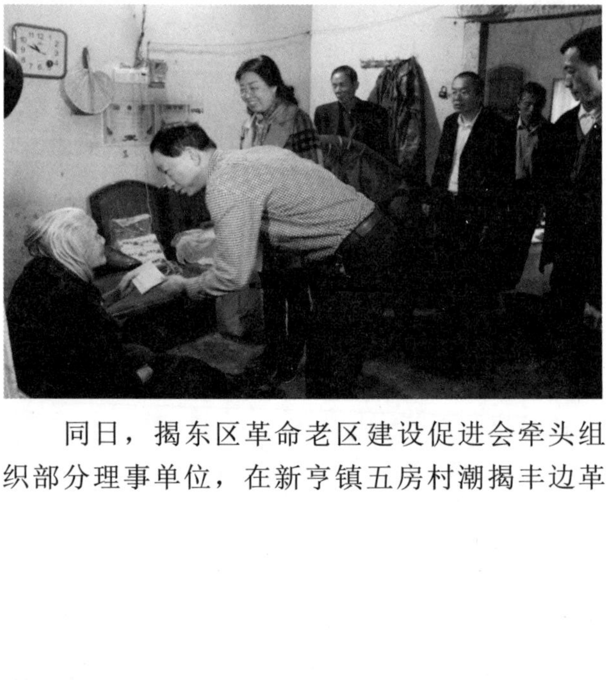

同日，揭东区革命老区建设促进会牵头组织部分理事单位，在新亨镇五房村潮揭丰边革

命历史纪念馆门口开展“送温暖，献爱心”慰问活动（见上图，许丹琼　摄）。

1月25日，揭东区与黑龙江省大兴安岭地区呼中区在区政府签订《缔结友好城市协议书》。

1月25日，广东海事局局长陈毕伍带领相关人员到揭阳辖区榕江砲台京北渡口开展春运工作督查。

1月28日，揭东区·玉湖历史文化小镇项目《投资协议书》签约仪式在揭东区举行。揭东区委书记方烽，代区长许剑芒，棕榈生态城镇发展股份有限公司总裁林从孝、副区长洪锡藩等参加签约仪式。

1月28日，区国土资源局、住房和城乡规划建设局、发展和改革局、水务局、农业和林业局等部分职责整合，组建区自然资源局。不再保留区国土资源局。

是日，揭东区委政法委牵头公安、经信、烟草、市监、环保、物业等多个部门，共出动10多名行政执法人员，先后到对港美市场、油站等场所检查。

1月29日，揭东区委书记方烽出席揭东区纪委二届四次全会，代区长许剑芒等参加会议。

是月，揭东区人大办公室被省人大办公厅评为广东省县乡人大工作和建设先进集体。

2月

2月1日，“潮起东方·开创未来”——揭东区2019年春节文艺晚会在区人民广场会议中心隆重举行，区几套领导班子成员出席。

2月3日，揭阳市委书记李水华，市长叶牛平和揭东区委书记方烽，代区长许剑芒分别带队到揭东各地看望慰问节日期间坚守岗位的干部职工代表。

2月5日，揭东区委书记方烽，区委副书记、代区长许剑芒，区委副书记陈建雄等领导到人民广场，与城区人民一起参加迎春文化活动。

2月7日，揭东区举行新春乡贤座谈会暨第二届金凤奖颁奖大会。

2月12日，揭东区委书记方烽，代区长许剑芒带同区委常委钟金鸿，以及区直相关部门主要负责，走访揭东区的部分市民营“梁柱”企业。

2月18日，位于新亨镇仙美村的蔡翘院士博物馆，举行一颗被命名为“蔡翘星”的小行星落户揭东的特殊仪式。

是日，区人社局在揭东人力资源市场举办专场招聘会。

2月20日，揭东区召开2019年“百日百项”大行动工作会议。

2月21日，揭东区召开2019年武装工作会议，传达上级武装工作会议精神，并对2019年民兵整组工作进行部署。

2月24日，柬埔寨国会议长一行莅临揭东参观访问。

2月27日，揭东区召开新时代文明实践中心建设推进会，区委常委、区委宣传部部长林晓珊参加活动。

是日，市政协副主席陈奇春到揭东区就政协文史资料工作情况开展调研。

是日，揭阳市应急管理局联合区安监、经信、公安、交通等部门，在揭东开发区一处厂房内，查处一个非法存储、销售成品油的黑窝点，现场查扣油品运输车6辆和输油设备一批。

2月28日，揭东妇联组织女企业家共捐资19.36万元支持区妇女儿童公益事业（见下图，区妇联　供稿）。

3月

3月2日，揭阳北站进站大道正式启动拆迁工作。

3月4日，法国艾克斯马赛大学校长贝尔兰和武汉理工大学党委书记信思金一行组成的考察团，在揭阳市领导李水华、姚丽璇、刘端雄、黄伟忠，揭东区领导许剑芒、钟金鸿等陪同下，到中德金属城参观考察。

3月5日，区水务局、环保局和云路镇联合在世德堂水库开展饮用水源保护区整治行动。

3月11日，揭东区区长许剑芒带队到区教育局调研教育发展情况（见下图，区教育局供稿）。

3月13日，广东省委宣传部副部长、省文明办主任蒋斌，广东广电网络股份有限公司董事长叶志容一行在揭阳市委常委、市委宣传部部长方赛妹，代区长许剑芒等的陪同下，到揭东区调研新时代文明实践中心试点工作。

3月15日，揭东区应急管理局挂牌成立，区委常委钟金鸿参加揭牌仪式。

是日，揭东区召开“三大攻坚战”工作推进会暨“谋振兴·百日百项大行动”动员大会。

3月18日，揭东区医疗保障局正式挂牌成立，区委常委、区委统战部部长陈妙龙为区医疗保障局揭牌。

3月21日，中共揭阳市揭东区委教育工作领导小组办公室挂牌成立

是日，揭东区委常委王拥新为揭阳市揭东区自然资源局揭牌。

3月25日，广东省委宣传部副部长、省政府新闻办主任崔朝阳到锡场镇潭王村、揭东经济开发区调研指导新时代文明实践活动。

3月26日，揭东召开会议部署推进全区村级卫生站公建规范化建设。

是日，揭东区召开区委政法工作会议。

是日，区妇联在区政府会议厅召开小额担保贷款贴息工作会议暨业务培训班

3月28日，政协揭东区二届四次会议胜利闭幕。

3月29日，揭东区第二届人民代表大会第四次会议胜利闭幕。

3月30日，“吴履逊旧居建筑群”“永业公厅”“继玉公祠”“军屯砖瓦窑”“修陞公祠”“精臣公祠三壁连近现代建筑群”等6处古建筑被公布为第七批揭阳市文物保护单位。

是月，揭阳市揭东区人大社会建设委员会成立。

是月，揭阳市揭东区人大常委会法制工作委员会更名为揭阳市揭东区人大常委会监察和司法工作委员会。

是月，揭阳市揭东区市场监督管理局成立。

4月

4月2日，揭东区在玉湖镇汾水战役烈士纪念公园，举行清明祭奠革命先烈活动。

是日　广东省高级人民法院常务副院长钟健平等一行到揭东区人民法院新亨人民法庭调研指导工作。

4月3日，揭东区召开森林防灭火工作紧急会议，区长许剑芒在会上讲话，区委常委、常务副区长钟金鸿，区委常委、区委办公室主任王拥新等参加会议。

4月5日，揭东区召开会议，部署推进全区“三清理三拆除三整治”工作。区委副书记周

武城主持会议，副区长洪锡藩就全区“三清理三拆除三整治”工作做具体部署。

4月8日，揭东区委常委、区委办公室主任王拥新到进贤门大道（景观大桥）延伸工程揭东段现场指导拆迁工作。

4月10日，揭东区举行为烈属、军属和退役军人等家庭悬挂光荣牌启动仪式。

4月11日，揭东区“揭阳北站站前广场及道路配套工程”。完成工程规划设计、立项，并进行招投标工作。

4月12日，最高人民检察院党组第四巡视组组长莫文秀等一行3人，在广东省人民检察院政治部副主任吕懿敏、揭阳市人民检察院检察长李学磊的陪同下，到揭东区人民检察院开展巡视工作。

4月15日，第四个全民国家安全教育日在榕泰健身广场举行。

4月19日，宝能城市发展建设集团副总裁胡书臣在揭阳市副市长刘端雄，揭东区委常委、常务副区长钟金鸿等的陪同下，到揭东区梅汕铁路揭阳北站、中德金属生态城等地考察对接项目。

同日，省老促会副会长、省老区建设基金委员会理事长黄广伟，带领调研组到革命老区潭王村调研，并举行座谈会。

4月19日，揭阳市副市长曾瑞如在副区长洪锡藩等陪同下，带队到揭东检查推动“三清三拆三整治”工作。

4月22日，贵阳市修文县副书记吴伟、县委常委、县委宣传部部长肖伦文等一行7人，在揭东区委常委、区委宣传部部长林晓珊等的陪同下，到揭东区人民检察院参观考察新时代文明实践所工作开展情况。

是日，揭东区区长许剑芒等一行，分别到锡场镇、揭东开发区和曲溪街道等地，实地检查区重点项目建设进展情况。

4月23日，揭东区多部门联动，组成联合执法队对全区的成品油市场进行综合整治，严厉惩治非法储存、销售成品油等违法行为。

4月24日，揭东区召开全区集中开展涉土违法违规整治专项行动工作会议。

是日，省政协一行莅揭东开展“加快推进城乡基本公共服务均等化、助力乡村振兴”专题调研。

4月25日，揭东区在人民广场会议中心举行全民国防教育暨“征兵宣传进校园”活动。揭阳市委常委、揭阳军分区政治委员曹士阳参加活动。

4月26日，揭东区举办危化品安全生产管理知识讲座暨安全事故警示教育培训会。

4月29日，广东粤剧院国家一级导演钟汉秋应邀到揭东区，在区委常委、区委宣传部部长林晓珊等的陪同下，深入现代潮剧《贤德魂》（暂名）的创作原型黄旭华院士的家乡玉湖新寮村进行实地参观了解。

4月29日，揭东供电局被广东省总工会授予五一劳动奖状（见下图，李尧 摄）。

5月

5月1日，揭东区委副书记周武城到锡场镇军埔、石洋、彬琪、潭王、塔步等地检查指导“三清三拆三整治”工作。

5月2日，团区委在玉湖镇举行“青春心向党 建功新时代”——揭东共青团纪念五四运动100周年主题学习教育活动。

5月6日，高铁揭阳站站前广场及道路配套工程开工建设。

是日，揭东区民政局在云山殡仪馆举行骨灰植树活动，把880具骨灰以植树的形式回归自然。

5月7日，广东省人民检察院专职检委李庆协带领公诉二处副处长吴伟滨等，在市人民检察院检察长李学磊等的陪同下，到揭东人民检察院督导扫黑除恶工作。

5月8日，揭东区委理论学习中心组举行“揭东论坛”报告会，邀请汕头大学法律专家沈忆勇副教授开讲宪法专题。

是日，省军区司令员张利明少将到区人武部检查指导工作（见下图，魏桂华　供稿）。

5月9日，香港消防处职工总会主席聂元风率团到访揭东区消防救援大队开展交流学习。

是日，揭东区人武部组织开展国防教育暨“征兵宣传进校园”活动。揭东区委常委、区人武部部长龙志飞，区人武部政委陈克分别在揭东一中、揭东二中作主题宣讲。

5月10日，汕头市委政研室调研组到揭东区玉湖镇参观黄旭华故居乡村振兴示范基地建设情况。

5月13日，揭东区妇联联合锡场妇联举办“悦读伴成长·书香润万家”亲子诵读经典活动。

5月15日，揭阳市在揭东区召开扫黑除恶专项斗争领导小组现场会议。

5月16日，揭阳市政协副主席蔡榜藩带队在揭东区委常委、常务副区长钟金鸿，区政协副主席陈豪杰等的陪同下，到巨轮智能装备股份有限公司、广东中宝炊具制品有限公司、宝嘉不锈钢、海兴塑料等地调研。

18日，揭阳市首届“贤德揭阳”端午龙舟赛揭东初赛在揭东枫江枫口河段开赛。

5月20日，惠州市揭阳商会参观访问团一行到揭东区开展参观交流活动。

5月23日，揭东区的文化界人士举行座谈会，纪念毛泽东“5·23”讲话77周年。

5月24日，揭东区召开招生考试委员会工作会议，部署平安高考、中考工作任务，副区长蔡晓霞参加会议并讲话。

5月27日，揭东区召开工作会议，传达贯彻全市关于“中央和省环境保护督察整改暨环保基础设施推进会”的精神。

5月29日，由香港揭阳各级政协委员联谊会会长、揭阳市政协香港组召集人张仲哲带领的访问考察团一行到揭东区中德金属生态城参观访问。

5月30日，揭东区二届人大常委会召开第二十八次会议，区人大常委会主任许列群主持会议，副区长吴宏波代表区政府到会，会议表决通过有关的人事任免事项。

5月31日，佛山市委组织部副部长、市委老干局局长关举雄一行7人到揭东区玉湖镇新寮村参观考察。

是日，财政部副部长余蔚平一行到揭东区调研减税降费情况。

6月

6月4日，端午节包粽大赛在锡场镇潭王村新时代文明实践站开展。

是日，体彩超级大乐透第19059期开奖，揭东区购彩者喜中2注二等奖（含追加），奖金高达130万元。

6月5日，省人大常委会委员、省农委主任委员温捷香带领调研组，在揭阳市人大常委会副主任柯群坚，区人大常委会副主任林琼瑜、副区长洪锡藩等陪同下，到揭东区调研农村人居环境整治、建设生态宜居美丽乡村工作情况。

是日，揭阳市人大常委会副主任唐莉带队到揭东区，检查“推进县乡人大工作年”任务落实情。

6月7日，区长许剑芒同区领导许列群、林炳华、周武城、王拥新、蔡晓霞等，到揭东各个高考考点进行巡考。

6月12日，揭阳市老区建设促进会在锡场镇潭王村举行挂牌启动仪式。市老区建设促进会会长吴平河主持仪式。副市长、市老促会名誉会长曾瑞如，揭东区区长许剑芒共同为革命老区村揭牌。市委副书记、市委政法委书记、市老促会名誉会长刘光明在仪式上讲话，揭东区领导周武城、陈郁芳，以及相关单位负责人和潭王村代表等200多人参加挂牌启动仪式。

是日，揭东区召开创建国家卫生城市省级技术评估迎检推进会。揭东区委常委、区委统战部部长陈妙龙参加会议并讲话。

6月13日，揭东区召开2019年“广东扶贫济困日”活动专题会议。

6月17日，揭东区人武部举行2019年民兵轻舟骨干集训活动，对全区各地的民兵轻舟骨干进行训练。

6月18日，是全国第十八个安全生产月。由揭东区安委会牵头，揭东围绕“防风险、除隐患、遏事故”主题，组织开展一系列“安全生产月”主题活动。区委常委、常务副区长钟金鸿参加在城区榕泰健身广场举行的宣传咨询活动。

6月19日，揭阳市召开以黄旭华院士为原型的新编大型现代潮剧《大国赤子》的动员会，揭阳市委常委、市委宣传部部长方赛妹参加活动并作动员讲话。

是日，揭东区老促会在玉滘镇尖山村举行“广东省革命老区村”挂牌仪式。区领导周武城、钟金鸿、陈郁芳、洪锡藩、吴宏波等出席挂牌仪式（见右上图，周树明　摄）。

6月21日，揭东区新华书店改革重组签约仪式在揭东区委区政府会议厅举行。广东省新华发行集团纪委书记金若华，揭东区委副书记周武城等参加签约仪式。

是日，揭东区启动2019年节能宣传周和低碳日活动。

6月24日，揭阳市、揭东区地震局联合到

揭东二小举办地震知识专题讲座，帮助全体师生掌握必要的防震减灾知识和地震自救知识。

6月28日，省税务局党委委员、总经济师伍关兴一行到云路税务分局开展调研工作并主持召开座谈会。

6月30日，揭东区在区委区政府办公大楼前举行2019年“广东扶贫济困日”活动捐赠大会。

是月，锡场镇江滨村党总支书记黄晓耿获评广东省“百名优秀村（社区）党组织书记”

是月，全区30个革命老区村完成“广东省革命老区村”挂牌。

7月

7月1日，揭东区举行“百场微党课”宣讲启动仪式暨首场宣讲会。揭东区区长许剑芒等在活动上宣布“百场微党课”宣讲活动启动，并为“讲好揭东故事·展现揭东魅力”演讲获奖者颁奖。

是日，由揭东区委组织部、区文化广电旅游体育局主办的“初心·使命 多彩揭东”创意短视频大赛举行颁奖活动。

7月2日，揭阳市委常委、市委统战部部长庄建儿在揭东区区长许剑芒，区委常委、区委统战部部长陈妙龙等的陪同下，到埔田镇牌边村调研当地乡村振兴战略实施和精准扶贫等工作。

7月3日，省司法厅副厅长梁震带领调研组一行，到揭东区就欠发达地区律师事务所建设开展专题调研。

7月8日，区委常委、区委办公室主任王拥新在新亨镇主持召开现场会，协调解决义属片区新亨镇英花段平行国道500米管道铺设的重难点问题。

7月10日，区委、区政府在锡场镇一水利设施现场举行巡河日暨经常性巡河活动启动仪式。

是日，“传统龙舟建造技艺”“锡器制作技艺”“石茶盘制作技艺”“金桔油制作技艺”“冬菜制作技艺”五个项目被列为揭东区第四批区级非物质文化遗产名录。

7月11日，区人大常委会主任许列群，副主任黄建声、黄敬双、林琼瑜带领部分省市区人大代表到锡场镇锡西村污水处理厂，新西河水库南干渠等地考察。

7月12日，最高人民检察院党组第四巡视组副组长周惠永一行3人到揭东人民检察院抽查巡视整改落实情况。

7月18日，广东省人大常委会社会委主任委员许光率执法检查组一行到揭东开展《中华人民共和国慈善法》执法检查。

是日，揭东区召开会议，部署土地卫片图斑整改工作。

7月22日，区人力资源和社会保障局举办“高校毕业生”专场免费招聘会。

7月24日，区委书记方烽等带领慰问团到揭阳市军分区开展“八一”慰问活动（见下图，吴志鸿　摄）。

7月26日，原中国电信揭东分公司依照地方政府行政区域，拆分为新的中国电信揭东分公司、产业园运营中心、空港运营中心。

7月30日，揭东区书法家协会举行成立大会，并选举出协会的第一届领导机构。

7月31日，揭东区二届人大常委会召开第29次会议。

是日，政协揭东区二届常委会召开第16次会议。

8月

8月1日，由揭阳市委宣传部和揭东区联合组织创作，以中国第一代攻击型核潜艇和战略导弹核潜艇总设计师黄旭华院士为原型的大型现代潮剧《大国赤子》，在区人民广场会议中心成功举行首场演出。市委书记叶牛平，代市长张科等市领导和区委书记方烽等区领导到场观看（见下图，区文广旅体局　供稿）。

是日，云路镇联合区城监局、区交通执法局对国道539云路段两侧乱搭乱建进行综合整治。

8月6日，省税务局局长吴紫骊在揭阳市委常委、常务副市长陈定雄，揭东区委书记方烽等的陪同下，到揭东就企业减税降费政策落实情况开展调研。

8月7日，揭东区在揭东万竹园景区举办七月初七“出花园”传统民俗活动。

是日，揭东区退役军人事务局分别与农行、工行、中行、建行、邮储银行、农商行共

6家银行揭东分支机构签署“拥军优抚协议”合作文件，并向优抚对象代表颁发拥军优抚卡。

8月8日，揭东区人民政府与天虹商场股份有限公司在揭东区党政办公大楼会议厅，举行项目战略投资合作框架协议签订仪式。揭东区委书记方烽，天虹商场股份有限公司助理总经理，华南一区总经理张泳波等出席签约仪式。

8月15日，由揭阳市公安局和中国平安财险揭阳中支合作共建的一级交通劝导站——云路镇北洋村劝导站举行启动仪式。

8月16日，由广东省人大常委会农委副主任委员林进雄带领的省人大调研组，到揭东区就揭东推动建立互联网+订单农业公益性平台，助力乡村振兴工作开展专题调研。

是日，2019年“杨启昭先生高考、中考优秀奖”颁奖大会在揭东一中举行。

8月20日，全市新时代文明实践中心建设工作现场会在揭东区召开。省文明办副主任吴祖清，揭阳市委常委、市委宣传部部长方赛妹等到各参观点实地参观。

是日，玉湖山炒茶、“潮青优品”笋脯、高师傅橄榄酒、品海堂老香橼（咸）四个产品获“揭阳十佳旅游手信”称号。

8月28日，参加揭阳市六届人大五次会议揭东代表团代表在驻地召开会议，讨论审议关于揭阳滨海新区“一城两园”总体规划的报告、决议草案等有关事项。揭东区委书记方烽，揭阳产业园党委书记贝舒勉，揭东区区长许剑芒，揭阳产业园管委会主任赖源凯，揭东区人大常委会主任许列群等参加讨论。

8月30日，揭西县委宣传部考察团一行到揭东区新时代文明实践站等参观，详细了解各新时代文明实践单位具体经验做法。

9月

9月6日，揭东区举行2019年度定兵大会，通过现场公开电脑派号的方式，确定兵员入围名单及兵员去向。

9月9日，揭阳市市长张科，副市长刘端雄等一行，在揭东区委书记方烽，区长许剑芒等的陪同下，深入站前广场建设现场，实地了解项目建设进度。

是日，贺龙体育基金会主席贺晓明(贺龙元帅次女)、原财政部党组成员、中纪委驻财政部纪检组组长贺邦靖等一行6人到玉湖镇汾水战役烈士陵园参观。

9月10日，2019年广东经济形势报告会揭东区专场在区人民广场会议中心举行，区几套班子领导成员参加会议。

是日，揭东区召开宣布区人武部部长任职会议，揭阳军分区司令员王俊到场宣布区人武部部长的任职的命令。林建波任揭东区人武部部长，原揭东区人武部部长龙志飞调往其他岗位任职。揭东区委书记、区人武部第一书记方烽参加会议。

9月17日，区委“不忘初心、牢记使命”主题教育工作会议第一节全体大会在区党政办公大楼后九楼会议厅召开，区领导方烽、许剑芒，市委第一指导组郑豪义出席会议。

9月18日，揭东区玉湖镇新寮村古村落“首批广东省文化和旅游特色村”项目入围首批广东省文化和旅游特色村。

9月19日，区司法局在锡场镇锡西村开展“千场志愿服务进社区（村）活动”（见下图，柯心志 摄）。

9月25日，揭东区召开区委审计委员会第一次会议。

同日 揭东区人民法院完成内设机构改革工作，并举行内设机构揭牌仪式。

9月26日，广东省消防救援总队政委吴瑞

山到揭东区消防救援大队检查指导工作。

9月27日，揭东区二届人大常委会召开第31次会议，听取和审议区人民政府关于2018年区级财政决算（草案）等报告，并通过有关的人事任免事项。

9月30日，揭东人民医院正式升级为揭阳市第二人民医院。市、区领导张科、姚丽璇、许剑芒等领导参加揭东人民医院升级并为市第二人民医院揭牌仪式。

10月

10月8日，原揭阳站改名为揭阳南站、位于锡场镇的揭阳北站改名为揭阳站。

10月9日，揭东召开红色资源保护利用工作会议。

10月11日，梅汕铁路开通运营，新揭阳站投入使用，揭阳站总建筑面积约2.20万平方米，站房面积近9999平方米，站场规模为2台线设计最高聚集人数1200人。

10月17日，区委政法委在玉湖汾水战役纪念碑前举行主题党日活动。（见下图，区政法委　供稿）。

10月24日，广东省委台办副主任黄兆芬带领调研组到揭东区开展助力乡村振兴，探索两岸农业融合基地建设的专题调研。

10月25日，揭东城区榕泰广场举行主题为“关爱环卫工人·践行初心使命”的活动。

10月28日，省政协副主席、省住建厅厅长、九三学社广东省委主委张少康一行，在揭阳市政协副主席李健、吴少珍，揭东区委书记方烽等的陪同下，到揭东区埔田镇开展乡村振兴调研。

是月，揭阳市揭东区儿童福利院设立，并启动建设工程。

11月

11月1日，揭东区政府召开党组（扩大）会议暨区政府2019年第10次常务会议，区长许剑芒主持会议。

11月6日，揭东区召开推进水污染防治攻坚现场会。

11月7日，揭东区司法局在区法律公共服务中心举行“和美调解室”成立揭牌仪式。

11月8日至10日，香港揭东商会和粉岭潮侨盂兰胜会组织100多名会员回乡参观访问。

是日，省委组织部组织二处处长、省委主题教育办专项整治协调组常务副组长梁东海一行到揭东第一中学开展主题教育和基层党建专项调研。

11月14日，九三学社中央专职副主席、中国工程院院士丛斌一行到埔田镇开展助力乡村振兴调研。

11月25日，惠来县委宣传部组织全县宣传系统干部到揭东区考察新时代文明实践中心工作。

11月27日，全国红军小学建设工程理事会在锡场镇潭王村蓝康红军小学举行仪式，授予该校“全国红军小学国防教育示范校”的牌匾。该校是广东省首个获此殊荣的红军小学。

11月29日，揭东区人大常委会召开二届人大常委会第32次会议。区人大常委会主任许列群主持会议，为新任命人员颁发任命书。

12月

12月2日，揭东召开全区“美丽乡村”

“雨污分流”工作推进会暨“阳光村务”创建工作会议。

12月4日，揭东区锡场镇潭王蓝康红军小学再获殊荣，全省第一个“全国红军小学国防教育示范校”落户该校（图为该校小红军书法班，王淡波 摄）。

12月5日，省政协常委、文化和文史资料委员会主任方健宏带领省政协民主监督第八调研组一行先后到揭东区玉滘镇尖山村、桥头村等地调研，实地了解揭东区实施乡村振兴战略、脱贫攻坚、农村人居环境整治工作等情况。

是日，揭东区委机构编制委员会批准成立揭阳市揭东区新时代文明实践指导中心

12月10日，揭东电网警务室揭牌成立。

12月16日，揭东区篮球协会成立大会暨第一届理事会在揭东榕泰广场召开。

12月19日，“文明揭东 精彩有我——揭东区青少年宫科普进校园”首场活动在揭东区第五小学举行。

12月23日，揭东全区统一开展城市环境卫生大整治活动。市委常委、市委宣传部部长江林生，区委书记方烽等领导深入全区各地开展督导工作。

12月26日，揭东农商银行举办财经论坛活动。

是月，揭东区客运改革工作完成。

是年，揭东电信全面加速5G基础网络设施建设，建成移动室、分基站达800多个，完成5G网络第一阶段建设基础准备。

是年，揭东区被纳入省老区苏区的“其他老区”范畴，享受省老区苏区振兴发展的政策支持。

是年，揭东区玉滘镇镇谢坑村被列定为广东省级生态宜居示范村。

是年，在广东省文学艺术界联合会、广东省民间文艺家协会联合主办的第十一届广东省民间工艺精品展上，揭东区青年艺人吴锐亮的作品《观音》获银奖。

国画作品 （林建南 作）

ZHONGDIAN XIANGMU JIANJIE

重点项目简介

揭東年鑒

重点项目简介

■责任编辑：陈楚鹏

【揭东区北环大道市政道路工程项目】　该工程计划总投资2亿元，2019年完成投资5800万元。目前南侧全面通车，北侧混凝土路面完成90%；污水管铺设全面完成，北侧雨水管道铺设完成70%；南侧中间绿化带及非机动车道全面完成；南侧人行道砖铺设完成73%。

【揭东区环山路东段市政道路工程项目】　该工程计划总投资1.1亿元，2019年完成投资5500万元。该工程全长约4500米，宽60米，包括道路工程、排水、绿化、路灯等。目前工程已竣工。

【梅汕铁路揭阳北站站前综合广场及道路配套工程项目】　该工程计划总投资6.60亿元，2019年完成投资4.20亿元。该工程站前广场已完成土方挖运69万立方米(实方）、底板基础44200平方米、顶板31200平方米、支护桩74条，冠梁260米、抗浮锚杆287根、边坡喷锚13000平方米、顶板防水完成12000平方米、东广场钢结构吊装；进站大道已完成K0+000—K0+710段主车道粗粒式沥青混凝土、路侧石、人行道铺砖铺设，完成K0+000—K0+650雨水及污水管道安装，完成全部桥身主体，包括防撞墙、搭板、引桥段回填土、引桥挡土墙，排雨水渠箱完成750米，K0+000—K0+650完成通信管道敷设，涉铁段预制框架顶进完成（见右上图，资料相片）。

【揭东区沿江路堤防改造综合工程项目】　该工程计划总投资5.20亿元，2019年完成投资1.44亿元。该工程累计完成粉喷桩施工66万

米，占工程量96%；水利粉喷桩施工4.50万米，占工程量67%；水利土方回填3.80万立方米，占工程量88%；市政土方开挖7.50万立方米，占工程量88%；混凝土路面3800米，占工程量75%；水泥稳定碎石3850米，占工程量87%；通信线路和电力管道各3250米，各占工程量77%；人行道3850米，占工程量83%；非机动车道3000米，占工程量71%；雨水管道3850米，占工程量91%；污水管道3850米，占工程量91%；水利堤防花岗岩石板3500米，占工程量83%，路灯3000米，占工程量71%，水利灌注桩126根，占工程量84%。

【揭东区妇幼保健计划生育服务中心综合楼建设工程项目】　该项目计划总投资8623万元，2019年完成投资4000万元。项目已完成赔青、场地“三通一平”、可研报告、选址规划、立项、环评、勘探、图纸设计、能评、防震、绿建设计、建设用地规划许可证、招投标、施工图预审及造价咨询、财审工作，施工许可证，

工程已于9月30日开工，年底已完成地下打桩、地基建设、地面十三层主体框架封顶建设、正在进行1、2层内砌墙建设。

【揭东区中医医院建设工程项目】 该项目计划总投资1.08亿元，2019年完成投资5850万元。项目已完成土地调规、立项批复（包括可研）、节能评估、环评、建设方案平面图绘制、稳评、地震、人防、一体化招标、三通一平、建设用地规划许可证等前期工作，并已开工建设，年底已完成打桩、地下停车场建设、地面十层主体框架封顶建设。

【揭东区云山殡仪馆改扩建二期工程项目】 该项目计划总投资6400万元，2019年完成投资2800万元。项目主要新建悼念厅1座，由1个大型悼念厅、2个中型悼念厅、8个小型悼念厅及16个守灵室及业务楼、服务楼及配套设施等构成，年底已完成大门修缮，并基本完成桩基础（见上图，周树明 摄）。

【绿源环保资源综合利用揭东示范基地—建筑余泥处理中心项目】 该项目计划总投资2.40亿元，2019年完成投资1.60亿元。项目是揭阳市建筑余泥无害化处理特许经营项目，占地6公顷，设计年处理能力约165万吨，建筑废弃物处理后进行资源化再生利用，主要产品为建筑砂石骨料和环保建筑砖材料。年底完成主体工程建设。

【中瓷电子技术有限公司建设项目】 该项目计划总投资5亿元，2019年完成投资2.50亿元。项目主要是研究、开发、生产、销售各类电子元器件、智能终端和智能穿戴产品陶瓷外观件及模组，触控开关面板及模组，电子陶瓷结构件，电子工业专用设备，磨料磨具，电子材料；提供高新技术转让、咨询服务。年底组织正常生产。

【国家电投揭东燃气热电项目】 该项目计划总投资15.10亿元，2019年完成投资6.50亿元。项目主要是建设 2×100兆瓦级燃气—蒸汽联合循环发电供热机组，同步建设配套蒸汽供热管网工程。目前厂区围墙瓷砖铺贴累计完成85%，厂区主次入口道路基层施工完成75%。厂区主入口大门及警卫传达室和次入口大门及传达室主体结构施工已完成；厂区三层办公室施工完成；主厂房打桩正在进行。

【揭阳市宝山湖文化生态项目】 该项目计划总投资22亿元，2019年完成投资7500万元。项目已完成沿仙林场水库配套设施工程等子项目；四点金客栈、巴士旅馆、丛林滑轨、七彩极速旱滑等子项目已完成建设，玻璃桥已完成建设并投入使用；完成景观水库土坝建设及蓄水。穿越亚马逊：哥德堡号船主体完成，支线道路路基开挖完成；游乐场、镜子迷宫完成建设（见下图，周树明 摄）。

嵩山草堂者蓋因自然之
谿昇以當墉洫資人力之
締架復加茅茨將以避燥
濕成棟宇之用昭簡易叶
乾坤可容膝佳閒谷神全
道此其所以貴也及靡者
居之則妄為翦飾失天理
矣歌曰 山為宅草為堂
芝室兮葯房羅蘼蕪拍薜
摘录文征明名篇《草堂十志》己亥仲夏 吴练彬书

书法作品 （吴练彬 作）

GAIKUANG

概　况

概 况

■责任编辑：陈楚鹏

基本概况

【位置面积】 揭东区于2012年12月经国务院批准，由原揭东撤县设立，2013年3月2日正式挂牌成立。揭东区位于揭阳市东北部，地处汕头、潮州、揭阳和梅州四市中心地带，总面积498.32平方千米。东靠揭阳潮汕机场、汕头市，南连接揭阳市榕城区，北部、西北部分别与潮州市、梅州市接壤。

【地理特点】 揭东区地貌类型主要有山地、丘陵、平原。其中，平原占全县总面积近一半，分布在东部和中部。丘陵和山地多在西北部，地势自西北向东南倾斜，北部鹰爪石山，地跨揭东、丰顺两县，海拔1180.50米，为全区最高峰。

【行政区域】 2019年12月，全区共有6个镇和1个街道办事处以及揭东经济开发区，有112个村（264个经联社共231个自然村）、9个居委会。

【江河流域】 全区河流有榕江干流南河，榕江一级支流北河，榕江二级支流枫江，新西河和榕江三级支流车田河等。

【土地资源】 2019年，全区耕地保有量6921公顷，森林面积24674公顷，自然保护区面积5293公顷。组织建设用地报批面积23.06公顷。

【矿产资源】 揭东区矿产资源种类较少，2019年12月，全区辖区范围内已找到矿产18种，其中金属矿有金、银、铜、锡、铝、锌、钨、钛铁矿、锆英石、稀土；非金属矿有钾长石、高岭土、花岗岩、饰面花岗岩；能源矿有泥炭。还有矿泉水、地下水、天然气。

【生物资源】 野生动物资源主要有山猪、龟、鳖、白花蛇、青蛙、穿山甲、鹌鹑、野鸭、河虾、蟹、牡蛎、石斑鱼等。揭东区耕地面积1.40万公顷，粮食作物主要种植水稻、玉米、甘薯等，粮食播种面积1.43万公顷，粮食总产量10.30万吨。经济作物主要种植荔枝、龙眼、柑橘、橄榄、菠萝、香蕉、茶叶、竹笋、蔬菜等。至2019年12月，全区森林面积达2.03万公顷，森林覆盖率49.57%，活立木蓄积量86.52万立方米。

【民族与华侨】 2019年12月，全区有壮族、黎族、土家族、瑶族、满族、哈尼族、彝族等少数民族25个，常住人口721人；有祖籍揭东区的旅外华侨、华人、港澳台同胞30多万人。

（陈楚鹏）

【气候状况】 2019年，揭东气候的总体特征：降水略偏少、气温偏高、台风影响程度偏轻，灰霾日数增多。

（一）降水偏少 2019年揭东降雨量1527毫米，比历年平均偏少14%。各月降水分布不均，其中3月、4月、5月、8月、12月降水偏多，其中12月偏多113%；其余各月都偏少，特别是11月更是滴雨未下，偏少100%。

（二）气温偏高 2019年揭东平均气温23.2℃，比历年平均偏高0.9℃，除5月偏低外，其余各月均偏高，其中1月和2月偏高最明显，分别偏高2.1℃和2.6℃。年极端最高气温为37.6℃，年极端最低气温为6.8℃。

（三）台风影响偏轻 2019年对揭东有影响的台风有两个：1907号台风“韦帕”和1911号台风“白鹿”，由于预报准确、防御得当，据三防办统计，这两个台风没有造成直接经济损失。1911号台风“白鹿”8月24日13时在台湾屏东沿海地区登陆，25日07时25分在福建东山再次登陆，受其影响，揭东出现暴雨到大暴雨，有3个站点录得雨量超过200毫米（云路280.2毫米、东径256.7毫米、玉滘234.8毫米）。灰霾日数增多。2019年揭东灰霾日数为51天,与2018年相比，增加28天。

（林巧美）

【人口概况】 2019年12月，揭东区户籍人口67.78万人，年末常住人口59.64万人，人口出生率14.35‰，政策生育率88.51%，人口自然增长率8.94‰，出生婴儿性别比106.87∶100。

【语言特点】 揭东区居民大部分说潮汕话，小部分说客家话，还有一些外来干部、外来工商业人员及其家属、迁入人员讲普通话。讲潮汕话的人遍及全区7个镇、街道，约占全县总人口的94%，多居住在平原地区、半山区；说客家的约占全县总人口的3%，分布在区境西部、北部山区。玉湖镇有汾水、坪上、新寮、郑厝、北坑、大坑、下坡、马料堂、洪厝埔；新亨镇有五房村讲客家话。讲普通话的人分布于机关、学校、工厂和其他企事业单位，约占总人口的3%。

（区方志办）

经济运行情况

【概况】 2019年，揭东区在区委区政府的坚强领导下，以中共十九大精神为指引，围绕全年工作目标和“紧凑高效做强园区，融入城区，建美乡村”目标定位，全区上下凝心聚力、攻坚克难，全区经济运行总体稳健，稳中向好因素不断累积，发展环境不断改善，人气和资源高效集聚。经济运行相对稳定，各项指标基本保持在合理区间，固定资产投资较快增长，市场消费基本稳定，产业结构不断优化。

【经济运行基本情况】 （一）经济运行总体稳健 据市统计局统一核算初步核定，2019年，全区实现地区生产总值336.60亿元，按可比价计算同比增长5%。分产业看，第一产业增加值26.20亿元，增长5.30%，第二产业增加值156.20亿元，增长4.30%，第三产业增加值154.10亿元，增长5.90%。

（二）农业生产稳中有升 实现农林牧渔业总产值39.10亿元，增长5.02%；农林牧渔业增加值26.90万元，增长5.50%。从主要农产品产量看，种植业实现增产，其中蔬菜、水果相比同期增产；受到非洲猪瘟和环境整治影响，猪肉、水产品出现减少。截至四季度，全区实现蔬菜产量424153吨，增长6.80%；园林水果产量20556吨，增长6.80%；猪肉产量6055吨，下降9.90%；禽肉产量4879吨，增长1.60%；水产品产量9926吨，下降1.64%。

（三）工业生产稳步发展 2019年，全区完成规模以上工业总产值674.10亿元，增长5.10%，增速比2018年提高0.4个百分点；规模以上工业增加值130.90亿元，增长5.60%，增速比2018年提高0.4个百分点。工业用电量增速从8月开始扭负为正，呈现连续上升趋势。

（四）消费市场基本稳定　2019年，全区完成社会消费品零售总额144.10亿元，增长8.60%，2019年来全区社会消费品零售总额增速基本稳定8.5%—1%的区间内。但受经济下行压力和中美经贸摩擦影响，国内消费总体增速低于去年同期，2019年全年社会消费品零售总额增速比去年同期回落2.60个百分点。

（五）固定资产投资较快发展　2019年，全年完成固定资产投资152.21亿元，增长18.80%，增速比2018年提高3.4个百分点。工业投资85.10亿元，增长6.90%；工业技术改造投资36.20亿元，增长5.10%。

【经济运行存在问题】　（一）企业生产、数量萎缩问题制约工业发展　2019年，全区278家规上工业企业中停产（停报）企业41家，停产面14.70%，拉低全区规模以上工业产值增速4.40个百分点，在产（在报）企业237家，其中减产企业54家，减产面19.40%，拉低规模以上工业产值增速4.40个百分点。2019年全区规模以上工业企业278家，比2018年减少34家。

（二）商业发展增速有所放缓　2019年以来，全区消费增速一直低于2018年同期，必须引起高度重视。另外，消费市场发展主要依靠大中型企业支撑，受大企业沉浮制约影响较大。

（三）投资结构失衡问题仍须重视　固定资产投资结构虽有所改善，但是网下项目多，网上直报5千万元及以上项目少且分布区域不均匀等问题须引起重视。

【2020年经济工作建议】　当前全区经济发展过程中仍存在不少困难和问题，必须引起的高度重视。全区上下要深入贯彻落实中共十九大精神以及十九届四中全会精神，坚定发展信心，增强发展定力，坚定不移推进供给侧结构性改革，加大创新驱动力度，力推经济高质量发展。

（一）强化挖存量、提增量工作　着力抓好工业经济发展，一是抓好服务，全力为企业排忧解难，帮扶一批重点工业企业扭亏为盈，力促企业加大生产。二是抓好扶持政策落地，推动现有企业增资扩产，加快企业技改创新。三是抓好项目建设进度，催生新增长点，围绕重点产业培育，加快推进重点工业项目早落地、早竣工、早见效，确保新增长点项目达产达效。

（二）力推三产结构协调发展　要力推新产业、新业态、新商业模式的加速成长，培育新的发展动力，提高三产比重。一是要强化投资项目进度推进工作，确保项目顺利实施，对已经开工建设的项目按进度稳步推进，尚未开工的要查明原因，采取相应措施，解决瓶颈问题，确保项目建设顺利推进，及早投产，及早产生效益。二是要积极加大广东省工业企业技术改造事后奖补政策的宣传力度，引导企业加大技改力度，力推工业经济实现高质量发展。

（三）加强与各部门之间的沟通和协调　支撑GDP核算基础指标的相关部门，要抓好数据的统计工作。发改、经信、住建、市监、税务、交通、统计等相关部门要加强沟通协调，强化信息的交流，特别是税务、电力方面的信息，准确摸清企业的生产经营情况，及时整合企业信息，将达标企业名单及时反馈给各镇（街道、开发区），确保“四上”达标企业及时申报入库，壮大经济发展载体。

（四）全面提升经济增长原动力　各职能部门和各地要做足“个转企、小升规”培育库摸底研判文章，开展调研、协调、督查一系列培育工作。建立和完善“个转企、小升规”企业项目库。准确地把握企业申报入库年度审核时间节点。精准摸查纳税较大且未纳入名录库企业。加强对目标企业生产经营监管，确实做到达标企业准时准点纳入规上名录库。

（吴晓冰　林翠芳）

精神文明建设

【概况】 2019年，在区委、区政府的正确领导下，在上级文明委的有力指导下，揭东区文明委围绕深入学习贯彻中共十九大精神和习近平总书记重要讲话精神主线，高举习近平新时代中国特色社会主义思想伟大旗帜，以培育和践行社会主义核心价值观为根本，以创建全国文明城市为载体，服务中心，聚焦主业，走正道出实绩，着力加强思想道德建设，深化群众性精神文明创建活动，培育社会文明新风，提高公民文明素质和社会文明程度，为揭东“紧凑高效做强园区、融入城区、建美乡村”提供坚强的思想保证和良好的文化条件。

【政治理论工作】 一是发挥区委理论学习中心组牵引作用。2019年，共组织区委理论学习中心组集中学习13场次，积极发挥区委理论学习中心组牵引作用，有效带动了全区各级干部开展理论学习，2019年各地各单位开展习近平总书记视察广东重要讲话精神、《粤港澳大湾区发展规划纲要》学习宣讲活动200多场次；编印《关于2019年全区（科）级及以上党委（党组）理论学习中心组专题学习重点内容安排》，为全区各地各单位理论中心组学习提供内容参考；12月，组建由区委书记方烽任团长，区委宣传部、区纪委、区委统战部、区委党校、区司法局部等单位理论骨干任成员的中共十九届四中全会精神宣讲团，分赴全区各地各单位开展宣讲，进一步推动全区深入学习贯彻中共十九届四中全会精神。

二是发挥“揭东论坛”报告会的品牌效应。邀请名师名家到“揭东论坛”宣讲，继续做强学习品牌，并将培训触角向村党组织延伸，2019年共举办6场次集中学习报告。

三是发挥“学习强国”平台线上学习作用。9月27日，举行“不忘初心、牢记使命”主题教育——“学习强国”知识竞赛活动，得到各地各单位积极响应，持续掀起学习宣传新思想高潮；同时，不断强化平台使用日常管理，积极动员宣传，尽最大努力扩大影响力、延伸覆盖面，至2019年年底，该区共有2万多名学员注册学习。

【思想道德建设】 （一）持续深化新时代文明实践工作 抓住作为省级“新时代文明实践中心”试点建设单位的有利契机，依托“新时代文明实践中心”载体，着眼凝聚群众、引导群众、服务群众，充分调动各方力量，整合各类资源，探索创新工作方法，把新时代文明实践阵地建设成党在基层道德建设、文化传播的主要阵地。

一是抓配套建设。围绕“五融五传”，即：融入思想引领、融入党的建设、融入文明创建、融入乡村振兴、融入社会治理，传理论，传政策，传道德，传文化，传科技，制定切实可行工作方案；分成“两批次”推进，首批25个实践点（1个区级中心、10个实践所和14个村级实践站）于3月底完成建设，先行先试、积累经验，打造建设样板。至六月底，全区第二批区直26个实践所及所有村（社区）实践站完成建设，推动实践阵地建设全覆盖。

二是抓队伍建设。充分盘活整合全区党建、宣传、文化、教育、卫生、农业、司法、科技等各级资源，组建区、镇、村三级志愿服务队伍，以及“政治宣讲队”“文化宣教队”“民间能人队”“五老志愿队”“楷模宣讲队”5大类志愿服务队。至2019年年底，全区建成区级志愿服务总队1支共161人（包含区级“五类”志愿队共52人），各镇（区直）实践所志愿服务队38支共295人，村级实践站志愿服务队112支共1416人，百姓宣讲志愿队1支共18人，合计1890名志愿者。

三是抓活动开展。制订出台《揭东区新时代文明实践活动工作方案》，初步形成“上下连通的双轨机制”“横向交流的互动机制”“全域流动的巡回机制”三个“交互式”的实践机制，补足基层志愿服务短板，为推动基层文明实践的常态化开展提供制度保障。同时，坚持一所一品牌，一站一特色，一月一主题，一周一活动，紧扣党政所向、群众所需、文明创建、乡村振兴等内容，先后组织策划“百场微党课”“百场法律课”“百场文化下乡”“百场科技兴村”“百场文明进村”“百场小故事”“百场电影进村”等“七个一百”下基层活动，通过一系列极具特色接地气的文明实践活动，让党的理论政策和主流文化“飞入寻常百姓家”。2019年，全区各文明实践阵地共开展活动约3000场次。

8月20日，全市新时代文明实践中心建设工作现场会在揭东区举行，及时总结、推广、提升揭东区试点建设工作经验。通过一年来的努力，揭东区新时代文明实践中心建设于2019年10月由省级试点建设单位跃升为国家级试点建设单位。

（二）持续深化核心价值观教育 一是继承发扬优秀革命传统。清明节期间，依托汾水战役革命烈士陵园、潮揭丰边人民委员会旧址、潭王蓝康红军小学旧址等爱国主义教育基地，组织开展一系列革命传统教育活动，切实加强对广大干部群众的理想信念教育、爱国主义教育、推动全区培育和践行社会主义核心价值观活动深入有效开展。

二是发挥道德模范引领作用。通过开展评选身边好人、道德模范、行业模范、“玉德人物”等活动，选树一批在“贤德揭阳 揭阳进贤”宣传实践活动中涌现出的最美人物，树立全民学习的榜样，推动全区形成做好人、讲正气、促和谐的时代风尚；其中，玉湖镇许晓英成功获评“第四届揭阳市玉德人物”称号。

三是组织开展主题志愿服务活动。完成组建全区学雷锋志愿服务站点，并常态化投入使用。从8月开始，开展创文主题志愿服务活动：于每月1日组织区直各单位开展结对创建“一月一主题”活动，帮助各挂钩村（社区）解决实际困难；从9月开始开展文明交通志愿服务活动，引导和培养市民形成自觉遵守交通法规的良好习惯；同时，常态化开展“一局一文明路”环境卫生志愿服务活动。

四是编写、印制《揭东区社会主义核心价值观》青少年读本。读本包括社会主义价值观概述、国家，社会，公民三个层面的价值目标、社会主义核心价值观小故事和十大贤德揭东人故事等，发放至全区各中小学作为学生的第二课堂读本；编制“社会主义核心价值观”小学生体操在小学中推广，让学生在潜移默化中弘扬社会主义核心价值观。

五是开展系列主题教育实践活动。结合新中国成立70周年，开展以“我的中国梦”“培育和践行社会主义核心价值观”等为主题的教育实践活动，推动社会主义核心价值观进教材、进课堂、进头脑，把核心价值观融入学校教育教学、社会实践、校园文化建设等各个环节，切实做到全员育人、全方位育人。

（三）持续深化未成年人思想道德教育 一是建强未成年人思想教育阵地。通过加强乡村学校少年宫建管用工作、未成年人心理健康辅导工作及抓好家长学校建设，推动未成年人活动阵地建设工作深入开展。10月中下旬，采取材料审核、实地考察、问卷调查的方式，牵头组织对全区未成年人思想道德建设工作和中央彩票公益金支持的乡村学校少年宫建设进行年度检查，并顺利通过市测评组测评验收。

二是深入挖掘宣传未成年人先进典型。紧紧围绕中共十九大提出的“培养担当民族复兴大任的时代新人”目标要求，积极遴选推荐“新时代好少年”典型事迹。经市组委会评定，揭东区三位在校学生获评2019年度“新时代好少年”称号。同时，通过区电视台、“文明揭东”公众号、宣传栏等各类宣传媒介，大力宣传入选的“新时代好少年”感人事迹，充分发挥先进典型的引领示范作用，引导广大未成年人见贤思齐，向上向善、孝老爱亲，忠于祖国、忠于人民。

三是营造适合未成年人成长社会环境。对校园周边区域内的营业场、商铺、交通秩序等开展集中整治，大力推进爱国主义教育基地、图书馆等公益性文化设施向未成年人免费开放工作，采取有效措施关心关爱留守儿童、流动儿童、流浪儿童、孤残儿童、边缘儿童等特殊群体，帮助他们解决实际困难，竭力为未成年人健康成长创造良好条件。

【群众性精神文明创建活动】 （一）全力以赴投入创文攻坚战　一是制定指导性文件，明确各级各部门工作任务，对城乡环境的整治目标、考核指标和督查评分标准都作了具体的量化，切实落实相关责任。二是严格落实资料编报，按照有关要求，提前谋划，细化任务，注重日常资料台账整理收集，全面落实创文资料月报制度，按时按质完成2019年度创文资料对标申报任务。三是牵头推进环境提质，联合多部门推进交通秩序、环境卫生、污染和“两违”等三大专项整治；因地制宜配齐“小公园＋停车场”“小绿地＋停车场”等城市“家具”；推进农贸市场改造升级；完善环卫设施配套；以打造四条文明示范路，推动城区道路规范整治，从多方面改善城市环境质量。四是营造共建共享氛围。落实挂钩帮扶，推动各级领导干部下沉到挂钩村、基层一线，帮助挂钩镇（街道、开发区）精准对标创建全国文明城市测评体系的要求，找准创文工作短板，形成任务清单，逐项落实整改。加强宣传引导，充分发挥宣传栏、建筑围挡、广播、电视、网络等平台的宣传引导作用，对照标准完善公益广告设置，大张旗鼓开展创文宣传。五是不断强化监督问责。一方面利用设立“曝光台”“随手拍”栏目为契机，曝光不文明行为和现象，鼓励广大市民主动参与文明创建、监督不文明行为；另一方面按照市的统一部署，于10月开始每周组织对全区创文工作进行督查评比，落实问题责任单位限期整改，以督查成效倒逼创建工作取得实效。

（二）开展“我们的节日”系列活动　春节期间，开展一系列内容丰富、形式多样的群众性文化活动，于2月1日组织到玉滘镇开展“文明好乡风，幸福过大年”文化宣传活动，以文化活动为载体、以书春送福为纽带，为群众带去节日的问候。此外，春节期间全区各地开展了潮剧票友会、灯谜竞猜、各类球赛、拔河比赛、广场舞、文艺晚会、弦乐表演、电影放映、象棋比赛、舞蹈表演、太极表演、锣鼓队镖旗巡游等文化活动近100场次；元宵期间，在榕泰广场举办“文化进万家 欢乐闹元宵”主题活动，让广大群众在参与活动中感受闹元宵传统文化习俗的魅力；清明节期间，在汾水战役革命烈士陵园、革命老区五房村分别举行“传承•清明祭英烈”“传承•守正育新人”“传承•红色代代传”活动，全区党员干部群众、教师代表、公安代表、学生代表1000多人参加活动；端午节期间，组织到锡场镇潭王村举办“龙舟鼓响 • 碧粽飘香”包粽子比赛。丰富的节日活动，让老百姓在真真切切的文明实践中感受传统文化的魅力，加深解传统节日、喜爱传统节日、认同传统节日，吸引更多人愿意做优秀传统文化的继承者和传播者。

（三）营造全民阅读浓烈氛围　以“悦读 • 为祖国喝彩”为年度主题，针对不同群体，分层分级开展一系列内容丰富、形式新颖的阅读活动。在4月22日世界读书日前后，围绕“壮丽70年 • 奋斗新时代”主题，开展了“悦读伴成长 • 书香润万家”“知心姐姐讲故事”“文明实践 • 书香机关”“记录新时代 • 展现新形象”“文明实践 • 书香企业”等一系列内容丰富、形式新颖的阅读活动，进一步激发全民阅读热情，建设书香揭东，为祖国70华诞献礼。同时，因地制宜完成区图书馆、揭东二中、榕泰广场三个城区“读吧”。

（四）挖掘文明创建先进典型　2019年，共创建市级文明单位21个、文明镇3个和文明村33个，区级文明村覆盖率已达到95%；在开展寻找“最美家庭”活动中，共评选出16户“最美家庭”；2019年年底，组织对申报2019年区级“文明校园”的43所学校进行评估验收，对未申报验收的学校进行过程性督促检查，不断提高文明校园创建实效。

（五）丰富人民群众文化文艺生活　8月1日晚，以黄旭华院士为原型的大型现代潮剧《大国赤子》在揭东人民广场正式首演，并进行全市巡演；为庆祝新中国成立70周年，分别在揭东区会议中心和榕泰广场成功举办《永远的祖国》《“守初心 担使命”——我和祖国共成长》群众文艺晚会。

【新闻出版】 2019年，完成全区印刷企业年检45家，出版物年检21家,加强对参加年检企业签订“安全生产责任书”和“守法经营责任书”。加强“扫黄打非”工作，出台“扫黄打非·护苗2019”等5个专项行动方案，不断强化文化出版市场日常监督，保障意识形态安全和文化思想安全。结合“绿书签行动”和第19个世界知识产权日，4月20—26日宣传活动周向群众普及相关法律法规知识，教育引导大家进一步增强版权保护意识，自觉远离有害出版物及信息。加大文化执法力度，2019年揭东区共出动检查人次2500多人次，检查相关场所780多家次，网上巡查本地论坛、网站630次，收缴非法出版物250多本（册、盘），取缔无证出版物摊档（点）3处。

（许耿豪）

国画作品　　（陈项木　作）

ZHENGZHI

政　治

揭東年鑒

政 治

■责任编辑：陈小岚 林漫娜

中国共产党揭东区委员会

【区委重要会议】 2019年1月21日，中国共产党揭阳市揭东区第二届代表大会第四次会议在区人民广场会议中心召开。大会的主题是举旗帜、谋振兴、图跨越，打造“生态型、效益型”新型城镇化示范区。大会听取并审议区委书记方烽代表中共揭阳市揭东区第二届委员会向大会报告工作。主要任务是：高举习近平新时代中国特色社会主义思想伟大旗帜，全面贯彻中共十九大和十九届二中、三中全会以及中央经济工作会议精神，深入贯彻落实习近平总书记对广东重要讲话和重要指示批示精神，学习贯彻省委十二届六次全会、市委六届六次全会精神，回顾总结2018年工作，研究部署2019年工作，动员和组织全区广大党员干部群众，不忘初心再出发、牢记使命勇担当，为打造“生态型、效益型”新型城镇化示范区而努力奋斗。

（区委办）

【区委重大决策】 2019年，揭东区启动北环大道市政道路工程项目、环山路东段市政道路工程项目、梅汕铁路揭阳北站站前综合广场及道路配套工程项等11个重点项目建设，总投资超过61.98亿元，2019年度完成投资47.10亿元。

为深入学习贯彻习近平总书记重要讲话精神和习近平生态文明思想，全面加强区生态环境保护，坚决打好污染防治攻坚战，加快推进生态文明建设，努力建设人与自然和谐共生的美丽揭东，根据揭阳市有关文件要求，2月26日，区委、区政府制订《揭东区打好污染防治攻坚战三年行动计划（2018—2020年）》；为贯彻落实省、市实施乡村振兴战略推进会议精神,以及中央农办、农业农村部等18部委联合印发的《农村人居环境整治村庄清洁行动方案》精神，切实解决农民群众最关心、最现实、最急需解决的村庄环境卫生难题，加快改善全区农村人居环境，根据市委、市政府和区委、区政府实施乡村振兴战略工作部署，4月4日，区委、区政府制订全区推进村庄清洁“三清理三拆除三整治”专项行动工作方案；为深入贯彻落实习近平总书记“三农”思想，落实中央、省、市实施乡村振兴战略的重大决策部署，按照“3年取得重大进展、5年见到显著成效、10年实现根本改变”的总体要求，使全区乡村振兴工作重点突出、更有针对性、更具可操作性，5月5日，根据区委、区政府《关于推进乡村振兴战略的实施意见》，制订2018年至2020年三年重点工作安排；为贯彻落实中央关于实施乡村振兴战略的决策部署，根据省委、市委有关文件精神，5月16日，区委、区政府制订《关于推进乡村振兴战略的实施意见》，并提出总体要求和任务目标；揭阳市第五届中德

（欧）中小企业合作交流会将于9月26日—27日在市区召开，为确保揭东区承接的各项工作任务落到实处。根据《揭阳市人民政府办公室关于印发第五届中德（欧）中小企业合作交流会筹备方案的通知》，8月5日，区委、区政府印发《揭东区落实揭阳市第五届中德（欧）中小企业合作交流会交办任务工作方案》；为坚持和加强党的全面领导，深入贯彻落实好党管干部原则，规范全区干部选拔任用和管理工作，着力建设一支忠诚干净担当的高素质干部队伍，根据新修订的《中华人民共和国公务员法》《党政领导干部选拔任用工作条例》等有关规定，结合揭东区实际，11月22日，区委印发《中共揭东区委关于加强干部队伍建设和管理的若干意见》，并就加强全区干部队伍建设和管理提出具体意见；为全面推进农村雨污分流及生活污水处理工程建设，压实各级工作责任，全力推进农村雨污分流及生活污水处理工程建设，按照“区组织、镇（街道）主体、村（居）实施”的原则，12月25日，区委、区政府制定《揭东区农村雨污分流工程建设责任落实管理办法》。

（区委办）

【区委重要活动】 2月1日，“潮起东方·开创未来”——揭东区2019年春节文艺晚会在区人民广场会议中心隆重举行，区几套领导班子成员出席。2月7日，揭东区举行新春乡贤座谈会暨第二届金凤奖颁奖大会。8月1日，由揭阳市委宣传部和揭东区联合组织创作，以中国第一代攻击型核潜艇和战略导弹核潜艇总设计师黄旭华院士为原型的大型现代潮剧《大国赤子》，在区人民广场会议中心举行首场演出。市委书记叶牛平，代市长张科等市领导和区委书记方烽等区领导到场观看。9月10日，2019年广东经济形势报告会揭东区专场在区人民广场会议中心举行，区几套班子领导成员参加会议。

（区委办）

【问题村帮扶整顿】 2019年，揭东区严格按照上级部署要求，在持续整顿2018年排查确定的软弱涣散村党组织的基础上，将整顿软弱涣散党组织作为“不忘初心、牢记使命”主题教育专项整治内容，对农村基层党组织和街道社区、非公企业和社会组织等领域软弱涣散基层党组织进行排查整顿，区党政领导班子成员，深入全区120个村（社区）进行调研排查，排查确定4个村党组织作为软弱涣散党组织整顿对象，并采取区级领导联村、镇级领导包村、第一书记驻村、区级机关结对进行集中整顿。区委组织部派出督导组多次到各软弱涣散党组织开展督查指导，深入基层协助第一书记及工作组制订完善整顿工作方案、解决遇到困难，组织开展整顿工作业务培训4场次，召集区直各部门及各镇（街道）参与的整顿工作推进会议5场次，有效形成整顿合力，确保整顿工作扎实推进。2019年，全区排查确定的7个软弱涣散村党组织中有6个已经初步完成整顿，各工作组共查找软弱涣散突出问题58宗，已解决56宗，办好事实事196件，投入资金223万元，配齐2名村党组织书记。

（林盼盼）

【区委理论学习中心组“揭东论坛”】 （一）紧跟理论创新步伐，抓实常态学习 理论创新每前进一步，理论武装就要跟进一步。2019年，共组织区委理论中心组集中学习13次，并为区委理论学习中心组提供《学习活页文选》《习近平新时代中国特色社会主义思想三十讲》《粤港澳大湾区发展规划纲要》宣讲提纲等学习书籍、学习资料多批次；编印《关于2019年全区（科）级及以上党委（党组）理论学习中心组专题学习重点内容安排》，为全区各地各单位理论学习中心组学习提供内容参考，促进各级理论学习中心组常态化开展学习，不断巩固主流意识形态。

（二）邀请名师名家宣讲，做强学习品牌 继续做强“揭东论坛”学习品牌，将培训触角向村党组织延伸，2019年，共举办6场次集中学习报告：1月，邀请市委宣讲团成员、揭阳职业技术学院副教授林秀玲作习近平总书记视察广东重要讲话精神宣讲辅导课；5月，邀请汕头大学副教授、广东省委宣传部“千百十工程”重点培养对象沈忆勇做宪法专题辅导；9月，邀请华南理工大学产业与城镇发展研究中心主任、博士生导师丁焕峰作经济形势报告，邀请浙江大学马克思主义学院教授、博士生导师段治文做“不忘初心、牢记使命”主题教育专题报告；10月，邀请“感动山西十大国防新闻人物”卜金宝做“信仰与人生”专题报告；12月，邀请市委宣讲团成员、市委党校副校长张奕绚作中共十九届四中全会精神宣讲报告，均取得较好效果。

（王婉云）

党的建设

【概况】 2019年，揭东区坚持以习近平新时代中国特色社会主义思想为指导，全面落实新时代党的建设总要求和党的组织路线，严格贯彻落实中央和省委、市委的部署要求，扎实开展“不忘初心、牢记使命”主题教育，全面落实加强基层党组织建设三年行动计划和市委“提升组织力30条”，统筹推动各领域党建工作，为揭东高效做强园区、融入城区、建美乡村提供坚强组织保障。

【基层党建】 *（一）全面开展主题教育，推动全体党员学习新思想* 坚持以学习贯彻习近平新时代中国特色社会主义思想为主线，突出“规定动作”做到位、“自选动作”做出彩，推动“不忘初心、牢记使命”主题教育扎实开展。一方面是“规定动作”做到位。落实好主题教育各项目标要求，在区直和镇街层面，突出抓好“关键少数”，确保四项重点措施落实到位。67个单位的领导班子分别开展集中学习研讨，班子成员至少选择一个专题开展调研，建立“两清单”和集中治理清单并落实整改。在基层党支部和基层党员方面，重点落实好“五个一”要求、开展“三学四重五查”系列主题党日活动等各项工作。主题教育期间，对全区党支部书记开展培训，共培训12期921人次；各个党支部书记也分别向所在支部党员讲了一次专题党课或报告了一次学习体会；结合“创文”等工作，组织党员开展志愿活动、为身边群众办好事实事。同时，各基层党支部和广大党员通过“三会一课”等方式，及时跟进学习习近平总书记最新讲话，特别是习总书记在中共十九届四中全会上的讲话，把主题教育持续引向深入。另一方面是“自选动作”做出彩。紧紧围绕揭东实际，在推进主题教育的过程中开展了“十百千万”系列措施，有力抓实基层主题教育。以黄旭华院士为原型，创作大型现代潮剧《大国赤子》并举办10场大型巡演；以习近平新时代中国特色社会主义思想为主要内容，选送百场微党课下基层；在全区近千个党支部中全面推行“一周一读、一月一谈”学习制度；结合开展创文创卫等区委中心工作，组织全区2.70万名党员开展志愿服务，为身边群众办好事实事。

（二）全面落实“提升组织力30条”，推动基层组织贯彻新要求 围绕加强基层党组织建设三年行动计划及市委“提升组织力30条”，结合实际细化出52项重点任务，推动各项工作扎实开展。组织建设方面：深入推进党支部标准化规范化建设，农村一级党组织设置基本与村民小组和经联社的村务管理、经济管理体系相一致；同时结合机构改革工作，及时完成区直涉改单位党组织建设，审批新成立党支部3个，整合党组织设置7个，撤销党组织10个。全面整顿软弱涣散村党组织，全区排查确定的7个软弱涣散村党组织中有6个已经初步完成整顿，各工作组共查找软弱涣散突出问题58宗，已解决56宗，办好事实事196件，投入资金223万元，配齐2名村党组织书记。队伍建设方面：深入实施“头雁”工程，全面配齐2018年年底空缺的8个村（社区）党组织书记，落实各村（社区）按照1：2的比例建立村

党组织书记后备干部人才库，并持续做好全区“春苗计划”储备干部的管理，2019年共有5名“春苗计划”储备干部进入村“两委”干部队伍。同时，在镇、村两级建立复退军人、回乡大学生、外出经商经济能手三类人员信息库，2019年，在库管理人员3500多名，有效地增加村干部队伍后备力量。全面完成村“两委”干部建档工作，其中，村（社区）党组织书记档案全部由区委组织部统一管理。组织开展村（社区）党组织书记履职情况排查，共调整16名村（社区）党组织书记，其中，撤换调整“四不”村（社区）党组织书记4名。2019年6月，锡场镇江滨村党总支书记黄晓耿获评广东省“百名优秀村（社区）党组织书记”。同时，坚持高标准严要求做好发展党员工作，共发展新党员300名，圆满完成年度计划。基础保障方面：按要求足额配套并及时发放各专项经费。对全区120个村（社区）党群服务中心逐一过关，规范“一厅五室”设置，并及时将119项服务群众事项上墙，做到“应公开尽公开”。持续加强镇街党校师资、硬件方面的建设，打造玉湖镇汾水烈士陵园、黄旭华故居、锡场镇潭王村蓝康中心学校革命史教育基地等市级党员教育基地。

（三）全面打造特色亮点，推动党建工作激发新活力 坚持体现揭东特色，在基层党建工作上开展一系列亮点工作，主要体现在“四个一”。一是打造一批党建示范镇、村。按照市委组织部关于“一县一个党建示范镇、一镇一个党建示范村”的标准和要求抓好市级示范镇、村的创建，并在此基础上自我加压，每个镇（街道）增加2个村作为示范点，从阵地、制度等方面规范建设，为基层党组织提供了可看可学的示范样板。二是全面推行“一线工作法”。由区几套班子领导成员带头，区直单位和各镇（街道、开发区）班子成员，每周不低于3次深入农村基层、项目现场一线开展工作，切实做到情况在一线掌握、对策在一线形成、问题在一线解决、作风在一线转变、感情在一线培养、成效在一线体现、干部在一线考察，推动基层党建工作有力落实。三是开展一次机关作风大整顿。召开三级干部作风整顿大会、制作作风建设警示片，落实各地各单位认真对照10种“四风”问题新表现以及其他作风建设存在的问题进行自查自纠，开展一张负面清单、一份提醒注意事项、一封告单位干部职工书“三个一”活动，重点解决“为官不为”、庸政懒政等作风问题。全区共有61个单位开展自查自纠，排查出负面清单245条，制定提醒注意事项61份，签订告干部职工书4152份。四是当好一个省级创新示范试点。坚持加强党的领导与促进村民自治相统一，创新公开形式、规范公开内容、统一公开程序、建立工作机制，扎实推进“阳光村务”创建工作。此项工作受到省、市民政部门的充分肯定，揭东区被定为省级“阳光村务”创新示范点。

（四）全面强化核心作用，推动党建引领取得新成效 突出落实各领域基层党建工作重点任务，统筹推进机关、国企、学校、医院等领域基层党组织建设，把基层党组织战斗堡垒作用充分发挥到各领域各方面。一方面是强化各领域党组织建设。结合机关作风整顿，深入推动模范机关创建，组织对区直各单位模范机关创建工作情况进行督导，对工作扎实、亮点鲜明的单位进行宣传。扎实开展非公企业党建摸排和组织建设“双同步”工作，新成立3家非公企业党组织，切实加强对开发区非公党委的规范建设和效能管理。持续加强中小学党建，全区中小学实现党组织全覆盖。另一方面是强化基层党建对各项工作的引领作用。通过在窗口单位设立党员示范岗、开展“挂牌亮户先锋行”等活动，进一步发挥党员先锋模范作用。在各级党组织和广大党员的带动下，全区各项重点工程、重要工作推进力度不断加大，“三清三拆三整治”、雨污分流、乡村振兴等工作扎实推动，黑臭水体整治工程等重点项目高效推进，高铁揭阳站于10月顺利通车，揭东区还入选新时代文明实践中心全国试点名单。

（吴胜鑫）

【组织工作】 持续规范基层党务工作，做好党组和党组织调整设置，新设党组9个，撤销党组11个，调整党组织设置20个；严格规范发展党员工作，全年共发展党员300名。“七一”前夕和国庆期间，组织做好生活困难党员、因公牺牲干部家属的关怀慰问。同时，进一步规范党费管理，对9个基层党委进行党费审计。

（李东辉）

【领导干部绩效考核】 为进一步发挥绩效考核的导向、激励和约束作用，促进上级和区委、区政府各项决策部署落到实处，结合揭东区实际，区委组织部制订印发《2019年度揭东区镇（街道）领导班子和班子成员绩效考核工作方案》和《2019年度区直部门绩效考核工作方案》，对各镇（街道）和区直单位领导班子及其成员开展2019年度绩效考核工作。以区分优劣、奖优罚劣、激励担当、促进发展为目标，在全区树立重实绩实效的鲜明导向，督促和激励各级领导班子和班子成员守初心、担使命，找差距、抓落实，为揭东实现紧凑高效做强园区、融入城区、建美乡村而努力奋斗。

（吴焕明）

【人才工作】 2019年，揭东区严格落实上级部署和《揭东区优秀专家和拔尖人才选拔管理办法》等规定，对区管拔尖人才实行“全出竞进”的动态管理。2019年，启动新一批区管拔尖人才选拔工作，确定17人为揭东区第七批优秀专家和拔尖人才。同时，根据发展需求，坚持精准靶向引才，全年共新引进硕士研究生15名，急需紧缺人才7名；新增副高职称专业技术人才118名，正高职称专业技术人才2名。

（张佳丽）

【干部培训】 2019年，揭东区围绕“紧凑高效做强园区，融入城区，健美乡村”目标，结合“不忘初心，牢记使命”主题教育活动，全面贯彻落实大规模培训干部、大幅度提高干部队伍素质的战略任务，扎实开展干部教育培训工作。全年共完成各级各类培训任务2549人次，协助中央、省、市调训干部237人次，其中处级及以上干部68人次。先后举办村（社区）“春苗计划”储备干部培训班，村（社区）党组织书记、村委会主任专题培训班，“五河毓秀枫江先行”环保干部培训班，青年干部培训班，中国特色社会主义文化读书班，统战干部培训班，党校师资培训班，基层妇联主席“不忘初心、牢记使命”培训班，组织人事宣传干部“不忘初心、牢记使命”培训班，科级干部培训班等一系列主体培训班11期814人次。同时切实抓好全区各级党员干部学习贯彻《粤港澳大湾区发展规划纲要》培训、各支部书记“不忘初心、牢记使命”等专题培训，共轮训科级干部1164多人次。

（张宇明）

【老干部工作】 2019年，根据《中共揭阳市委组织部 中共揭阳市委老干部局关于2019年在全市离退休干部中开展“六个一”系列行动的通知》精神，区委老干部局结合实际，认真谋划，充分调动全区老同志的积极性、主动性，开展形式多样的主题活动：举办“壮丽70年·奋斗新时代”读书会活动；举办《庆祝新中国成立70周年，“向国旗敬礼，做贤德之人”》征文比赛活动；联合揭阳日报社、揭东电视台等媒体开展“红色记忆，峥嵘岁月”和“老党员的故事”宣传报道活动；举办“礼赞新中国·奋进新时代”老干部书画作品大赛；开展“我看新中国成立70周年成就”专题调研活动。

2019年年底，揭东区新老干部活动中心完成搬迁工作，正在完善相关办公用品配套以满足日常使用。新老干部活动中心选址区人民广场东北侧，总占地面积3200平方米，建筑面积近5200平方米，投资约1500万元。新老干部活动中心设置各类教室6间，各类娱乐活动室4间，办公用房若干间；另配小型会议室、多功能会议厅、书画展厅、老党员驿站各1间；半幅室内篮球场、室内羽毛球场等，可容纳学习活动人数约1500人左右。

（彭丹蓉）

【扶贫工作】 揭东区总人口67.78万人，没有相对贫困村。截至2019年12月31日，经核实认定的贫困对象4562户、1.04万人，其中一般贫困户706户、2430人，低保贫困户2328户、6449人，五保贫困户1528户、1552人，有劳动能力的贫困户共计1738户、6552人。全区贫困人口分散在各个村落，贫困户中因病、因残、缺乏劳动力而致贫者占了绝大部分，这也是全区精准扶贫的重点和难点。

减贫成效 2019年，揭东区按照上级部署，确保区内全部相对贫困人口达到脱贫标准，按照相对贫困人口退出程序，实现绝大部分相对贫困人口完成退出。2019年贫困户人均可支配收入预计达9000元以上，实现稳增收效果。

政策落实 1.责任落实到位。一是区级党政“一把手”主持召开扶贫专题会议12次，开展专题调研脱贫攻坚工作情况48天；二是2019年区级党委书记规划遍访脱贫任务重的非贫困村40个，已遍访40个；三是落实区级行业数据会商会议4次。

2.政策“三保障”落实到位：区高度重视“三保障”政策落实，由区扶贫办统筹协调民政、教育、人社、住建等部门，共同落实对接好相关保障工作，确保“三保障”全面得到落实。2019年，揭东区建档立卡贫困学生1384人基本落实足额教育补助；无劳力贫困人口100%纳入社会保障，已全面落实最低生活保障、五保供养和医疗救助政策；全区落实建档立卡贫困户购买城乡居民医疗保险1.04万人，落实率100%；揭东区落实建档立卡贫困户购买城乡居民养老保险4857人，落实率100%；揭东区2019年住建部门建档立卡贫困户危房改造任务18户全部开工，截至12月底已全部竣工。

3.工作落实情况：一是产业扶贫落实情况：推动全区扶贫产业公共平台——通用厂房项目的资金投入、项目建设、收益分配等工作。通用厂房建设资金分为两个部分，一是扶贫开发资金，由各镇（街道）严格依据扶贫开发政策统筹省级、帮扶市、市、区级财政扶贫专项资金投入（前期已投入11648.93万元）。二是地方财政投入：主要是由区财政局牵头区扶贫办、开发区、工信和科技局、金融办等部门，通过向上争取专项资金、政策支持和金融融资及财政投入等多渠道统筹解决。揭东经济开发区新型工业园通用厂房及配套设施项目已领取土地不动产权证，项目已完成环评、可研、节能、稳评、勘察设计、立项备案、人民防空报建等工作。规划报建领取建设工程规划许可证，领取图审合格证书，工程预概算，工程施工、工程监理招标标书编制工作等前期工作均已完成。于2019年9月10日动工建设。截至2019年10月底，基本完成前期1300多条桩打桩作业，工程进展顺利。通用厂房建设的预付款4400万元，已在2019年10月18日办理好相关手续，划给施工单位广州工程总承包集团有限公司。第一期通用厂房分红共297.24万元，由各镇在2019年1月校对发放对象后及时发放到受益人账户。已筹集2019年通用厂房收益分红共1000多万元，保证2019年资产收益分红工作。

4.就业扶贫方面：全区设置公益性岗位29个，共有扶贫车间7个。印发 8000份《就业培训精准扶贫帮扶手册》，进行一对一帮扶。区人社局举办揭东区2019年就业扶贫现场活动，活动内容包括就业扶贫专场招聘会、就业扶贫政策宣传、就业扶贫慰问、就业技能培训扶贫，组织16家企业进行现场招聘，针对贫困户有劳力户设置岗位，此次招聘会共提供岗位150多个，进场求职者250多人，现场达成就业意向22人。

5.干部培训情况：区委组织部联合区扶贫办印发《关于开展“打赢脱贫攻坚战轮训”的通知》，各镇（街道）从10月开始，到12月上旬对各镇（街）党政领导班子成员、村“两委”成员以及部门行业扶贫干部、扶贫系统干部、帮扶干部，轮训以集中学习为主，自学为辅，以专题辅导、交流研究、现场教学等方式开展。2019年，埔田镇、玉湖镇、玉窖镇、锡场镇、云路镇已印发轮训工作方案，开展轮训工作。10月19日，区委组织部联合区扶贫办印发《揭东区2019年打赢脱贫攻坚战专题培训班的通知》，加强全区脱贫攻坚干部教育培训工作，培训对象是区直各单位分管扶贫领导、业务骨干，各镇（街道）分管负责同志、农办（扶贫办）主任、业务骨干，共计培训106人。

扶贫资金管理　一是落实财政扶贫资金投入和及时拨付。区扶贫办按照上级的要求，及时报送方案，区财政局及时拨付资金到各镇，区级落实扶贫开发配套资金1074.9万元，落实率100%。二是使用和监管总体绩效良好。各级财政扶贫专项资金使用成效情况：2016—2019年全区财政扶贫资金共筹集12223.73万元，其中中央资金73.47万元，产业扶贫资金12150.26万元，已拨付12150.26万元，使用率100%。全区各镇还计划将剩余部分资金继续投入通用厂房建设。资金监管方面，区制订出台《揭东区精准扶贫开发资金筹集使用监管细则》《揭东产业扶贫公共平台——通用厂房项目建设方案》等一系列相关文件，同时区扶贫办和区财政局联合转发广东省扶贫开发办公室、广东省财政厅印发《广东省扶贫开发项目资金公告公示制度》的通知，做好扶贫开发项目资金公告公示相关工作，提高扶贫资金使用效益和透明度，实现阳光化运行、常态化公开。

精准帮扶　一是进一步加大帮扶责任落实力度，不定期对驻村工作队，包扶干部的到岗情况履行职责，措施落实等情况进行核查，严格落实帮扶联系人责任，要求深入贫困户家庭，了解其家庭生产生活实际情况及需求，针对家庭实际状况及致贫原因，拟定帮扶计划，制订有效可行的帮扶方案。二是扶贫数据管理，区对扶贫数据实行动态管理。按照省、市相关文件精神，对贫困人口实行动态管理，确保脱贫人口及时退出，贫困人口及时列入，做到精准扶贫精准脱贫。

（吴仕荣）

【农村工作】　2019年，揭东区坚持以习近平新时代中国特色社会主义思想为指引，按照“产业兴旺、生态宜居、乡风文明、治理有效、生活富裕”总要求，坚持抓重点、补短板、强弱项，以严密的组织领导和督促指导体系，扎实推动农业全面升级、农村全面进步和农民全面发展，乡村振兴工作取得新成效。

强化组织领导　揭东区委、区政府高度重视实施乡村振兴战略，将其列为“一把手”工程，对全区乡村振兴工作进行全面落实部署，推动乡村振兴战略各项任务落到实处、取得实效。

区成立由区委书记方烽为组长的实施乡村振兴战略领导小组，明确“区负责、镇组织、村实施”的责任分工，形成区主责、镇主力、村主体的乡村振兴工作格局。二是用“一线工作法”强势推进乡村振兴战略。区委多次召开常委会专题研究推进乡村振兴战略工作；区几套班子成员高频次深入基层、深入农村调研督导，全面部署推进乡村振兴工作；区委也多次召开实施乡村振兴工作推进会和业务培训班，建立起区统筹推进、区镇村抓落实的工作机制，形成了上下联动、齐抓共管的工作格局。同时，建立区委实施乡村振兴战略工作专班，承担实施乡村振兴战略专项工作任务。

美丽车田　（江杜勇　摄）

完善政策体系 一是构建乡村振兴政策体系。出台《揭东区乡村振兴三年重点工作安排（2018—2020年）》《关于推进乡村振兴战略的实施意见》、《揭东区2019—2020年推动乡村振兴硬任务实施方案》和《揭阳市揭东区实施乡村振兴战略规划（2018—2022年）》等政策体系，明确实施乡村振兴战略的总体要求和具体任务，扎实推动全区实施乡村振兴战略取得重大进展。区委农办承担乡村振兴工作的综合协调和统筹推进，及时制定出台《揭东区实施乡村振兴战略2019年下半年主要工作清单》和《揭东区脱贫攻坚2019年下半年主要工作清单》，明确责任单位和责任人，并有效推动工作落实。二是全面完成村庄规划编制工作。区坚持规划引领，认真狠抓乡村规划编制，至2019年12月，全区112个行政村已全面完成村庄规划编制工作，实现村庄整治规划全覆盖，把一个个项目变成一张张可操作的规划蓝图。并加大规划执行力度，要求各村坚决按照规划实施建设。三是以项目规划引领资金安排，推进涉农资金统筹整合。制定出台《揭东区涉农资金统筹整合实施方案（试行）》《揭东区2019年涉农资金任务安排、分配方案和使用指引》和《揭东区涉农资金统筹整合管理办法》等一系列文件，确保资金、任务和责任“三落实”，有力地推动了项目建设。

坚持正确的政治方向 揭东区坚持以习近平总书记“三农”工作重要论述为指引，一步一个脚印，扎实推进实施乡村振兴战略工作。一是制订《关于深入学习贯彻〈习近平关于“三农”工作论述摘编〉工作方案》，组织开展系列学习贯彻活动，区委副书记为各地各涉农单位讲授“三农”工作论述摘编相关内容。二是进一步落实习近平总书记关于“三农”重要指示精神。召开区委常委会、政府常务会传达学习、研究贯彻习近平总书记关于“三农”工作重要指示批示精神，为“三农”工作的贯彻制定提供有效的措施。

全面推进，加快乡村振兴实施步伐 以产业兴旺为重点，提升特色现代农业发展水平。为实现“农业强、农村美、农民富”的乡村振兴目标，揭东区以产业兴旺为重点，推动农业高质量发展。重点推进现代农业产业园、农特产品等产业兴村项目，加快乡村经济提档升级。

一是创建现代农业产业园。揭东区把创建现代农业产业园作为实施乡村振兴战略、加快农业现代化发展的重要抓手，揭东区竹笋产业园现竹笋种植面积约3333公顷，成功入选2019年全省首批25个省级现代农业产业园，获省财政5000万元专项资金支持。获批创建以来，严格按照省有关要求，通过抓好园区规划、园区建设、园区配套、园区管理等，统筹布局竹笋产业的生产、加工、收储、物流、销售、旅游、电商等功能板块，推动一、二、三产业融合发展，致力打造国内领先的现代农业产业园。充分发挥现代农业产业园的引领作用，带动农业增效、农民增收、贫困户脱贫和农村经济全面发展。二是发展“一村一品、一镇一业”，做大做强特色产业。因地制宜发展“一村一品、一镇一业”，逐步实现生产标准化、产业化、品牌化，进一步提升产品档次和市场知名度。为扶持特色产业发展，积极组织实施2019年“一村一品、一镇一业”4个项目建设（玉湖镇坪上村茶叶、新亨镇白石村种兔养殖、埔田镇埔田村竹笋加工、埔田镇新岭村笋壳加工利用），投入省级专项资金400万元支持优势产业发展壮大，推进农业提质增效。项目实施带动大批农户参与，有效提升参与农户的收入，助力实现乡村振兴。埔田镇也被列入农业农村部2019年农业产业强镇建设。同时，不断提升农业产业化水平，积极培育新型农业经营主体。至2019年12月，全区共有龙头企业17家（其中省级11家、市级6家），农民专业合作社180家（市级以上17家），市级示范家庭农场7家。三是实施“千企帮千村”工程，发展壮大村集体经济。1.启用“万企帮万村”对接平台，指导发动企业登陆系统选择帮扶对象，动员组织8家企业参加帮扶乡村振兴工作。2.根据上级发展壮大农村集体经济的政策性文件，制订《揭东区关于开展扶持村级集体经济试点工作壮大村级集体经济的实施方案》，选择埔田镇金东岭村、南湖村、玉滘镇池渡村和云路镇永和村4个乡村进行扶持。四是实施新型职业农民培育，强化人才支撑。通过实施揭东区2019年度新型职业农民培育项目，培育新型职业农民共100人（其中，新型农业经营主体带头人96人，现代青年农场主4人），通过6天的集中授课、基地实训，给学员们讲授销售渠道开拓、品牌塑造等，使农民经营管理能力以及利用电商和互联网应用能力得到明显提升，为发展现代农业产业提供人才支撑。

以生态宜居为关键，深化美丽乡村建设行动 一是全面开展农村人居环境整治行动。制订《揭东区推进村庄清洁“三清理三拆除三整治”专项工作方案》和《揭东区农村人居环境整治专项行动责任落实管理办法》等一系列文件，以村庄清洁“三清理三拆除”为抓手，真抓实干抓好农村人居环境整治、水利沿线清拆和交通沿线清拆等专项工作。区领导班子、区各行局分片分点挂钩帮扶、指导支持各村开展人居环境整治工作。区、镇、村形成“1+7+9”三级联动机制，推动“三清三拆三整治”工作往纵深发展。“区级1个一”即区对每个镇进行1次地毯式全覆盖的暗访排查；“镇级7个一”即各镇上下一条心做好“三清三拆三整治”工作，成立一个工作组对各村社区遇到的问题进行指导，每个村由一名班子成员挂钩进行指导负责清拆工作，成立一个督查组对问题整改情况进行督查，每天出动一台宣传车在全镇所有村社区进行不间断宣传“三清三拆三整治”工作，成立一支清拆机动队随时做好对督查组发现的问题进行清拆整改，对进度滞后的村两委干部进行一次问责；“村级9个一”即每个村召开一次党员和村民代表大会，全村按区域划分为若干网格，配备一名网格员负责区域内清拆工作，对清拆每一户分发一份倡议书让村民了解“三清三拆三整治”工作的重要意义，每天早中晚通过一次广播宣传“三清三拆三整治”工作，成立一支清拆专业队，配备一台钩机用于清拆，一部清运车用于载走清拆下来的垃圾杂物，初步形成一套行之有效的村级清拆制度，将每周清拆进度进行一次村务公开。据统计，2019年全区“三清理三拆除”专项工作共投入资金9900万元（其中，区级奖补2579万元），共清理乱堆乱放3.43万宗、杂草杂物、积存垃圾等4.08万吨，溪河淤泥、漂浮物等渠池塘溪河淤泥、漂浮物和障碍物2.24万吨，拆除危旧房、猪牛羊栏和露天厕所、乱搭乱建、违规广告牌共3.95万宗、56.31万平方米；完成垃圾乱扔乱放整治3.82万宗、开展污水乱排乱倒整治8730宗、开展“三线”乱搭乱接整治2298宗。“三清三拆三整治”取得阶段性成果。

二是示范先行，推进美丽乡村建设。2019年，全区共创建生态宜居美丽乡村示范镇1个（埔田镇）、示范村17个，其中：省级新农村连片示范建设3个，自2014年开始创建，分别是玉湖新寮村、埔田镇牌边村和云路镇陇上村，建成项目45宗，已通过省级验收（另牌边村和陇上村还新增谋划项目30宗）；2019年新创办示范村14个，计划投资2.42亿元，共谋划项目176宗，已竣工62宗、在建102宗、未开工12宗。

区成立“生态宜居美丽乡村”示范村创建工作巡回督导组，制订督导工作方案，同时落实区直17个单位到示范村进行挂钩帮扶。按照《揭东区关于推进全域农村人居环境整治建设生态宜居美丽乡村实施方案》《揭阳市揭东区推进生态宜居美丽乡村建设工程工作方案》和《关于揭东区生态宜居美丽乡村项目建设和资金管理的意见》等文件要求和规定，简化流程，稳步有序推进美丽乡村创建工作，2019年，新创建的示范村基本达到干净整洁村标准。

三是农村基础设施日臻完善。完成村道路面（村委会通自然村）硬化190个和自然村村内路面硬化110个。全域范围内99.24%的自然村已实现集中供水，完成年度建设任务。

四是加快推进农村“雨污分流”工程建设。以“五个到位（组织发动到位、规划引领到位、示范带动到位、奖补激励到位、督导考核到位）”全面开展农村雨污分流建设工作。全区农村雨污分流建设工作计划投入6.23亿元，至2019年年底，已投入5.49亿元，其中市、区财政已拨付奖补资金2.69亿元；应覆盖村庄面积5284.83公顷，已设计覆盖面积4886公顷，覆盖率92.5%；已开工建设的自然村242个（含建成），开工率占100%（其中，已完成工程建设的自然村173个，完成率占71.49%，正在建设的自然村69个）；污水管网设计长度2211.85千米（其中120.23千米是后期增加的，不列入工程完成率计算），已完成管网建设长度2088.51千米，完成率占99.86%；采用接入式、生化式、一体式的污水处理设施村数分别为107个、106个和29个；计划建设污水处理设施341宗，已建成污水处理设施254宗；应接入口275宗，已接入201宗。

五是完善农村垃圾清运处理长效机制。按照全面实施“户收集、村集中、镇转运、区处理”的处理模式，全区共有217个自然村建立垃圾收运处理体系，264个自然村建立保洁队伍，配备保洁员1200多名，完成4个镇级转运站和54个行政村收集点的规范化建设。垃圾日清机制基本形成，生活垃圾处理率达95.1%。同时，结合正在开展的创文创卫活动，大力整治农村乱扔乱放垃圾现象，取得较好的成效。

六是推进乡村“厕所革命”。制订出台《揭东区农村“厕所革命”行动方案》，进一步明确目标任务，大力开展农村卫生厕所建设和改造，坚持建管结合，积极构建长效运行机制。全区完成无害化卫生厕所改造13.89万户，完成率达100%,共建有卫生公厕615个，基本实现卫生户厕、公厕全覆盖。2019年完成50座农村公共厕所新建和改造任务。

以乡风文明为保障，凝聚乡村振兴正能量

一是以全国文明城市创建为龙头，开展“创文为我，我为创文”活动，创建一批文明村镇、文明家庭、文明校园，助推农村文明。共创建市级文明单位16个、文明镇3个和文明村15个，区级文明村覆盖率已达到95%。在开展寻找“最美家庭”活动中，2019年，评选揭东区“最美家庭”13户，揭阳市“十大最美家庭”1户，揭阳市“最美家庭”5户，省“优秀书香家庭”1户，省“十大最美家庭”1户，全国“最美家庭”1户。二是开展主题为“正学风、树家风、促乡风”的文明实践活动，在全社会营造良好文明氛围，用端正学风带动树立良好家风，用良好家风促进文明乡风建设，播撒文明之花。主题活动在“中国核潜艇之父”黄旭华院士故里揭东区玉湖镇新寮村拉开帷幕，通过观看《大国赤子》潮剧，感受黄旭华院士的家国情怀。三是围绕“共谋共治共建共享”的宗旨，建立成立119个村（社区）乡贤咨询委员会，率先在全市实现全覆盖，发挥桥梁纽带作用，集众智、聚众力、解众忧、释众疑，多谋实策、多献良计，发挥各自的优势，汇聚起建设美丽家园的巨大合力。四是大力推进农村文化场所建设，全区已建成基层综合性文化服务场所112个，体育服务场所1个。五是深入开展移风易俗行动。印发《揭东区民政局转发关于做好优秀村规民约和居民公约宣传推广工作的通知》《关于印发揭东区做好村规民约和居民公约工作行动方案的通知》和《揭东区民政局关于加快推进村规民约和居民公约修订完善工作的通知》等文件，推进各地做好村规民约（居民公约）修订完善工作。充分发挥村规民约、红白理事会等作用，坚决遏制大操大办、天价彩礼、人情攀比等陈规陋习。深化农村殡葬改革，引导群众大力弘扬时代新风，自觉抵制封建迷信等腐朽文化的侵蚀。六是切实提高政治站位，突出政治引领，把稳正确导向，把新时代文明实践中心作为宣传群众、教育群众、关心群众、服务群众，最后一公里的重大政治任务来抓。全面夯实民心工程、示范工程与实体工程，实现从省级试点单位向国家级试点单位的跨越，标志着揭东区新时代文明实践中心建设工作再迈新台阶，再踏新征程。2019年，已建成1个区级中心、38个实践所和

美丽乡村曲溪寨一夜景 （江杜勇 摄）

112个实践站，形成完善工作机制和一系列的制度，成立文明实践志愿服务队伍超150支，开展活动1000多场。建成区级志愿服务总队1支、161人（包含区级“五类”志愿者52人），各镇（区直）实践所志愿服务队38支、295人，村级实践站志愿服务队112支、1416人，百姓宣讲志愿队1支、18人，合计1890名志愿者。

以治理有效为基础，推动乡村和谐发展 一是加强农村基层党组织建设。全面整顿软弱涣散村党组织，共排查出4个村作为主题教育期间集中整顿软弱涣散村党组织的整改对象，并采取区级领导联村、镇级领导包村、第一书记驻村、区级机关结对的方式开展集中整。同时，通过揭阳市驻镇巡村专项巡察，加大对基层小微权力腐败惩处力度，严厉整治惠农补贴、集体资产管理、土地征收、扶贫等领域侵害农民利益的不正之风和腐败问题。二是制定村镇平安标准，扎实推进相关工作。全区有7个镇（街道）已划分为413个网格，按照一格一员的原则，配备网格员413名，职责已全面分清，流程已全面规范，综治网格化管理的村（社区）覆盖率达到100%。三是广泛开展“民主法治村”创建。针对市委“驻镇巡村”专项巡察反馈提出的“村务监管乏力”问题，研究整改落实措施，加强党的领导与促进村民自治相统一，以公开为原则、以制度为核心、以监督为保障，扎实推进“阳光村务”创建工作。制订出台《揭阳市揭东区“阳光村务”创新示范点创建工作实施方案》，明确创新公开形式、规范公开内容、统一公开程序、建立工作机制四大工作任务。四是“一村一法律顾问”有序开展。共创建7个公共法律服务工作站、121个公共法律服务工作室；五是扎实推进农村产权集权制度改革试点工作。2019年，全区农村集体产权制度改革试点工作已基本完成。

（陈 庆）

【区直机关党建】 2019年，机关党建工作室以党的政治建设为统领，聚焦主责主业、立足抓好基层强基础、突出问题的导向，狠抓责任落实，推动全面从严治党向纵深发展。

（一）狠抓理想信念教育，推动区直党的思想政治建设再上台阶 一是要求区直党组织结合本单位实际，把学习习近平重要讲话精神与学习贯彻中共十九大、十九届四中全会、中央和国家机关党的建设工作会议精神结合起来，与“不忘初心，牢记使命”主题教育结合起来全面学习贯彻。二是抓实区直基层党组织“不忘初心，牢记使命”主题教育工作。要求区直各级党组织以“不忘初心、牢记使命”为主题，召开专题组织生活会，紧紧结合“三学四重五查”系列主题党日活动，着力抓好区直基层党组织主题教育“五个一”。

（二）以建设“四型机关”为抓手，推动模范机关创建深入开展 一是召开区直机关模范机关创建活动工作会议，围绕“当好‘三个表率’、服务‘四个走在全国前列’、创建新时代揭东党建品牌”为主题，研究部署推进2019年区直机关创建模范机关工作。要求区直各单位迅速行动，结合实际制订实施方案，扎实推动模范机关创建工作的开展。二是在揭东党建网和揭东党建公众号上开辟创建模范机关栏目，推介区委办等8个单位的经验做法，推进区直模范机关的创建。

（三）以机构改革为契机，夯实机关基层党组织建设 一是调整充实基层党组织班子。审批新成立党支部4个，其中涉改单位新成立党支部3个，党支部改设为党总支1个，根据机

构改革后的实际，整合党组织设置7个，变更党组织名称7个，撤销党组织10个。对因人员变动的区卫健局党总支等40名党（总）支部书记、27名党（总）支部委员进行调整。二是扎实抓好发展党员。共审批新发展党员43名，完成全年党员发展计划。审批预备党员转正25名，确定入党积极分子87名，预审党员发展对象33名。举办党员发展对象（入党积极分子）培训班，对68名党员发展对象（入党积极分子）进行培训。三是举办揭东区党务工作业务培训班和区直单位党支部书记“不忘初心、牢记使命”培训班。结合“不忘初心，牢记使命”主题教育，对74名党务业务骨干和118名党支部书记进行全履盖培训。四是开展党组织书记抓基层党建工作述职评议考核。组织区直所属各级党组织书记对2018年度抓基层党建工作进行述职评议考核。

（四）以系列活动为载体，抓好机关党员思想建设 一是组织开展“七一”走访慰问，“不忘初心跟党走，牢记使命争先锋”主题党日等系列活动庆祝建党98周年。二是组织新党员宣誓活动。联合区纪委组织32名新党员和区直部分党务工作者到玉湖汾水战役纪念碑进行入党宣誓暨廉洁承诺宣誓。三是联合区卫健局在区榕泰广场举办“不忘初心跟党走、牢记使命争先锋”义医义诊党员志愿者服务主题党日活动。四是采取多种形式推动党员干部警示教育活动。协助抓好党员违纪案件查办工作，配合区纪委讨论处分违纪党员14人。

（曾坚柱）

【宣传工作】 2019年，区委宣传部在区委、区政府的正确领导下，在上级宣传部的大力指导下，全区宣传系统高举习近平新时代中国特色社会主义思想伟大旗帜，围绕“举旗帜、聚民心、育新人、兴文化、展形象”的总要求，以创建全国文明城市工作、新时代文明实践工作为重点，服务中心，聚焦主业，走正道出实绩，努力建设具有强大凝聚力和引领力的社会主义意识形态，为揭东实现“紧凑高效做强园区、融入城区、建美乡村”提供坚强思想保证和强大精神力量。

（一）不断增强思想理论武装 一是发挥区委理论学习中心组牵引作用。区委理论学习中心组共组织集中学习13场次；此外，为区委理论学习中心组提供《学习活页文选》《习近平新时代中国特色社会主义思想三十讲》《粤港澳大湾区发展规划纲要》宣讲提纲等学习书籍、学习资料多批次。发挥区委理论学习中心组牵引作用，有效带动全区各级干部开展理论学习，2019年，各地各单位开展习近平总书记视察广东重要讲话精神、《粤港澳大湾区发展规划纲要》学习宣讲活动200多场次；12月，组建由区委书记方烽任团长，区委宣传部、区纪委、区委统战部、区委党校、区司法局部等单位理论骨干任成员的中共十九届四中全会精神宣讲团，分赴全区各地各单位开展宣讲，进一步推动全区深入学习贯彻中共十九届四中全会精神，巩固主流意识形态。

二是发挥“揭东论坛”报告会的品牌效应。1月，邀请市委宣讲团成员、揭阳职业技术学院副教授林秀玲做习近平总书记视察广东重要讲话精神宣讲辅导课；5月份，邀请汕头大学副教授、广东省委宣传部“千百十工程”重点培养对象沈忆勇作宪法专题辅导；9月份，邀请华南理工大学产业与城镇发展研究中心主任、博士生导师丁焕峰作经济形势报告，邀请浙江大学马克思主义学院教授、博士生导师段治文作“不忘初心、牢记使命”主题教育专题报告；10月，邀请“感动山西十大国防新闻人物”卜金宝作“信仰与人生”专题报告；12月，邀请市委宣讲团成员、市委党校副校长张奕绚作中共十九届四中全会精神宣讲报告。2019年，共举办6场次集中学习报告，并将培训触角向村党组织延伸，进一步打造揭东区理论学习品牌。

（二）加大党管意识形态力度 一是强化组织领导。进一步强化党管意识形态工作，成立区委意识形态工作领导小组，全区各地各单位党委（党组）也都基本相应成立领导小组。

牵头落实各单位根据职能，每月对意识形态领域进行分析研判；区坚持每季度召开意识形态联席会议1次，组织传达学习上级意识形态工作会议精神和工作部署，分析研判并通报当前意识形态领域情况，全面掌握该地区涉意识形态安全情况，牢牢掌握意识形态工作领导权、管理权、主动权。

二是坚持督导检查推动。加强对各地各单位意识形态工作的督促指导和考核，坚持以督导检查推动意识形态责任制落实，并根据区委巡察工作要求，组成意识形态专项检查组，会同区委巡察组对区委第六轮巡察对象的区住建局等16个区直单位开展意识形态专项巡察，督促检查意识形态工作责任制落实情况，确保意识形态有人抓，有人管，责任落实到位，不流于形式。同时，继续推动中央、省委巡视组关于意识形态责任制巡视反馈问题的落实整改工作。

（三）加强网络舆情巡查监管 紧紧把住网络这一意识形态主战场，以行动筑牢网络安全“防火墙”，营造风清气正的网络空间，切实维护全区网络政治安全。一是完善网信工作管理制度。出台《揭东区网络信息安全应急响应预案》《区委网络安全和信息化领导小组工作要点》等系列工作方案，特别是针对网信工作现实存在的多头管理、职能交叉、权责不一、人员偏少等问题，创新建立网信工作联席会议制度，强化党委对网信工作的统一领导和统筹协调，形成推动全区网信工作合力。二是开展网络专项治理。会同有关职能部门，开展网络生态治理、属地网站自媒体排查、敏感有害信息排查清理、商业网站违规采访发布财经信息专项治理；开展揭东区商业网站违规采访发布财经信息专项治理工作，规范网络信息传播秩序，提高网络安全防范能力和治理能力；对移动应用程序乱象、学习类APP应用程序、网络生态治理、属地网站敏感有害信息等进行排查、整治，大力开展“清朗”、网上“扫黄打非”惩治侵权假冒、“剑网”等系列专项行动。三是及时妥处网络舆情。盯紧看牢网上舆情和网络安全，特别是对庆祝新中国成立70周年等国家重大活动和重要敏感节点期间，进一步强化网络舆情信息的收集发现、研判处置，确保网络意识形态的安全。2019年共收集发现网络舆情111条，整理编制《互联网热点》呈报区委主要领导12期，其中转发相关责任单位处置舆情75条，关注动态36条。

（四）营造风清气正舆论环境 一是加强新闻宣传，壮大主流舆论。突出揭东广播电视台、揭阳日报揭东专版主流媒介传递主流声音，牢牢把好舆论导向，讲好揭东故事，充分展示揭东各行各业工作取得的新成就、新经验。2019年，《揭东新闻》节目中先后开设了“学习贯彻党的十九大精神”“不忘初心、牢记使命”“喜迎新中国成立70周年”“壮丽70年·奋斗新时代”“文明揭东你我共建”“环保整改在行动”“黑臭水体整治”“随手拍曝光台”“三清三拆三整治”等20多个栏目，共播出320期（含《一周要闻》），播出新闻1520条，并有450条新闻上送市台；《资讯速览》共播出240期，播出消息2800多条。二是发挥新媒体优势，做好网络宣传。利用好网络新媒体开展宣传，“文明揭东”微信公众号围绕揭东政治、经济、社会、文明建设等各方面最新动态，特别是围绕新时代文明实践中心试点建设，开辟宣传专栏，及时推出全区新时代实践阵地建设和实践活动的一系列推文，共推出1159篇推文；“揭东新闻网”播出消息7000多条；“金凤视听”微信公众号发送330期，近2500多篇推文；“触电新闻”揭东频道，发表总量近2500条。同时，组建核心网评员队伍撰写网评文章，正确引领网上舆论。

（五）线上线下巩固宣传思想阵地 一是依托“学习强国”平台拓展线上学习阵地。9月27日，举办“不忘初心、牢记使命”主题教育——“学习强国”知识竞赛活动，得到各地各单位积极响应，持续掀起学习宣传新思想高潮。强化平台使用日常管理，动员宣传，尽最大努力扩大影响力、延伸覆盖面，至2019年年底，全区共有2万多名学员注册学习。充分利用好“学习强国”平台为祖国70华诞献礼，各地各单位选送优秀短视频、图文中有40多条登上“学习强国”平台；向平台报送揭东区改革开放40周年取得的喜人画面、内容，宣传揭东地理人文新风貌，干事创业新热潮、贤德揭东贤文化等视频材料内容多次得到采纳宣传。二是依托新时代文明实践中心巩固线下宣传阵地。抓住作为省级“新时代文明实践中心”试点建设单位的有利契机，依托“新时代文明实践中心”载体，着眼凝聚群众、引导群众、服务群众，充分调动各方力量，整合各类资源，探索创新工作方法，把新时代文明实践阵地建设成党在基层思想文化传播的主要阵地。

9月14日晚，“我们的节日·乡味琴音颂中秋”活动在文广旅体局演艺厅举办　　（区文广旅体局　供稿）

1.抓配套建设。围绕“五融五传”，即：融入思想引领、融入党的建设、融入文明创建、融入乡村振兴、融入社会治理，传理论，传政策，传道德，传文化，传科技，制订切实可行工作方案；分成“两批次”推进，首批25个实践点（1个区级中心、10个实践所和14个村级实践站）于3月底完成建设，先行先试、积累经验，打造建设样板。至6月底，全区第二批区直26个实践所及所有村（社区）实践站完成建设，推动实践阵地建设全覆盖。

2.抓队伍建设。充分盘活整合全区党建、宣传、文化、教育、卫生、农业、司法、科技等各级资源，组建区、镇、村三级志愿服务队伍，以及“政治宣讲队”“文化宣教队”“民间能人队”“五老志愿队”“楷模宣讲队”5大类志愿服务队。至2019年年底，全区建成区级志愿服务总队1支、161人（包含区级“五类”志愿队52人），各镇（区直）实践所志愿服务队38支、295人，村级实践站志愿服务队112支、1416人，百姓宣讲志愿队1支、18人，合计1890名志愿者。

3.抓活动开展。制定出台《揭东区新时代文明实践活动工作方案》，初步形成“上下连通的双轨机制”、“横向交流的互动机制”、“全域流动的巡回机制”三个“交互式”的实践机制，补足基层志愿服务短板，为推动基层文明实践的常态化开展提供制度保障。同时，坚持一所一品牌，一站一特色，一月一主题，一周一活动，紧扣党政所向、群众所需、文明创建、乡村振兴等内容，先后组织策划了“百场微党课”“百场法律课”“百场文化下乡”“百场科技兴村”“百场文明进村”“百场小故事”“百场电影进村”等“七个一百”下基层活动，通过一系列极具特色接地气的文明实践活动，让党的理论政策和主流文化“飞入寻常百姓家”。2019年，全区各文明实践阵地共开展活动约3000场次。

8月20日，全市新时代文明实践中心建设工作现场会在揭东区举行，及时总结、推广、提升全区试点建设工作经验。通过一年来的努力，揭东区新时代文明实践中心建设于2019年10月由省级试点建设单位跃升为国家级试点建设单位。

（六）深入开展文明创建活动　一是制定指导性文件。出台《2019年度揭阳市揭东区创建全国文明城市工作方案》《揭阳市揭东区创建全国文明城市工作任务分解表（2019年版）》等一系列文件标准，明确了各级各部门工作任务，对城乡环境的整治目标、考核指标和督查评分标准都作了具体的量化，切实落实相关责任。二是严格落实资料编报。制定《关于落实2019年度创文资料编报工作的通知》，提前谋划，细化任务，注重日常资料台账整理收集，全面落实创文资料月报制度，按时按质完成

2019年度创文资料对标申报任务。三是牵头推进环境提质。联合多部门推进交通秩序、环境卫生、污染和“两违”等三大专项整治；因地制宜配齐“小公园＋停车场”“小绿地＋停车场”等城市“家具”；推进农贸市场改造升级；完善环卫设施配套；以打造四条文明示范路，推动城区道路规范整治，从多方面改善城市环境质量。四是营造共建共享氛围。落实挂钩帮扶。认真开展好“一月一主题”、文明志愿服务等创文主题活动，推动各级领导干部下沉到挂钩村、基层一线，帮助挂钩镇（街道、开发区）精准对标创建全国文明城市测评体系的要求，开展环境卫生综合整治、落实“门前三包”责任制、学雷锋志愿服务、文明实践、入户宣传劝导等帮扶活动，并从9月开始常态化开展文明交通志愿服务活动，营造文明创建浓烈氛围；加强宣传引导。充分发挥宣传栏、建筑围挡、广播、电视、网络等平台的宣传引导作用，对照标准完善公益广告设置，大张旗鼓开展创文宣传。五是不断强化监督问责。一方面利用设立“曝光台”“随手拍”栏目为契机，曝光不文明行为和现象，鼓励广大市民主动参与文明创建、监督不文明行为。另一方面按照市的统一部署，于10月开始每周组织对全区创文工作进行督查评比，落实问题责任单位限期整改，以督查成效倒逼创建工作取得实效。

（七）营造和谐稳定的社会文化环境　完成全区印刷企业年检45家，出版物年检21家,加强对参加年检企业签订“安全生产责任书”和“守法经营责任书”。加强“扫黄打非”工作，出台“扫黄打非·护苗2019”等5个专项行动方案，不断强化文化出版市场日常监督，维护意识形态安全和文化思想安全。结合“绿书签行动”和第19个世界知识产权日，4月20日至4月26日宣传活动周向群众普及相关法律法规知识，教育引导大家进一步增强版权保护意识，自觉远离有害出版物及信息。加大文化执法力度，2019年，揭东区共出动检查人次2500多人次，检查相关场所780多家次，网上巡查当地论坛、网站630次，收缴非法出版物250多本（册、盘），取缔无证出版物摊档（点）3处。

（八）丰富人民群众文化文艺生活　1.快闪总动员，礼赞新中国。为新中国成立70周年献礼，区委宣传部积极动员组织不同系统，不同群体代表组织策划快闪活动。例如，7月1日，区委宣传部联系区委组织部组织全区区、镇、村三级党组织的“一把手”“领头雁”一同唱响《我和我的祖国》，为中国共产党建党98周年和新中国成立70周年献礼；揭东区第二人民医院组织全院医护人员唱响《今天是你的生日》；埔田镇组织1000多名村民唱响《歌唱祖国》；玉湖镇玉联中小学、揭东区妇儿工委、揭东第五小学分别组织师生和家长唱响《我和我的祖国》。通过快闪的形式，歌唱爱国歌曲，传播爱国情怀，激发干群爱国热情。

2.节日话传承，培育爱国情。深入开展“我们的节日”系列活动：2月1日，组织到玉滘镇开展“文明好乡风，幸福过大年”文化宣传活动，以文化活动为载体、以书春送福为纽带，为群众带去节日的问候。此外，春节期间全区各地开展了潮剧票友会、灯谜竞猜、各类球赛、拔河比赛、广场舞、文艺晚会、弦乐表演、电影放映、象棋比赛、舞蹈表演、太极表演、锣鼓队镖旗巡游等文化活动近100场次；元宵期间，在榕泰广场举办“文化进万家 欢乐闹元宵”主题活动，让广大群众在参与活动中感受闹元宵传统文化习俗的魅力；清明期间，在玉湖镇“汾水战役”革命烈士陵园、革命老区五房村分别举行“传承•清明祭英烈”“传承•守正育新人”“传承•红色代代传”活动，全区党员干部群众、教师代表、公安代表、学生代表1000多人参加活动；端午节期间，组织到锡场镇潭王村举办“龙舟鼓响·碧粽飘香”活动，开展包粽子比赛。丰富的节日活动，让老百姓在真真切切的文明实践中感受传统文化的魅力，加深了解传统节日、喜爱传统节日、认同传统节日，使更多人愿意做优秀传统文化的继承者和传播者，做尊老敬老的贤德揭东人。

3.全民共阅读，奋进新时代。在4月22日世界读书日前后，围绕“壮丽70年·奋斗新时代”主题，针对不同群体，采取分级、分层、分众的形式，开展“悦读伴成长·书香润万家”“知心姐姐讲故事”“文明实践·书香机关”“记录新时代·展现新形象”“文明实践·书香企业”等一系列内容丰富、形式新颖的阅读活动，进一步激发全民阅读热情，建设书香揭东，为祖国70华诞献礼。活动影响力持续扩大，登上了学习强国平台。

4.揭东好故事，传递故乡情。5月底，组织开展以“讲揭东故事、展揭东魅力”为主题的演讲比赛。演讲内容精彩纷呈，涵盖揭东经济社会、人文教育、贤德人物、特色民俗文化、红色文化、身边感人故事等各个方面。来自全区各行各业的46名参赛选手化情为言，以言感人，立足自身，从身边人、身边事出发，以小见大，以点带面，讲述新中国成立70周年以来，揭东各方面取得的变化和成就、个人的经历和所得所悟、周边感人的故事和历史文化等，增强文化自信，激发全民热爱揭东、建设揭东热情。

5.编制校读本，传播正能量。5月，区委宣传部联合区新时代文明实践中心办公室共同编写、印制《揭东区社会主义核心价值观》青少年读本，读本包括社会主义价值观概述、国家，社会，公民三个层面的价值目标、社会主义核心价值观小故事和十大贤德揭东人故事等，发放至全区各中小学作为学生的第二课堂读本。同时，编制“社会主义核心价值观”小学生体操在小学中推广，让学生在潜移默化中弘扬社会主义核心价值观。

6.潮剧出精品，院士强国梦。经过一年多的辛勤耕耘，以黄旭华院士为原型的大型现代潮剧《大国赤子》于8月1日在揭东人民广场首演，首演获得成功，好评如潮，激发满满正能量。同时，于2日至5日举行四场专场演出后开展全市巡演。该剧得到市委的大力支持，特邀国家一级导演钟汉秋到揭东指导，并广集一流艺术人才担任本剧排演主创工作，激发带动全区乃至全市文艺创作生产的活力，努力打造培育践行社会主义核心价值观的精神文化品牌，为新中国成立70周年献礼。

7.好戏连台演，文化多惠民。由于机构改革，区电影放映服务中心2019年3月划转到区委宣传部。服务中心认真实施农村电影放映“2131”工程，先后开展形式多样的公益电影、专题电影的放映活动，不断开拓数字电影进农村、进社区、进广场、进军营、进学校等放映新路子。2019年，跑遍揭东区7个镇（街）、揭阳产业园6个镇（街），共196个行政村，农村电影下乡放映达到2362场次，进一步丰富农民群众精神文化生活，提高农民群众的思想道德科学文化素质，扎实推进文化惠民工程。

（九）提升宣传系统干部整体素质　一是深入开展“不忘初心、牢记使命”主题教育。根据区委主题教育有关要求，迅速制订《区委宣传部“不忘初心、牢记使命”主题教育实施方案》，由部班子领导带头开展集中学习研讨，带头深入全区98个乡村和30个区直单位开展调查研究，带头开展检视问题并落实整改。以主题教育为契机，组织部全体党员干部职工全面、系统、深入学习习近平新时代中国特色社会主义思想，进一步提高政治站位、强化责任担当，进一步加强全面从严治党、强化党风廉政建设。二是深入开展“四力”教育实践活动。制订具体实施方案，开设“四力”讲坛，并于9月30日在组宣新时代文明实践所举行“四力”讲坛启动仪式暨媒介融合与“四力”构建专题讲座，10月17日至19日举行“四力”讲坛之摄影培训班，12月9日举行“四力”讲坛之写作专题讲座，培训各地各单位宣传干部近300人次，切实增强宣传思想文化工作者“脚力、眼力、脑力、笔力”，着力打造一支政治过硬、本领高强、求实创新、能打胜仗的宣传队伍。三是重视“走出去”学习先进经验。2019年，除参加区级各类培训之外，选派干部参加第18期新任县委宣传部部长培训班、揭阳市创建文明城市专题培训班、市县党委宣传部部长“不忘初心、牢记使命”暨增强“四力”专题培训班、全省网络文化传播培训班、全省网络执法培训班、陕西省延安市学习调研活动等。5月9日，区委常委、区委宣传部部长林晓珊带领宣传系统相关负责人到丰顺县观摩新时代文明实践中心工作推进会暨志愿服务工作培训会；6月12日，林晓珊带队赴江门市、台山市学习新时代文明实践中心和融媒体中心建设经验，并到深圳改革开放40周年纪念馆开展“不忘初心 牢记使命”主题教育活动。通过“走出去”多学多看多思，不断提高宣传干部业务能力水平，进一步做好基层宣传工作。

（王婉云）

【政研工作】 2019年，区委政策研究室在区委的正确领导和市委政策研究室的指导下，围绕区委紧凑高效做强园区、融入城区、建美乡村的工作思路和全区经济社会发展大局，积极开展调查研究，全年共撰写《揭东区开展“平语近人”教育活动情况报告》《优化体制机制夯实基层载体 做实做强镇街调研报告》《揭东区城乡生活垃圾管理工作专题调研报告》《揭东区农村雨污分流工程建设情况报告》《揭东区埔田镇世德堂村雨污分流工程建设情况调研报告》《揭东区埔田镇张厝围村雨污分流工程建设情况调研报告》等各类调研文稿和理论文章28篇，文字总量39余万字，较好地发挥了参谋助手和以文辅政作用，为服务区委决策、促进全区改革发展做出积极贡献。

（谢建丰）

【统战工作】 （一）强化思想政治建设，不断提高统战队伍工作能力 2019年，区委统战部加强统战队伍自身建设，在思想政治建设方面，坚持以习近平新时代中国特色社会主义思想为指导，增强政治自觉、提高政治站位、坚定政治信仰，严格遵守政治纪律和政治规矩，坚决维护以习近平为核心的党中央权威和集中统一领导。区委统战部坚持每周一上午集中学习的制度，同时以“不忘初心、牢记使命”主题教育为契机，深入开展学习《习近平关于“不忘初心、牢记使命”重要论述选编》、习近平总书记系列重要讲话精神等，以“学习强国”学习平台为载体，狠抓政治理论知识和业务知识学习，现在部理论学习已成制度化、常态化，部全体人员政治理论水平明显提高，单位工作能力全面提升。

（二）突出政治引领，加强团结引导 加强团结引导，充分凝聚社会各界力量，扩大统一战线团结面和包容性，稳妥做好党外代表人士工作，做好港澳台海外统战工作，着力把新的社会阶层人士组织起来。

5月10日和16日，分别组织民主党派、无党派代表人士学习习近平总书记《在纪念五四运动100周年大会上的讲话》精神和《粤港澳大湾区发展规划纲要》等文件。8月21日，组织区民主党派、无党派代表人士一行18人到玉湖镇开展缅怀革命先烈活动。加强与港澳知名人士联络，凝聚侨心侨力，不断提高海外统战工作的层次和水平，做好党外知识分子和新的社会阶层人士统战工作。切实加强党外代表人士队伍建设。

（三）强化服务功能，拓宽工作领域 2019年，共接待揭东参加政协会议的港澳政协委员共30多人次，开展联谊活动，加强交流。2019年3月，泰国国会议长一行到揭东参观访问，区委统战部分管侨务领导全程陪同活动。做好因公出国（境）签证工作，贯彻落实中央与省市关于加强因公出国（境）管理规定，做好因公出国（境）管理工作，严格任务审批，认真执行审批规定，规范经费审核，严格控制经费规模，努力提高服务水平。2019年，共办理因公出国（境）签证15人次，办理华侨回国定居1宗。

（陈家群）

【台港澳工作】 （一）做好揭阳台商协会的换届工作 2019年是揭阳台商协会换届年，区台办本着认真负责的工作态度，支持在揭东台商参加市台协的管理监督工作，力促揭阳台商协会的于11月21日顺利完成换届。

（二）做好上级布置的学习、调研等有关专项工作　一是选派干部赴北京参加全国台办干部培训班学习，提高政治站位，拓宽工作视野。二是按照市台港澳办会议精神和区委的布置，多次组织下基层，与镇（街道）一道做好有关台港澳的调研和专项工作。

（三）做好对台的交流交往和上级调研组的陪同接待工作　一是配合市就揭西“三山国王霖田祖庙”创建省级海峡两岸交流基地做好有关工作；二是热情服务，为揭东区二中领导赴台学术交流活动提供政策和详细办事流程咨询。三是积极配合，做好省粤港澳合作促进会调研组唐豪一行到揭东开发区调研的接待工作。唐豪对巨轮股份有限公司基于长远发展考虑，坚守“转型升级，做精品模具，走全球中高端客户路线”的战略目标成功转型予以高度肯定，并鼓励巨轮积极探索，顺势而为，为地方经济繁荣发展再添动力。 四是做好省委台办调研组到埔田镇的调研接待工作。省委台办副主任黄兆芬对埔田镇因地制宜，突出抓竹笋产业发展、人居环境整治、基础设施建设、乡村治理等工作，对推进乡村振兴发展的做法和成效给予充分赞赏，并表示将充分发挥对台工作优势，为全区实施乡村振兴战略、探索两岸农业融合基地建设出谋出力。

（四）深入基层，做好揭东区台资企业的调研和老台胞家属的走访　一是深入到台资企业走访，充分了解揭东台资企业的生产经营状况。受国内外市场需求疲软影响，揭东区台资企业的产销同比也有不同程度的下降；二是做好回乡定居台胞台属的走访和困难扶助工作。已故台胞洪胜贤遗属家境贫困，妻子儿子长期患病，11月中旬，区委统战部组织上门慰问并送上慰问金，并将在政策范围内给予困难帮扶。

（五）做好区香港人士的乡情调查和香港社团的接待工作　一是切实做好香港乡情调查工作。6月21日，召开各镇有关香港乡情调查工作会议，布置相关工作，并于7月中旬组团前往香港开展乡情调查工作。区外出旅居香港人士以玉湖、新亨、锡场三镇为最多，他们爱国爱港，热心家乡公益事业，对家乡建设做出贡献。二是做好香港社团的接待工作。11月上旬，香港揭东商会和粉岭潮侨盂兰胜会组织100多名会员回乡参观访问，受到区委书记方烽等领导和家乡人民的热烈欢迎。访问团向新亨硕联小学捐赠价值人民币16万元的6套教学仪器和学习用品，支持家乡教育事业的发展。方烽感谢香港乡亲一如既往关心、支持家乡的建设和发展，同时要求香港同胞在各自的岗位上发挥作用、展示形象，为香港的繁荣稳定做出更多的贡献。

（刘耿东）

【机构编制工作】　（一）深化改革，不断完善党政机构设置及职能配置　按照上级的统一部署，在区委深化机构改革工作领导小组具体指导下，2019年3月，区委机编办相关的改革步骤按上级规定的程序和时间节点按时保质高效完成，基本形成体系完备、科学规范、精简高效的机构职能体系。

1.工作扎实配套到位 在省委编办正式批复区机构改革方案后，先后召开机构改革领导小组会、区委常委会等一系列重要会议，确保改革各项工作的无缝衔接。结合改革实际，配套印发《揭阳市揭东区机构改革实施方案》《关于做好揭东区机构改革人员转隶工作的方案》等12个改革配套文件，为人员转隶、资产划转、印章变更、办公用房调剂等提供重要遵循，为下一步深入推进全区机构改革工作奠定良好的基础。

2.职能优化调整到位　按照“应清尽清”原则，对该轮涉改的30个党政部门、168个事业单位的职能、职责进行全面梳理。涉改30个党政部门共调整职责607项，其中，党委工作机构共调整职责32项；政府工作部门共调整职责575项，划出职责63项；对区直168个事业单位承担的职能作了全面梳理。回归机关的行政职权602项，共涉及44个承担行政职能的事业单位，通过改革，拟保留36个、撤销8个。

3.“三定”审核质量到位 首先，办按区委机构改革领导小组和省委、市委编办的要求，拟订30个党政机关的《机构编制职数框架》，作为各部门“三定”规定和机构编制事项调整的基本遵循和审核协调工作的根本依据；其次，在理顺部门职责分工方面，按照“一类事项原则上由一个部门统筹、一件事情原则上由一个部门负责”的原则，研究部门历史沿革，遵循历史并结合部门职能配置现状，规范机构设置和职能配置，理顺职责关系，合理确定各部门职责权限，做好对“三定”的审核工作；最后，在审定各单位“三定”方案草案方面，把定职责作为核心，坚持“四参照”原则，即：参照原各部门“三定”规定职责；参照原定职数框架；参照事业单位行政职能一定要回归机关的要求；参照市对应部门“三定”规定确定的职责，围绕部门主业明确和细化主要职责，强化内部职责和业务整合，抓住加快转变政府职能这个关键。按时保质完成“三定”审核工作，通过28个机关“三定”和2个调整文件。

4.人员转隶工作到位以《揭阳市揭东区机构改革方案》和区直部门机构编制职数框架为依据，对机构划转、撤销合并、改变隶属关系的，人员成建制转隶；对因职能划转、职责调整等涉及部分人员划转的，使用相关编制、承担相关工作职责的人员原则上一并转隶；认真组织各单位整理有关涉改人员资料，填报人员移交报告书、移交协议书、转隶人员名册表，分批次举行人员转隶接交仪式，顺利完成人员转隶相关文件签字、盖章、存档等流程。

（二）全面推进承担行政职能事业单位改革工作 为贯彻落实中共十九大、十九届三中全会精神，顺利推进全区事业单位改革工作，区委编办以习总书记“四个走在全国前列”的要求为引领，提前谋划，主动作为，抓紧统筹。

一是根据中央和省、市关于承担行政职能事业单位改革精神，为做好承担行政职能事业单位改革前期准备工作，印发《关于报送区直事业单位承担行政职能有关情况的通知》，对区直涉改44个事业单位承担行政职能的情况进行全面梳理，经审核回归行政机关承担的行政职能为602项，涉改44个承担行政职能的事业单位，拟通过改革，保留36个，撤销8个。二是根据《广东省关于市县机构改革的总体意见》《广东省承担行政职能事业单位改革方案》精神和要求，结合全区改革实际，印发《揭阳市揭东区承担行政职能事业单位改革实施方案》《揭东区涉改事业单位一览表》等文件，为深入推进全区事业单位改革工作奠定良好的基础。三是强化举措，严格审核。按照边收集边审核，边调研边指导的工作方式，不等不靠，集中力量，严格依据法律法规和上级有关政策规定，并结合全区实际，从严、从细、从实做好职能审核工作，尽量杜绝发生漏报、错报、多报等现象。

（三）理顺中德金属生态城园区管理体制机制 为促进中德金属生态城更好、更快、更可持续发展，独立设立揭阳市揭东区中德金属生态城管理委员会，为揭东区人民政府派出机构，正科级。管辖范围明确为揭阳市揭东区广梅汕铁路以北区域，面积为23.42平方公里。结合中德金属生态城实际，突出其经济功能，明确除经济管理、安全生产、应急管理职能外的其他社会管理和公共服务职能，按属地管理原则由所在镇负责。强化其行政效能和服务水平，构建系统完备、科学规范、运行高效的机构职能体系，为中德金属生态城经济社会发展提供体制机制保障。

（四）规范事业单位登记管理 2019年，揭东区事业单位登记管理局坚持强化监督和主动服务并重，进一步规范登记管理工作。根据《事业单位登记管理暂行条例》《广东省事业单位登记管理暂行条例实施细则》等政策法规和规定，对揭东区公证处等单位进行拟列入事业单位法人异常情形名录。为揭东区扶贫开发中心等 2家事业单位办理法人设立登记业务。

同时，为梅岗中学等54家事业单位办理了变更登记。并印发揭东区事业单位法人公示信息抽查通知书和实地核查记录，向核查对象单位送达，督促各单位开展自查，加强联系沟通。同时，加强政策宣传，进一步增强规范履职的责任意识,确保实地核查工作按时高效完成。

（陈敏桦）

【信访工作】 2019年，揭东信访局围绕区委中心任务和市信访局的工作部署，学习中共十九大、习近平新时代中国特色社会主义思想和习近平总书记系列重要讲话精神，贯彻落实习近平总书记关于加强和改进人民信访工作重要思想，以“三到位一处理”为遵循，依法依规开展信访工作，及时就地化解社会矛盾纠纷，全区信访形势保持平稳向好。同时，该区被国家信访局授予2019年信访工作“三无”区。

（一）矛盾纠纷排查工作　区信联办牵头各地、各有关单位加强对省两会、全国两会、新中国成立70周年庆祝活动等重大活动和敏感时段的矛盾纠纷排查工作，对排查中发现的不稳定苗头，由属地及时落实专人做好疏导化解工作，确保矛盾不上行。

（二）党政领导接访下访工作　继续推进区党政领导接访活动，区党政领导定期到接访大厅接待来访群众，认真倾听群众诉求，及时就地解决群众矛盾。对群众合理的诉求，及时落实相关镇（街）、区直有关部门做好对接，在规定期限内给予解决；对群众不合理的诉求，从政策层面上向群众做好解释说明工作。

（三）积案攻坚化解工作　市信联办交办区信访积案和信访重点案件14宗，要求区在规定期限内完成化解工作。区里面逐宗落实一名区领导包案，由包案领导牵头责任单位认真研究，提出化解方案，有效推动化解工作。落实阶段以来，在包案领导的推动下和责任单位的努力下，14宗信访积案和信访重点案件都在规定期限内化解。

（四）配合扫黑除恶工作　积极配合区扫黑除恶领导小组开展扫黑除恶工作，组织开展扫黑除恶宣传工作，组织开展涉黑恶线索的摸排工作，发现线索及时上报区扫黑办公室。

（五）市委专项巡视组工作　3月19日至7月19日，市委专项巡察组对揭东区开展“县镇村一体化”专项巡察。根据区委巡察办的部署，区信访局牵头区直有关单位制订信访维稳应急预案，妥善应对巡察期间可能出现的集体上访、闹访、打击报复等突发事件，并定期向巡察办报告稳定情况。

（六）意识形态工作　自觉履行意识形态工作主体责任，贯彻落实中央、省委、市委和区委关于意识形态工作的重大决策部署，在思想上、政治上、行动上自觉同以习近平总书记为核心的党中央保持高度一致。局领导班子成员带头认真落实管党治党责任，切实加强党的组织建设，干部队伍战斗力。

（罗锦绍）

【党史工作】 2019年，区党史办公室在市地方史志办公室的精心指导和揭东区委的正确领导下，以“围绕中心，服务大局”“以史鉴今，资政育人”为工作着眼点和落脚点，有力的推进各项工作有序开展。

汾水战役纪念馆一角　（陈楚鹏　摄）

按照上级的工作部署，做好新一轮的革命遗址普查工作。在区委、区政府和市地方史志办公室领导的支持和帮助下，从组织机构到资金保障上为党史工作的顺利开展提供了组织保障。此次调查覆盖全区7个镇（街）、112个行政村，通过查阅中共揭阳地方党史、革命老区发展史、县志、镇志、村志、族谱等史料志书，召开座谈会，走访老干部及当地长者，共收集75处旧址、遗址、纪念设施的有关资料。对每处遗址的有关信息严格核实，在市地方史志办公室的指导下，确定登记上报较有代表性和较典型的革命遗址22处。涉及重要历史事件和重要机构旧址9处、革命领导人故居、旧居1处、烈士墓9处、纪念设施3处。参与评选吴履逊将军生平事迹展览管县级爱国主义教育基地等工作。从3月开始，区委组织区直工委、揭东农商银行等区直单位和部门，以汾水战役烈士纪念碑、五房革命烈士纪念碑、锡场镇潭王红军小学等为教育基地，紧扣时间节点，开展主题党日活动13次。

（李创丰）

【党校工作】 （一）基本概况 区委党校是区委直接领导下培养党员领导干部和理论干部的学校，主要承担全区党员干部培（轮）训和理论研究等工作，有办公室、教务室(加挂中共广东省委党校函授学院揭东函授分站牌子)2个内设机构。下属单位有区委党校教研中心（公益一类正股级事业单位）。在揭东电视大学内办学办公。2019年，区委党校在职教职员工16人，其中教学人员10人，全部为本科学历，具备高级职称5人，中级职称3人。

（二）干部培训 区委领导高度重视干部培训工作，区委有关领导先后为参加培训的学员作专题报告，进一步提高学员的思想政治素养和理论业务水平。全年完成“春苗计划”干部培训班、村书记（主任）培训班、环境保护干部专题培训班、青年干部培训班、新时代中国特色社会主义文化读书班、党校师资培训班、基层妇联主席培训班等11个主体班次和2个合作培训班次，培训干部800多人次。5月，根据省委、市委和区委的文件精神，举办6期区管干部学习贯彻《大湾区发展规划纲要》专题研讨班，轮训科级干部600多人。10月，举办全区村（社区）党组织书记、“两新”组织和国有企业党组织书记、区直党支部书记“不忘初心、牢记使命”培训班，轮训基层党组织书记约350人。12月，配合组织部举办5期全区科级干部学习贯彻中共十九届四中全会精神专题轮训班，并组织学习贯彻《关于支持深圳建设中国特色社会主义先行示范区的意见》，轮训科级干部600多人。结合新时代干部教育培训新特点，努力创新教学，全年“请进来”教学活动15人次；“走出去”教学活动3个班次，搞活教学活动，提高培训效果。

9月25日，区委党校举办基层妇联培训班

（资料相片）

（三）科研工作 牢固树立“科研立校”的思想，突出科研工作为区委、区政府决策服务，为推进党的理论创新服务，为提高党校教学质量服务。2019年，除组织教师围绕“不忘初心、牢记使命”主题开展课题调研外，还组织教师到乡镇和区直有关单位调研2场次。在此基层上，撰写调研材料，形成特色课程。先后编印《学习贯彻习近平新时代中国特色社会主义思想教学文稿》《“不忘初心、牢记使命”党课参考（2019）》《“不忘初心、牢记使命”主题教育资料选辑》，并坚持每月编印1期《理论参考》，既作为补充特色教材，又分发给区委中心组、区直单位及镇街党校学习参考，服务了基层培训学习。是年，教师理论文章在市以上刊物发表6篇次，参加市优秀课例交流1人次，获区演讲比赛一等奖1人次。派出8名骨干教师挂钩镇街党校，支持镇街党校开展教学。送党课下基层达到12场次。其中，蔡惠、李晓英分别到曲溪街道路篦村、云南村和锡场镇潭王村、潭蔡村，向村党员群众进行宣讲，拉近了党校教师和基层党员群众的最后一公里。

（四）自身建设 2019年，开展“不忘初心、牢记使命”主题教育和创建模范机关活动，发挥党支部战斗堡垒作用。组织全体党员和教师注册并运用好“学习强国平台”开展学习。全面加强对干部职工全局性政治教育，加强意识形态安全教育。打造新时代文明实践所，开展文明传承、“不忘初心、牢记使命”等项宣讲。全年派出教师参加上级培训学习8人次，其中到中央党校参加培训1人次，到延安参加培训2人次，到河源参加省委党校举办的培训2人次。在区委区政府重视下，党校教育科研经费纳入年度财政预算，党校教学教研电脑、网络等硬件设施得到及时更新。指导各镇街党校建设，完善配套制度、课程计划和课程资料等，促进镇街党校发挥更大作用。

（蔡 惠）

【保密工作】 2019年，揭东区保密工作以习近平新时代中国特色社会主义思想和中共十九届二、三、四中全会精神为指引，贯彻落实习近平总书记关于加强保密工作的重要指示批示精神，围绕“党管保密、依法治密”总要求，准确把握保密工作发展面临的新形势，紧扣保密工作转型升级目标任务，进一步提升领导干部和涉密人员保密意识，加强保密管理和行政执法职能，增强网络窃密泄密防控能力，筑牢全区安全保密防线。

一是加强“数字政府”“机构改革”保密管理工作，提供保密建设监督指导和服务保障，着力做好机构改革、协同办公平台使用工作指引。二是参与国家级考试工作的保密监督指导四场次。三是着力开展机关单位涉密载体、保密要害部门部位确认等专项整治和保密监督检查4场次。四是深化保密法治宣传教育。保密业务期刊征订实现机关单位全覆盖。充分发挥“保密观”“粤保密”微信公众号、保密警示教育片的作用，结合新中国成立70周年等重大活动，组织力量开展专题保密讲座一场次，进行保密红色历史教育和新时代保密形势任务教育。

（吴瑞芳）

揭东区人民代表大会

【区二届人大常委会第二十四次会议】 1月4日，区二届人大常委会第二十四次会议在区人大常委会会议厅举行。常委会主任许列群，副主任陈郁芳、杨明城、黄敬双、林琼瑜、谢淡松及委员共26人出席会议。常委会主任许列群主持此次会议。

会议主要内容：人事任免。经市委同意：提名许剑芒、吴少炎为揭阳市六届人大代表候选人。会议补选许剑芒、吴少炎2人为揭阳市第六届人大代表，报市人大常委会代表资格审查委员会审查确认。

【区二届人大常委会第二十五次会议】 3月7日，区二届人大常委会第二十五次会议在区人大常委会会议厅举行。常委会主任许列群，副主任黄建声、陈郁芳、杨明城、黄敬双、林琼瑜、谢淡松及委员共27人出席会议。常委会主任许列群主持此次会议。

会议主要内容：

一、人事任免。会议决定接受陈林城、陈旋宇2人辞去揭东区第二届人大常委会委员职务，报揭东区第二届人民代表大会第四次会议备案。会议决定接受陈林城、陈旋宇、李卫川、江惜辉、林晓川5人辞去区二届人大代表职务。

二、其他。根据代表变动情况和工作需要，提名许剑芒、郑仰高、林伟生、江清丰、龙志飞、陈俊豪、谢昭杰、郑晓辉、吴伟斌、刘跃红、谢晓舜、许上伟、林玩萍、吴国贤、林仲龙15人为区二届人大代表候选人。

【区二届人大常委会第二十六次会议】 3月25日，区二届人大常委会第二十六次会议在区人大常委会会议厅举行。常委会主任许列群，副主任黄建声、陈郁芳、杨明城、黄敬双、林琼瑜、谢淡松及委员共28人出席会议。区人民政府代区长许剑芒，区人民检察院检察长林楚峰到会提请人事任免事项。揭东区人民政府、揭阳市产业园管委会有关领导、区财政局局长吴国贤到会作报告。此次拟任命人员列席会议，常委会主任许列群主持此次会议。

会议主要内容：

一、人事任免。会议决定接受周武城辞去揭东区监察委员会主任职务，报揭东区第二届人民代表大会第四次会议备案。

会议决定接受袁镇松、关敬军辞去揭东区人民政府副区长的职务，报揭东区第二届人民代表大会第四次会议备案。

会议决定接受郑创忠、吴鑫浩辞去区二届人大代表职务。

根据区人民检察院检察长林楚峰的提请，会议决定任命：陈育东为揭阳市揭东区人民检察院检察员。

根据区二届人大常委会主任许列群的提请，会议决定任命：吴沛端为揭阳市揭东区人大常委会监察和司法工作委员会主任，免去谢晓舜的揭阳市揭东区人大常委会代表联络工作委员会副主任职务。

根据区人民政府代区长许剑芒的提请，会议决定任命钟金鸿为揭阳市揭东区人民政府副区长；吴宏波为揭阳市揭东区人民政府副区长；刘桂兰为揭阳市揭东区人民政府副区长；谢泽湖为揭阳市揭东区人民政府办公室主任；柯再鹏为揭阳市揭东区工业信息化和科技局局长；吴庆谋为揭阳市揭东区司法局局长；李旭波为揭阳市揭东区自然资源局局长；李建榕为揭阳市揭东区住房和城乡建设局局长；苏培河为揭阳市揭东区农业农村局局长；吴莉为揭阳市揭东区文化广电旅游体育局局长；柯寒青为揭阳市揭东区卫生健康局局长；江海彬为揭阳市揭东区退役军人事务局局长；叶育加为揭阳市揭东区应急管理局局长；王少义为揭阳市揭东区市场监督管理局局长；刘书文为揭阳市揭东区医疗保障局局长；郑壮忠为揭阳市揭东区信访局局长；陈旋宇为揭阳市揭东区政务服务数据管理局局长。

决定免去柯寒青的揭阳市揭东区人民政府办公室主任的职务。

二、听取和审议区人民政府关于2018年地方政府债务限额的议案。

三、听取和审议区人民政府及揭阳产业园管委会关于区二届人大三次会议议案及建议批评意见办理情况报告。

四、听取和审议代表资格审查委员会的报告。

五、审议通过《揭阳市揭东区人民代表大会代表议案处理办法（稿）》和《揭阳市揭东区人民代表大会代表建议、批评和意见处理规定（稿）》。

六、审议通过区人大常委会工作报告和2019年工作要点。

七、讨论决定召开区二届人大四次会议有关事项。

八、其他。

【区二届人大常委会第二十七次会议】 4月18日，区二届人大常委会第二十七次会议在区人大常委会会议厅举行。常委会主任许列群，副主任黄建声、黄敬双、林琼瑜及委员共30人出席会议。受区人民法院院长林阳委托，王敏副院长到会提请人事任免事项。区发改局局长林仲龙到会做报告。此次拟任命人员列席会议。常委会主任许列群主持此次会议。

会议主要内容：

一、听取和审议《揭阳市揭东区国民经济和社会发展第十三个五年规划纲要》实施情况的中期评估报告。

二、人事任免。根据区人民法院院长林阳的提请，会议决定任命：唐少三为揭阳市揭东区人民法院副院长、审判委员会委员、审判员。会议决定接受林阳辞去揭阳市揭东区人民法院院长职务，报揭东区第二届人民代表大会第五次会议备案。会议决定：唐少三为揭阳市揭东区人民法院代院长。

根据区二届人大常委会主任许列群的提请，会议决定任命朱楚虹为揭阳市揭东区人大常委会代表联络工作委员会副主任。

三、其他。

因个别人员工作变动，区二届人大常委会代表资格审查委员会组成人员作出相应调整。经表决通过郑晓辉为区二届人大常委会代表资格审查委员会委员。

【区二届人大常委会第二十八次会议】 5月30日，区二届人大常委会第二十八次会议在区人大常委会会议厅举行。常委会主任许列群，副主任黄建声、陈郁芳、杨明城、黄敬双、林琼瑜、谢淡松及委员共32人出席会议。区人民政府副区长、区公安分局局长赖天鸿，区民政局局长张炳怀，区市场物业管理局局长曾育群到会作专题情况汇报；区人民法院代院长唐少三到会提请人事任免事项。区人民政府副区长吴宏波，埔田、云路、白塔、桂岭镇人大主席，曲溪街道人大工委主任；区二届人大代表吴茂利、陆林昌、谢创鹏、郭丹、何业松；区人大机关副科级以上干部列席此次会议。常委会主任许列群主持此次会议。

会议主要内容：

一、听取和审议区民政局、公安分局、市场物业管理局工作情况汇报。

二、人事任免。根据区二届人大常委会主任许列群的提请，会议决定任命许上伟为揭东区人大常委会监察和司法工作委员会副主任；林玩萍为揭东区人大常委会财政经济工作委员会副主任；钟泽文为揭东区人大常委会城乡建设环境与资源保护工作委员会副主任。

决定免去罗洁萍的揭阳市揭东区人大常委会选举人事任免工作委员会副主任职务。

（二）根据区人民法院代院长唐少三的提请，会议决定任命许上伟、蔡于娜等88人为揭阳市揭东区人民法院人民陪审员。

决定免去张学文的揭阳市揭东区人民法院审判员职务；陈汉瑞的揭阳市揭东区人民法院审判员职务；林阳的揭阳市揭东区人民法院审判委员会委员、审判员职务。

免去郭庆南、刘锐英、吴少鑫、林玩萍、柯均哲、黄艳芬、洪锦山、黄韵珊、林淡华、张银卿等10人的揭阳市揭东区人民法院人民陪审员职务。

【区二届人大常委会第二十九次会议】 7月31日，区二届人大常委会第二十九次会议在区人大常委会会议厅举行。区人大常委会主任许列群，副主任黄建声、陈郁芳、杨明城、黄敬双、林琼瑜、谢淡松及委员共30人出席会议。受区人民政府区长许剑芒的委托，常务副区长钟金鸿到会作工作汇报；区发改局局长林仲龙、财政局局长吴国贤到会作报告；区环卫局局长杨锐明到会作专项工作汇报；各镇人大主席、人大街道工委主任，产业园党政办、磐东党工委负责人大工作人员，区人大机关副科级以上干部列席此次会议。常委会主任许列群主持此次会议。

会议主要内容：

一、听取和审议区政府2019年上半年工作汇报。

二、听取和审议区人民政府2019年上半年经济运行情况报告。

三、听取和审议区人民政府2019年上半年财政预算执行情况报告。

四、听取和审议区环卫局专项工作汇报。

五、人事任免。根据区二届人大常委会主任许列群的提请，会议决定任命蔡于娜为揭阳市揭东区人大常委会选举人事任免工作委员会副主任。

六、其他。

【区二届人大常委会第三十次会议】 8月19日，区二届人大常委会第三十次会议在区人大常委会会议厅举行。人大常委会主任许列群，副主任黄建声、陈郁芳、杨明城、黄敬双、谢淡松及委员共34人出席会议。常委会主任许列群主持此次会议。

会议主要内容：

一、人事任免。会议决定接受刘佑知辞去市六届人大代表职务，报市人大常委会代表资格审查委员会审查。

因工作变动，在揭东区选举的市六届人大代表郑杰鹏已调出该行政区域，根据代表法第四十九条的规定，其代表资格自然终止。

根据工作需要，经市委同意，提名贝舒勉、陈挺为揭阳市六届人大代表候选人。会议补选贝舒勉、陈挺两人为揭阳市第六届人大代表，报市人大常委会代表资格审查委员会审查确认。

二、其他。

【区二届人大常委会第三十一次会议】 9月27日，区二届人大常委会第三十一次会议在区人大常委会会议厅举行。区人大常委会主任许列群，副主任黄建声、陈郁芳、杨明城、黄敬双、谢淡松及委员共29人出席会议。区人民政府副区长洪锡藩、区财政局局长吴国贤、区审计局局长江少初到会作报告，区人民法院代院长唐少三到会作工作情况汇报。区监察委员会主任林伟生、区人民法院代院长唐少三到会提请人事任免事项。区人大机关党员干部职工列席本次会议。常委会主任许列群主持此次会议。

会议主要内容：

一、听取和审议区人民政府关于2018年区级财政决算（草案）报告。

二、听取和审议区人民政府关于2018年度区级预算执行和其他财政收支的审议工作，以及审计查出突出问题整改情况报告。

三、听取和审议区人民政府关于重点流域水体治理达标情况和治理任务进度完成情况报告。

四、听取和审议区人民法院关于2018年以来基本解决执行难问题的工作情况汇报。

五、人事任免。（一）会议决定接受刘桂兰辞去揭东区人民政府副区长职务，报揭东区第二届人大代表大会第五次会议备案。

（二）根据区监察委员会主任林伟生的提请，会议决定免去陈耀才的揭阳市揭东区监察委员会委员职务。

（三）根据区人民法院代院长唐少三的提请，会议决定任命陈平为揭阳市揭东区人民法院立案庭（诉讼服务中心）庭长；杨锦潮为揭阳市揭东区人民法院刑事审判庭庭长；林桂娜为揭阳市揭东区人民法院民事审判庭庭长；林克生为揭阳市揭东区人民法院综合审判庭庭长；魏壮文为揭阳市揭东区人民法院执行局局长；陈东升为揭阳市揭东区人民法院新亨人民法庭庭长；谢榜民为揭阳市揭东区人民法院白塔人民法庭庭长。

决定免去陈平的揭阳市揭东区人民法院新亨人民法庭庭长职务；林克生的揭阳市揭东区人民法院刑事审判庭庭长职务；陈东升的揭阳市揭东区人民法院白塔人民法庭庭长职务；谢榜民的揭阳市揭东区人民法院立案庭庭长职务；蔡锐生的揭阳市揭东区人民法院审判委员会委员职务。

六、其他。

【区二届人大常委会第三十二次会议】 11月29日，区二届人大常委会第三十二次会议在区人大常委会会议厅举行。人大常委会主任许列群，副主任陈郁芳、杨明城、黄敬双、林琼瑜及委员共30人出席会议。区财政局局长吴国贤、区人社局局长蔡广辉、区文广旅体局局长卢树娇；受林楚峰检察长委托，区人民检察院副检察长许海丹到会作报告；受区人民政府区长许剑芒委托，区委常委、常务副区长钟金鸿到会提请人事任免事项并列席此次会议；区委常委、监委主任林伟生到会提请人事任免事项。自然资源局负责人，新亨、玉湖、玉滘、桂岭和月城五镇人大主席，区二届人大代表王鸿城、许晓英、池伟鹏、黎法治、郑锦辉五人，区人大机关副科级以上干部和此次拟任命人员列席此次会议。常委会主任许列群主持此次会议。

会议主要内容：

一、人事任免。（一）根据区人民政府区长许剑芒的提请，会议决定任命卢树娇为揭阳市揭东区文化广播旅游体育局局长。免去吴莉的揭阳市揭东区文化广播旅游体育局局长职务。（二）根据区监察委员会主任林伟生的提请，会议决定任命陈洁龙为揭阳市揭东区监察委员会委员。

二、审议区人民政府关于揭东区2018年国有资产管理情况综合报告。

三、听取和审议区人民政府关于揭东区2018年行政事业性国有资产管理情况报告。

四、听取和审议区人民政府关于2019年第二批地方政府新增债券转贷资金收支预算的议案。

五、听取和审议关于区贯彻实施《中华人民共和国禁毒法》《广东省禁毒条例》情况的执法检查报告。

六、听取和审议关于区人民检察院未成年人刑事检察工作情况的调研报告。

七、听取和审议关于区人社局保障农民工工资正常支付、解决拖欠农民工工资问题的调研报告。

八、听取和审议关于区文化广电旅游体育局推进全区公共文化实施建设情况的调研报告。

九、其他。

【区二届人大常委会第三十三次会议】 12月10日，区二届人大常委会第三十三次会议在区人大常委会会议厅举行。人大常委会主任许列群，副主任黄建声、杨明城、黄敬双、林琼瑜、谢淡松及委员共29人出席会议。常委会主任许列群主持本次会议。

会议主要内容：

一、人事任免。会议通过，并根据地方组织法第二十七条和广东省各级人民代表大会常务委员会人事任免办法第九条决定，决定接受林创凯辞去揭东区第二届人大常委会委员职务，报揭东区第二届人民代表大会第五次会议备案。

二、其他。

【区二届人大常委会第三十四次会议】 12月30日，区二届人大常委会第三十四次会议在区人大常委会会议厅举行。区人大常委会主任许列群，副主任黄建声、杨明城、黄敬双、林琼瑜及委员共28人出席会议。区财政局局长吴国贤到会作报告；受林楚峰检察长委托，区人民检察院副检察长吴文渊到会提请人事任免事项；区人民政府副区长蔡晓霞列席此次会议。常委会主任许列群主持本次会议。

会议主要内容：

一、人事任免。（一）根据吴文渊副检察长介绍拟免职人员的免职理由和提请，会议决定免去黄洁锋、卢锐铭二人的区人民检察院检委会委员职务，免去黄洁锋、卢锐铭、吴楚彬、柯心豪、林雄伟、王冠群、郑文略、杨永锐、张庆华、徐小畅10人的区人民检察院检察员职务。（二）因工作变动，会议决定接受钟金鸿辞去揭东区人民政府副区长的职务，报揭东区第二届人民代表大会第五次会议备案。

因工作变动，区二届人大代表陈豪杰、吴宏波、吴梓斌、陈俊豪、张瑞龙、吴义荣、魏怀亮、郑旭鸿8人向区人大常委会提出辞去他们所担任的区二届人大代表职务的请求。经表决通过，决定接受陈豪杰、吴宏波、吴梓斌、陈俊豪、张瑞龙、吴义荣、魏怀亮、郑旭鸿8人辞去揭东区第二届人大代表职务。

二、听取和审议区人民政府关于2019年度区级财政预算调整方案议案的报告。

三、听取和审议区人民政府关于2019年地方政府债务限额议案的报告。

九、其他。

（许上伟）

【人事任免】 2019年，区人大常委会依法任命国家机关工作人员122人，免职32人，接受辞职9人。区人大常委会认真做好人事任免工作，充分发扬民主，严格按照法律程序办事。严格执行党管干部和人大依法任免的原则，加强任前调查和法律知识考试，严肃执行任命干部就职宣誓制度，并加强任期监督，促进干部队伍依法行政。

（蔡于娜）

【执法检查】 2019年9月中旬至11月下旬，区人大常委会监察和司法工作委员会组织开展《中华人民共和国禁毒法》《广东省禁毒条例》执法检查。执法检查组到区禁毒办、戒毒所、揭东一中、云路镇社区戒毒（康复）工作站等地，实地检查戒毒基础设施建设，了解学校毒品预防教育及社区戒毒（康复）人员管控工作开展情况，并召开座谈会听取区禁毒办和相关成员单位对贯彻实施“一法一条例”的情况汇报，详细了解新形势下禁毒工作存在的问题和困难。执法检查采取线上线下禁毒工作调查问卷方式，广泛征求代表和群众对今后禁毒工作的意见建议，最后形成执法检查报告，提交区人大常委会审议。

（许上伟）

【代表调研视察】 2019年，常委会先后3次组织人大代表开展专题调研视察活动。7月中旬，组织部分省、市、区人大代表围绕揭东区水污染防治工作开展专题调研，通过实地察看和召开座谈会的形式，了解河长制落实情况和水污染防治工作，推动揭东区打赢污染防治攻坚战，加快建设生态宜居城市；12月中旬，组织部分省、市、区人大代表对全区建筑砂石料供求状况、开发利用和保护情况开展专题调研，通过调研，全面掌握建筑砂石供求状况，并提出建议意见，为区委、区政府决策提供参考和依据，助推全区做好建筑砂石供应保障工作；12月下旬，组织部分省、市、区人大代表围绕全区黑臭水体整治工作开展专题视察活动，视察组深入城区污水处理厂、曲溪河和大港溪等地察看，详细了解城区污水处理厂运行情况以及曲溪河、大港溪黑臭水体整治工程建设情况，并召开座谈会，听取区政府及相关职能部门的工作情况汇报，并针对存在问题和困难，代表们提出中肯的建议意见，并就创建“河畅、水清、堤固、岸绿、景美”生态宜居美丽乡村纷纷建言献策。

（朱楚虹）

10月11日，区人大常委会及机关党员干部职工到革命基地开展红色爱国主义教育活动　（许丹琼　摄）

【议案建议情况】 区二届人大四次会议期间，代表们向大会提交议案、建议9件，主要涉及城市建设与管理、农村道路交通、文化教育等方面。经大会主席团审议通过，全部列入建议办理，分别由揭东区政府和产业园管委会将代表建议交6个承办单位签收办理。闭会期间，收到代表建议7件，及时交有关单位办理。为强化代表建议的办理工作， 11月，区人大常委会协同区人民政府、产业园管委、区人代会议案组、有关人大代表等组成检查组，督促办理落实区二届人大四次会议和闭会期间代表提出的建议，重点对承办单位在制定工作方案、加强与代表联系沟通、办理落实和答复代表建议等方面进行检查督办。对办理结果代表不满意的建议，要求进行二次办理，有力推动代表反映比较集中、涉及面比较广的问题得到及时解决。

（朱楚虹）

【代表联络室建设】 根据省人大的工作要求，为各镇（街道）代表中心联络站的更名订制统一牌子，完善代表中心联络站的设施建设；下半年，结合实际，指导各镇完成村（居）片区代表联络站建设，为其制定活动工作制度，指导各项配置建设，2019年，全区（包括产业园）已建成村（居）片区代表联络20个，确保全区各级人大代表开展活动有阵地、有制度、有归属。

（朱楚虹）

【代表小组活动】 指导各乡镇人大主席团、街道人大工委组建区、镇人大代表小组127个，按照省、市人大要求，做好“更好发挥人大代表作用”主题活动，7月，在全区上下开展多种形式的“我为民、我履职、我行动”主题活动，收到明显成效。全区共有1136名省、市、区、镇人大代表和73名党政领导干部参加（其中，省人大代表4名，市人大代表61名，区人大代表290名，镇人大代表781名）；开展活动的代表联络室13个，各镇街人大全覆盖，各级代表驻室活动共678人，接待群众321人，收到群众建议96件。

（朱楚虹）

【信访工作】 2019年，区人大常委会共受理人民群众来信信访20件次，重点督办信访件3宗。

揭东区人大常委会重视人大信访工作，从维护人民群众利益、维护法律权威的角度出发，加强对重点信访件的督办，特别是对潮州市潮安区张某某被拖欠50万元长达15年法院未能执行的信访案件，分别交办和督促区法院、区检察院和公安局依法履职帮助其寻找郑律师以法律援助，加大执法力度，维护当事人的合法权益，受到信访人的好评。

（黄俊煋 郑淑香）

【老促会工作】 2019年1月22日，揭东区老区建设促进会（以下简称老促会）牵头组织部分理事单位，在新亨镇五房村潮揭丰边革命历史纪念馆门口开展“送温暖，献爱心”慰问活动。当天，共有11个理事单位参加活动，医疗队现场为群众义医义诊和健康检查，书法家挥毫泼墨为群众送春联，工作人员将粮油、棉被和书籍等爱心物资有序发放给100多户困难群众，现场热闹非凡。区人大常委会副主任、老促会会长陈郁芳，副会长洪璧华、林玉龙还一起上门慰问抗美援朝的老战士廖启兴（94岁）、军烈属李秀刁（89岁），困难老党员廖婵钦（83岁）。与他们亲切交谈，了解他们的身体情况和生活状况，并送去慰问金和物资，让他们深切感受到党组织的关怀和温暖。4月19日，省老促会副会长、省老区建设基金委员会理事长黄广伟，带领调研组到革命老区潭王村调研，并举行座谈会。了解揭东的革命斗争史和经济社会发展情况，收集基层对老区发展的对策建议。市老促会会长吴平河，区人大常委会副主任、区老促会会长陈郁芳，副区长吴宏波陪同调研；副市长曾瑞如代表市在会上作汇报，区政府副区长张木奋，及市、区相关单位负责人也作相关汇报。黄广伟在会上表示，把揭东纳入“海陆丰革命老区带”对还原揭阳革命历史，展示揭阳革命功绩有着重要作用，省老促会将全力以赴推进揭阳老区建设，全力推动榕城、揭东纳入“海陆丰革命老区带”。6月12日，揭阳市“广东省革命老区村”挂牌启动仪式在锡场镇潭王村举行。启动仪式由市老促会会长吴平河主持，副市长、市老促会名誉会长曾瑞如和揭东区区长许剑芒共同为革命老区村揭牌，市委副书记、市老促会名誉会长刘光明在仪式上讲话。区委副书记周武城，区人大常委会副主任、区老促会会长陈郁芳，市、区相关单位负责人和潭王村代表等200多人参加挂牌仪式。6月19日，揭东区“广东省革命老区村”挂牌启动仪式在玉滘镇尖山村举行。启动仪式由区人大常委会副主任、区老促会会长陈郁芳主持，区委常委、副区长钟金鸿和玉滘镇镇长陈乐彬共同为革命老区村揭牌，区委副书记周武城在仪式上讲话，区老促会理事单位主要负责人，各镇相关领导和尖山村代表参加挂牌仪式。至6月底，全区30个革命老区村完成“广东省革命老区村”挂牌。30个革命老区村分别是：玉湖镇大坑村、下坡村、坪上村，新亨镇五房村、楼下村，锡场镇江滨村、潭王村、大寮村、东仓村、锡西村、锡中村、锡东村，埔田镇牌边村、金东岭村、贞祥坑村、车田村、马硕村、埔田村、新岭村、老岭村、长岭村、湖下村、庵后村，云路镇赵埔村、中夏村、棋盘村、洪住村、北洋村、田东村，玉滘镇尖山村。

8月3日，区老区建设促进会代表在海丰革命斗争史纪念馆参观学习 （蔡于娜 摄）

为使揭东尽快申报纳入“海陆丰革命老区带”，8月2日至4日，区老区建设促进会一行共9人到海丰革命老区参观学习，代表们参观海丰县革命烈士暨革命斗争史纪念馆，以及红场、红宫、彭湃故居等革命旧址和海丰县附城镇新山村美丽乡村建设。12月，《揭阳市揭东区革命老区发展史》完成全书区级审核并送广东人民出版社出版。

（蔡于娜）

揭东区人民政府

【区政府常务会议工作会议】 2019年区政府召开常务会议12次，工作会议30次，传达贯彻落实上级有关文件会议精神，深入开展相关专题学习活动，通过集体讨论和民主决策，研究解决相关问题，全力推进区政府中心工作。

研究推进云路镇云宝大道人行道及绿化带工程项目建设、区榕江北河（新西河及东寮排洪溪）治理工程建设、区枫江（玉滘段）治理工程建设、梅汕客专揭阳北站站前广场及道路配套工程建设、梅汕客专揭阳北站站前广场及道路配套建设工程电力线路迁改工程建设、武警揭阳支队揭东中队“智慧磐石”工程 建设、中德金属生态城高压电力线路迁改工程建设、区国防教育训练基地用房项目建设、区儿童福利院项目建设、区榕江北河流域新亨镇、锡场镇污水管网扩延工程建设、开发区新区、玉滘镇PPP模式污水处理厂及配套管网建设、揭东主城区、云路镇、玉滘镇污水管网扩延工程建设、揭东区城区曲溪河和大港溪黑臭水体整治工程建设、玉湖镇区污水处理厂工程项目建设、玉湖镇中心镇区生活污水管网工程建设、环山路市政配套项目建设、开发区龙山路路面修复工程项目建设、锡场镇玉城河上游片区农村环境综合整治工程建设、中德金属生态城园区5条市政道路片区基础设施建设项目、锡场镇、新亨镇、玉滘镇及揭东主城区和云路镇4个污水管网扩延工程项目建设、金凤路中间增加绿化隔离带改造工程建设、揭东区第一幼儿园建设项目建设、区“智慧环保”信息综合管理系统平台建设、开发区新区宝山西路北侧排水渠修复整治工程项目建设、县城污水处理厂提标改造工程项目建设、曲溪河西侧（206国道—金溪大道）配套道路建设、枫江干流综合整治清淤工程建设、区节水型社会达标建设项目、区“阳光村务”平台系统项目建设、开发区龙腾路市政道路修复改造工程建设、城区10段市政配套道路工程建设、区福源路与丹凤路交叉口设置交通信号灯及电子监控系统等配套设施项目建设、区候车亭改建工程、设立揭东区第一幼儿园并启动该项目建设。

讨论通过2019年《政府工作报告》《揭东区2018年预算执行情况和2019年预算草案》《揭东区2018年国民经济和社会发展计划执行情况与2019年计划草案》《揭东区国民经济和

社会发展第十三个五年规划纲要实施情况的中期评估报告》、区乡村振兴战略规划（2018—2022年）、2019年第一批新增地方政府债券分配方案、中德金属生态城相关项2019年期费用审核工作方案、竹笋省级现代农业产业园财政资金使用方案、区生猪（牛羊）定点屠宰设置规划实施方案、区榕江北河流域乡镇生活污水处理设施建设问题挂牌督办工作整改方案、揭东区临时污水处理设施（碧水源）整改方案、新亨镇、锡场镇PPP模式污水处理设施及配套管网建设问题挂牌督办整改实施方案、玉湖镇区污水处理厂及配套管网建设问题挂牌督办整改实施方案、区农村生活垃圾治理整改工作方案、区榕江北河流域农村雨污分流工作实施方案、区农业面源污染整治工作方案、区河道河涌清淤疏浚整治专项工作方案、区河道河涌拆违清障专项整治工作方案、区全面落实河长制工作方案、区进一步清理整治“散乱污”工业企业（场所）工作方案、区强化榕江北河流域环境监管执法工作方案、区榕江北河流域乡镇生活污水处理设施建设问题挂牌督办整改工作宣传方案、代中德金属集团公司垫付到期城投债融资本息、2019年第二批新增地方政府债券分配方案、区涉农资金统筹整合实施方案、大额财政资金安排情况、盘活国家基本公共卫生服务项目存量资金的意见；区贯彻落实进一步推动广东省革命老区和原中央苏区振兴发展实施方案、拨给揭东经济开发区财力性转移支付补助资金、区深化预算编制执行监督管理改革实施细则、区财政管理体制调整方案和产业园区财政管理体制实施方案、农村雨污分流工程建设、区防汛防旱防风防冻应急预案、代中德金属集团提前偿还城投债借款本金、2019年区财政预算调整方案、2019年地方政府债务限额、区级大额财政资金安排、盘活国家基本公共卫生服务项目存量资金的意见、揭东主城区第二批道路命名方案、2018年区地方政府债务限额、妥善解决机关事业单位养老保险制度改革后机关事业单位离退休人员死亡后丧葬费抚恤金及遗属生活补助费有关问题、变更城区沿江路东段堤防改造综合工程合同付款方式、区农村雨污分流工程建设项目奖补资金调整的意见、开发区新型工业园通用厂房及配套设施工程招标文件有关问题的意见、2017年区符合政府安排工作条件退役士兵安置工作、解决交通事故、违法车辆停放经费的意见、揭东区·玉湖历史文化小镇项目投资协议书的意见、缔结友好城市协议书的事项、揭阳市揭东区自来水公司交接协议书的意见、市住建局商请延续揭阳市东径外草地垃圾处理场用地使用权的意见、揭东区2019—2021年乡镇寄宿制学校建设专项规划的意见、揭东新华书店改革重组工作的意见、揭东区第四批区级非物质文化遗产代表作名录的意见、坚决打好打赢污染防治攻坚战的意见、区榕江北河流域乡镇生活污水处理设施建设问题被省挂牌督办整改工作、榕江北河流域乡镇生活污水处理设施建设整改有关工作情况、给予年度考核优秀的机关事业单位工作人员嘉奖和连续三年年度优秀的机关工作人员记功的意见、对国道G206线及国道G539线分隔带综合整治工程建设给予奖补的意见、做好中德金属生态城珠江大道北段道路工程有关问题的意见、简化公文办理流程提高办事效率的意见、市生态环境局揭东分局执法股集体记功的意见、区中小河流治理（二期）项目的相关意见、市城管执法局商请提供市区垃圾填埋场“应急调节池”配套用地使用权的意见、开发区新区、玉滘镇、新亨镇和锡场镇等PPP污水处理厂项目设计费和监理费的意见、解决区公安分局偿还停车场经费的意见、公开招聘区廉政教育中心事业人员的意见、支持缶灶社区旧村改造的意见、落实机关事业单位工作人员带薪年休假制度的意见。

听取并决定区创建全国文明城市公益景观小品项目招标采购方案、62米直臂云梯消防车招标采购方案、区第二中学图书馆电脑网络教室更换电脑等设备政府采购实施方案、区应急管理局办公设备设施采购项目、区金凤路样板路改造提升工程项目（一期工程）招标采购方案、揭东大道亮化设备招标采购方案、国道锡场段路灯改造工程招标采购方案、揭东城区主要道路安装路灯景观灯箱项目政府采购实施方案、金溪大道亮化设备招标采购方案、区政府前、金凤路和沿江路亮化设备招标采购方案、金溪大道安装交通护栏项目招标采购方案、区医疗卫生单位公开招聘卫生专业技术人员、招聘教师有关问题、2019年，揭东区特殊教育学校招聘教师的意见、配备社会救助专职服务人员的意见、区生态环境局招聘政府雇员的意见、区公安局招聘警务辅助人员的意见、赴华南师范大学现场招聘教师有关问题的意见、公开招聘高等医学院卫生专业本科毕业生的意见、拨款举办揭阳市首届“贤德揭阳”端午龙舟竞赛（揭东区初赛）活动、拨款对揭东区国道206线部分路面标线翻新改造、拨款举办大型现代潮剧《大国赤子》排演工作。专题研究不动产实行统一登记后，揭东区商品房住宅小区不动产登记急需协调解决的问题；梅汕客专揭阳北站站前广场及道路配套建设工程有关事项；中德金属生态城项目造价审核等有关事项；4座污水处理厂及管网建设有关事项；沿江路东段堤防改造综合工程建设中涉及中国石化销售有限公司广东揭阳石油分公司金溪油库、曲溪油库部分装备安全技术迁改的有关事项；梅汕客专揭阳北站进站大道征地拆迁安置有关事项；220千伏锦霖输变电工程及配套110千伏线路（锡场、新亨）工程建设有关事项；曲溪河黑臭水体整治推进工作；加快推进揭东区4座PPP模式污水处理厂及配套管网建设有关事项；曲溪街道陇埔社区出租原陇埔学校场地创办教育项目的问题；农村订单定向医学生有关遗留问题；加快推进曲溪河黑臭水体整治工作有关事项；埔田镇污水处理管网建设有关事项；强化推进曲溪河黑臭水体整治拆迁工作；曲溪街道农村雨污分流工程建设的问题；云路镇农村雨污分流工程建设的问题；梅汕客专揭阳北站站前广场及道路配套建设工程设计、施工和规划有关工作；梅汕客专揭阳站协调推进工作；解决新亨镇西岗工业区狮山路（暂定名）工程用地涉及的土地补偿款及道路赔青拆迁等费用的有关问题；揭东区北环大道市政道路工程（简称北环大道工程）建设工作；沿江路东段堤防改造综合工程项目用地补偿有关事项；中德金属生态城中海油公司天然气管道迁改问题；揭东区第一人民医院改造工程建设有关问题；全区违建别墅清查整治工作；解决曲溪街道缶灶社区旧村改造有关问题；环保挂牌督办落实整改及加快揭东主城区和云路镇污水管网扩延工程建设相关工作；设立公益性诉讼案件执行资金专户的有关工作；调研基础设施建设、园区管理以及表处园浓废液处理等情况；解决一宗以地价款抵还工程款的历史遗留问题；榕江北河流域乡镇生活污水处理建设挂牌督办问题的整改工作；副市长吴毅青到揭东区指导督促榕江北河流域乡镇生活污水处理设施建设被省挂牌督办问题的整改工作。

传达学习省委市委全委会、省市纪委全会、市“两会”、区党代会等一系列会议精神；传达学习习近平总书记系列讲话精神以及省市有关领导讲话精神；专题学习《广东省统计违纪违法责任人处分处理建议实施办法》《中华人民共和国环境保护法》《中华人民共和国水污染防治法》《广东省污染防治法攻坚战指挥部令》《中华人民共和国政府信息公开条例》《中国共产党机构编制工作条例》《政府投资条例》《关于促进中小企业健康发展的指导意见》《揭阳市“门前三包”区域责任制管理办法》《习近平关于“三农”工作论述摘编》《中国共产党农村工作条例》《重大行政决策程序暂行条例》《优化营商环境条例》《中华人民共和国消防法》《消防安全责任制实施办法》《关于深化消防执法改革的意见》《中国共产党宣传工作条例》《中国共产党问责条例》《中华人民共和国土地管理法（修正案）》《广东省支持中小企业融资的若干政策措施》《广东省相对贫困人口相对贫困村退出机制实施方案》等法律法规；部署党风廉政建设及安全生产、精准扶贫跟踪审计、森林防火、“三防”、环境整治、“两违”整治、土地卫片执法检查整改、“创卫”等工作。

（张晓霞）

【政务督查】 2019年，揭东区政务督查工作在区委、区政府的正确领导下，在市政府督查室的支持指导下，以“抓重点、求实效、促落实、上水平”为目标，紧紧围绕政府工作中心，充分发挥职能作用，深入开展专项督查和联合督查，在简化和精简督查活动的基础上，进一步优化督查督办方式，认真落实好各项督查任务，较好地完成政务督查任务和上级交办的督办件，有力地推动政府工作落到实处。全年共办理上级交办件25件，发出有关督查通报4份，组织（联合）开展各类督查活动近20场次。

（一）突出中心抓督查 围绕政府重大决策和重要工作部署开展督查，发挥参谋助手作用，为领导决策提供服务。年初，区政府督查室根据区第二届人代会第四次会议精神，对国民经济、社会稳定和社会各项事业发展目标进行细致地分解细化，将区政府确定的各项任务目标层层分解到各镇（街道、开发区）和区直各部门，进一步落实责任，明确要求，并按照时间任务要求，定期进行催办和实地督查。在了解和掌握真实情况的同时，注重细心观察，发现不落实的环节，科学分析，挖掘深层次原因，从而提出切合实际、针对性强的合理化建议，供领导参考，对完善领导决策、促进工作落实发挥了较好的参谋助手作用。

（二）突出重点抓督查 区政府督查室认真落实区委、区政府有关重点工作和重点项目的安排部署，突出对省挂牌督办的污水处理设施建设、区政府十件民生实事、“两违”整治、污染防治、省市区重点项目建设、农村集体产权制度改革试点工作等方面开展重点督查督导。在督查工作中，围绕政府重大决策、重要工作部署，扎实有效开展督查工作，推动各项工作任务的落实。

（三）按时办理交办件 对国务院第六次大督查任务，认真组织相关部门进行按要求抓落实，及时整理相关资料上报。定期报送市政府主要工作任务督查落实情况，认真做好国务院“互联网+督查”交办线索和上级督查督办件的调查核实和办理上报工作。对市主要领导莅揭东调研作出的指示等要求，迅速组织相关职能部门和单位按要求狠抓落实，并多次深入现场督查督办和回访，确保督查目标落到实处。

（四）参与联合大督查 按照区委、区政府的工作部署，主动加强与区委督查部门的密切联系，积极参与区委中心工作督查组组织的各项重大督查活动，有效推动区委、区政府的中心工作顺利推进，在开展的“创文”“创卫”“三清三拆三整治”等督查活动中，能紧扣目标任务和工作要求，抓好督查督办，有力地促进各项工作的快速推进。对区主要领导现场办公活动的工作任务、区委常委会议决定事项等，能认真按照要求开展督查督办，确保各项工作有序推进并取得实实在在成绩。对人大代表建议、议案和政协委员提案办理工作按照“一事一办，专人负责，严格把关，定期催办，跟踪办理，注重实效”的原则，认真组织相关单位开展调查、核实和办理，做到件件有答复，事事有交待；对各阶段的工作开展专项督查，及时发出督办通知，强化督查事后跟踪落实，有效推动工作落到实处。

（林晓龙）

【政务公开】 2019年，揭东区深入贯彻落实国家、省、市2019年度政务公开工作要点要求，坚持以公开为常态、不公开为例外原则，加强政策解读和回应关切，推进“五公开”和重点领域信息公开，深化政务公开工作，推进全区法治政府建设。

（一）依法公开信息 2019年，通过区政府门户网站政府信息公开目录系统主动公开政府信息2986条，同步通过网站的重点领域和财政预决算等专栏和政务公开栏等方式公开相关政府信息。2019年，全区共印发规范性文件1个、主动公开作出行政许可处理决定12630项、其他对外管理服务事项5740项、作出行政处罚处理决定203项、实施行政处理决定10项。

（二）及时回应关切　畅通依申请公开渠道，全年收到政府信息依申请公开4件，其中3件按时答复申请人、1件依法结转在2020年度予以答复。及时办理网民在网站给省长留言的上级交办件，全年共办理省长留言信箱交办件10件，均按时予以办理上报。全年没有出现涉及政府信息公开方面的行政复议和行政诉讼等案件。

（三）做好政策解读　全面落实“五公开”，通过区政府信息公开目录系统、重点领域信息公开专栏、政府网站动态专栏和网上办事大厅等平台将政府的决策、全体会议、常务会议等讨论决定事项、制定和印发的政策文件依法予以公开，同时在区政府网站的政策解读专栏及时公开和转发各级的有关解读信息，全年共发布或转载政策解读信息37条。

（四）强化能力建设　举办2019年政府信息公开工作会议暨业务培训、修订后的《中华人民共和国政府信息公开条例》集中学习等业务培训，不断提升政务公开业务能力。通过网上巡查、微信工作群催办、现场检查指导等方式，加强对相关单位政务公开工作的日常督查指导，全年共发出政务公开工作的文件、通知、通报8份，及时督促各地各单位按要求落实政务公开工作。

（周锐强）

【政务服务中心】　2019年，揭东区政务服务中心围绕区委、区政府的决策部署，结合自身工作实际与重点，全面推进政务更新，深化“放管服”改革工作，深入推行“一门式、一网式”政府服务模式改革，推动政务服务线上线下融合发展，努力营造“马上办”的干事创业氛围，从根本上优化营商环境。

整合公安部门入驻区政务服务中心，建设24小时政务服务自助区。该项目投资460多万元，其中：修缮建设116多万元，信息化建设350多万元，经过前期做大量工作，项目已于

区政务服务中心宽敞的服务大厅　（周树明　摄）

9月底完工，并完成调试工作，公安分局分中心于10月8日入驻政务中心并对外开展服务，24小时政务服务自助区出入境、户籍、税务自助终端机已对外开展服务。

做好区政府部门机构改革期间政务服务事项目录调整工作，要求入驻政务服务中心窗口单位认真梳理该单位事项，全部纳入区政务服务中心窗口和广东政务服务网受理，同时按标准化要求在“广东省政务服务事项管理系统”对权责清单和公共服务事项进行完善，并依时切换上线；确保所有入驻部门全面使用揭阳市统一申办受理平台，并将该平台作为窗口服务的唯一出入口。2019年，区政务服务中心进驻37个单位，事项874项（含行政许可事项524项、公共服务事项350项）。该年度，共受理业务13.27万件，其中，行政许可6.75万件、公共服务65170件，已办结13.27万件，办结率99.99%。区直有关部门行政许可事项网上全流程办理率达70.01%，网上办理率达94.59%，网上办结率达64.12%，97.43%网上申办事项到现场办理次数不超过1次，55.56%以上网上申办事项实现零次跑动。“12345”市民服务热线共派发工单3617件，已办结2823件，办结率达78.04%，办理满意工单1350件，群众满意率达47.82%。

（池少云）

【金融工作】　2019年，区金融办在区委、区

政府的正确领导下，在上级金融部门的关心指导下，紧密结合“不忘初心、牢记使命”主题教育，坚持“稳中求进”总基调，推动地方经济社会高质量发展。2019年，全区银行类金融机构本外币各项存款余额375.48亿元，增长5.39%，本外币各项贷款余额191.82亿元，增长6.61%。

3月13日，区金融机构联席会议在揭东人行会议厅召开 （揭东人行 供稿）

（一）支持实体经济发展 引导各金融机构加大服务力度，加快金融业务转型升级，一是搭建政银企对接交流平台。3月13日，召开金融机构联席会议，全面摸清辖区金融机构经营状况，为精准服务企业融资需求“把脉开方”。5月16日，召开揭东区金融部门优质信贷产品推介会，组织各银行机构和开发区30多家企业开展交流探讨，6家银行机构现场推介20多种优质信贷产品，共向10家企业授信融资37433万元。7月26日，举办民营企业政策法规宣传活动暨银企对接会，帮助企业全面了解融资政策和金融产品。9月16日，举办“普惠金融下乡镇，助实体经济发展”宣讲会议，助推区域中小微企业发展。11月21日，组织辖区拟上市企业积极参加2019年揭阳市“银企对接座谈会”，全面加强企业上市前辅导。同时，组织企业参加“多层次资本市场与IPO审核政策动态”“IPO上市情况及科创板政策简读”等上市实务培训会，提高上市融资实务操作技能。二是走访小微企业。把“访百万企业 助实体经济”作为深化民营企业和小微金融服务的重要抓手，落实辖区内各银行机构制订走访方案，分片区上门走访、推介金融产品，着力提升小微企业融资对接效率，累计走访企业数7362家，首访企业6842家，累计发放贷款户数48户7971.16万元，放款的加权平均利率为5.54%。三是优化信贷服务。2019年，揭东农商银行发放“助企贷”213户、17837万元、悦农e贷421户、4421万元；建行揭东支行给予275家小微企业提供“小微快贷”额度授信1.25亿元；农行揭东支行发放“微易贷”13户、6604万元、“微捷贷”56户、3144万元。四是降低企业融资成本。支持各银行机构依法依规合理进行贷款利率定价，适当下调部分小微企业信贷产品利率。建行揭东支行推行的“小微快贷”系列线上纯信用信贷产品，年利率降低至5.0025%；揭东农商银行共为企业减轻融资成本约1501.49万元；中行揭东支行累计为企业优惠利息150万以上。

（二）加大乡村振兴金融服务 印发《揭东区金融服务乡村振兴战略工作方案》《关于揭东区金融服务乡村振兴的若干意见》，以小微、三农、扶贫等各类群体为重点，增加金融机构支持乡村产业融合发展的资金来源，集聚更多金融资源支持“三农”发展。一是发挥商业银行业务优势。揭东农商银行坚守服务地方、支农支小定位，扎根本土，发挥普惠金融主力军作用，坚持工作力量、信贷资金、金融服务“三下沉”，做大存贷款规模，2019年，各项贷款余额107.1亿元，其中发放涉农贷款62.3亿元，监管口径下小微企业贷款余额11.3亿元。工行揭东支行重点对茶油、精品水果、乡村旅游、特色食品、农产品加工等产业的客户进行融资支持，累计发放涉农贷款近4000万元。建行揭东支行与曲溪街道上围村签订了乡村振兴战略服务协议。农行揭东支行办理“微易贷”等三农对公普惠业务74户1.11亿元。二是完善移动支付服务。制订《揭东区农村移动支付推广应用“十百千示范工程”实施方案》，选择锡场镇作为辖区农村移动支付推广应用“示范镇”建设单位，落实6家银行网点选择12个示范点开展建设推广应用，为农村社会公众提供安全、高效、便捷的移动支付服务。三是加强农村普惠金融建设。推进农村基础金融服务“村村通”工程，各金融机构合理布局银行网点，增设自助银行、乡村金融（保险）服务站、助农取款点。2019年，全区共有银行业金融机构网点131个，配备自助取款机209台，“六有”乡村金融（保险）服务站111个，助农取款服务点267个。四是强化保险保障作用。全区共承保政策性水稻种植保险5954.34亩，香蕉种植保险4924.4亩，龙眼种植保险1454亩，承担风险总保额1360万元。积极推进政策性农房保险工作，共承保政策性农村住房保险8.98万户，承担风险总保额44.9亿元。做好新农保经办服务，邮储银行共服务参保人数51.4万元，服务到龄领取待遇人数21.8万元，累计领取金额27496.50万元。五是加强特殊群体金融扶持。全区共发放扶贫小额贷款79户190.58万元，其中，揭东农商银行为贫困学子发放“助学贷”5户17.65万元。推广妇女创业、农民创业等贷款业务，以创业带动就业，共发放农民创业贷款8笔160万元，发放妇女创业贷46户、460万元，带动妇女就业500多人。

（三）防范化解金融风险　一是防范化解农合机构风险。制订《揭东区清收处置农商银行不良贷款专项行动工作实施方案》，成立清收处置农商银行不良贷款专项行动领导小组，制订“一户一策”清收方案，通过采取行政、经济、法律等手段，民刑并进清收处置揭东农商银行不良贷款。2019年揭东农商银行不良贷款实现“双降”，年末不良贷款余额比年初净压6.7亿元，不良贷款率比年初下降7.9个百分点；共清收压降不良贷款15亿元，收回不良贷款利息1.22亿元。法院共受理揭东农商银行民事案件653宗，审结605宗，受理执行案件493宗，执结458宗，并将一批被强制执行的“老赖”纳入失信被执行人名单。二是防范处置非法集资。印发《揭东区2019年非法集资风险排查整治活动实施方案》，开展涉嫌非法集资风险线索和广告资讯信息排查整治活动，全面排查各类广告经营者、发布者和相关机构，摸清底数并实施精准打击。印发《揭东区2019年度防范非法集资宣传月活动方案》，从5月到6月30日期间，开展“携手筑网·同防共治”为主题的宣传月活动，组织区处非成员单位和各金融机构举办防范惩治非法集资知识巡展活动，期间共组织各类集中宣传活动123次、参与群众4.17万人次；“六进”宣传活动222次、参与群众8.56万人次；发放各类宣传册3.40万份，播放公益广告2053次，发送公益短信16.98万条，微信、微博宣传3.49万次。稳步推进陈案处置，建立李锦荣案处置工作专班，公检法等各部门协调配合，做好案件侦查、起诉、审判工作，李锦荣可执行变现财产处置完毕，案件依法予以终结执行，向上级递交结案办理申请。三是开展行业治乱专项行动。印发《关于开展全区金融系统行业治乱专项行动的通知》，切实加强对非法集资、高利贷、暴力讨债、“套路贷”“校园贷”“地下钱庄”等地方金融领域的涉黑涉恶的摸查研判，做到治乱排查全覆盖，不留死角、不留盲点。四是开展扫黑除恶行动。将“扫黑除恶”专题纳入“不忘初心、牢记使命”主题教育内容，全力开展好金融领域扫黑除恶工作。

（江浩明）

安全生产应急管理

【概况】　2019年3月15日，按照机构改革工作的总体部署，揭东区应急管理局挂牌成立，并实现高效运转。为研究解决新成立应急管理局的种种问题困难，区委、区政府在资金投入、人员编制、队伍建设等多方面给予大力支持和倾斜，结束应急局（安监局）12年在家属楼办公的历史，开创应急管理新局面。

2019年，全区共发生交通事故163宗，同比下降52.48%，死亡16人，同比下降50%，受伤179人，同比下降53.02%，财产损失30.96万元，同比下降45.36%；2019年共发生5宗一般生产安全事故，死亡4人，经济损失154.5万元（年底时，1宗正在调查中）。其中3宗一般生产安全事故均为高处作业，全区安全事故起数、死亡人数、直接经济损失，与2018年同期相比有所上升。截至2019年12月底，区已经连续30个月未发生较大及以上安全生产事故，全区总体安全稳定。2019年考核，揭东区被揭阳市安委会评定为优秀等次。

【安全宣传教育】 2019年，区应急局采用多形式、多渠道强化应急知识培训和宣传普及工作，组织开展地震科普知识宣传、宣传咨询日、应急演练活动、安全知识讲座等一系列宣传教育活动，广泛宣传普及政策法规和安全应急知识，做到电视有报道、网上有图文、校企有活动、社会有氛围，有效提升全民防灾减灾意识和自救互救能力。2019年6月16日，区安委会联合广东电网揭阳揭东供电局在揭东榕泰健身广场开展以“防风险、除隐患、遏事故”为主题的全国第十八个“安全生产月宣传服务咨询日”活动，组织揭东区司法、住建、消防以及各街道办事处等20多个单位等180余人参加“安全生产服务咨询日”活动，发放宣传资料共5000余份，现场服务达1000多人次。实现安全生产政策法规宣传进社区、进家庭的预期效果，营造良好的社会舆论氛围。

【安全防范和隐患排查】 2019年，揭东区应急管理局始终坚持把安全生产作为“基本盘”“基本面”，坚持问题导向，履职尽责，严抓严管，安全生产监管有力，牢牢守住了安全底线。一是以落实责任为首，严格落实安全生产“党政同责、一岗双责、齐抓共管，失职追责”要求，切实加强安全监管工作；二是大力践行“一线工作法”，区委书记方烽、区长许剑芒亲自带队检查安全生产工作，并多次作出批示指示，提出一系列工作要求，形成区委书记、区长亲自抓，分管领导具体抓的高压态势；三是强化重点行业风险防控，紧盯非煤矿山、危险化学品等重点行业领域安全生产专项整治，综合运用法律、行政等手段，倒逼企业落实主体责任，坚持从源头上防范化解安全风险，牢牢守住安全生产基本盘。2019年，全年共检查企业948家，排查隐患2073处，落实整改2073处，查处安全生产一般事故3起，处罚企业10家，罚款68.55万元。

【体制机制建设】 2019年，揭东区应急管理局坚持边组建、边应急、边建设，稳步推进防灾减灾、森林防火、三防、消防、应急救援、地质灾害防治等职能整合，切实承担起六个全区性指挥协调机构日常工作。同时，围绕应急管理改革方向和信息化发展趋势，整合现有应急指挥资源，建立了集应急日常管理和突发事件处置指挥于一体、高度智能化的应急系统，构建一个平战结合、预防为主的应急指挥平台，实现国家、省、市、县（区）、镇五级平台互联互通。应急管理局将信息化创新成果转化为“防抗救”强大助力，满足应急值守、会商研判和决策指挥调度等基本需求，为党委、政府领导指挥处置突发事件及有关部门开展会商研判提供坚强保障和有力支撑，受到市领导的高度肯定。

2019年，揭东“应急人”立足新职能新任务新要求，正确认识和把握“应急”与“管理”的关系、“防”“减”“救”的关系，坚持预防为主，预防和应急相结合，时刻保持如履薄冰的紧迫感和责任感，严格执行24小时值班制度，坚持领导值班带班。进一步完善应急预案，充实应急救援抢险队伍，落实防汛抢险救援装备和物资等应急资源，健全应急处置机制，做到人员到位、设备到位、物质到位，确保各项工作有序开展，打赢了一场场防范化解安全风险的主动仗和应对事故灾害的硬仗。

【安全保障能力建设】 2019年，按照“不求所有，但求所在、但求所用”的原则，区应急局进一步加强应急救援力量和物资保障能力建设，整合全区各个领域、各个角落的应急装备、应急力量，加强专业、行业应急救援队伍能力建设，强化社会组织应急救援队伍、非专业应急救援队伍的补充和协同作用，提高合成应急、协同应急的能力，实现政府力量与社会力量互补。平时管理规范、战时综合调度，形成科学高效、强有力的应急力量体系。

实战化练兵，有备而无患。2019年，全区共开展各类应急演练161场，参加人员7.66万人，其中：易燃易爆物品危险化学品应急演练25场，参加人员604人，学校安全应急演练等其他应急演练151场，参加人员7.59万人。通过应急演练，有效提高人民群众安全防范意识和自防自救能力，检验了应急预案的可行性、可操作性，也对今后揭东应急处置水平的提高起到重要推进作用。

（黄炯锋）

政协揭东区委员会

【政协揭东区第二届委员会第四次全体会议】 政协揭东区第二届第四次全体会议于2019年3月26日至28日在揭东召开，应出席此次会议委员289名，实际出席273名。

会议议程：听取、审议政协揭东区委员会常务委员会工作报告和提案工作报告；列席揭东区第二届人民代表大会第四次会议，听取、讨论揭东区政府工作报告、揭阳产业园管委会工作报告及其他报告；审议通过政协揭东区二届四次会议决议，选举部分常委会组成人员。揭东区政协主席林炳华在会上作讲话

政协二届主席、副主席任职情况表

届别	职务	姓名	任 期	备注
第二届	主席	林炳华	2016年10日—	
	副主席	洪新辉	2016年10日—2019年5日	
		黄炎真	2016年10日—	
		陈豪杰	2016年10日—	
		郑秋林	2016年10日—	
		陈少强	2016年10日—	

【委员视察】 2019年揭东区政协积极开展调研视察活动。区政协常委会就全区镇街生活污水处理设施建设情况开展专题视察，提出要加大宣传教育力度，充分调动广大群众的积极性；要建立健全长效机制，实现水污染防治设施良性运行；要加大资金投入，确保工程建设和设备运转顺利等意见建议，为区委、区政府决策提供参考。经济专委会就区财税工作情况开展专题调研，提出强征管，确保收入到位；重绩效，规范支出管理等四方面建议意见，为推进揭东区财税工作平稳健康发展履职尽责。社会与法制专委会就“揭东区加强殡葬管理、树立文明新风工作情况”进行专题调研，提出加强组织保障、完善基础设施建设等建议意见。农业和农村专委会就“揭东区农村人居环境整治情况”开展专题调研，提出深入宣传，提高全民参与意识；加强监督，提高工程建设质量等意见建议。教科文卫体专委会围绕“提高基层卫生服务水平，争创国家卫生城市”开展专题调研，提出优化医疗资源，推动医联体建设；压实各方责任，规范行业管理等意见建议，为落实民生事项出谋献策。

7月15日，区政协在玉湖镇召开常委会，开展对全区污水处理设施建设情况视察 （林悦喜 供稿）

【协商议政】 注重全体会议全面协商。二届四次全体会议期间，委员们听取和审议区政协常委会工作报告和提案工作情况报告，听取并讨论了揭东区和揭阳产业园政府工作报告及其他报告，围绕揭东区、揭阳产业园政治、经济、文化、生态、新农村建设等重要问题，开

展协商议政，积极建言献策，提出许多很好的建议意见。注重常委会议重点协商。邀请区政府领导通报2019年上半年经济社会运行情况及下半年工作安排，就事关全区发展大局的重要问题、重要工作部署开展协商议政。注重专委会议对口协商。各专委会紧密结合全区工作实际，围绕社会管理、新农村建设、精准扶贫等民生问题，对有关部门实施对口协商，积极开展建言献策。

【联络联谊】 由主席、副主席带队走访内地、外地和港澳委员，向他们通报区政府和区政协工作，与委员交流思想，鼓励他们积极履职，服务社会。接待香港揭阳各级政协委员联谊会、惠州市揭阳商会、广西梧州市政协、连州市政协等考察团莅揭的考察活动；配合省政协莅揭开展“加快推进城乡基本公共服务均等化、助力乡村振兴”“全省落实河长制情况监督视察暨推进全省水环境综合治理系列提案督办”“关于对标三年取得重大进展硬任务扎实推动乡村振兴”等专题调研；配合揭阳市政协开展“落实财税政策，推动市促产培财工作情况”“文史工作情况”专题调研。区政协主席带团到香港参加香港揭阳各级政协委员联谊会；提案委员会组织部分委员赴广西南宁市、凭祥市、北海市进行学习考察。通过多方式多渠道走出去，引进来，全方位推介揭东，宣传揭东。

【民主监督及提案办理】 做好提案工作。创新提案工作机制，研究制订带案调研、跟踪督办、领导领衔督办重点提案等工作制度，进一步提高提案办理质量和实效。政协二届四次会议以来共收到委员提案和建议意见29件，其中立案5件，已经全部办理完结，满意率100%。

（林悦喜）

中共揭东区纪律检查委员会

【中共揭阳市揭东区纪律检查委员会二届四次会议】 2019年1月29日，揭东区召开区纪委二届四次全会，会议以习近平新时代中国特色社会主义思想为指导，全面贯彻落实中共十九大和十九届二中、三中全会精神，深入学习贯彻习近平在十九届中央纪委三次全会上的重要讲话和对广东重要讲话精神、李希在省纪委十二届四次全会上的讲话精神，李水华在市纪委六届四次全会上的讲话精神，审议通过了区委常委、区纪委书记、区监委主任周武城代表区纪委常委会所作的《强化政治担当 忠诚履职尽责 推动新时代纪检监察工作高质量发展》工作报告，听取5名镇（街道、开发区）和区直单位党委（党组）书记的述责述廉报告并进行评议。区委书记方烽出席会议并讲话。

会议指出，过去一年，在市纪委和区委的正确领导下，全区纪检监察机关深入学习贯彻习近平新时代中国特色社会主义思想和中共十九大精神，牢固树立“四个意识”、坚定“四个自信”、坚决践行“两个维护”，坚持稳中求进的工作总基调，紧密结合省纪委书记施克辉莅揭调研讲话精神，聚焦主业主责，忠诚履职尽责，坚定不移推进全面从严治党向基层延伸，全区纪检监察工作迈上新台阶。

会议总结中共十九大以来全区纪检监察工作三点经验体会：一是必须坚持政治机关的职责定位，强化政治担当，忠诚履职尽责；二是必须坚持以人民为中心的政治立场，保持反腐高压，大力整治群众身边的腐败和作风问题；三是必须坚持稳中求进的工作总基调，注重严密高效，着力推动纪检监察工作高质量发展。

会议提出，2019年要抓好八方面工作：一是要坚持正确的政治方向，深入学习贯彻习近平新时代中国特色社会主义思想。二是要坚持践行“两个维护”，从严从实推进党的政治建设。三是要坚持稳中求进的总基调，不断创新纪检监察体制机制。四是要坚持把监督放在前面，探索创新日常监督和长期监督。五是要坚持政治巡察定位，着力完善巡察工作战略格局。六是坚持高压反腐不放松，巩固发展反腐败斗争压倒性胜利。七是坚持以人民为中心，持续整治群众身边腐败和作风问题。八是坚持打铁必须自身硬，从严从实加强纪检监察队伍建设。

会议要求，全区纪检监察机关要更加紧密地团结在以习近平为核心的党中央周围，在市纪委和区委的坚强领导下，勇担使命、砥砺前行，忠实履行党章和宪法赋予的职责，努力推动全区纪检监察工作高质量发展，为揭东当好揭阳城市发展“领头羊”、打造“生态型、效益型”新型城镇化示范区提供坚强的纪律保证！

【党的建设融入新元素】 以“不忘初心、牢记使命”主题教育为主线，深入开展动员部署、集中研讨、调查研究、检视整改等工作，并结合主题教育召开全区纪检监察工作推进会，以班子成员为表率，带领纪检监察干部守初心、担使命、找差距、抓落实。扎实推进区纪委监委牵头的整治违反中央八项规定精神、整治民生领域侵害群众利益突出问题和领导干部利用职权或职务影响力为相关人经商办企业谋取非法利益、机关作风整顿等5项专项工作。成立阳光志愿服务队，组织到区特殊教育学校、玉湖镇洪厝埔小学、埔田镇敬老院开展志愿服务活动。始终坚持以政治建设为统领，打造具有纪检监察特色的党建大厅，定期举办“一周一会、一人一课”主题党日活动，让每名党员结合岗位实际讲党课、谈体会、锤党性，在原有基础上融入学习新元素、新课题、新机制。开展全区纪检监察系统纪念五四运动100周年和纪念建党98周年等系列活动，组织开展基层走访调研、扶贫慰问等活动，持续教育引导纪检监察干部锤炼忠诚干净担当的政治品格、保持为民务实清廉的政治本色。

【政治监督打造新常态】 做到“两个维护”。坚持把党的政治建设摆在首位，严明政治纪律和政治规矩，认真落实习近平总书记重要指示批示精神。强化对各级党组织学习贯彻习近平新时代中国特色社会主义思想和中共十九大精神落实情况的监督检查，持续深入抓好上级巡视巡察反馈意见、扫黑除恶督导和环保督察“回头看”反馈意见的整改落实。全区查处违反政治纪律案件4件4人。协助区委落实主体责任，围绕三大攻坚战、扫黑除恶专项斗争、涉土违法违规整治专项行动等重点工作，加强监督检查，用准用好问责利器，倒逼责任落实，共问责147人次，确保政令畅通。严把选人用人政治关、品行关、作风关、廉洁关，共回复党风廉政意见1355人次。

【监督效能获得新提升】 坚持抓常抓细，精准研判监督全覆盖的内涵和外延，切实履行好监督首要职责。紧紧盯住“关键少数”，加强对党组织一把手的监督，有56名领导干部向区委提交书面述廉报告，5名党委（党组）书记向区纪委全会作述责述廉报告。督促开展谈话提醒工作，全区各级党员领导干部开展谈话提醒879人次。完善区管干部廉政档案动态更新管理，建立健全廉政档案管理制度，开展政治生态分析研判。切实用好纪检监察建议书，共发出纪检监察建议书7份。充分运用监督执纪“七个看”、问责“六字诀”，综合考虑、精准处置，做到宽而有度、严而有格、刚柔并济。运用监督执纪“四种形态”处理512人次，其中，运用第一种形态314人次，占61.3%；第二种形态127人次，占24.8%；第三种形态29人次，占5.7%；第四种形态42人次，占8.2%。全区谈话函询20件次，同比增长400%。制订查处诬告陷害类信访举报行为工作制度，开展打击诬告陷害、及时澄清正名专项行动，为4名干部澄清正名，有力地激励干部担当作为，营造干事创业良好氛围。

【作风建设呈现新特色】 持续纠治“四风”

问题，拓展作风建设日常监督检查，组织专题暗访32场次，实施效能责任追究202人次，查处违反中央八项规定精神问题14个，问责41人，通报曝光典型案例8个。筹备召开全区机关作风整顿大会，将机关作风建设列入“不忘初心、牢记使命”主题教育专项整治，集中开展作风建设专项整治，推行各单位一张负面清单、一份提醒注意事项、一封告单位干部职工书“三个一”活动，全区各单位共制定整改方案61个，排查出负面清单245条，制订提醒注意事项61份，签订告干部职工书4152份。持续打造揭东区移风易俗品牌，不断巩固2019年“破陈规陋俗、反奢侈浪费、树文明新风”专项行动成果。2019年新亨镇硕联村“摆猪羊”民俗活动动员捐资110万元，减少了名烟名酒各种奢侈品和豪车展览等活动，节省开支65万元用于公益事业。深化治本工作，强化警示教育，精心摄制《揭东区违纪违法党员干部主动投案案件警示录》《揭东区机关作风建设典型案例警示录》《罗赛石违法违纪案件警示录》等4部警示教育片，打造反腐倡廉教育新亮点。

区纪委监委党廉大厅一角 （王 鑫 供稿）

【政治巡察开创新局面】 2019年，区纪委全天候、全过程、全链条做好市委驻镇巡村专项巡察进驻揭东期间的联络协调保障工作。组建3个巡察组，开展榕江北河流域乡镇落实污染防治情况专项巡察，推动立行立改问题89个，发现主要问题42个、问题线索5条，提出意见建议22条。做好第五轮巡察单位情况汇报、反馈、整改落实等工作。启动区委第六轮常规巡察，对区教育局、区住建局等17家单位党组织进行巡察，对榕江北河流域乡镇落实污染防治情况专项巡察整改进展进行再督查督导。配合区委办做好多项市委巡察整改的督办工作，狠抓区委常规巡察整改情况审核、把关、督查。出台区委巡察工作领导小组、巡察办、巡察组三个工作规则以及落实意识形态工作责任制情况巡察监督意见等制度机制，进一步加强巡察工作规范化建设。

【惩治腐败取得新成效】 聚焦主业主责，保持惩治腐败高压态势，抓住群众反映强烈、问题线索集中的人和事，巩固发展反腐败斗争压倒性胜利。一年来，全区纪检监察机关接受信访举报836件，其中检控类731件；处置问题线索394件，同比增长24.29%；立案206件，同比增长7.9%，其中科级23人，同比增长9.5%；处分194人，同比增长14.1%；移送检察机关22人，同比增长175%；追回涉案款物4004.11万元。区纪委监委（含派驻机构）立案136件，镇（街）纪（工）委办案率保持100%。严肃查处埔田镇原党委委员、武装部部长蔡某明，锡场镇原党政办科员、潭蔡村党总支书记、村委会主任蔡某喜，区教育局直属教育组原组长罗某石等一系列严重违纪违法案件，稳妥办理好上级纪委监委指定管辖的揭阳市大南海石化工业区保信投资开发有限公司法定代表人杨泽伟等系列案件。深入开展基层正风反腐，落实《基层正风反腐三年行动方案(2018—2020年)》，立案基层党员干部385件385人，处分359人，移送检察机关31人。坚决查处扶贫领域腐败和作风问题，建立扶贫领域腐败和作风问题优先办理机制，针对扶贫领域贪污侵占、虚报冒领、截留挪用、优亲厚友等行为开展“大起底、全排查、严惩治”活动。全区排查扶贫领域问题线索15条，立案15件，处分15人，移送司法机关处理11人。开展问题线索全面大起底，健全纪委监委与政法部门等协同办案、联合督导、定期会商、线索移送、快速处置等工作机制，从严从快惩治涉黑涉恶腐败和“保护伞”，共排查涉黑涉恶腐败和“保护伞”问题线索174条，立案查处50人，移送司法机关9人。集中精力解决群众反映强烈的问题。强化生态环保领域监督执纪问责，共问责25人次。大力推进全区违建别墅问题清查整治专项行动，加强涉土违法违规专项整治监督检查。深入开展形式主义、官僚主义暨营商环境突出问题专项整治，查处形式主义、官僚主义问题36个、问责78人次，其中处分15人，通报曝光典型案例2个。持续加大追逃防逃工作力度，共追回外逃人员2人。会同有关机关开展政策感召工作，2019，全区主动投案、主动交代问题违纪违法人员67人（其中主动到区纪委监委投案30人），取得良好的政治效果、法纪效果和社会效果。

【“三项改革”焕发新效能】 统筹推进党的纪律检查体制改革、监察体制改革、纪检监察机构改革。强化党对反腐败工作的集中统一领导，加强上级纪委监委对下级纪委监委的领导和指导。推动监察职能向基层延伸，在全市率先向镇（街）派出监察组，优化内设机构和运行机制，出台《区纪委监委办案协作区工作意见》，全面统筹整合区镇两级纪委办案力量，设置6个协作办案区。成立区廉政教育中心。深化派驻机构改革，起草制定派驻机构改革、区管企业纪检监察体制改革等系列方案，制订区纪委监委派驻机构与驻在部门党组（党委）协调机制的指导意见，充分发挥派驻机构监督作用。完善纪法贯通、法法衔接机制。强化反腐败外部合力，整合反腐败工作资源，多次召开区委反腐败协调小组会议，提升反腐败协调效能，加强与司法、执法等机关沟通协调，在案件移送、指定管辖、涉案财物移交等环节实现无缝对接。进一步完善配套制度，规范线索处置、立案审查调查、留置等审批和备案流程。全要素使用12+3项调查措施，严格按照法定程序、法定期限开展调查处置，共留置9人。牢牢守住办案安全底线。加强对办案场所的监督管理，强化安全隐患排查和风险防范，建立健全办案安全制度，严格落实安全责任，加强对 “走读式”谈话监督管理，落实全程管控。在全区监督监察对象、立案数和谈话人数大幅增加的情况下，坚决守住安全底线，实现全年安全工作零事故目标。

【干部队伍树立新形象】 充分发挥机关党总支、工会作用，建立党员活动微信群，设立区纪委监委微信公众号“清风揭东”，加强党员关怀，激发工作活力，强化政治担当。深入开展铸魂引领、正本清源、品牌升级、文化建设、头雁培育、补钙提升、固本强基、作风提升、正风反腐、巡察监督十项工作，持续深化创建模范机关活动。经常性开展“业务强基”工程，举办业务学习月、纪检监察夜校、业务研讨会、选派骨干参与办案等活动，组织业务骨干到高校开展专业培训，并开展应知应会知识测评，推动业务能力和专业化水平进一步提升，区、镇两级纪检监察干部培训覆盖率达到100%。制订出台干部约谈、干部管理、工作汇报、外出报告、谈心谈话、财务管理、公车管理、公众号管理、党支部等一系列制度，巩固提升内部管理水平，提升机关运转规范化和高效化。抓住新一轮机构改革契机，巡察机构新增行政编制15名，新设2个巡察组，在全市率先解决巡察组干部带编入职的问题。拓宽干部出路，增强履职动力，10名纪检监察干部得到提拔任用。对新提拔干部进行任前廉政谈话，对新入职干部进行党性教育和纪律教育。贯彻落实省、市纪检监察机关工作人员之间打听、干预监督检查审查调查工作和请托违规办事的报备及责任追究规定，严格执行省纪委监委“九条禁令”、全市纪检监察干部“五条禁令”和领导干部“约法三章”。制定特约监察员工作办法，聘请15位特约监察员，自觉接受各方面监督。开展全区纪检监察系统警示教育大会。各层次开展谈心谈话，强化凝聚力，提升战斗力。加大抓早抓小力度，对纪检监察干部工作动态以及出现的苗头性、倾向性问题全面掌握，做到早提醒、早纠正，共开展谈话提醒31人次。严格落实约谈有关制度，约谈纪检监察干部3人次。认真处置反映纪检监察干部的问题线索共18条；批评教育8人次，诫勉处理4人次。

（王 鑫）

人民团体

总工会

【工会组建】 2019年，全区新组建工会4家，新发展会员1100人（其中农民工会员900人），组建工会女职工组织4家，其中2家女工数多于十人的企业建立女职工委员会，2家女职工数少于十人的企业则设立女职工委员，成立女职工小组，就近并入工会联合会，实现女职工组建的100%全覆盖。到2019年年底，全区共建有基层工会624家，工会会员4.38万人，各级工会组织依法有序开展工作，有效地发挥工会的作用，激发基层的活力。女工组织也按照“三个同步”工作要求进行组建，按时按质完成了组建任务。

【劳模管理工作】 组织部分劳模代表到市、区人民检察院参加“开放日”活动，配合上级工会做好调查困难全国劳模和1980年（含）以前省部级劳模或先进工作者及部分省级劳模医疗生活状况，了解劳模生活情况，全年共为11名各级困难劳模申请帮扶（其中，3名全国困难劳模、2名省级特困劳模）。在春节及国庆期间由常务副主席林佳斌带队，分别对25名各级困难劳模和10位劳模代表进行慰问并发放慰问金3万元；在7月到8月期间还组织5名省部级劳模到外地参加疗休养活动，为劳模送上党和政府的关怀。

【提升职工队伍素质活动】 为打造思想引领、道德教化、文化传承等多种功能为一体的综合性文明传播学习实践平台，凝聚向上向善力量，构筑美好精神家园，落实专人扎实推进新时代文明实践所（站）建设工作，并在“4·23”日世界读书日联合揭东经济开发区新时代文明实践所开展“文明实践·书香企业”主题活动，向参加活动的8家企业各赠送一批书籍，并举行阅读分享活动，有机关代表，企业员工交流学习心得，分享企业经营管理经验，充分发挥“书香企业”在加强企业文化建设和丰富职工文化生活中的积极作用。

为丰富辖区职工的业余文化生活，献礼祖国70华诞，响应上级工会开展“中国梦· 劳动美——与共和国同成长、与新时代齐奋进”主题活动，在揭东区锡场镇榕丰乒乓球馆举办“‘庆五一·工会杯’男子乒乓球友谊赛”；在揭东区众意羽毛球馆举办迎“七一”揭东区工会系统羽毛球邀请赛，各类比赛展现出揭东区职工高超球技和良好的体育竞技精神，带动了职工的体育热情，陶冶了情操，缓解工作压力，做到在比赛中交流经验，愉悦心情，传递友谊，施展魅力。

经区总工会推荐和审核，巨轮智能装备股份有限公司职工洪福获得全国五一劳动奖章，广东电网揭阳揭东供电局有限责任公司获广东省五一劳动奖状集体荣誉；青岛啤酒（揭阳）有限公司工会委员会被评为广东省贯彻落实集体协商五年工作规划先进集体。5月，推荐青岛啤酒（揭阳）有限公司工会委员会、国家税务总局揭阳市揭东区税务局机关工会委员会为揭阳市先进职工之家；广东电网揭阳揭东供电局有限责任公司工会委员会开发区供电所分会、广东揭东农村商业银行股份有限公司工会委员会曲溪支行工会小组为揭阳市先进职工小家；揭阳市揭东区人民医院工会委员会为广东省模范职工之家。

【职工维权】 为建立完善的劳动争议纠纷诉调对接工作机制，确保依法维护职工合法权益，构建和谐劳动关系，与区人民法院联合，在区人民法院诉讼服务中心挂牌设立劳动争议诉调对接工作室，对典型性、苗头性、普遍性劳动争议案件进行分析研究，共享相关信息，确保依法有效化解职工矛盾纠纷。配合市司法局、市总工会、市律师协会，联合区司法局于6月24日下午在揭东经济开发区开展“尊法守法·携手筑梦”公益法律服务活动，100多名干部及职工代表参加了活动，通过律师的普法、释法，有效地提高广大企业管理干部、农民工法治意识，引导农民工以理性合法的方式维护自身合法权益。

为进一步健全完善全区工会服务职工工作体系，拓展服务项目，按照上级工会的部署，通过整合资源的方式，与建设银行揭东支行和建设银行锡场支行合作共建2个“户外劳动者工会爱心驿站”，驿站配备休息桌椅、空调、风扇、饮水机、微波炉、电热水壶、应急医药箱、免费wifi、手机充电排插、报刊、书籍等基本设施设备，每月定期配送矿泉水、雨伞、扇子、饮水杯和环保购物袋，保证户外劳动者“渴了有水喝，热了能乘凉，冷了能取暖”，推动改善户外劳动者工作生活条件，有效提高服务职工的精准化水平。

为妥善解决女职工在生理卫生、哺乳方面的困难，增强女职工的获得感、幸福感，有力促进女职工“四期”保护工作的落实和“两孩政策”配套服务设施的完善，切实维护女职工的合法权益和特殊利益，在市总工会的支持帮助下，有序推进“爱心妈妈小屋”建设，随着1月区人民检察院的“爱心妈妈小屋”验收启用，截至2019年，揭东区已建立广东揭东农村商业银行有限公司等7个“爱心妈妈小屋”。其中，揭东区检察院的“爱心妈妈小屋”被评为省级优秀“爱心妈妈小屋”，有力的促进女职工“四期”保护工作的落实。

【宣传联络和关爱农民工】 配合市司法局、市总工会、市律师协会，联合区司法局于6月24日，在揭东经济开发区开展“遵法守法·携手筑梦”公益法律服务活动，一百多名干部及职工代表参加活动，通过律师的普法、释法，有效地提高广大企业管理干部、农民工法治意识，引导农民工以理性合法的方式维护自身合法权益。

为贯彻执行《广东省高级人民法院广东省总工会劳动争议诉调对接工作规范（试行）》，建立完善的劳动争议纠纷诉调对接工作机制，确保依法维护职工合法权益，构建和谐劳动关系，与区人民法院联合，在区人民法院诉讼服务中心挂牌设立劳动争议诉调对接工作室，对典型性、苗头性、普遍性劳动争议案件进行分析研究，共享相关信息，确保依法有效化解职工矛盾纠纷。

为发扬工会关心关爱一线职工的优良传统，促使各生产企业进一步做好高温期间防暑降温、安全生产工作，保障职工群众的身心健康，区总工会继续开展“送清凉”活动。7月26日上午，联合市总工会在揭东经济开发区园区工会联合会联合组织开展“关爱劳动者 高温送清凉”慰问活动。中铁二局新运公司梅汕项目部、巨轮智能装备有限公司、榕泰股份有限公司等9个单位的职工代表参加活动，活动为企业一线职工送上一批矿泉水和各种消暑清凉饮料，并由他们转达党政和工会“娘家人”对广大劳动者的亲切关怀与问候。次月6日，区总工会还到揭东区环卫局，看望慰问奋战在高温一线的劳动者，为他们送去解暑降温物资，感谢他们为揭东做出的贡献。

【工会帮扶送温暖】 为贯彻落实上级指示精神，结合区党政做好保民生、保稳定、促和谐、谋幸福的利民政策，关心困难职工节日生活，在新春佳节到来之前开展“春节送温暖”活动。在对属地内符合条件的困难职工认真的调查摸底前提下，认真做好揭东区困难职工（农民工）帮扶，共对揭东区属地内的困难职工、农民工开展帮扶活动315人次，其中，帮扶困难、单亲女职工98人次，总帮扶资金69.03万元。其中生活救助213人次，帮扶资金

30.13万元；大病及医疗救助60人次，资金25.7万元；助学救助42人次，助学金13.2万元。同时协助省总工会和市总工会做好省委常委、省委宣传部部长傅华和市委书记李水华到揭东区的困难企业揭东供销社、困难村锡场镇潭王村和曲溪街道港畔社区的走访慰问工作，并结合走访慰问活动，对关心困难党员、优抚政策、特困人员救助供养和最低生活保障等社会救助以及其他惠民政策落实情况进行检查，实施精准救助帮扶，扎实做好关心困难群众生活工作，支持和促进揭东区革命老区脱贫奔小康工作。在市总工会的资金支持下，联合区老促会对揭东区10位困难农民工进行慰问，发放慰问金共2万元；7月，向揭东区的20位贫困党员发放慰问金5.2万元，向他们送去党和政府的关心和关怀。

职工医疗互助保障活动因参与便捷，保费低廉，理赔及时，非盈利性等特点，深受广大职工欢迎，缓解职工因患病所造成的经济困难，已成为工会组织保障和改善民生、切实为职工服务的重要工作。2019年，已协助办理职工医疗互助保障622人次，参保金额4.32万元。进一步提高职工医疗保障水平，扩大普及面，减轻职工因病住院和遭受意外伤害造成的医疗负担。

（许国文 黄艳芬 江拱林）

共青团揭东区委员会

【概况】 共青团揭东区委员会是中共揭东区委领导下负责共青团工作的群众团体，高举习近平新时代中国特色社会主义思想伟大旗帜，引导青年向上向善，动员青年奋发图强，服务青年成长成才，向着共青团光荣使命和揭东区大局方针迈出坚实有力的步伐。至2019年年底，揭东区共有共青团员1.40万人，团组织762个，专兼职团干部708人。

【青年志愿者】 团区委成立揭东区志愿者协会，广泛联系整合志愿组织和志愿者，2019年，全区入驻“i志愿”平台的志愿者团体数达614个，志愿者人数达7.6万人，覆盖全区各个区域，累计服务时长79万小时，重点在禁毒宣传、救灾复产、环境保护、爱心救助、服务大型赛会及党政其他中心工作等领域广泛开展志愿服务活动，大力弘扬“奉献、友爱、互助、进步”的志愿服务精神，助力推动揭东区大局工作与社会公益事业不断向前发展。5月18日，揭东区共青团文明实践所组织青年志愿者近100人参加揭阳市首届“贤德揭阳”端午龙舟竞赛（揭东区初赛）；7月中旬，区团委联合曲溪街道，组织华南理工大学学生走进寨内社区，开展“聚力乡风文明 助推乡村振兴”文明实践志愿活动，为社区创作美丽墙绘，给民居添色增彩，助推美丽乡村建设；8—12月，团区委根据区委、区政府的部署，统筹协调全区“创文”“创卫”志愿服务，开展文明宣传“三清三拆”、交通引导等志愿服务活动超过80场次，参与志愿者超过1.4万人次。

7月15日，华南理工大学大学生走进曲溪寨内社区开展“聚力乡风文明 助推乡村振兴”文明实践志愿活动，为社区创作美丽墙绘 （区团委 供稿）

【青联工作】 区青联在区委、区政府的正确领导下，在市青联的悉心指导下，深入学习贯彻习近平新时代中国特色社会主义思想和中共十八大、十九大精神，把握中国特色社会主义青年运动方向，坚持爱国主义与拥护社会主义、拥护中国共产党领导相统一，以中国特色社会主义教育为重要内容，广泛开展理论学习、教育引导、形势宣讲，凝聚共识、增进认同。以共同理想凝聚青年，以核心价值感召青年，整合资源、优化服务、提升能力，倾力服务于青年健康成长发展，帮扶弱势群体、联系服务新兴领域青年、维护青少年合法权益。

【基层团建】 团区委依托“智慧团建”系统筑牢基层团组织堡垒，2019年，辖区内762个团组织已全面入驻“智慧团建”，已有1.47万名团员完成线上报到。通过不断完善团员基本信息数据库，充分利用系统团员组织关系转接、年度评议、录入奖惩等模块，全面掌握团组织、团员的基本状况，增强团员意识，调动团干部积极性，提高团务管理规范性和效率性。在做好团务管理的基础上，积极推进整治软弱涣散基层组织三年行动“命脉工程”及“两新”团建“三个百分百”部署等团务整治工程，多方面深入推进共青团改革，不断夯实基层团组织建设。

【少先队学校】 通过广泛开展主题教育活动和表彰先进典型，双管齐下，不断加强少先队员的思想政治引领。以喜迎“新中国成立70周年”“少先队建队70周年”和“省七少”为重点，充分利用每周1课时的少先队活动课、红领巾广播、少先队宣传园地等渠道，指导少先队员加强学习党史、国史、少先队史，争做新时代好队员。为树立典型，表彰先进，团区委评选出2019年度少先队红旗大队7个，优秀少先队辅导员22人，优秀少先队员30人，并逐级向省、市推优参评少先队荣誉表彰评选活动，激励少先队集体和个人不断奋发向上。

（郑炯珊）

区妇女联合会

【增强妇女政治意识】 2019年，区妇联以习近平新时代中国特色社会主义思想为指导，切实增强“四个意识”，坚定“四个自信”，坚决做到“两个维护”，自觉在思想上、政治上、行动上同以习近平为核心的党中央保持高度一致，坚定不移走中国特色社会主义妇女发展道路。召开党组（扩大）会议、党支部学习会和宣讲等方式，把学习贯彻新思想、中共十九大精神和习近平总书记重要讲话精神、关于意识形态的学习研究，不断引向深入，广大妇女对习近平新时代中国特色社会主义思想核心要义、重要论述入心入脑，政治意识、大局意识、核心意识、看齐意识不断增强。

6月21日，区妇联在城区开展绿色环保宣传活动

（区妇联 供稿）

4月，区妇联组织区妇联第一届执行委员会全体委员、区女企业家联谊会全体会员到玉湖镇黄旭华故居开展“不忘初心、牢记使命，学、比、干”主题党建活动，加强以习近平新时代中国特色社会主义思想为引领，进一步贯彻落实中共十九大精神、习近平总书记视察广东重要讲话和重要指示批示精神，强化广大党员干部党章意识、创业意识、科学意识、较真意识、担当意识，传承弘扬黄旭华院士爱国主义情怀和忠诚担当的干事创业精神，齐心协力推动揭东妇女儿童工作再创新篇。“七一”节前夕，组织全体党员干部到锡场镇潭王村开展以“不忘初心跟党走，牢记使命争先锋”为主题的党日活动，学习党建工作示范点，重温入党誓词。揭东区广大妇女儿童用独特的风采踊跃参与“巾帼心向党 礼赞新中国”群众性宣传教育活动，通过唱祖国颂歌、讲家庭故事、写家国情怀，献礼祖国华诞，表达心中炽热的家园之情、爱国爱党之情，2019年共举办13场

次。积极开展“不忘初心、牢记使命”主题教育。把深入学习贯彻习近平新时代中国特色社会主义思想作为根本任务，坚决贯彻守初心、担使命、找差距、抓落实的总要求，组织开展研讨交流、调查研究、成果交流、专题党课、学习先进、学习党史等活动，结合妇联工作实际，开展志愿服务、为群众办实事等一系列活动。

【加强妇联自身建设】 依托区党建示范村和省“妇女之家”示范点，实现把党建工作和妇建工作有机结合，通过实地考察，与基层妇女干部、妇女群众交流，确定4个基层妇联组织示范点（曲溪街道、路篦社区、埔田镇、牌边村），充分挖掘整合当地资源，加大投入力度和指导力度，坚持软硬件设施齐抓，完善所有制度上墙、活动资料收集整理，打造有揭东特色的妇女儿童工作品牌，增强党建与妇建的聚合力。在“三八”节期间在揭东榕泰广场开展妇联工作成果展示活动，让广大妇女群众知道妇联组织在哪里，妇联组织干什么。不断完善春晖幼儿园配套设施建设，幼儿园的服务水平和教学质量全面提高。2019年，春晖幼儿园开展了“家长进课堂”助教活动、“喜迎六一 祝福祖国”亲子游园活动、《我和我的祖国》主题快闪活动。加强指导区女企业家联谊会做好牵线搭桥工作，为女企业家提供交流和创业成长的良好环境，同时，积极引导会员参与社会建设，奉献爱心，树立女企业家的良好形象。2019年，女企业家们又慷慨解囊捐资19.36万元支持全区妇女儿童公益事业，用于帮扶单亲特困母亲、困境儿童等弱势群体。在“广东省扶贫济困日”活动中，捐款资金全数汇入区的扶贫专户。

“三八”节前夕，在区党政办公大楼后九楼会议厅召开“新时代 新担当 新作为”——揭东区庆三八妇女节座谈会。全区在职副科级以上妇女干部、区妇联第一届执行委员会全体委员共80多人参加会议。9月25日，区委党校和区妇联联合举办揭东区基层妇联主席“不忘初心、牢记使命”培训班在区委党校开班，对全区100多名基层妇联主席进行培训。培训期间，还组织全体基层妇联主席到曲溪街道“妇女之家”，路篦社区妇联和牌边村妇联等参观学习。

【推进巾帼建功立业】 4月19日，在揭东区润丰生猪养殖专业合作社举办“巾帼创业创新”培训班。区妇联第一届执行委员会全体委员、区女企业家联谊会全体会员参加培训班。培训班邀请中国科学院广州能源研究所副研究员邓丽芳博士为大家讲解有关现代生态农业4.0模式和农业农村废弃物的治理，拓宽广大妇女创业创新的视野和渠道。3月4日，区妇联在揭东区榕泰健身广场隆重举办“巾帼心向党 建功新时代”——揭东区庆“三八”选树先进暨巾帼风采展示活动。2019年，全区涌现出一批先进单位和先进个人，被评为省“三八红旗手”1个，市“巾帼文明岗”2个；市“三八红旗手”3名、“三八红旗集体”2个；区“三八红旗手”26名，“三八红旗集体”10个。6月21日，区妇联联合曲溪街道妇联组织巾帼志愿者服务队伍开展绿色环保宣传活动。3月26日，召开工作会议暨业务培训班，进一步推进妇女小额担保贷款贴息工作。该项目在巩固2015年的成果上，加大力度继续推进，为符合条件的妇女和致富带头人等担保贷款的贴息资金扶持，贷款额度为10万元，实施时间1年。至2019年12月，让46名妇女直接受惠，共发放贷款460万元，间接带动500多名妇女创业就业。11月26—29日，区妇联在华正职校举办“巾帼家政服务”培训班，助力妇女就业脱贫。在培训班上，专业的育婴师向来自全区各镇（街道）的农村妇女代表详细介绍母婴护理、产后康复、乳腺保健护理、美容、化妆等知识。此次区妇联组织的“巾帼家政服务”培训班为期4天，共计380名农村妇女受益。

【服务妇儿工作】 “国际家庭日”当天，在人民广场会议中心举办揭东区“好家风我传承

•好家教我践行•好家庭共培育”家庭教育讲座，活动邀请“南粤楷模”、东莞市机电工程学校校长曹永浩教授做专题辅导，共计600人参加。5月11日，区妇联联合锡场镇妇联在锡场镇举办“悦读伴成长·书香润万家”亲子诵读经典活动，欢庆新中国成立70周年。启动“家庭教育系列活动”，全年举行系列活动22场。2019年，全区推荐评选16户家庭，评选出全国“最美家庭”1户，省十大“最美家庭”1户，并于8月16日举办2019年“最美家庭”故事分享会。“家庭教育大讲堂进村居” 省妇联送教活动走进揭东。11月23日，由省妇联、省家庭教育研究会主办，市、区妇联承办的2019年“家庭教育大讲堂进村居”省妇联送教活动在区春晖幼儿园举行。活动邀请省家庭教育研究会理事、佛山市顺德区郑敬诒职业技术学校校长林家祥作专题讲座。9月20日，区纪委、区委组织部、区妇联联合在埔田镇召开“清风进我家”揭东区家庭助廉主题教育活动会议，同时开展“当好廉内助 守好幸福门”主题活动，还组织参观广东揭阳反腐倡廉警示教育基地和观看警示片。

【实施“两个规划”】 6月26日，揭东召开妇女儿童工作暨实施妇女儿童发展规划工作推进会，总结2018年实施妇女儿童发展规划的工作情况，部署2019年全区妇儿工委工作。市妇儿工委到区开展“两个规划” 实施情况调研。11月14日，市妇儿工委到揭东区开展“两个规划”实施情况调研，进一步监督和推动相关政策措施的落实，推动“两个规划”目标实现。市妇儿工委一行实地考察区妇幼保健计划生育服务中心、区第二小学、华正职业培训学校等地，听取介绍，并查阅资料，了解《揭东区妇女儿童发展规划（2011—2020年）》落实情况。

【扶贫助困有新突破】 1月22日，区妇联到埔田镇牌边村看望慰问贫困妇女，为她们送上“娘家人”的关怀和节日的问候，市妇联主席李丽曼等参加慰问活动。1月24日，区妇联在挂钩点锡场镇大寮村开展送春联送温暖活动，为该村的单亲特困母亲、困境儿童、贫困家庭等发放大米、食用油、棉被等慰问品和慰问金，并鼓励他们树立生活的信心，勇敢面对困难。1月25日，区妇联、区女企业家联谊会联合到玉滘镇，通过进村入户等方式，为特困母亲、困境儿童送去大米、食用油、棉被等慰问品和慰问金，让她们感受到社会大家庭的温暖，共计93户送去慰问金4.6万元。5月6日，在革命老区玉滘镇尖山村开展“奉献爱心 传递温暖”扶贫助困活动，共送上慰问金共1.48万元。“六一”节前夕，市联合妇联、市儿童福利会到玉湖镇坪上村慰问困境儿童，并举行六一儿童节援助困境儿童（揭东区玉湖镇）慰问金发放仪式。七一建党节前夕，区委副书记周武城带领区妇联慰问组，走访慰问全区15位90岁以上女党员，为她们送上慰问金和节日亲切的问候。2019年，全区各级妇联共慰问1048人次，共发出慰问金45万元。

【关爱儿童有新拓展】 5月25日，揭东区妇儿工委在揭东区党政办公大楼后九楼会议厅举办“童心永向党·礼赞新中国”——揭东区庆“六一”暨“讲讲我的家庭故事”少年儿童演讲比赛。7月20日至21日，市妇联、民革揭阳市支部、揭东区妇联新时代文明实践所联合举办“我是妇联人，就在你身边”——揭阳市儿童“防性侵”宣传教育走进村（社区）活动，活动分别在区基层妇联组织示范点埔田牌边村和曲溪路篦社区举办，参加活动的儿童和家长代表约250人。活动内容还包括开展巾帼志愿服务进（村）社区法律宣传，为家长和孩子们发放防性侵手册、自我保护法律宣传资料和宣传品等。

（区妇联）

区科学技术协会

【概况】 揭东区科协坚持政治引领，围绕全区工作大局，全面履行“四服务”职责，大力推进科普信息化建设，深入创建科普示范区，助力创新驱动发展、创文创卫和乡村振兴工作，促进全民科学素质持续提升。

【科普宣传】 结合新时代文明实践活动，开展五项特色科普，科普宣传进基地、进企业、进学校、进乡村、进社区，提高科普服务的覆盖面和影响力。一是积极整合资源，开展农业科技下乡活动；二是开展以“科学使者进乡村”为主题的文化科技卫生“三下乡”活动；三是开展广东科学馆“科普大篷车”走基层暨揭东区2019年青少年创新启智科普活动；四是开展“礼赞共和国，追梦新时代”系列科普活动；五是开展“牵手科学，普及从我做起”系列活动。在科普活动中，发放科技宣传资料10000余份(册)，共有20000多名中小学生和4000多位群众参与活动。各项科普活动分别在省科协网站、揭阳市电视台、揭东电视台和微信公众号宣传报道，营造良好的科普氛围。

5月27日，“科普大篷车”进校园启动仪式在揭东第二小学举行，区委常委钟金鸿出席有关活动 （杨俊涛 摄）

【教育培训】 集中组织和巡回开展“科普中国”推广应用推介暨培训活动，2019年，全区培训并注册科普信息员750名。与农业部门联合开展设施农业培训，集中培训全区40位有示范带动作用的新型农业带头人，助力现代农业发展和乡村振兴战略的实施。

【基层科协】 根据《揭阳市科协提升基层科协组织力“3+1”试点工作实施方案》，以深化基层科协改革为目标，谋划在全区逐步推广基层科协组织“3+1”工作，吸纳各类科技工作者加入基层科协组织，助力乡村振兴。

【科普阵地】 拓展科普阵地，贴近群众提供科普服务。完善滨江路步道、牛岭山森林公园、车田河绿道科普长廊，围绕社会热点、贴近群众生活开展科普。挖掘社会资源，与黄旭华故居、万竹园景区、宝山湖景区等共建科普基地，借力科普，寓教于乐。

【机关建设】 坚持“政治性、群众性、先进性”的定位，结合“不忘初心、牢记使命”主题教育，查找科协工作不足和解决问题的办法措施，提高科协组织治理体系和治理能力现代化。强化模范机关建设基础，及时梳理总结创新举措和务实管用办法，完善《揭阳市揭东区科学技术协会制度汇编》，强化制度执行，让践行初心、担当使命、转变作风、干事创业成为常态和自觉。

（林昭森）

区工商业联合会

【概况】 2019年，区工商联以习近平新时代中国特色社会主义思想和中共十九大精神为指导，深入学习贯彻习近平总书记在民营企业座谈会上重要讲话精神，学习贯彻中共中央、国务院，以及省、市、区《关于加强和改进新形势下工商联工作的意见》精神和中共中央、国务院《关于营造企业家健康成长环境弘扬优秀企业家精神更好发挥企业家作用的意见》精神，团结带领广大会员牢牢把握促进非公有制经济健康发展和引导非公有制经济人士健康成长的工作主题，把广大非公有制经济人士的思想和行动统一到上级的决策部署上来，营造依法保护企业家公平竞争、诚实守信的市场环境，提振企业家信心，做大做强本土企业，引导非公有制经济人士大力弘扬中华民族传统美德，承担社会责任，做合格的中国特色社会主义事业建设者，努力开创新形势下工商联工作的新局面。

2019年，区工商联以“守法诚信经营，坚定发展信心”为重点，深入开展非公有制经济人士理想信念教育，引导广大非公有制经济人士坚定理想信念、增强发展信心，自觉听党话、跟党走，做爱国敬业、守法经营、创业创新、回报社会的表率和践行“亲”“清”型政商关系的典范，为决胜全面建成小康社会作出贡献。

【推荐政协委员】 做好非公有制经济代表人士政治安排的推荐工作，构建“亲”“清”新型政商关系，2019年，协助对5名非公有制经济代表人士进行综合评价，促进非公有制经济健康发展和非公有制经济人士健康成长。

10月15日，区工商联加强与有关部门合作联系，开展“检、企合作”和减税降费政策宣传（刘育宏 供稿）

【扶贫与服务】 引导广大非公有制经济人士弘扬中华民族传统美德，致富思源、富而思进，踊跃投身公益慈善事业和精准扶贫行动。坚持企业自愿、精准对接、注重实效的原则，动员非公有制企业参与“万企帮万村”精准扶贫行动，创造和提供就业岗位，对有转移就业意愿的贫困劳动力直接安排进厂进企就业，稳定收入来源，实现精准脱贫。引导非公有制经济人士在参与脱贫攻坚、乡村振兴、促进共同富裕中加快自身发展，不断增强责任担当，践行社会主义核心价值观，树立良好社会形象。区工商联主席、广东榕泰实业股份有限公司董事长杨宝生被授予第五届广东省“优秀中国特色社会主义事业建设者”称号。区工商联副主席、广东宝嘉不锈钢实业有限公司董事长吴潮标先生等一批非公有制经济代表人士荣获揭东区第二届金凤奖金奖等表彰。

区工商联发挥党和政府联系非公有制经济人士的桥梁纽带和政府管理和服务非公有制经济的助手作用。一是充分发挥桥梁纽带的作用，参与政治协商，发挥民主监督作用，做好参政议政工作，建言献策，发挥助手作用。配合上级做好民营企业社会责任调研和《广东省企业和企业经营者权益保护条例》实施情况调查，反映非公经济人士的意见和要求，努力为非公有制经济营造一个和谐宽松的环境，推动非公有制经济健康发展。二是服务非公有制企业加快转变发展方式。积极加强与有关部门合作联系，开展“检、企合作”和减税降费政策宣传，宣传贯彻落实《广东省企业和企业经营者权益维护条例》，帮助协调解决企业遇到的矛盾和困难，维护他们的合法权益。加强对非公有制经济人士的教育培训工作，拓宽企业家的管理视野，更好掌握现代管理理念和创新管理方法，提升民营企业家的综合素质。组织企业家参加有关培训活动，帮助企业了解最新政策。

【联络与接待】 区工商联积极加强对外交流合作，增强发展动力。协助区委、区政府做好“乡贤回归”工作，加强与周边县市区工商联的交流合作，为地方经济发展和民营企业发展搭建平台。5月17日，惠州市揭阳商会考察团一行26人莅临揭东，参观考察中德金属生态城和揭东城区城市建设情况；4月，区工商联组织机关人员到揭西工商联参观学习，对“五好工商联”建设和基层商会建设等进行交流。10月，区工商联组织全区工商联系统代表三十多人到揭西良田商会参观学习，学习良田商会积极参与乡村振兴、建设社会主义新农村的经验做法。

（刘育宏）

文学艺术界联合会

【概况】 揭东区文联是区委、区政府领导下的文学艺术界群众团体。2019年，共举办“送春联”活动3次，换届选举4次，潮乐演奏1次，采风1场次，书画精品展4次，艺术交流8次。活跃基层群众的文艺生活，有力地推动揭东文艺事业的全面发展。

1月22日，区文联组织部分书协会员到革命老区新亨镇五房村现场书写春联 （卢填波 摄）

【队伍建设】 区文联是贯彻执行党的文艺路线、方针、政策；指导各文艺协会开展文艺活动，配合有关部门有重点地组织、创作、展出、演出，力求出作品、出人才；加强各文艺协会对文艺工作者的联络、服务、组织会员间的交流活动，使文联和各协会成为文艺工作者之家；加强同各地文艺协会和其他地区文联的业务交流与协作。2019年，区文联组织干部职工和各协会骨干，学习贯彻中共十九大精神，增强文化自信，不断提高队伍整体素质。1月22日—24日，区文联分别到新亨镇五房村、曲溪街道坑美社区和玉湖镇东寮村组织送春联下乡活动，为村民免费书写春联，为他们送上新春美好的祝福。来自揭东书协会员们饱含创作热情，挥毫泼墨，为五房村、坑美社区和东寮村的村民们送上新春最美好的祝福。一行行俊逸的书法，一对对吉祥喜庆、翰墨飘香的春联，一幅幅大大的福字，为即将来临的春节增添浓浓的喜庆氛围，领取春联的人络绎不绝。三场活动，共送出对联1100多幅。送春联下乡活动，不仅让手写春联唤醒群众的春节回忆，也为群众送上文化大礼，传承中华民族优秀民俗文化，活动受到当地群众的热烈欢迎。

【换届选举】 5月24日，源德书画院在曲溪街道举行揭牌成立仪式。区文联主席带领区书画文艺界名家等参加活动。源德书画院的成立，是揭东区书画文艺界纪念毛泽东“5·23”讲话发表77周年的具体举措；6月30日，区文联在玉湖镇举行庆祝中国共产党成立98周年暨玉湖镇书画协会成立活动，区文联，玉湖镇党政班子和玉湖镇的书画爱好者们欢聚一堂，共同庆祝党的生日，以翰墨飘香的形式为党的98岁华诞献礼；7月29日，揭东区书法家协会举行成立仪式，并召开第一次会员大会，通过协会章程，选举出协会的第一届领导机构。区文联、区民政局相关负责人及书法家协会的会员参加活动。新成立的揭东区书法家协会是立足揭东、面向全市，由广大书法爱好者自主参与，推崇书法学术性与艺术性的非营利性社团组织。下一步，区文联将带领书法家协会陆续组织会员，开展书法采风创作、理论研讨、展览笔会、书法文化交流、惠民公益服务、书法人才培训等各项工作，以优秀的书法作品鼓舞人心，不断推进书法艺术创新，着力打造揭东区特色文化景观，为繁荣揭东文化再添新阵地；9月28日，区文联在埔田镇举行庆祝中华人民共和国成立70周年暨埔田镇书画协会成立大会。会议选举产生埔田镇书画协会第一届理事会。区文联主席陈少鹏参加成立大会，希望埔田镇广大书画爱好者要以书画协会成立为契机，多出精品，为揭东“做强园区、融入城区、建美乡村”，为埔田打造全国特色小镇贡献文艺的力量；11月23日，揭东区美术家协会成立大会暨首届会员大会在梅岗中学举行。大会通过区美术家协会各项章程，选举产生第一届美术家协会理事机构。协会的成立将为全区美术爱好者提供一个展示自我、交流的平台。

【文艺精品展览】 9月3日，区文联组织揭东区书法协会在揭东榕泰广场举办“壮丽七十年，礼赞新时代”揭东区书法家协会庆国庆会员作品展。区文联主席陈少鹏参加活动。这次共展出会员精心创作的近百幅作品，涵盖正、草、隶、篆各种书体以及山水、花鸟国画等，书画家们以饱满的激情，用艺术之手，借翰墨丹青，赞美和讴歌共和国七十载丰功伟绩，展望新时代中国梦壮丽辉煌；9月22日，区文联联合区人武部举办“翰墨壮军魂 丹青励斗志”迎国庆拥军书画进军营活动。区文联主席陈少鹏参加活动。此次活动共展出山水花草和行书、隶书、篆书以及楷书等内容的作品110余幅，展览紧贴“赞颂伟大成就、军地共同发展”和“不忘初心、牢记使命”的主题，赞颂繁荣发展的伟大时代。书画家们用丹青妙笔描绘美景，浸透作者对新中国成立70周年的礼赞和对伟大时代的挚爱，吸引了众多书画爱好者到此参观；9月25日，区文联联合区博物馆举办“丹青翰墨颂祖国”庆祝中华人民共和国成立70周年美术作品展，展览展出的近百幅作品，既有海陆山川、花鸟林芷，又有人文风情，充分展现了艺术家们对祖国、对时代的真挚情怀，为广大人民群众奉献了一场生动别样的艺术盛宴。此次活动持续到10月7日结束，区文联希望通过活动，促进揭东的艺术交流，带动文化事业发展，丰富群众的精神文化生活，为揭东“做强园区、融入城区、建美乡村”注入文化的力量。

国庆期间，为庆祝新中国成立70周年大庆，结合正在开展的“不忘初心、牢记使命”主题教育和“践行新使命、忠诚保大庆”实践活动，揭东公安文联举办以“践行新使命、忠诚保大庆”为主题的书画摄影图片展。此次共展出书画、艺术摄影作品120多幅，以艺术的形式，充分展现新时代揭东警队的新作为、新形象、新风采，为新中国成立70周年献礼。

【文艺交流】 1月19日，由区文联、区文明办、揭阳市钢琴家协会联合举办的“创全国文明城市，做贤德揭阳人”文化进社区、欢乐进万家文艺活动，在城区举行。随后，演出的少年儿童表演舞蹈、唱歌、器乐、钢琴弹奏多个节目，展现出他们的表演才艺和朝气蓬勃、健康向上的精神风貌，为节日增添了喜庆祥和的气氛。2月5日至6日，区文联组织区书协、美协和谜协等协会到揭东人民广场开展“美丽揭东，迎春贺岁”文艺活动，与城区人民一起喜迎春节，共贺新春，为全区人民送去新春的美好祝福。方烽、许剑芒等区领导也到谜台、书画台等文化活动现场，与市民一起赏文化、过大年。在书画现场，书画家们纷纷拿出自己的得意之作，与区领导分享。大家猜灯谜、听潮曲、看舞蹈、赏书画、观展览……这个大年过得有滋有味。2月18日至19日，区文联组织区工艺美术工作者协会在城区榕泰健身广场举行“文化进万家·欢乐闹元宵”活动：做汤圆、制花灯、学剪纸、游灯会。3月24日，揭东区文联属下摄影协会在倪三板、吴伟健等协会主要负责人的组织和带领下，前往潮州市饶平县汤溪水库和当地影友一起进行踏寻春迹的创作，交流创作经验、取长补短，开阔视野，也在摄影创作上产生共鸣。两地影友聚在一起、享受到春日的洗礼、捕捉春迹、感受摄影世界带给我们的震撼。5月14日，区文联组织灯谜协会开展“2019年庆祝建国70周年主题灯谜会”在揭东区榕泰广场举行。谜会吸引周边地区一大批谜友及大量群众到此猜射，取得较好的社会成果；5月22日，区文联在区潮州音乐研究会举行文艺界人士座谈会，纪念毛泽东“5·23讲话”77周年。区委常委、区委宣传部长林晓珊，区文联成员，原潮州市人大常委会常务副主任谢烈鹏等，以及潮汕三市文艺界、有关乐社等领导和嘉宾参加座谈会。“5·23”恰逢是揭东潮州音乐研究会、潮乐室成立20周年的纪念日。座谈会上，大家纷纷结合揭东潮州音乐研究会20年的历程，就如何弘扬揭东潮乐文化，传承好揭东的文化艺术出谋献策。9月8日，区文联组织揭东工艺美术协会在城区揭东工艺美术生活馆举办庆国庆“匠心绘意”陶瓷彩绘沙龙。活动上，工艺爱好者们在碟、罐等陶坯上绘制国旗、天安门、和平鸽、长城等图案，以此来表达对祖国母亲生日的美好祝愿，喜迎新中国成立70周年。10月1日，区文联组织揭东区诗词楹联学会在微信公众号平台开展“新中国成立70周年诗歌创作大赛”优秀作品展，活动通过优秀作品的展出，以诗歌的名义，热情礼赞新时代，为新中国成立70周年献礼。

（王剑波）

残疾人联合会

【概况】 2019年，区残联在区委、区政府的正确领导以及市残联的指导下，以习近平新时代中国特色社会主义思想为指导，坚持新发展理念，为实现“全面建成小康社会，残疾人一个也不能少”的目标，推进揭东区残疾人事业与全区经济社会和谐发展。联合区教育局等部门印发《打赢贫困残疾人脱贫攻坚三年行动实施方案（2018—2020年）》；联合区公安局、区人民检察院、区法院等8个部门，印发《揭东区加强残疾人法律救助工作实施意见》。

【残疾人康复】 通过入户调查，2019年度有康复需求残疾人人数为1121人，精准康复服务率为94.11%。其中0—6岁孤独症儿童训练项目70人（10个月补贴康复训练经费2万/人），0—6岁脑瘫儿童训练项目39人（10个月补贴康复训练经费2万/人），辅助器具适配130人，假肢装配8例，完成85户贫困重度残疾人家庭居家无障碍改造。

【残疾人培训就业】 举办“残疾人剪纸艺术培训班”“农村残疾人实用技术培训班”，培训学员60多人。完成年审单位115家，安置残疾人180人（含军人残疾）。2019年揭东区共有4个项目报名参加广东省“众创杯”创业创新大赛残疾人公益赛赛，3个项目入选初赛，其中《“乐帮手”智能盲杖开发项目》进入复赛，获得优秀奖。

【特教工作】 2019年，经区政府批准同意，为满足残疾儿童教育和康复需要，联合区人社局公开招聘区特殊教育学校特殊教师4名。学校现有5个教学班，教师16人，特殊学生55名。7月，由揭东区特殊教育学校主持研究的揭阳市教育科学“十三五”规划课题《特殊教育培智课堂教学实效性探究及量化研究》，通过专家验收，圆满完成并结题。

【助残与扶贫】 一是开展“助残迎春送温暖活动”。二是开展助残日慰问活动。三是配合区民政部门做好重度残疾人护理补贴和困难生活津贴审核工作。

【宣传文体】 开展残疾预防宣传和各项残疾人日宣传活动，残疾人林晓聪获得省自强模范称号。

（黄银娜）

归国华侨联合会

【概况】 揭东区归国华侨联合会（以下简称区侨联），是中国共产党领导的由归侨、侨眷组成的人民团体，是党和政府联系广大归侨、侨眷和海外侨胞的桥梁和纽带。揭东区侨联是区委领导的由归侨、侨眷组成的人民团体。揭东区侨联机关事业编制4名，其中主席1名，副主席1名，秘书长1名，正、副股长1名。后勤服务人员数1名。揭东区现有海外侨胞30多万人，华侨华人主要分布在泰国、新加坡、马来西亚、柬埔寨、印尼、越南等。此外还有港澳同胞4.62万人，台湾同胞0.22万人。归侨170人，侨眷14.02万人。在2019年12月召开的第十一次全国归侨侨眷代表大会上，揭东区侨联党组书记、区侨联主席袁奕江获“广东省归侨侨眷先进个人”称号，这是对揭东侨联所做工作的充分肯定。

【机构改革】 根据区《揭阳市揭东区机构改革方案》将原区外事侨务局的海外华人华侨社团联谊行政职能和揭东华侨博览馆划归区归国华侨联合会行使和管理。区侨联从3月至6月已基本完成职责、机构、人员的移交转隶工作并逐步进入正常运作。

8月25—31日，区侨联积极参与赴台参访团的各项活动 （区侨联　供稿）

【群众工作】 一是组织看望慰问部分年老体弱、生活困难的归侨侨眷，多方筹措资金10多万元，为困难归侨侨眷、“南侨机工”后代、部分老归侨和单位的退休老干部等送上慰问金和慰问品。二是带头为侨界群众排忧解难。根据《广东省侨联关于做好2019年广东省贫困归侨扶贫救助补助资金分配和发放工作的通知》带头到基层乡镇进行调查摸底，经调查，确定贫困归侨63人，其中特困归侨（低保、五保共8人，困难归侨55人），经公示无异议，扶贫资金已于2019年12月11日通过中国银行下拨到每一个困难户手中。三是2018年区侨联选派一位副主席作为驻村的党建指导员到云路镇象岗村指导基层党的组织建设。四是以“创文”活动为契机，多次组织侨联机关人员到“一局一文明路”进行环境卫生整治活动和红绿灯路口志愿引导市民遵守交通秩序，共建文明城市。五是筹措资金4万元扶持该会挂钩的云路镇象岗村和云七村，为云路镇“创文”工作添砖加瓦。

【参政议政】 2019年3月26日—28日，中国人民政治协商会议揭阳市揭东区第二届委员会第4次会议在揭东区隆重召开，以香港九龙揭阳同乡会会长、香港揭东商会会长、香港王锡记工程有限公司董事长王锡廷为团长的政协揭东港澳委员代表团一行21人回乡出席会议，“两会”期间，他们积极建言献策，共谋家乡发展大计，港澳委员纷纷表示将一如既往支持帮助家乡发展，为建设家乡做出更大贡献。

【维护侨益】 发挥职能做好宣传，及时解决涉侨信访问题，为侨界群众提供咨询、解答、解决问题，维护其合法权益。2019年，共接待群众来信来访2件，全部办结。

【与港澳台及海外联络】 （一）积极赴港台联络联谊　5月15日至17日，该会主席袁奕江作为访问团成员全程参加了揭阳市赴港访问团，分别对香港区潮人联会、香港揭阳侨联联谊会、香港九龙揭阳同乡会、香港榕城商会、香港揭东商会、香港普宁同乡联谊会、香港惠来商会、香港揭西商会等香港社团进行联络联谊活动；8月25日至31日，袁奕江主席作为访问团成员全程参加了揭阳市赴台访问团，先后拜会新竹广东同乡会、台山市青创协会、屏东县同乡会、高雄市潮汕同乡会，并考察了南投县的青竹文化园区、台北市的松山文创园区等。

（二）热情接待海内外侨团　2019年，热情接待新加坡、泰国、澳大利亚、马来西亚等海外侨胞、港澳台同胞近300人次。宣传揭东区良好投资环境，积极引导、发动海外侨胞、港澳台同胞回乡投资置业，共建美丽幸福新揭东；努力推动两岸人员往来，向台胞宣传党的方针政策，为促进祖国和平统一大业发挥作用。

（三）注重华侨文化的传承与宣传　以揭

东华侨博览馆、蔡翘院士博物馆和黄旭华旧居为宣传阵地，通过参观华侨博览馆，感受到家乡翻天覆地的变化，激励不忘先辈历史，奋力拼搏，把优秀的传统文化发扬光大；通过参观蔡翘院士博物馆和黄旭华旧居激励和引导海内外侨胞、归侨侨眷学习先进，学习他们对党忠诚的政治品质，舍小家为大家、默默无闻、无私奉献的精神。

（四）加强海外联络联谊　元旦、春节期间，向海内外华侨华人、归侨侨眷、重点社团寄发贺卡500多份。积极宣传揭东良好投资环境，引导、发动海外侨胞回乡投资置业，共建幸福新揭东。

（潘小霞）

红十字会

2019年，在区委、区政府正确领导下，区红十字会深入贯彻习近平总书记对红十字工作的重要讲话和指示精神，以第十一次全国红十字会代表大会和第七次省红十字会代表大会精神为行动指南，紧紧围绕区委、区政府的中心工作，认真履职，勤恳工作，在当好党和政府在人道领域联系群众的桥梁和纽带发挥独特作用，较好地完成各项工作任务。

【人道救助】　2019年，帮助区8例14周岁以下白血病患者申报资金救助；同时，携手爱心单位、爱心人士和红十字志愿者做好“博爱送万家”活动，春节前夕，区红十字会开展“博爱送万家”送温暖活动，看望慰问揭东区曲溪镇敬老院，为老人们送上食用油和大米，送去新年的祝福，让老人们过一个温暖、快乐的春节。还特邀请省书法家协会会员刘畅辉、徐俊敏为广大群众送春联，并携手揭阳爱尔眼科医院到揭东区龙砂公园开展“博爱送万家”“爱心义诊送温暖”活动。5月，启动揭东区“爱眼日”百万公益活动，委托揭阳爱尔眼科医院承办开展揭东区“爱眼日”百万公益活动，对检查中发现的白内障、翼状胬肉贫困患者，补助在承担每例手术通过医保报销后自费部分，有100例贫困患者受益。7月27日，联合市红十字会、市血站和市无偿献血志愿者协会到区人民广场开展无偿献血、造血干细胞捐献、急救技能普及公益活动。9月23日，区红十字会联合中国红十字会基金会“医路相伴”——专家进基层患者关爱项目，组织广州市第一人民医院多位专家教授，走进揭东区人民医院，通过组织知名专家进基层义诊、筛查、培训等活动的开展，帮助全区更多患者获得规范化、高质量的治疗。此次义医义诊专家教授团队为广大市民提供免费义诊和咨询，并为肿瘤高危人群提供免费筛查，给群众的健康带来福祉。

【应急救护培训】　5月27日，揭东区红十字会以“爱心相伴，‘救’在身边”为主题，在揭东区技工学校开展应急救护培训进校园宣讲活动，为使学生更好地掌握急救知识，培训老师利用模拟人进行规范演示，重点讲授心肺复苏、止血、包扎等技术操作，并指导学生做实操练习，让学生都能基本掌握操作要领。2019年是第20个“世界急救日”，主题是“急救，关注易受损群体”，为进一步普及救护知识，提高全区人民自救互救能力和水平，区红十字会积极开展系列活动。9月11日，联合玉滘镇卫生院到大滘村进行急救宣讲和义诊活动，并向村、学校、卫生站捐赠一批急救箱和急救包，使学生及家长、老师、村民了解更多救助知识。

（魏淡生）

国画作品 （刘泽群 作）

FAZHI

法 治

法 治

■责任编辑：杨锐标 林漫娜

政法委及综治

【概况】 2019年，区委政法委贯彻执行《中国共产党政法工作条例》，以“庆祝中华人民共和国成立70周年”维稳安保工作为首要任务，扎实推进“综治+网格化+信息化”社会治安综合治理和维稳工作，推进扫黑除恶专项斗争，加强队伍思想政治建设，推进宪法学习和普法教育，组织和协调全区政法系统各部门协调一致，深入推进司法体制改革，有力推动政法各项工作的开展，切实为社会治安大局稳定提供了坚强的保障。3月，经区委批准，区委政法委实行机构改革，内设办公室、政工室、基层社会综合治理督导室、维护社会稳定督导室、反邪和政治安全工作室、研究和法治工作室；原合署办公的区综治办、维稳办、防邪办、打私办不再保留。改革后，区委政法委内设机构更科学合理，职能更明确，确保各项工作有序高效开展。

【维稳工作】 揭东区始终牢固树立“稳定压倒一切”的工作理念，立足“稳”这个大局，切实提高政治站位。围绕为庆祝中华人民共和国成立70周年创造安全稳定环境的目标，全力维护国家政治安全，突出源头防范，不断增强防范各类风险能力，扎实开展专项治理。围绕防范化解重点风险，开展全区社会矛盾问题八个专项治理，着力完善矛盾纠纷多元化解机制，牵头相关单位开展矛盾化解、维稳攻坚等工作，圆满完成揭东区庆祝中华人民共和国成立70周年系列活动安保维稳工作。持续推进社会矛盾大化解专项行动，围绕全区较为热点、敏感的涉众金融、环保“邻避”、劳资纠纷等领域和可能影响社会稳定的其他方面，组织开展专项行动。2019年，共化解社会矛盾苗头性案件45宗，化解积案12宗，解决社会诉求23宗，化解涉众金融领域风险苗头16宗，化解群体性事件苗头9宗。确保揭东区重要节日、节点时段“四个不发生”，揭东大局稳定。

9月19日，贯彻落实中央扫黑除恶督导“回头看”反馈意见整改推进会在区委会议厅召　　（区政法委　供稿）

【平安建设】 扎实推进“三个最”创建工作，为确保全区“三个最”创建工作稳步推进，经仔细研判，决定将埔田镇打造为第一批

“三个最”创建示范镇街，自创建工作开展以来，埔田镇党委政府以习近平新时代中国特色社会主义思想和中共十九大精神为指导，深入贯彻落实省、市、区的决策部署，围绕创建最安全稳定、最公平公正、法治环境最好的地区的总要求，针对基层治理存在的突出问题，强化“一个保障”，深化“二大建设”，开展“三大行动”，着力打造共建共治共享的社会治理新格局，取得良好成效，符合创建要求标准，2019年3月14日，根据《中共揭阳市委政法委员会关于命名全市创建“三个最”优秀镇（街）的决定》，埔田镇获评全市“三个最”创建先进镇街，为区打造成最安全稳定、最公平公正、法治环境最好的地区发挥积极的模范作用。

【防控体系】 深化“综治+网格化+信息化”建设，紧紧围绕上级工作部署和任务要求，不断提高全区社会面、重点单位及社区物防、技防、人防水平，全区7个镇（街道），共划分211个网格，按照一格一员的原则，配有网格员211名，落实网格化管理“四定”要求，着力打造镇街综治信访维稳中心升级版。根据社会管理综合治理信息系统查询，2019年度，区网格事件巡查上报数6498宗，办结数6491宗，办结率接近100%。着力做好严重精神障碍患者救治救助管理工作，全区共完成排查确诊患者人数共3048人，其中，三级以下一般患者数2766人，三级及以上高风险患者人数282人，共落实监护人3612人，申请拨付严重精神障碍患者监护人的补助资金共计395.04万元，并全面投保严重精神障碍患者监护责任补偿保险，确保监护责任的落实。开展基层社会治安综合治理，根据市委的工作部署，结合全区实际情况，设立117个村级调解维稳办公室和综合应急服务队，负责村（社区）信访维稳受理和民事调解、防洪抢险、救灾救急等工作。不断推进视联网建设工作，为贯彻落实省、市关于推进综治视联网建设工作的要求部署，区委政法委共投入资金48.02万元，完成区、镇二级视联网建设8个，至2019年，区、镇二级视联网已投入正常运行。

【惩治整治】 2019年度，全区以人民群众满意度为中心，坚持“人民群众最痛恨什么犯罪就严打什么犯罪”的原则，树立“办小案、大作为”理念，重点围绕盗抢、电信诈骗、食药环和金融领域犯罪等突出违法犯罪，集中组织开展专项惩治整治行动，严厉惩治各类侵害群众切身利益的“小案”，不断增强人民群众的获得感、幸福感和安全感。揭东公安机关共立刑事案件888宗，破486宗，刑事拘留484人，报请批准逮捕414人；查处行政案件518宗、907人，其中赌博案件138宗、427人，抓获网上逃犯145人；区检察院共审查批捕各类刑事犯罪案件447件612人，决定不捕72人；共提起公诉406件584人，决定不诉37人。引导促成诉前刑事和解18件，建议法院采用简易程序审理256件，提出量刑建议380人。抓实维护政治安全和社会稳定工作，共批捕“两抢一盗”、涉黄涉赌涉毒刑事案件165件、234人，已审结起诉127件、172人；区人民法院审结各类刑事案件372件，惩处罪犯578人，服务好揭东“三个最”区镇村创建工作。依法严惩故意伤害、强奸、抢劫等严重危害社会治安犯罪案件54件、76人，盗窃、抢夺、诈骗等多发性侵财犯罪案件92件117人，增强人民群众安全感。参与禁毒斗争，审结毒品犯罪案件6件，判处罪犯9人。公开审理全区首例环境公益诉讼，引导民间树立环保观念，加大惩治污染环境犯罪力度，判处相关犯罪案件10件、21人，为绿色揭东、美丽揭东建设提供强有力的司法支撑与保障。

【政法队伍】 抓好政法班子建设，加强班子思想建设；加强班子作风建设；加强班子廉政建设。抓好政法干警思想政治教育工作，建立健全干部队伍管理机制，强化协管干部职能；健全规范监督管理机制，充分发挥群众监督、社会舆论监督、检察监督、审判监督和司法行政监督等职能；及时关心干部职工的工作生活，掌握思想动态，提醒干部职工认真工作，严谨作风，积极进取。抓好政法干警的教育培训工作，为适应新时期政法工作的需要，政法委开展专场培训3场，全区政法系统开展各类专题学习活动共计46场。学习教育彰显效果，通过扎实开展“不忘初心、牢记使命”主题教育活动和“纯洁政法队伍、建功扫黑除恶”主题警示教育等一系列活动，广大政法干警的世界观、人生观、价值观和正确的权力观、利益观得到进一步树立，工作积极性大大提高。

（区政法委办公室）

公安

【概况】 2019年，揭东分局在区委、区政府和上级公安机关的正确领导下，以中共十九大精神和习近平新时代中国特色社会主义思想为指引，紧紧围绕新中国成立70周年和澳门回归祖国20周年安保维稳工作，从严从实从细做好保安全、护稳定、促和谐各项工作，实现“五个严防、四个确保”既定目标。

【社会治安整治工作】 2019年，揭东公安机关共立刑事案件948宗，破494宗，刑事拘留505人，报请批准逮捕430人；查处行政案件534宗、928人，其中赌博案件143宗、432人；抓获网上逃犯103人。全年全区接报刑事盗抢警情669起，与2018年同期714起相比下降6%，涉盗抢刑事立案共439宗，与2018年同期534宗相比下降18%，盗抢犯罪嫌疑人刑拘125人，与2018年同期108人相比上升16%。全年实现49天零刑事治安警情。

对涉及人民群众切身利益和人民群众反映最为强烈的“两抢一盗”等问题，揭东公安分局抽调精干警力成立“打盗抢、追逃犯”专班，严阵以待，露头就打。9月24日凌晨，辖区多地发生系列暴力破窗盗窃车内财物案件7宗，当天警方即在梅州火车站附近将犯罪团伙嫌疑人抓捕归案；抓获以胡某琳等人为首的“套路贷”诈骗犯罪团伙共7人，初步查证涉案受害人共63人，涉案金额共170万元；运用系统分析研判，成功破获“陈记松等人贩卖毒品案”，先后共抓获涉毒人员17人；捣毁锡场镇一生产制造假冒国际品牌化妆品窝点，涉案假冒产品已销售金额达人民币3000多万元，案值为近年来同类案件之最；侦破“5.07”网络赌博案，抓获犯罪嫌疑人50人，冻结涉案资金两百多万元。

【交通管理】 交警大队以创建全国文明、卫生城市为契机，坚持“遏事故、保安全2019”为核心，开展环境卫生和交通大整治，严查严处各类严重交通违法行为，全年共查处交通违法4.96万宗。全区共发生交通事故163宗，同比下降52.48%；死亡16人，同比下降50%；受伤179人，同比下降53.02%；财产损失30.96万元，同比下降45.36%。

7月15日，揭东公安“7•15”大行动

（揭东公安分局 供稿）

【网络安全监察】 2019年，网警大队主侦网络违法犯罪案件6宗，破案总数4宗，抓获人数39人，刑拘人数20人。配侦案件破案总数253宗，抓获总数545人。在整治网络风险隐患方面，摸查全区党政机关、事业单位和国有企业重点网站28个，落实建立台账28份；发现14家重点网站出现漏洞并落实整改；对政府信息中心安全机房逐台落实安全管理责任，落实安全管理技术措施、建立实名台账；在全区清查网络黑产，清查289个场所，发现189家黑接入并处理189家；对当地重点网络和网站进行排查管理28家，约谈网站2家，查处6家拒不改进安全状态，要求重点网站排查整改安全隐患，建立安全档案28份。全年共上报市局互联网情报信息320条，依法惩治谣言案件3宗，处置谣言编造者、传播者3人，其中行政拘留3人。

【出入境管理】 为深入推进“放管服”改革，10月，公安局办证服务大厅搬迁到区政务中心，打通“最后一公里”。2019年，出入境窗口共受理各类出入境证件2.43万份，包括护照7783份、往来港澳通行证1.55万份、大陆居民往来台湾地区通行证1028份、前往港澳定居申请13份，办理涉“三非”外国人案件45宗、180人。

【户政业务】 常住人口管理日常业务办理情况：2019年，共受理户政业务6.46万人次，办理临时身份3647证，全区共办理户口迁移7369人次，出生申报7603人、死亡注销3246人；办理二代身份证2.99万证，注销重复（虚假）户口102人，恢复无相片人员户口166人，补录户口8人；新登记流动人口3153人，更新流动人口信息1.38万条，新办理居住证627证，注销流动人口登记信息1.75万条。揭东区公安机关户政部门共梳理公共服务事项76项，将涉及公共服务（户政类）事项进行了网上公布，将服务事项的流程和所需的资料逐一公布，明确办理时限，让群众在办理业务过程中，掌握办理进度。

【严打聚众赌博】 2019年，治安大队围绕“严防、严管、严打”工作理念，坚持主动惩治、连续惩治、系统惩治、精准惩治，坚决惩治聚众赌博违法犯罪活动，同时充分发挥职能作用，深挖违法犯罪活动线索，破获违法犯罪窝点，切断利益链条，同时结合“百日追逃”专项行动，通过信息研判、侦查、调查等手段，全力开展涉赌人员追逃工作，对网上逃犯保持高压严打态势。全年共侦办聚众涉赌刑事案件立26宗、刑拘60人、报请批准逮捕56人；查处聚众涉赌行政案件118宗、处理357人。

【惩治经济犯罪】 2019年，共立经侦类案件案36宗，破涉生产、销售伪劣产品案、职务侵占案等经侦类案件32宗（含涉挪用资金积案2宗），抓获涉案犯罪嫌疑人49人。为做好新中国成立70周年大庆和澳门回归20周年等安保维稳期间经济犯罪领域涉稳风险排查化解处置工作，成立“涉众型经济犯罪涉稳风险处置化解工作”领导小组，依法稳妥有序惩治非法集资、传销等涉众型经济犯罪，发现排查经济犯罪领域不稳定因素和风险漏洞，加强经济类案件化解、疏导、稳控工作，全面落实各项安保措施，引导投资受损群体依法理性表达诉求。

5月，在全区14个路面电子屏幕向广大群众滚动发送“谨防非法集资”等警示标语；11月5日，经侦大队联合揭东金融系统社会治安综合治理暨平安金融创建工作领导小组在揭东区榕泰广场举办“新中国70周年普华章，新时代平安金融奏新曲”宣传活动。

【社会治安防控体系建设】 2019年，全区无重大校园案事件发生。治安防控圈建设方面，设立云路、玉湖两个常态化治安卡点；在册旅馆业28家、娱乐场所1家、采石场4家、易燃易爆38家，现有治安特种行业从业单位客户端安装率达到100%，娱乐场所信息采集系统、采石场爆破作业现场视频信息采集传输系统已安装使用；全区标准地址新编制采集36.85万条。全区共采集更新流动人口数据3万条；辖区新增门禁视频系统11套，覆盖实有房屋1115间。将玉湖派出所定为“精准脱困”的困难派出所，有关工作正在不断推进；新亨派出所已建设合成作战室，并已开通相关权限开展工作。全区辖区内每个村（居）委会已建成建立一支不少于3人的治保会组织。8月，揭东分局抽调50名人员开展应急处突训练，并在参加市局开展的应急演练中获得全市第三名的成绩。

2019年，确诊重性精神障碍患者3级（含）以上患者218人，已录入公安库217人（1人因未办二代身份证户口被注销无法录入）。

【智慧新警务建设】 移动警务终端全局配发率达到80%，以科技强警的手段带动工作效能，进一步推动各项惩治行动取得新突破。11月9日，揭东公安分局利用移动警务终端应用，“打盗抢、追逃犯”专班联合城西派出所，在榕城区抓获涉嫌盗窃摩托车的犯罪嫌疑人林某某、林某某，现场缴获作案工具、摩托车及被盗摩托车各1辆，随后又在林某基住家追缴回被盗摩托车35辆、摩托车车牌124块及其他物品一批。2019年，揭东公安分局利用智慧新警务应用侦破各类案件206宗，抓获犯罪嫌疑人132名，破获团伙6个，抓获红色预警在逃人员111名。全市智慧新警务工作考评排名第一。

【重大活动安保工作】 2019年，组织制订各类警卫方案128个，协调做好各项保卫任务203场次，特别是在做好2019年的揭阳市人大、政协会务安保；5月，首届“贤德揭阳”龙舟赛揭东初赛活动；9月，第五届中德（欧）中小企业合作交流会的会场安保工作。全区实现无影响政治稳定的重大事件、无重大治安事故等重大责任事故、无越级上访的“三无”目标。

【“飓风2019”专项行动】 根据市局“飓风2019”专项行动工作部署，结合揭东实际，以全区统一清查惩治行动为载体，通过制订下发季度惩治任务、任务完成评分标准、季度考核办法，强化工作措施，“以有发案必有破案，通过打击促平安”的思路，全力推进“飓风2019”专项打击整治行动。成立“打盗抢、追逃犯”专班，以群众满意度为中心，坚持“人民群众最痛恨什么犯罪就严打什么犯罪”的原则，树立“办小案、大作为”理念，重点围绕盗抢、电信诈骗、食药环和金融领域犯罪等突出违法犯罪，集中组织开展专项惩治整治行动，严厉惩治各类侵害群众切身利益的“小案”，不断增强人民群众的获得感、幸福感和安全感。群众安全感和对公安工作满意度年终考评全市排名第2名，2019年全市公安主要工作考评第3名。

【扫黑除恶】 扫黑办先后制订《揭东公安机关整改落实中央扫黑除恶督导组反馈意见工作方案》等10多个工作方案，在线索核查、案件办理和部门协调联动中，不断探索、总结和完善各项工作机制，以线索清零为目标，以提高攻坚能力为切入点，以重点地区、行业、领域为突破口，紧盯涉黑涉恶重大案件，紧盯“保护伞”“关系网”，确保打深打透、除恶务尽。全年共抓获涉黑恶类犯罪嫌疑人118人，破获涉恶类刑事案件65宗；抓获涉黑恶罪名网上逃犯72人；涉黑团伙1个，移送起诉27人，扣押、查封、冻结涉案资产2600多万元。破获一长期盘踞在锡场镇生猪屠宰领域的涉黑涉恶犯罪团伙，先后抓获首犯林某某、林某某等犯罪嫌疑人26名，侦破案件33宗，该案被列为广东年度十大典型涉黑涉恶案件。全市扫黑除恶专项斗争工作考评揭东分局排名第一。

【文化育警】 以春节、国庆和中秋等重要节日为契机，举办“新春纳余庆，翰墨润警营”迎春送春联活动、“践行新使命，忠诚保大庆”主题书画摄影图片展；加大警营文化建设力度，按照警种特点规划英模文化、行为文化、廉政文化等不同主题设置文化宣传长廊以及宣传版面，以文化教育人、熏陶人、感染人，促进业务工作，提升队伍形象。

【禁毒工作】 推进“全民禁毒工程”，强势开展“两打两控”和惩治毒品违法犯罪专项行动，2019年全区刑拘涉毒人员21人，查处涉毒人员85人，查处涉嫌违反易制毒管理条例的企业6家,开展“6·03”虎门销烟、“6·26”国际禁毒日“六进”禁毒宣传活动，营造全民禁毒氛围。5月，购买“毛发检测仪”对娱乐服务场所从业人员、管理人员、易制毒行业管理人员、校车司机、开展毛发检测，至2019年底完成近1000多人次检测。为加强社会面吸毒人员分类分级管控、风险评级工作，禁毒办组织各派出所对847名吸毒人员分类分级风险评级管控工作；社区戒毒（康复）25名，执行率100%，吸毒人员得到有效管控。

（李婷婷）

检察

【概况】 2019年，揭东区人民检察院始终坚持以人民为中心的发展思想，围绕“讲政治、顾大局、谋发展、重自强”的总体要求，不断推动刑事、民事、行政、公益诉讼“四大检察”工作全面协调充分发展，让人民群众共享实实在在的获得感、幸福感、安全感。新媒体工作室因成绩突出被广东省人民检察院记“集体二等功”1次。

【刑事检察】 始终保持与公安、法院的协作配合，共审查批捕各类刑事犯罪案件488件、674人，决定不捕82人；共提起公诉472件、662人，决定不诉46人。引导促成诉前刑事和解32件，建议法院采用简易程序审理278件，对497名被告人提出量刑建议。抓实维护政治安全和社会稳定工作，共批捕“两抢一盗”、涉赌涉毒刑事案件229件、299人，已审结起诉187件、255人，有效维护社会面的治安稳定。

依法开展扫黑除恶专项斗争，快速批捕涉恶势力犯罪案件5件、10人，决定逮捕涉黑犯罪1件、1人，成功起诉涉恶案件5件、6人、涉黑案件1件、25人，打击了黑恶势力犯罪分子的嚣张气焰。提前介入“林某某等人涉嫌组织、领导、参加黑社会性质组织罪”案及“2·28”特大网络诈骗案等大案要案的侦查，有效地引导了公安机关的侦查取证，为案件的顺利起诉打下基础。

与揭东区工商联会签《关于建立健全沟通联系机制的工作意见》，邀请部分民营企业家参与“检察护航民企发展”开放日活动，多方位、多途径服务保障经济高质量发展。在办理民营企业家张某某非法占用农用地一案中，考虑到涉案企业是经济效益较好的出口民企，且员工都是附近村民，涉案土地也已从基本农田变更为建设用地，危害性已明显减小，因此依法对张某某作出相对不起诉决定，既确保涉案民企的正常运营，又维护当地农村社会稳定，同时还给所在镇政府保留税源，办案达到三赢效果。

1月29日，揭东区首例生态环境领域刑事附带民事公益诉讼案件开庭审理 （孙子谦 供稿）

【公益诉讼检察】 履行“公共利益代表”职责，推进检察公益诉讼工作。2019年，公益诉讼立案4件，副检察长出庭支持揭东区首例生态环境领域刑事附带民事公益诉讼案件的开庭审理，被告方黄某某等人被依法判处支付污染土地修复、危险废物处置等费用50多万元。办结揭阳市首例公益诉讼支持起诉案件，追究洪某某等3人共763万余元的民事赔偿责任，减轻了地方财政因处理危险废物后产生的经济压力。

【诉讼监督】 与揭东区和揭阳产业园公安分局分别会签《关于规范对公安派出所刑事侦查活动监督工作的实施意见》及《关于向公安机关派驻员额检察官的通知》文件，全面推进侦查活动监督落地生效。2019年，共提前介入刑事案件侦查5件，改变侦查机关案件定性13件，纠正侦查违法行为5次，促进侦查机关更加规范办案；开展刑事立案监督5件，审查行政执法机关录入“两法衔接”信息共享平台案件38件，杜绝有案不立、以罚代刑等问题。

推进社区服刑人员脱管漏管专项检察活动，确保现有191名监外执行人员没有出现脱管漏管和重新犯罪现象。推进羁押必要性审查工作，及时变更5名不适宜继续羁押的犯罪嫌疑人强制措施。针对相关单位在诉讼活动出现的不规范问题，发出检察建议10份予以纠正。

【未成年人检察】 推进落实好“一号检察建议”，深入揭东区和揭阳产业园教育局座谈了解、协调督促高检院“一号检察建议”落实到位，邀请部分全国、省、市、区四级人大代表及市、区政协委员参与“携手关爱，共护明天”开放日活动，共同关注在校未成年学生的健康成长。精心策划“检察官，开讲啦”普法栏目，检察长带头走进揭东一中开展普法，检校合力构筑起防治校园欺凌、杜绝性侵害的“防火墙”。2019年，共开展校园普法教育6场次，参与听讲师生3000余人，发放普法书籍2000本。

提前介入方某某强奸未成年亲生女儿倪某某致其怀孕恶性案件侦查，依法快捕快诉并建议法院从重判处，支持揭东区民政局起诉撤销方某平对倪某某的监护权。考虑倪某某与未成年胞兄均系在校学生、没有注册户口，且生活费用仅靠生母打工收入维持，及时为倪某某发放2.5万元国家司法救助金，帮助倪某某及其胞兄落户，并协调当地民政部门为倪某某一家解决低保问题，使其兄妹俩尽快走出家庭生活阴影。

【阳光检务】 加强“12309”检察服务中心硬软件配套建设力度，让人民群众享受检察机关实实在在的“一站式综合性”服务。按照高检院“群众来信件件有回复”的要求，通过加强内部配合、指定专人负责和注重后续办理等举措，2019年，共对21件有实名有电话的群众来信在7日内予以程序性回复，使群众在第一时间知晓来信办理进展；对其中属于该院管辖的12件群众来信及时跟进办理，确保在3个月内完成办理和答复等工作，真正使群众来信反映的问题得到及时解决。

在揭东检察官方“门户网站”和“两微一端”平台发布资讯2620条，在《揭阳日报》等主流媒体发表新闻稿件4篇，在“12309”中国检察网公开案件办理信息569条，确保检察权在阳光下运行。

【司法改革】 推进落实认罪认罚从宽制度，与法院、公安局和司法局进行沟通协调，确立集中移送起诉、签字具结、提起公诉、开庭审理的“四集中”速裁程序办案机制，有效提高“认罪认罚从宽”案件的诉讼效率。2019年，共对252名犯罪嫌疑人适用认罪认罚从宽制度，取得良好的社会效果和法律效果。

深化司法责任制改革，检察长、副检察长带头办理疑难复杂案件86件，检察长列席同级法院审委会3次。

【队伍建设】 扎实组织开展“不忘初心、牢记使命”主题教育，结合揭阳市人民检察院党组的巡察反馈意见，认真组织对照党章党规找差距检视问题，形成整改落实清单，并根据对照查找出来的问题清单开展专项整治工作。主题教育的经验做法和取得成效，分别受到揭东区委、揭阳市委主题教育第一指导组，以及省委主题教育和基层党建专项调研组的一致好评。

（孙子谦）

法院

【概况】 2019年，揭东区人民法院坚持以审判执行工作为中心，紧紧围绕“努力让人民群众在每一个司法案件中感受到公平正义”工作目标，牢牢坚持“司法为民、公正司法”工作主线，严格履行宪法和法律赋予的职责，为揭东区、揭阳产业园区高质量发展提供了强有力的司法保障与服务。全年受理各类案件4401件，办结4077件，同比分别上升28.5%和29.1%。

【刑事审判】 依法打击刑事犯罪 审结各类刑事案件502件，惩处罪犯775人。依法审结抢劫、强奸、故意伤害等严重暴力犯罪案件76件、106人，盗窃、抢夺、诈骗等多发性侵财犯罪案件136件、190人，保障人民群众生命财产安全。严惩毒品犯罪，审结相关案件8件、11人。推动反腐败斗争深入开展，审结贪污、受贿、渎职等案件9件，判处刑罚17人。持续深入推进扫黑除恶，审结郭某某、袁某某等涉恶案件4件，判处刑罚11人。

9月20日，区人民法院内设机构立案庭揭牌

（区法院 供稿）

加强人权司法保障 贯彻宽严相济刑事政策，32名严重刑事犯罪分子被处以5年以上有期徒刑，43名罪行较轻的刑事被告人被依法适用非监禁刑。坚持“教育、感化、挽救”方针，判处未成年犯29人。适用认罪认罚从宽制度，有效节约司法资源，强化人权司法保障。推进刑事案件律师辩护全覆盖，依法履行通知辩护职责，切实保障刑事被告人及其辩护律师依法享有的辩护权和其他诉讼权利，促进司法公正。

强化生态环境保护 严惩污染环境犯罪，审结污染环境犯罪案件13件、26人，为“建美乡村”提供有力的司法支撑与保障。惩处破坏生态行为，审结辖区首例刑事附带民事公益诉讼案件，依法维护国家利益和社会公共利益。加强公开审理和以案说法，警示、教育、引导广大群众树牢环保意识，共同守护绿水青山。坚决遏制乱砍滥伐和农村土地违法行为，审结相关案件9件、9人，并对6家相关单位处以刑事罚金。

【民商事审判】 营造良好法治环境和营商环境 发挥民商事审判调节经济社会关系、稳定社会预期、维护市场秩序的作用，受理各类民商事案件2542件，办结2324件，解决争议标27亿余元。依法平等保护各类市场主体，坚持诉讼地位平等、法律适用平等、法律责任平等，加快推动形成平等有序、充满活力的法治化营商环境。

有效保障和促进投融资环境持续优化 充分发挥司法裁判规范、引导和保障功能，审结涉金融、保险、信用卡等金融信贷类纠纷案件778件。加大执行工作力度，防范逃废银行债务行为，执结涉金融债权案件535件，执行到位金额2.23亿元。严格审查民间融资的高利借贷行为，推动降低实体经济融资成本，审结民间借贷纠纷案件436件。切实加大对虚假诉讼、高利转贷的惩治力度，维护金融安全和社会稳定。

依法保护民营企业和企业家合法权益 依法惩治侵害民营企业合法财产的犯罪行为，审结民营企业内部人员职务侵占犯罪案件2件、4人。尊重当事人意思自治，审结涉民营企业合同纠纷案件167件，促进民营经济健康发展。保护合法的企业融资行为，妥善审理涉民营企业金融借款、融资租赁、民间借贷等融资纠纷案件121件。依法妥善审理涉民营企业劳动争议、劳务合同等案件31件，正确处理劳动者权益保障与民营企业生产发展的关系，注重平衡劳资双方利益，促进企业与劳动者互利共存共赢。

【执行工作】 巩固执行成果兑现胜诉权益 以开展“南粤执行风暴2019”专项活动为抓手，巩固提升“基本解决执行难”成果。共办结各类执行案件1222件，同比提升了66.5%，执行结案标的14亿余元，实际执行到位金额3.24亿元。掀起多轮声势浩大的“涉金融债权和涉民生”案件专项执行行动，执行现场拘留“老赖”20人，直接执行到账金额100余万元。

用足强制措施提升执行成效 加强执行联动和联合信用惩戒，发出“限高令”1627份，将1134名被执行人纳入失信名单，并通过今日头条、微信公众号等线上平台向社会公开，以舆论压力倒逼履行判决义务。严惩“拒执”犯罪，洪某某等两名被执行人涉“拒不执行判决、裁定罪”被依法追究刑事责任。

健全执行机制汇聚攻坚合力 应用执行指挥中心平台，实现执行工作统一管理、统一指挥、统一协调。向社会发布执行悬赏公告，拓宽“查人找物”渠道，进一步延伸执行“触角”。自觉接受监督，主动向人大及其常委会报告工作，邀请人大代表、政协委员观摩庭审，不定时向代表委员们汇报执行工作动态，认真听取意见和建议，及时改进法院工作。

【深化司法改革】 深化司法体制综合配套改革 在全市基层法院中率先完成内设机构改革，13个内设机构精简为8个。持续深化案件繁简分流机制，推动“简案快办、难案精办”，节约司法资源，提高司法效率。加大民事案件小额诉讼程序适用，简易程序适用率达到69.1%。落实轻罪案件快速办理机制，推进刑事案件认罪认罚从宽制度改革。注重发挥庭前会议功能，提升庭审实质化水平。

推进智慧法院建设 在立案窗口添置跨域立案移动终端设备，推行跨域立案工作，切实打破异地立案的时空限制，解决群众异地诉讼难、诉讼累问题。推进一站式多元解纷机制和一站式诉讼服务中心“两个一站式”建设。狠抓案件卷宗数字化工作，完成全部库存档案数字化处理，实现传统档案管理模式向信息主导模式的转变。加强互联网宣传阵地建设，全力构建开放、动态、透明、便民的阳光司法机制。

统筹推进其他司法改革 落实立案登记制，对符合条件的做到“当场立”。参与多元化纠纷解决机制，为推动完善社会矛盾纠纷多元预防调处化解综合机制贡献法院智慧和力量。进一步完善院庭长办案制度，院庭长办结案件2636件，占全院总结案数的65.7%。院、庭长带头办案的示范作用和引领效果更加明显，带动和促进其他法官的办案积极性，审判执行工作进一步实现良性运转。

【队伍建设】 政治建设全面加强 坚持以党的政治建设为统领，坚持和加强党的全面领导，聚焦“两个维护”强化政治忠诚，围绕坚定信仰深化理论武装。坚持“抓党建带队建促审判”的工作思路，扎实开展“不忘初心、牢记使命”主题教育，引导干警树牢“四个意识”，坚定“四个自信”，做到“两个维护”，坚决贯彻党中央各项决策部署，用实际行动诠释对党的忠诚，彰显新时代的担当。

司法能力不断提升 以提高干警服务大局、司法为民工作能力为抓手，分批组织干警赴广东法官学院、云南大学和东莞国防教育训练基地进行轮训，共组织各类业务培训班10余期，累计培训干警464人次。举办庭审观摩、法律文书评查、典型案例评析等活动，不断提升法官驾驭庭审、认定事实、适用法律和化解矛盾的能力。

司法作风持续改善 深化全面从严治党，严格落实中央“八项规定”，整治形式主义、官僚主义。集中开展任前谈话活动，强化以案治本，抓好正反教育，严格落实“三重一大”和重大事项报告制度，常态化开展“规范司法行为”和“六难三案”问题专项整治活动，推动全面从严治党、从严治院向纵深发展。

（区法院办公室）

司法行政

【概况】 2019年，区司法局充分发挥重组后，在立法、执法、司法、守法、普法职能作用，在新起点上谋划司法行政事业的新篇章，全面推进司法行政工作振兴发展。2019年，获评“全国第四批法治县（市、区）创建活动先进单位”；全区112个村（社区），已有107个村（社区）被确认为广东省“民主法治村（社区）创建单位，其中2个村（社区）被评为全国民主法治村（社区）、创建示范村（社区）；全区7个镇（街道）均被评为省法治镇（街道）。

【调解工作】 深入贯彻落实新时代揭阳“枫桥经验”会议精神，区司法局先行先试，在全市率先创建潭王村“红色调解室”人民调解品牌，形成可复制、可推广的典型经验。在曲溪金凤路举行“和美调解室”成立揭牌仪式，区县级设立调解室在全市是第一家。

【律师事务】 律师参与代理涉法涉诉信访案件，律师事务所设立接访窗口，受理群众来访、咨询。2019年，接受群众咨询247人次。

驻村律师充分发挥调解的专业优势，坚持创新机制、破解难题。据统计，2019年，共20名律师驻揭东区121村（社区）法律顾问，接访咨询952件、举办法律宣传253场次。

【公证服务】 围绕政府中心工作，在重点工程建设、国有土地使用权及国有资产出让转让、企业改制等事项中继续担当重要角色，为经济建设保驾护航，发挥了不可替代的监督保障职能作用；为自然人办理大量财产继承、房屋买卖、赠与、承包合同公证，服务了群众，促进全区经济建设的有序健康发展。2019年，共办理各类公证353件。

【法律援助】 发展“互联网+法律服务”，实行网上受理，网上办理。全面使用“12348”广东法网公共法律服务业务管理系统，开展法律援助工作，逐步推进刑事辩护全覆盖。2019年，办理法律援助指派案件130宗，全覆盖案件为28宗，办理认罪认罚法律援助案件92宗。

【法治政府建设】 加强重大行政决策的合法审查和行政规范性文件监督管理，认真审核区政府的重大行政事项，做好区政府部门规范性文件的备案工作。2019年，共审核各种公告、通告等行政规范性文件10件，在区政府的网站上发布，并报市政府和区人大常委会备案。

严格行政执法，规范行政执法行为 全面推行和落实行政执法“三项制度”。全区共30个部门、镇（街道）的行政执法主体信息按要求已录入广东省行政执法信息公示平台，并要求各执法部门把行政执法结果录入平台予以公示。

强化对行政行为的监督 抓重大行政处罚决定备案工作，全力做好行政复议和行政应诉工作。2019年，共审查重大行政处罚24件；收到行政复议案件5宗，不予受理3宗，立案受理2宗（撤销1宗，维持1宗）；代理区人民政府作为被告的行政诉讼案件1宗。

【法制宣传】 2019年，全区共开展宪法专题讲座20多场次（其中，宪法宣传教育进校园活动19场次）。9月19日，揭东区司法局在锡场镇锡西村开展“千场志愿服务进社区（村）活动”，开展“法律援助进锡西村”“普法教育进锡西村”“村（社区）顾问律师助力脱贫进锡西村”“助力乡村振兴进锡西村”“‘不忘初心、复议为民’进锡西村”等专项志愿服务活动。此次活动，共接受群众法律咨询300多人次，发放普法宣传材料4000余份。9月27日上午，区司法局在榕泰广场开展全民法治宣传教育，助推创建全国文明城市活动暨揭东区法律援助宣传月活动，现场专设残疾人等群体的专项普法和法律援助宣传教育。活动过程还为群众分发法律援助宣传、创文宣传等资料及画册1000多份。

【依法治区】 开展普法宣传教育 全面提升公民法律意识和法制理念。5月，特邀请汕头大学沈忆勇副教授在揭东区人民广场会议中心开展以“强化依宪治国、依宪行政的决心”为主题的宪法报告会，区几套领导班子、全区副科级以上领导干部、各镇（街道）司法所所长、派出所所长、法庭庭长、各行政村书记、主任共600多人参加此次报告会。

推动“谁执法谁普法”普法责任制工作落实 7月11日，组织召开全区首届国家机关“谁执法谁普法”履职报告会，对区人民检察院等4个单位普法工作进行评议，引领、推动全区国家机关建立并落实普法责任制。

【社区矫正】 开展“一月一主题”活动。各司法所采取多形式对社区矫正对象开展集中教育和“震撼教育”，特别是学习法律法规以及进行思想教育，使社区矫正对象学有所动，切实把社区矫正对象改造成合格公民。在元旦、春节、国庆等重点节点和敏感时段，常态化开展地毯式、拉网式安全隐患排查，落实日常管理各项措施，最大限度把风险隐患化解在萌芽阶段。国庆节前夕，扎实做好报请特赦工作。经摸排统计，揭东区报请特赦社区矫正对象共计11人，最后经裁定特赦9人，圆满完成此项工作。

（柯心志）

国画作品 （刘伟雄 作）

JUNSHI

军　事

揭東年鑑

军 事

■责任编辑：杨锐标 陈小岚

区人民武装部

【概况】 2019年，区人民武装部党委全面贯彻军分区党委决策部署，聚焦“5+2”职能，充分发挥区委军事部兼区人民政府兵役机关作用，奋发作为，锐意开拓进取，圆满完成深化民兵调整改革、兵员征集和国防动员等年度大项任务。被省军区评为“新闻舆论工作先进单位”。

4月28日，区人武部到玉湖镇新寮村开展纪念五四运动100周年主题党日活动 （霍世超 供稿）

【思想政治】 一是强化理论武装，集中学习习近平新时代中国特色社会主义思想，树牢“四个意识”，坚定“四个自信”，做到“两个维护”。学习领会习近平强军思想和军委主席负责制深刻内涵和精神实质，坚定对改革强军战略的信仰信念。二是丰富教育形式，组织学习“时代楷模”王继才、张富清和杜富国的先进事迹，引导全体人员学典型、当先进的思想自觉。充分利用辖区红色资源开展纪念“五四”运动100周年，“聆听革命故事、汲取榜样力量”主题党日，“翰墨丹青颂成就 军地同心谱新篇”书画展和“不忘初心 牢记使命”主题签名活动，筑牢矢志强军的思想自觉。三是加强组织建设，贯彻军队党建工作会议精神，调整充实党委、支部班子成员和工作分工，合理划分党小组，规范落实“三会一课”，开展民主评议党员活动，培养党务工作明白人。加强党员学习室建设，完善各类功能设施，促进党建工作深入开展。先后于5月和11月召开党委民主生活会，发现整改党委班子及成员存在短板弱项。四是严格作风纪律，按照“两项清理”要求深入肃清郭徐房张流毒影响，全面清理相关图片、文件、教材、杂志和图书以及音视频资料等，确保问题见底清零。跟进学习从严治党、从严治军新规新矩，结合传达违规违纪问题通报，观看《铁纪强军》系列专题片，剖析原因教训，注重加强针对性教育引导，坚持做到常教育、常警醒、常督促，深入纠治征兵“微腐败”和违规饮酒等问题现象，始终保持正风肃纪高压态势。

【党管武装工作】 落实请示报告、双重领导、双向兼职、现场办公和述职报告制度，推进党管武装深度落实。召开区委议军会议，学习贯彻上级部署要求，统筹推进国防教育基地建设、全民国防教育和国防动员潜力调查以及深化民兵调整改革等大项工作，研究破解制约国防后备力量建设实际问题。组织各镇（街）武装部政治教导员进行党管武装述职，压实各级党政党管武装责任。

【国防后备力量建设】 一是贯彻训令法规：组织学习习主席在全军开训动员大会上的重要讲话，武装部党委定期议战议训，深入分析训练形势，查找民兵力量建设中短板弱项，积极改进提高，强化练兵备战意识。研究贯彻落实《民兵军事训练大纲》具体措施，结合任务特点和组训模式展开研讨，全面推进按纲施训落地落实；按照新大纲要求抓好全体干部文职人员进行体能和技能训练，保持良好的军事素养。二是整顿民兵组织，成立由区长任组长的民兵整组工作领导小组，2次召开专题会议，部署推动工作。3次集中专武干部开展业务培训，加强潜力调查、行业编兵、完善预建党组织和开展政治教育等内容帮带，规范信息系统操作使用。重点对表后备力量建设“十三五”规划，分级分类抓好省军区工作组检查指出的4类、19个问题的纠治整改。武装部领导分片指导基层开展民兵出入队仪式，点验民兵应急分队，查阅档案资料，清点装备物资器材，指导加强民兵队伍军事训练、人员管理和评比表彰制度落实。三是开展针对性训练，组织46人参加市、区两级民兵轻舟分队骨干集训，突出冲锋舟操作和救生器材使用，强化综合救援避险能力。先后在市国防教育训练基地和区委党校组织2期民兵应急分队业务集训，突出队列、体能训练和盾牌操、防暴队形等内容，提高整体遂行应急任务能力。

【双拥工作】 组织民兵参加应急维稳拉动演练等任务，加强日常值班备勤，做好敏感时期维护社会稳定工作，协调驻军部队和当地政府做好“八一”、春节等节日期间的走访慰问活动，做好随军家属安置、子女入学入托、涉军维权等工作。到社区、街道开展“创文”活动，参加云路镇军田村、棋盘村开展村容村貌整治活动，融洽军政军民关系。发挥人才优势，春节前广泛开展“到群众中送春联”活动，先后送出600余幅作品，引起积极反响，树立驻军部队良好形象。

【国防教育】 4月起，开展“国防教育进校园”活动8场次，覆盖6000余人，讲解国家周边安全形势和国防军队建设发展动态，强化国防观念。9月20日，联合区教育局到第五小学（国家级国防教育特色学校）开展第19个全民国防教育日活动，强化学生国防观念。10月，外请解放军报社卜金宝教授为党政领导开展专题辅导，营造关心国防、热爱国防、支持国防的浓厚氛围。相关做法多次被《中国民兵》《广东武装》和《揭阳日报》等媒体刊发。

【征兵工作】 一是实施精准宣传：整合揭阳日报、区电视台和各镇（街道）微信公众号等媒体推送国防资讯，利用辖区内大型公司、商场和超市以及商铺LED屏等资源宣传征兵标语，打造综合立体宣传格局。深入各高中学校为应届毕业生开展政策宣传，普及阳光征兵常识，提高大学生和大学毕业生应征热情。二是完善制度措施：制定《揭东区征兵工作规范》，明确成员单位人员定位、工作程序和上报数据时限等具体事项。走访公安、教育、卫健和人民医院等业务单位展开调研，精心制定改进措施，适度调整体检、政考和定兵模式。及时下发《大学毕业生入伍视力矫正资助暂行办法》《大学毕业生入伍补助发放暂行办法》等优待政策，协调相关单位紧前落实，尽早尽快激励高学历青年应征。三是狠抓关键环节：严格按要求设置征兵体检站，工作人员统一挂牌上岗，严禁携带手机入场，实施封闭式管理。组织4次大学毕业生预征，提高兵员质量。安排廉洁征兵监督员轮班值守，规范初检、辅助性检查和复查等流程，提升工作质效和群众满意度。举办欢送新兵入伍文艺晚会，反响比较积极。8月7日，省军区王政委检查征兵工作，给予充分的肯定。

【安全稳定】 一是规范四个“秩序”：落实《省军区系统战备、训练、工作、生活秩序规范（人武部分册•试行）》要求，开展“条令条例学习月”和“四个秩序集中抓”活动，规范请示报告、值班执勤、办文办会、日常管理和综合保障等内容，持续提高单位正规化管理水平。二是坚持从严施管：采用考勤、门禁、监控等智能手段加强干部、文职人员、职工和哨员管理，严格落实请销假制度。组织学习事故案例通报，开展警示教育，强化监督方式，抓好“禁酒令”落实。加强安全行车教育，每周安排维护保养公务车辆，保持良好运行状态。三是守好安全底线：定期分析安全形势，加强对重大节日和敏感时期安全防范，紧盯值班室、保密室等重要部位场所，深入进行隐患排查整治；针对民兵遂行大项任务开展安全风险评估，完善方案预案，提高安全预防能力。严格落实保密制度要求，规范涉密文件资料全流程管理，为办公电脑安装保密管理系统，规范营院网络建设管理。

【保障工作】 一是加强营院整治，重点加固营院围墙及防护栏，完善篮球场、羽毛球场、健身场和健身房等体育设施，改进营院亮化工程，清理办公和生活区域用电和网络线路，定期组织绿化养护和排污系统疏通，调整工具、杂物和废旧物资放置场所，确保营院整洁规范。二是推进训练基地建设，定期向区主要领导汇报项目进展情况，深入与区政府办公室、区发改局、自然资源局和住建局等相关单位沟通协调，推进土地性质变更、立项和招投标准备等前期工作落实。组织对原装备仓库剩余物资进行清理归类，转移到市武器中心库保管，为下步基地全面开工做好准备。三是规范经费物资管理，落实财务内控制度，规范报账手续程序，走开军网物资采购路子。严格区分家庭公寓和休息房使用，配齐规定的生活保障物资，按标准缴纳房租及物业费用，封存空余住房。本着“新官理旧账”的原则，稳妥解决一系列历史遗留问题，维护了军事机关的良好形象。

（林忠　魏桂华）

武警中队

【概况】 2019年，武警揭东中队以建设一支听党指挥、能打胜仗、作风优良的现代化人民武装警察部队为目标，出色完成了各项工作任务，为确保揭东区社会稳定和人民安居乐业做出贡献。

【思想政治】 深入学习贯彻中共十九大和习主席系列重要讲话精神，重点抓好“传承红色基因、担当强军重任”“不忘初心 牢记使命”两个主题教育，扎实开展“学史知史悟史”学习教育活动，充分利用驻地红色资源建队育人，铸牢官兵绝对忠诚之魂。2019年，中队11名官兵获上级嘉奖，11名战士被评为优秀士兵。

【执勤战备】 落实《中华人民共和国人民武装警察法》和执勤、战备系列规定，坚持依法文明执勤，不断加强应急班建设，狠抓各项制度落实，连续17年实现执勤安全无事故，确保中心任务的圆满完成。2019年，中队出动官兵近100人次，配合公安机关和有关部门完成10余次武装押解临时勤务和长途调犯地面武装警戒等任务。

【军事训练】 始终坚持战斗力标准，牢固树立练兵备战鲜明导向，贯彻落实纲要，坚持训练“八落实”，深入转化教练员集训成果，常态化开展“五小练兵”，严格训风演风考风，有效提升打赢能力。2019年，中队在支队开展的群众性执勤岗位练兵比武活动中取得团体成绩第一名，在支队应急班轮训比武中取得前三名，为搞好各项军事训练打下坚实基础。

【管理工作】 坚持“依法治军、从严治军”的要求，狠抓新《正规化管理规定》落实，坚持以纪律建设为核心，强化条令法纪意识，严格一日生活制度，确保人员、思想、组织“三个不失控”，建立和保持正规的执勤、战备、训练、工作、生活秩序，做到中队按条令正常运转，官兵按条令规范言行。

【后勤保障】 推进后勤科学化管理，注重加强后勤人才队伍建设，把思想政治坚定、工作能力突出、敬业意识牢固的战士补入后勤队伍中，严格按照制度控制经费开支，加大农副业生产力度，着力提升伙食精细化保障水平，进一步规范战备物资管理，逐步实现生产生活、文体、训练、执勤设施“四配套”，努力提升综合保障能力，官兵生活条件改善明显。

【军民共建】 始终坚持为人民服务的根本宗旨，把驻地当故乡，视人民为父母，参与军民共建活动：3月“学雷锋月”，组织官兵到驻地看望曲溪敬老院老人、为揭阳血站无偿献血、为揭东二中品学兼优家庭贫困学生爱心捐款；4月，与揭东区图书馆开展“流动图书进军营”活动； 9月，组织官兵参加汾水战役烈士纪念日公祭烈士活动。

（黄文康）

消防大队

【概况】 2019年，区消防大队坚持以习近平新时代中国特色社会主义思想和授旗训词精神为统领，牢牢把握“四句话方针”，在地方党委政府和支队党委的正确领导下，立足“忠诚、奉献、服务”，完成各项中心工作任务，开拓进取，继续前行。2019年，揭东消防全体指战员奋力拼搏，全力推进队伍建设和消防工作新发展，完成从“单一灾种”到“全灾种、大应急”的转变。2019年，大队被省消防救援总队评为“基层建设标兵大队”，下辖的新凤街消防救援站被评为“基层建设标兵消防站”“先进基层党组织”，并续评全省青年文明号，先后有1名指战员立个人三等功，4人获支队嘉奖，12人获上级表彰。

【队伍建设】 2019年，区消防大队党委班子充分发挥核心领导和战斗堡垒作用，聚焦战斗力标准和“两严两准”建设标准，提升“党员、骨干、人才、专业”四支队伍战斗力，着力实现队伍管理和社会面火灾防控双稳定。2019年，大队坚持从严管队，不断加强队伍管理，通过规范化管理，培养指战员细致严谨、规范高效的素质，挖掘队伍潜在的源动力。同时，适应“大应急、全灾种”作战需求，组建水域救援专业组，邀请台湾水域救援教练和省红十字会水域救援专家到队培训，实现人人会游泳、全部骨干掌握水上安全救生技能的训练目标，支队以消防站水域救援专业组为核心组建了抗洪抢险突击队。强化队伍后备力量，新聘专职消防员26人，实行“上一休一”执勤模式，创新推行等级考核，形成激励淘汰机制，先后有7名专职消防员通过国家综合性消防救援队伍招录，1人参加2019年消防岗位公务员招录笔试考试，多点开花，以点带面，整体提升队伍战斗力。

2月6日，市、区领导到揭东区消防救援大队看望慰问春节执勤战备的指战员并合影留念 （林钦培 摄）

【思想政治】 2019年，大队集中开展“不忘初心，牢记使命”主题教育，“学训词、铸忠魂、创新业、立新功”主题教育及扎实推进

“我为广东消防走前列作贡献”主题实践活动等，落实教育学习共计358课时，切实铸牢指战员思想基础。同时，秉承“请进来、走出去”教育理念，整合社会教育资源，聘请磐东医院心理专家、揭东区交警大队资深警官等一批优秀的课外辅导员到队授课，组织指战员参观500强企业巨轮智能装备股份有限公司、揭阳反腐倡廉警示教育基地、“中国核潜艇之父”黄旭华院士故居、玉湖汾水抗战纪念馆等，并与香港消防处职工总会参观团交流学习，共同学习，共同进步。

【执勤备战】 2019年，大队立足消防改革转制工作实际，着眼于应急救援国家队、主力军职能定位，全力推进队伍建设迈向“全灾种、大应急”，进一步强化指战员体、技能和专业化训练。充分发挥大队“中枢纽”效能，致力辖区多种形式消防队伍100%覆盖格局，着力提升偏远乡镇4支政府专职队建设，全区建设村居微型消防站109个，消防安全重点单位、高层住宅、医疗机构、中小学校等企业单位微型消防站132个。提请区政府完善应急联动响应机制，由区政府常务副区长挂帅，建立“区政府总值班室应急联络微信群”，并融合互联网、物联网、大数据等现代信息技术的应用，打造电子作战指挥平台，实现与多部门、镇街协同配合、处置高效、信息共享。2019年，大队共接处警139起，出动车辆 508 辆，出动警力 2422 人，抢救被困人员 20 人，疏散被困人员 42 人，抢救财产价值 5750万元,成功处置“1·30”揭东开发区光丰不锈钢厂火灾、“9·20”锡场镇华清村一纸厂火灾等急难任务，队伍应急救援成功处置率100%。

【后勤保障】 2019年，区消防大队按照《城市消防站建设标准》，争取资金1500万元购置一辆62米直臂云梯消防车，区委常委会议和区政府常务会议审议通过。落实消防装备维护保养，年内大队消防车全部落实车辆年检及日常维护保养，并投入经费购置车辆保险，配合总队、支队落实车辆巡检各1次，完成车辆号牌更换及ETC安装。协调地方“货拉拉”运输公司签订保障协议，并提请支队采购一辆大型货车，解决远程供水车组水带护桥、其他应急救援物资快速投放运送问题。与肯德基、麦当劳、新美乐超市、百事可乐公司等单位签订应急食品保障协议，提高应急物资保障供应能力。落实精品队站建设要求，改善指战员生活、工作环境，投入170多万元用于大队办公室、党委会议室、视频会议室及营区绿化、篮球场等改造。不断完善医疗保障机制，落实全体指战员体检制度，并建立指战员个人健康档案。

【火灾防控】 2019年，区消防大队发挥政府参谋助手作用，以消防法修订为契机，提请区政府印发《揭阳市揭东区消防安全委员会工作制度》和《揭阳市揭东区消防安全委员会成员单位工作职责》2个文件制度，保障职能、职责的过渡与落实。2019年，新增市政消火栓53个，投入经费250多万元建设防灾减灾体验馆。提请区政府部署开展各项专项行动，开展以“防风险、保平安、迎大庆”消防安全执法专项行动为主抓手，强化风险研判和评估，融合高层建筑消防安全检查、消防安全家园建设等专项行动，对照总队指令要求挂表推进。市政府挂牌督办揭东区新亨镇英花工业区火灾隐患高风险区域完成市级验收，工作成效明显，经验成果在全市推广。2019年，全区共发生火灾64起，零伤亡，直接经济损失131.23万元，火灾形势总体平稳。同时，拓宽渠道深化消防宣传培训，持续推动消防宣传“七进”“四类群体”消防安全宣传教育培训，定期开放消防站，精心设计大队站房围墙百米消防宣传长廊，印制一批《消防安全“四加一”措施宣传挂图》及《防火常识小卡片》，订制消防宣传用品近20余种，并充分运用广播、电视、报纸、微博微信、抖音、消防宣传车，加大宣传密度。

（林钦培）

人民防空

【工程建设】 2019年，全区人民防空工程建报新增5宗，防空面积和在建人防工程一批，验收人防工程2个，15个防护单元。

【工程管理】 2019年，对全区5宗在建人防工程质量进行规范化管理，强化现场监督，对地基验槽、桩基工程、底板隐蔽工程、墙板隐蔽工程、顶板隐蔽工程，主体结构，人防设备安装工程现场点验及总验收。从根本上保证人防工程质量。另对已建成的人防工程，加强管理与检查，管理检查主要是：人防工程结构，防护功能，防护设备是否正常，人防工程内是否堆放易爆易燃物品或倾倒污水等，确保每个人防工程保持战备状态。

【警报维护】 揭东城区防空警报网络一共设置27个警报点，早期安装防空警报逐渐老化，部分警报信号接收质量变差，为确保防空警报试鸣日正常鸣放，组织技防人员，每月进行轮回检测，投入技术改造与维修。

【准军事化】 2019年，为进一步强化人防准军事化，与市人防办一起，组建市、区人防七支专业队伍，即抢修抢险专业队、防化防疫专业队、消防救护专业队、医疗救护专业队、通信专业队、交通运输专业队、治安专业队，并依据人防专业队伍训练大纲组训，特别是组织人防指挥体系训练推演，迎接省、市国动委的检查检阅。

（江创奇）

中国梦 （江杜勇 摄）

扫一扫上面的二维码图案，加我微信

【茶·墨 古树 文艺坊】 坊主原创设计理念，以大自然最纯朴的视角，构建一个自由休闲青年文艺社区。这里不单可以品茶，还聚集着一群懂音乐、懂艺术、懂生活、有品味的亲们！在这里你可以遇到一群志同道合、对生活充满激情和梦想的人。

个人格言：“生活，就是追求美好的理想”。坊的设计就像一个人的内心世界，她是安放心灵的地方。来吧！朋友，我有茶你有故事。（小雨点）

地址：国道206曲溪港美路段
电话：18520058540

JINGJI

经 济

揭東年鑒

经 济

■责任编辑：杨锐标 林漫娜

农 业

【概况】 根据《揭阳市揭东区机构改革实施方案》文件精神，将原揭东区农业和林业局（区委农村工作办公室）的农业、区水务局等部门的职责整合，组建揭阳市揭东区农业农村局，加挂揭阳市揭东区水利局、揭东区扶贫开发办公室牌子。区委农村工作办公室设在揭东区农业农村局。揭阳市揭东区农业农村局于2019年3月21日挂牌成立。2019年，全区农业农村工作在区委、区政府的领导下，全面贯彻中共十九大精神，以习近平新时代中国特色社会主义思想为指导，深入贯彻习近平总书记重要讲话精神，统筹谋划、明确重点、突破重点，加快重点项目建设，全面推进实施乡村振兴战略，以推进农村人居环境整治为着力点，以实现农业高质量发展为主线，以增加农民收入为核心，以壮大村级集体经济为突破口，以深化农村综合改革为根本动力，农业农村工作取得新成效。全区完成农林牧渔业总产值37.17亿元，同比增5.20%。农业发展基本保持稳定，保障主要农产品有效供给，没有发生重大动植物疫情和农产品质量安全事故。

【稳定和发展粮食生产】 2019年，全区粮食作物播种面积1.42万公顷，总产10.50万吨，粮食播种面积和粮食总产与上年持平，其中，水稻播种面积8267公顷，总产量6.34万吨，圆满完成粮食考评任务。

玉湖特产东寮芋

（周树明 摄）

落实农作物病虫害防控 坚持深入生产第一线调查，掌握第一手材料，并根据病虫发生情况，及时、准确地发出预测预报，指导各镇农业部门及农民做好农作物病虫综合防控、绿色防控、统防统治工作。2019年，共发出病虫测报11期，病虫防治意见等资料9期，开办农科技术培训班4期，培训农技术员350人次，接受农民咨询650人次，印发水稻规范化高产栽培技术、塑料软盘育苗抛秧技术、测土配方施肥技术、水稻“三控”栽培技术、病虫害综合防治技术等资料5000多份，把病虫为害损失控制在最低限度，确保全区农业生产稳步发展。

落实和完善粮食扶持政策 提高农民种粮积极性，做好支农惠农资金的申报和管理，2019年，共完成耕地地力保护补贴面积7200公顷，补贴资金908万元。落实政策性水稻种植保险，全区水稻种植投保共5954.34亩，保费190538.88元，降低种植户种粮损失风险。

【畜牧业生产】 2019年，受非洲猪瘟等重大动物疫病和畜禽养殖污染整治影响，养殖生产者信心受到双重打击，畜牧业生产总体呈严重下降趋势，2019年，生猪出栏5.60万头，家禽出栏142万只，牛羊出栏0.24万头，肉类总产量8102吨,年末生猪存栏1.3万头。

抓好非洲猪瘟及禽流感等重大动物疫病防控　制订《揭东区非洲猪瘟等重大动物疫病防控工作预案》，全力以赴做好非洲猪瘟、禽流感等重大动物疫病防控工作。落实好重大动物疫病有效防控措施，统筹抓好非洲猪瘟、高致病性禽流感等重大动物疫病防控。一是加强养殖综合防控，全面加强各类场所的日常消毒灭原，开展餐厨剩余物监管专项行动。二是加强监测排查，持续开展对生猪养殖、交易、屠宰、无害化处理等重点场所轮动排查。三是强化生物安全防护，开展集中消毒大行动，切实做好养殖场、屠宰场、活畜禽交易场所和运输车辆的全面消毒来源工作。四是强化监管和无害化处理，发动基层特别是村（社区）一级，加强巡查和监管，依法依规处理违法行为；落实区域性病死畜禽无害化处理场（点）建设，及时处置病死畜禽。五是做好突发疫情应急处置准备，确保一旦出现疫情，能按照“早、快、严、小”的原则，迅速规范处置，确保疫情不扩散蔓延。

促生产保供给　根据揭阳揭东区人民政府办公室《关于印发揭东区畜禽养殖禁养区划定调整工作方案的通知》要求，科学规划生猪养殖用地，要按照自然资源部、农业农村部关于设施农业用地管理的有关要求，将生猪产业用地纳入国土空间规划，合理安排用地规模。印发《感染非洲猪瘟养殖场恢复生产技术指南》等资料，加强非洲猪瘟等动物疫病防控的技术指导，提高养殖者防控疫病的能力水平，引导养殖者及时补栏增养，提振养殖者恢复生猪生产信心，恢复生产。同时，加大资金扶持力度。一是加大非洲猪瘟等动物疫病防控经费投入，统筹利用好中央、省和市下达的涉农统筹资金，在完成约束性指标后，购置消毒药、强制免疫疫苗等支持养殖。二是落实生猪保险政策，把能繁母猪、生猪、仔猪纳入政策性保险范围，对符合条件的养殖场及时足额理赔。

做好养殖废弃物资源化利用的指导和服务　加强畜禽养殖备案和养殖废弃物综合利用登记，指导养殖户落实干清粪、完善沼气池、化粪池、雨污分流等资源化利用设施配套，产生的废弃物利用农牧结合方式，因地制宜有周边农作、果园、林地种植就地消纳。

加强屠宰管理　一是统筹规划屠宰厂（场），推进屠宰厂（场）点整合撤并。根据《揭阳市人民政府关于深化屠宰行业改革完善屠宰管理体制机制的工作意见》和2019年12月省、市生猪屠宰场保障肉品质量安全工作视频会精神，加强统筹协调，积极引导乡镇小型屠宰点整合、重组撤并，坚决淘汰一批“小散乱差”屠宰点。全区保留“一镇一屠”。二是扎实推进“两项制度”（派驻驻场官方兽医制度和屠宰企业非洲猪瘟自检制度）工作落实。按照农业农村部第119号公告《农业农村部关于加强屠宰环节非洲猪瘟检测工作的通知》，向全区8家生猪屠宰厂派驻官方兽医，严格按照法律法规和新修订的《生猪产地检疫规程》《生猪屠宰检疫规程》，开展检疫工作，实现动物检疫可追溯管理，保障肉品的供给质量。

埔田镇竹笋加工生产车间一角　（林玉珊　供稿）

【竹笋省级现代农业产业园】　揭东区竹笋产业园位于揭东区中部，涵盖埔田、锡场、云路、新亨4个镇，园区总面积2.878万公顷，园内工农业总产值245.21亿元，其中，农业总产值19.95亿元。2019年3月，竹笋产业园成功入选2019年全省首批25个省级现代农业产业园，获省财政5000万元专项资金支持，6月，园区正式启动建设。

揭东区抓住国家、省推进现代农业产业园创建的有利契机，依托特色生态资源，把建设竹笋产业园作为实施乡村振兴战略、加快农业现代化发展的重要抓手，严格按照省、市有关要求，推进园区各项建设任务。产业园的5G数字农业在“第十届广东现代农业博览会暨2019粤港澳大湾区国际农产品采购商峰会”上演示汇报，得到省委常委叶贞琴和各级领导们的肯定和点赞。

园区规划 按照现代农业产业园打造“生产+加工+科技”全产业链的要求，揭东区明确构筑现代农业产业园大基地、大品牌、大产业的思路，编制揭东区竹笋现代农业产业园建设规划（2018—2020年），统筹布局竹笋产业的生产、加工、收储、物流、销售、旅游和电商等功能板块，推动一、二、三产业融合发展，致力打造国内领先的现代农业产业园。为确保建设规划顺利实施，揭东区坚持“政府推动、企业主体、市场运作、效益优先”的运营理念，成立以区长任组长的建设工作领导小组，负责竹笋产业园建设规划实施的组织、领导、协调和统筹工作。

园区建设 揭东区立足区域资源环境与产业优势，以规模化、标准化竹笋种植基地建设为依托，推进竹笋品牌创建与营销体系建设，并将生产、加工、流通和营销等环节紧密联系起来，形成以政府主导、龙头企业牵头的现代农业产业集群。以揭阳市育秀实业有限公司、揭阳市裕中食品有限公司、广东裕洲食品有限公司、广东新路仕农业科技发展有限公司等8家龙头企业为实施主体，落实竹笋加工能力提升、笋壳废弃物资源化利用等项目建设。

园区配套 为加强园区建设管理，配套建设园区办公场所，实施“亮牌行动”，在环山路路口设置了大型户外广告牌，设置了园区核心区展示牌，着力提升园区的知名度和影响力。同时，其他公共项目如园区的中心轴道路提升、污水处理厂及污水收集管网也同步建设和实施。

园区管理 为推动产业园相关建设项目有序开展，揭东区制订项目实施管理办法和财政资金使用方案，为项目的顺利实施和专项财政资金的安全、规范、高效使用提供有力的制度管理保障。多次召开竹笋产业园区实施主体企业座谈会，贯彻落实上级对省级财政资金的有关文件管理精神，并与各实施主体签订项目实施承诺函，明确各实施主体的建设任务和要求。同时，启动建设智慧农业项目，为园区农业生产提供精准种植、可视化管理、智能化管理。

质量兴园 发挥“埔田竹笋”国家地理标志商标效应，打造竹产业全产业链发展的特色园区。培育一批“三品一标”“乡字号”等产业品牌，瞄准市场需求，对竹笋的绿色化、优质化、特色化、品牌化进行深度打造，把园区建成质量安全的“放心园”“品牌园”。着眼做优乡村产业、服务乡村建设、带动农户增收，坚持融合强园、创新活园、绿色兴园，加快推进现代农业产业园建设，把竹笋产业园建设成为乡村振兴的样板区。

构建“1+3+N”智慧农业平台 为全力打造数字农业产业园区和数字化生产服务经营体系，推动竹笋省级现代农业产业园建设提质增效。投资300万元，建设“1个中心+3个平台+N个应用”的智能化精准化数据化公共服务平台。

一是建立一个中心。即建立智慧农业数据资源中心，负责采集、分析本地、国内、国际农业方面的结构化和非结构化数据，推进大数据在精准生产、质量监管、态势感知、综合分析、预警预测、辅助决策等领域的智慧应用，实现数据统一标准、统一采集存储、统一分析利用，打造产业园“智慧农业大脑”。

二是建设三大平台。一是农业生产数字化平台。应用物联网技术，在产业园重要区域建设4个微型气象站、20套生产环境监测传感器、

7套视频监控直播设备，对生态环境、农作物长势、病虫害等实行全天候24小时监测，收集、比对、分析相关数据，通过短信、微信等方式及时发送给农户，实现对日常农事活动的智能化、精准管理。二是智慧农业资源管理平台。利用互联网的全球性，对国内外的竹笋等农产品的种植、加工、产量、销售等“产供销”数据进行采集和智能分析，为产业园区提供精准农业服务手段。三是农产品溯源平台。发挥“物联网+互联网+社交电商”销售的优势，及时将产业园区农产品、生态旅游项目等推广到网络上，打开线上线下多维空间、拓宽市场渠道、树立品牌形象，助力农业产业园打造全省竹笋产业发展引领区、竹笋产业融合发展示范区、竹笋现代技术与装备集成区、新型经营主体创业创新孵化区、农业高质量发展示范核心区、乡村振兴样板区。

三是开发N个应用。坚持实用性、模块化、集约化的原则推进管理应用系统的研发工作，统筹开发信息化生产管理、指挥中心可视化展示与管理、农产品溯源管理、物联网监控与数据管理、农产品长势分析、气象灾害预警、病虫害监测、农业电商小程序等系统模块，根据产业园建设发展和企业实际运营需要，可通过模块化扩展的方式，将更多有利于园区发展的应用引入，不断完善平台功能，持续发挥智慧农业平台助力企业生产、经营、内控，助推农户增产、增收的作用。

【一村一品】 组织实施2019年“一村一品、一镇一业”项目4个，分布在3个镇、4个村，分别是，埔田镇新岭村笋壳加工项目、埔田镇竹笋加工项目、新亨镇白石村种兔养殖项目、玉湖镇坪上村炒茶项目，争取省级及以上财政补助资金400万元（每个项目100万元），支持4个村发展农业特色产业，有力促进优势产业发展壮大，推进农业提质增效，特色产业产值提高30%，参与项目农民人均可支配收入同比未参与项目农民提高 10%以上，带动农户488户，扶持新型经营主体6个，新型经营主体对农业生产发展资金项目实施的满意度100%。项目实施带动了大批农户的参与，将有效提升参与农户的收入，助力实现乡村振兴。

【强农惠农】 落实和完善一系列扶持政策采取各种措施，按国家、省、市规定及时、足额发放粮食相关补贴，区财政不挤占、不截留，且按规定配套各项区级应承担的资金，落实扶持和发展粮食生产的一系列政策措施。做好支农惠农资金的申报和管理，真正把强农惠农政策落到实处。完成2019年耕地地力保护补贴面积7200公顷，补贴资金908万元；做好农业机械购置补贴工作，落实享受财政补贴农户3人/户，购置农机具4台套。这对提高农民种粮积极性，稳定全区粮食面积和产量，增加农民收入，确保粮食安全，起到一定作用。

做好“一事一议”财政奖补申报 2019年，申报村级公益事业建设“一事一议”筹资财政奖补共10个项目，总投资1265万元，其中：申请财政奖补资金349万元，村集体投入、社会捐赠916万元，项目建设涉及4个镇、10个村，受益人口43489人。所有项目建设均按照规定程序，足额筹资、严格奖补手续、强化工程质量管理和跟踪督查，保证建设项目的质量和进度。

【农业科技】 一是做好新型职业农民培育工作：为贯彻落实党中央，国务院和省委、省政府关于大力培育新型职业农民的部署，加快构建新型职业农民队伍，壮大新型农业生产经营主体，扎实推进乡村振兴战略实施工作。2019年，全区完成培育新型农业经营主体带头人和青年农场主共100人，提升新型职业农民整体水平，新型职业农民培育满意度达到90%以上，圆满完成上级分配的任务。二是做好农民科技培训：2019年，组织农业方面的专家开展科技下乡5场次，咨询活动5场次，接受咨询群众1800人次，送科技书资料、图片下乡达2000多份，有效推动农村科技普及、新技术推广工作向前发展，为揭东农村经济发展提供科技支撑。

（区农业农村局办公室）

渔业

【水产养殖】 揭东区通过优化水产养殖结构，大力推进标准化鱼塘建设和渔业示范园区建设，开展水产养殖污染治理，发展绿色环保可持续发展的淡水养殖模式，实现渔业经济发展态势良好。2019年，全区水产养殖面积739公顷；渔业总收入1.21亿元；水产品总产量1.01万吨，同比增长0.13%。

全面取缔污染较大的牛蛙养殖业，推进标准鱼池建设，指导甲鱼养殖户配套养殖尾水过滤、净化设施，达到养殖尾水达标排放。

落实渔业安全生产主体责任 明确各养殖户渔业安全生产的主体责任，签订渔业安全生产责任书和承诺书，做到层层落实，责任到人，取缔孔雀石绿、呋喃类、氯霉素等国家违禁药物，杜绝安全隐患。

开展水产养殖业的质量安全巡查 经常性组织开展水产养殖巡查，重点检查各养殖户的生产记录、养殖投入品、违禁药等，确保渔产品质量安全。

开展水产养殖污染整治 甲鱼养殖排水次数较少、排水量小，甲鱼养殖年终换水排入河流会造成一定的污染。因此，区积极推进渔业（甲鱼）标准化园区建设，指导、鼓励养殖企业科学养殖，降低养殖密度。同时建设养殖污水处理设施，建设云路绿源甲鱼养殖合作社尾水处理示范场，配套建设过滤池、消毒池、净化池，确保养殖水循环利用达标排放，起到示范带动作用。

【水产品质量安全监管】 强化监管，构建和谐平安渔业加强巡查监督 指导科学用药和饲养，完善健全饲养投入品台账。做好全区水产品监督抽样、例行监控抽检并配合省、市级监督抽样、例行监控抽检水产品，使人民群众吃上“放心鱼”，2019年，抽检水产品样品120个。重点加强对甲鱼等养殖生产源头管理，督促生产经营者建立完善养殖生产“三项记录（生产、用药、销售）制度，加强养殖投入品监管，规范养殖生产行为。清理无生产许可证、无产品批准文号、无质量安全合格证、无产品标准的“四无”兽药、饲料添加剂等水产投入品，保证投入品质量安全。

开展渔资打假工作 2019年，制订揭东区“渔资打假”下乡暨“质量兴渔万里行”水产品质量安全宣传周活动方案，广泛宣传水产品质量安全法规，严厉惩治假冒伪劣渔资，对不符合农业、环保、水务等产业政策的养殖场组织力量进行关停取缔，并加强检查，防止复养。

（区农业农村局办公室）

水利

【概况】 2019年3月，原揭阳市揭东区水务局根据《关于印发〈揭阳市揭东区机构改革实施方案〉的通知》文件精神，将原揭东区农业和林业局的农业、区水务局等部门的职责整合，组建揭阳市揭东区农业农村局，加挂揭阳市揭东区水利局牌子，不再保留揭阳市揭东区水务局。2019年，全区共投入水利建设资金10633.24万元。其中中央拨款175.42万元，省财政1244.82万元。累计完成土方0.63万立方米，石方0.02万立方米，混凝土0.35万立方米。

【项目建设和管理】 一是推进沿江路东段堤防改造综合工程建设。工程计划总投资60000万元，至2019年年底，累计完成投资9821万元，其中建安投资9651万元，其他投资170万元；完成总工程量约80%。二是抓好省级水利示范县3宗置换项目的建设。揭东区列入省级水利示范县建设项目的三宗排涝整治工程，其中，2宗项目已完成立项，正在进行初步设计工作；1宗正在进行立项。三是加快中小河流清理整治。揭阳市揭东区枫江玉滘段治理工程计划投资5005万元，2019年，完成0.80千米堤防加固试验段建设、2.50千米的堤身填筑、5.80千米的堤基清理及内河清淤长4.50千米，已完成投资约750万元。揭东区榕江北河（新西河及东寮排洪渠）治理工程计划投资2331.84万元，2019年，完成4.1千米的堤基清理、护岸长0.60千米，完成投资约730万元；枫江（玉滘截洪）治理工程和榕江北河（埔边截洪）治理工程项目初步设计已完成批复，正在按程序开展施工招标。四是抓好引韩供水工程揭东段建设。引韩供水工程北环大道段至10月底完成3224米管道安装，累计完成投资6240.39万元。

2019年，完成锡场镇东仓支流长800米及玉城河长650米及锡中支流长740米的河道清淤，完成清淤土方5200立方米；已完成玉湖镇赤坎支流长2270米及李底支流长3500米清淤，完成土方18790立方米。完善区、镇、村三级河长体系，进一步明确各级河长职责，共签订镇级河长责任书28份、村级河长责任书76份。除河长日常常态化巡河外，将每月10日定为河长固定巡河日。2019年，区级河长出动巡河人次27次，镇级河长出动巡河人次208次，村级河长出动巡河人次712次，共发现问题97宗，已全部整改完毕。实施水岸同治，重点加快枫江流域片区水岸同治工程建设，三年行动计划枫江段自开工以来累计完成投资17552万元。其中：示范溪建设完成清淤26.82千米、砌石篱28.7千米、岸坡植绿10.9千米。内河清淤建设完成清淤326.81千米、砌石篱69.7千米、岸坡植绿69.0千米。

【水资源管理】 一是严格取水许可和水资源论证工作。2019年，审核发放取水许可证36套，批准许可水量2.6814亿立方米，其中农业取水量0.65515亿立方米，生活取水量0.3204亿立方米，水力发电许可水量1.7055亿立方米。二是做好取水总量控制管理工作。实行用水总量控制与定额管理相结合的计划用水，促进节约用水，2019年全区取用水1.8819亿立方米，其中农田灌溉用水量1.0715亿立方米，林牧渔畜用水量0.1370亿立方米，工业用水量0.2795亿立方米，城镇公共用水量0.0597亿立方米，居民生活用水量0.3316亿立方米，生态与环境补水量0.0026亿立方米。三是开展县域节水型社会达标建设工作，7月，区人民政府办公室《关于印发2019年度揭东区节水型社会达标建设实施方案的通知》，全面推行节水型社会建设，形成全社会节水用水的良好风尚。四是抓好地下水管理工作。农村人畜饮水的小型手摇井，取水量619万立方米。全区用水总量、地下水取水量、工业用水量均不超过市下达指标。

翁内水库远眺 （周树明 摄）

【防汛抗旱】 2019年，天气比较异常，开汛偏早，台风生成也早，降雨量属正常年份，夏、秋高温天气漫长，防汛工作严峻。区水利局认真执行“安全第一、常备不懈、以防为主、全力抢险”的防汛工作方针，贯彻落实市委、市政府和区委、区政府防汛防风会议精神和各级领导的批示、指示要求，克服麻痹思想和侥幸心理，及早部署，全面落实各项安全度汛措施，切实做好防灾、抗灾工作，实现了人员零伤亡、水利零报险，把灾害带来的损失降到最低。

雨情 2019年，全区降雨量属正常年份，降雨时空分布比较均匀，据1月1日至11月11日统计，全区年平均降雨量为1761毫米，同比减少31毫米；比多年同期平均1760毫米持平；降雨最多的蛮头山水库为2005毫米；降雨最少的下径巷水库雨量点测得雨量为1459毫米；日降雨量最大为老虎陂水库173毫米（8月25日）。

水情和旱情　2019年1—5月，由于降雨量偏多，全区平均降雨量为707毫米；至5月31日，全区塘库总蓄水量为5285万立方米，占正常库容54%；6月以后，受几场暴雨影响，塘库蓄水量逐渐增加；进入9月下旬降雨量明显减少，江河、水库水位逐渐下降，至11月11日，全区塘库总蓄水量为6030万立方米，占正常库容61.50%，需切实做好今冬明春防旱抗旱工作。

风情和灾情　2019年，受9号台风“利奇马”、11号台风“白鹿”和几场暴雨的影响，特别是受11号台风“白鹿”的影响，全区各地普降大雨到暴雨，8月25日，最大雨量点为云路镇老虎陂水库173毫米，没有出现险情。2019年，共发布山洪灾害预警4次、预警短信3380条、预警涉及相关防汛责任人3260人。

在汛期间，通过预警平台向所在地有关防汛责任人发出防御信息，提醒立即采取防御措施,让灾区群众提前做好防灾抗灾的准备，有效地提高应对突发性山洪灾害的防范，最大限度减轻山洪灾害造成的损失。

（区“三防”办公室）

工业

【概况】　2019年，全区新增规上企业29家，累计288家。其中实现工业技改投资36.20亿元，揭东区规模以上工业规模日益壮大、提质发展，已有一批高端制造、绿色环保、科技创新型企业成为工业经济重要支柱。围绕打造产业转型升级示范区，以开发区为主战场，推进其他7个镇（街道）和中德金属生态城的企业继续开展新一轮技术改造，落实规模以上实施技改工业企业75家，强力推进巨轮、越群等企业加大增资扩产建设。越群公司被省评选为2019年广东省民营企业（中小企业）创新产业化示范基地，热金宝、海兴、吉青等公司申报复核广东省民营企业（中小企业）创新产业化示范基地已通过复核，巨轮申报复核广东省中小企业公共技术服务示范平台已通过复核，骏东、华龙2家公司被省遴选为高成长性中小企业。加快蒙泰、越群上市步伐，蒙泰于6月在国家证监会备案，越群也准备争取在省证监会备案，加快企业上市步伐；筛选全区30家“梁柱”企业由区领导干部挂钩结对帮扶，落实“一企一策”帮扶措施，建立区领导挂钩联系制度，实行“一企一策”结对帮扶，为企业解决困难和问题。

中德金属生态城夜景　（杨子斌　摄）

【外贸出口】　围绕做大出口这个目标，着力拓宽市场、抢订单、培载体，推动外贸出口不断增长。一是开拓国际市场。引导企业积极参加中国（广州）进出口商品交易会及国际各类展览会，2019年，有30多家企业参加广州春交会展览，产品有五金、不锈钢制品、鞋、玩具、电子消费品、装饰材料等），通过展会与参展客商有效对接，利用展会抢抓订单、占领市场。二是小微出口企业和中型出口企业出口信用保险采取统保方式资助。为进一步鼓励和扶持小微出口企业和中型出口贸易企业做强做大出口业务，推动企业开拓国际市场，优化出口结构，提高企业国际竞争力。对2018年出口300万美元以下的小微企业和出口1000至

5000万美元的中型出口企业出口信用保险采取统保资助。三是培植出口主体的力度。着力培育条件成熟的生产企业申办自营进出口经营，壮大外贸出口主体，2019年，新增自营进出口企业30家。四是提高企业抗风险能力。为帮助企业更好地应对海外贸易风险的影响，提高风险防范能力，该局组织区内30多家外贸企业参加揭阳市“海外贸易与投资风险论坛”学习，使外贸企业对海外贸易与投资风险有更深的认识。2019年，完成外贸出口总额59.96亿元。

【利用外资】 加强对在建外资项目跟踪服务，力促外资项目及时足额投资，在建项目有欧晟燃料、易安物流、丰登物流3个外资在建项目。2019年，完成实际利用外资900万美元。

【民营企业及民营经济】 贯彻落实扶持民营经济发展若干政策措施，把发展民营经济放在重要的战略地位，各类民营企业蓬勃发展，成为全区经济社会发展的重要力量，推动经济增长民营企业发展后劲充足，前途广阔；认真贯彻落实国家、省、市有关扶持工业经济和中小企业发展的政策措施，因地制宜出台一系列扶持工业经济发展的优惠政策，大力扶持民营企业发展，为民营经济发展创造良好条件，民营经济量、快速实现“双提升”，成为全区经济发展的主要支撑，同时民营企业创新能力持续增强，成为创新驱动的中坚力量。

【商业及贸易】 组织新美乐公司参加2019广东省促消费（夏季）暨“家520”购物节活动；组团德威高科技、欧晟绿色燃料、德森环保、名乐光学参加2019广东21世纪海上丝绸之路国际博览会。多举并措助力中小微企业开拓国内外市场。组织巨轮、蒙泰、中穗、越群等公司到华南理工大学参加校园现场招聘会，解决用工难问题；组织30家企业参加2019年揭阳市中小企业卓越绩效模式提升暨运行监测培训活动，提升企业管理人员的各种能力；组织32家企业参加揭阳市2019年中小微企业服务推广日活动暨“用征信、助融资、促发展”政策宣讲与金融服务实体经济对接会，解决部分企业融资难等若干问题；组织全区35家企业参加第十六届中国国际中小企业博览会，让企业走出去。

能源工业

【概况】 揭东供电局成立于1989年8月14日，是广东电网有限责任公司属下的县级子公司，负责揭东区全区和空港区、揭阳产业转移园部分区域（即原揭东县）的电力生产、建设、运营和客户服务工作，供电面积850平方公里，管辖15个供电所（7个在揭东、3个在空港、5个在产业园）。供电区域包括13个镇、1个街道和揭东经济开发区，供电总人口约127.20万人；

2019年4月，揭东供电局获“广东省五一劳动奖状”

（李尧 摄）

2019年，供电用户541324户，其中，大工业用户551户，非普工业用户25428户，商业用户13438户，居民用户501460户，农业、排灌用户447户。辖区内500千伏变电站1座，主变2台、容量1500兆伏安，500千伏出线4回；220千伏变电站3座，主变8台、容量1380兆伏安，220千伏出线19回；110千伏变电站16座，主变30台，主变容量1387.5兆伏安。10千伏线路268回，其中公用线路214回，共2756.07千米，其中，10千伏电缆599.23千米。公变台区

2242个，容量823.90兆伏安；专变台区3103个，容量2078.16兆伏安。公用配电线路实现联络线路151回，可转供电率为70.56%。

【电力供应】 2019年，最高负荷540.49兆瓦。揭东供电局密切关注地方经济发展趋向，做好各行业用电分析预测，确保电力可靠供应，2019年，揭东供电局供电区域全社会用电量较2018年略有增长，完成售电量35.85亿千瓦时，同比增长1.10%；其中，工业电量（含趸售）25.23亿千瓦时，占70.38%，同比下降1.87%。累计对揭东区售电量18.74亿千瓦时，同比增长4.39%；其中，工业电量13.16亿千瓦时，同比增长1.66%。揭东供电局大力优化营商环境，推进办电流程、资料“双精简”，2019年，中压业扩报装平均用时为37.9天，低压业扩（非居民）报装平均用时为2.2天，“获得电力”指数持续提升。严格落实《业扩工程投资界面延伸执行标准》各项要求，重点做好工业园区、经济开发区等区域的延伸工作，切实减少客户接电成本。落实国家电费降价政策，2019年，揭东供电局减轻企业电费1625.15万元，有力支持实体经济发展。加快供电服务向“互联网+”模式转变，实现22项办电业务“一次都不跑”，2019年互联网用电业务办理比例96.63%，客户服务方式更加多样化。揭东供电局连续三年在广东省公共服务满意度调查中位居揭东区第一名。

揭东供电局千方百计提高电网供电可靠性，合理安排综合停电管理、网架规划、日常设备运维管控等工作，2019年，整改用户数超万户的10千伏线路3回，全口径中压线路故障率、重复故障次数同比分别下降38.02%和22.69%，全年客户平均停电时间10.649小时/户，同比下降11.56%；全年通过站外10千伏线路串供10千伏母线4次，累计转供电285次，减少低压停电时间约3.65小时，配网临时停电率同比下降3.56%。扎实开展应急、保供电工作，成功应对夏季高温、汛期、11号台风“白鹿”等极端天气，2019年，开展保供电46次，圆满完成中华人民共和国成立70周年纪念活动、全国“两会”及高中考等保供电任务。

2019年，解决私人承包管电历史遗留问题，揭东供电局抓住巡察整改的有利契机，配合区委、区政府开展私人承包管电问题整改工作。按照《揭东区私人承包管电区域接管工作方案》要求，在市委、市政府和区委、区政府的领导下，揭东供电局全力争取各方支持，克服各种困难和矛盾，累计接管台区145个，专变用户51户，低压用户52354户。截至2019年12月20日，揭东区私人承包管电区域2个片区、27个村全部实现由揭东供电局所属供电所抄表到户，延续了20年的私人承包管电历史遗留问题得到彻底解决，当地居民用电质量显著提升。

【安全生产】 揭东供电局高度重视安全生产，始终将安全生产作为一切工作的前提和基础，深入落实党中央国务院《关于推进安全生产领域改革发展的意见》，不断强化安全生产责任体系、管理体系和监督体系建设，扎实提升安全能力、资源保障能力、队伍执行能力，为揭东电网高质量发展打造坚实的安全基础。2019年揭东供电局签订安全责任书793份，明确各岗位安全生产职责和到位标准，进一步完善安全责任体系。开展督查1337（宗）次，发现违章问题35起，全部完成整改；消除城乡供用电安全、社会人员触电安全等各类隐患405项。2019年，未发生有责任的人身触电事故事件，电网连续安全稳定运行2922天。

完成236回10千伏线路、1.37万台资产级设备的数据校核整改，确保配网图物一致。深化智能技术与业务融合，应用智慧安监系统，强化现场安全监督，配套30套移动终端用于视频监控、人员资质识别。应用智能技术替代人工作业，推进无人机常态化巡视，2019年，揭东供电局共有持证机师9人，配置无人机11台，组织无人机巡视作业27次，出动无人机66架次，无人机机巡290.573千米，发现隐患及缺陷数量389处，有效提升配网巡视工作效率，降低作业人身风险。强化警企联动，2019年，揭东供电局与揭东区公安机关合作成立电网警务室，探索警企合作新模式，持续惩治窃电及破坏电力设施行为，全年未发生电力设施被盗案件，有力震慑涉电违法犯罪，保障电网安全稳定运行。

【电网规划与建设】 2019年，滚动修编揭东配网规划入库项目992项，投资金额约8.04亿元，中压网架完善项目109个；完成三批次项目科研252个，及时启动“十四五”智能电网规划。2019年，完成配网基建投资1.94亿元，新建、改造10千伏线路64千米，低压线路258千米，新建、更换变压器193台，容量8.13万千伏安，进一步补齐配网短板。持续推进农网改造升级工程，投入农网改造升级资金1.3亿元，建成农网项目258项，重点解决配网供电半径过长、线路重载、频繁停电和低电压等问题，2019年农网供电可靠率99.869%，综合电压合格率99.991%，户均配变容量2.22千伏安，三大关键指标均达到国家要求，助力打赢精准脱贫攻坚战。推动配网自动化改造，配网自动化覆盖率达93%，馈线自动化覆盖率达71%。严格落实揭东曲溪、新亨共27个村、2个片区接管设备的运维管控措施，对90个重过载台区、113个低电压台区、134个残旧隐患台区进行升级改造，在2020年春节期间揭东电网供电辖区内未发生配变烧损事件。扎实提升配网工程精益化水平，10千伏老龙线配变台架项目获评广东电网公司样板工程，“新型变压器接线柱连接器”被评为广东电网公司基建优秀QC小组成果三等奖。

2019年，配合市政部门完成127基杆塔、63.20千米10千伏及以下线路的迁改及整治工作，全力服务公路、道路、桥梁等重点市政基础设施项目建设。落实供电辖区主网工程属地化管理，配合揭阳供电局做好500千伏岐山、220千伏沟美、220千伏映月、220千伏瑞联和110千伏古塘、110千伏莲花、110千伏大青等输变电工程的协调工作，500千伏岐山变电站在2019年1月全面带电运行，极大优化了揭东乃至揭阳和粤东地区的主网架构，为揭东区经济社会发展提供强劲的电力支撑。

12月9日，揭东电网警务室揭牌　（林苑　摄）

【节能降耗】 揭东供电局贯彻落实《中共中央 国务院关于全面加强生态环境保护坚决打好污染防治攻坚战的意见》和中央地方政府有关生态环境保护的工作部署，推动生态文明建设和电网绿色低碳发展，全力抓好节能降耗各项工作。2019年，通过配网工程更换残旧低压线路超过124千米，着重解决因供电半径不合理、设备老旧、设备重过载等因素造成的线损率偏高问题，节约电量1033万千瓦时。配网工程严格执行标准化设计，减少高耗能材料的使用，增加节能型材料的应用率，建设环境友好型工程。有序推进充电基础设施建设，截至2019年年底，揭东供电局完成29台直流充电桩、29台交流充电桩建设，有充电桩总功率1943千瓦；配合上级开展充电设施关键技术、充换电价政策、商业模式研究，确保电动汽车充电基础设施规模适度超前。积极响应国家绿色能源号召，加强清洁能源配套送出工程建设，配合揭阳供电局重点推进辖区内110千伏揭阳市绿源垃圾综合处理与资源利用厂项目接入系统工程建设，该工程2019年3月10日建成投产，为揭阳市环境污染治理和垃圾焚烧处理注入新动力；2019年，负责建设的110千伏官硕站10千伏四合一线新建工程，接入揭阳市区垃圾处理填埋气发电及配套余热利用发电项目、

供电局工人正在检修线路 （林苑 摄）

揭阳市中德金属生态城生物质热电联产项目，及时解决新能源并网存在的问题，进一步保障新能源发电消纳。主动跟进分布式光伏发电项目建设，至2019年年底，并网光伏项目171个，装机容量10.84兆瓦；光伏扶贫项目106个，装机容量8212.66千瓦。2019年，光伏项目发电量359.73万千瓦时，上网电量305.25万千瓦时，光伏扶贫项目绿色通道全面开通，力促能源清洁发展。

（李尧）

商品流通

【国有商业】 揭东区商业总公司是一家国有企业。政府赋予的主要职能是归口生猪屠宰和肉品供应管理。总公司设经理1名，副经理3名。分设4个股室：人事股、财统股、业务股、秘书股。总公司下设7个镇级企业。

区商总办公楼外貌 （吴东阳 摄）

2019年，全系统商品总购进实绩9740万元，商品总销售实绩10810万元，代征代收各种税费8.50万元。生猪管理领导小组出动4710人次，协助处理案件39宗，有效遏制私屠滥宰的不法行为，保障市场肉品的供给质量安全，确保全区人民群众吃上“放心肉”。

规划建设的中心城区（曲溪）畜禽定点屠宰场位于揭东开发区新型工业园区云棋路西侧、新区污水厂北侧，占地约10亩，计划投资800万元，设计生猪屠宰量18万头。计划分二期建设，第一期主要建设屠宰场配套冷链、仓储，第二期建设屠宰场综合设施。该项目已经区政府常务会议讨论通过，批准启动建设。现已完成“三通一平”等前期工作，其中，约0.45公顷土地已经签订国有建设用地使用权出让合同，项目进入立项、报建阶段。

（吴东阳）

【供销商业】 揭东区供销社贯彻落实区委、区政府工作部署，主要职能是为“三农”服务，促进城乡农村合作经济发展。2019年，全区供销工作取得长足发展，工作情况和经济指标状况整体良好。全系统商品总购进9942.38万元，商品总销售10008.78万元。深入贯彻省印发的《供销合作社新型乡村助农服务示范体系建设实施方案》和市印发的《供销合作社新型乡村助农服务示范体系建设实施方案》文件精神，揭东区供销合作联社全面推进供销合作社助农服务示范体系建设。切实推进助农服务平台建设，县域助农服务综合平台建设计划，贯彻落实供销合作社新型乡村助农服务示范体系建设实施方案，严格按照上级要求，高起点，高标准，建设成为区供销社助农综合平台主体，进一步扩建服务平台基础设施建设和扩展服务功能。

一是区助农服务综合平台以区农业生产资料公司农资码头、配送中心、仓储设施，占地0.69公顷，仓库3600平方米，新建设助农服务综合平台办公室150平方米，投入资金6万元，优化仓库3600平方米、完成助农服务功能基础建设，新建助农办公室150平方米，5月，完成办公场地及其基础配套设施建设和助农服务综合平台挂牌工作。二是全区供销社系统改造建成助农服务中心5个（即新亨、云路、锡场、曲溪、玉湖镇），按要求已完成标准70%，规划在建2个，投入资金14万元，7月，完成7个助农服务中心挂牌工作。形成全区供销社新型助农服务体系框架，服务功能不断健全，扎实推进村镇助农综合服务中心建设。三是区供销社安全生产工作，贯彻落实区委、区政府安全生产工作文件精，开展安全生产教育培训，签订安全生产责任书13份，安全生产大检查大整治，同时开展伪劣产品，农资化肥、农药“打非”行动，坚决杜绝非法经营、存储危险化学品和烟花爆竹，2019年，检查出动人员315人次，确保全区供销合作社系统安全稳定发展。四是领办合办各类农民专业合作社，服务城乡群众。组织属下基层社领办的农民专业合作社参加各类经济活动，扩大经营范围，提高经济效益，为创建和谐揭东供销、促进揭东供销经济发展做出应有贡献。

（黄俊元）

【区金叶发展公司】 区金叶发展公司为区直属国有独资企业，主要经营家用电器批发，零售；城市基础设施建设项目和重点项目投资；土地开发及管理；房地产开发经营。下属公司（独立法人）：金叶房地产开发公司，主营房地产开发；金叶物业管理有限公司，主营物业管理，清洁服务，园林绿化，家政服务。金叶旅游开发有限公司，主营旅游投资开发。

2019年，区金叶发展公司独资建设揭东区金叶建设大厦（金叶小区）项目启动，地址位于揭东大道以北、金叶路以西，由主楼1栋（十七层）以及裙楼等配套设施，总建筑面积35416.10平方米,计容面积26273.20平方米，总投资1.45亿元。2019年，已投资2250万元。

（何晓强）

公司建筑工地 （何晓强 摄）

【烟草专卖】 2019年，销售卷烟3.95万箱，卷烟销售收入12.57亿元，同比增长5.63%；平均单箱销售收入为3.62万元，同比增长4.24%，实现税利3.88亿元，同比增长4.58%；实现利润1.65亿元，同比增长10%。20支烟草全零售现代网络加快铺开，2019年，开业运营1家形象店，3家加盟店。截至2019年年底，全区拥有持证入网零售户2862户，全部客户实现网上订货，建成现代终端户数487户，占客户数17.02%。市场监管方面，2019年，全年捣毁卷烟制假窝点2个，查获涉案卷接烟机2套（4台），假烟111.124万支；查获走私烟案件49宗，走私烟154.477万支；区公安、烟草部门联合办理的“2018.4.13”违法生产、销售烟草专卖品案件，成功申报为打假打私特大案件，并在2019年12月获得国家烟草专卖局表彰。

（李旭伟 徐雄林）

旅游业

【概况】 2019年，揭东区文化、旅游、体育三局合并，新成立的文化广电旅游体育局以中共十九大精神和习近平新时代中国特色社会主义思想为指导，推动“文旅交融、体旅互动”，力促揭东文旅体事业打开新局面，为揭东紧凑高效“做强园区、融入城区、建美乡村”做出应有的贡献。全区有国家AAA级旅游景区1个，旅行社2家。

【旅游接待】 2019年，接待入境旅游者2008人次，国内游客528.50万人次，同比增长7.50%。其中，接待住宿旅游1427478人次，同比增长3.70%。旅游总收入20.40亿元，同比增长6.80%。

【旅游宣传促销】 一是2019年中国旅游日主题“文旅融合，美好生活”。5月19日，联络汕头市瑞群文化传播有限公司，策划组织潮汕三市作家、诗人、摄影家共100余人到宝山湖进行创作采风。二是通过网上互动，广大市民扫码关注多彩揭东公众号，了解揭东文化旅游信息，免费获得景区门票。三是组团参加8月30至9月1日省旅博会、11月9日揭阳楼文旅惠民系列活动、11月15—17日昆明旅交会。进一步推介揭东旅游文化资源和文化旅游产品，提高揭东文化旅游知名度。四是8月20日，组织10个产品参加首届“揭阳十佳旅游手信”。其中，玉湖山炒茶、“潮青优品”笋脯、高师傅橄榄酒、品海堂老香橼（咸）四个产品获首届“揭阳十佳旅游手信”称号。

云路宝山湖一景 （资料相片）

【旅游市场监督】 一是加强旅游市场的执法巡查监管。根据区委、区政府的安排部署，结合全区旅游市场的实际情况，明确旅游市场工作的主要任务、工作要求，强化措施，坚持标本兼治，积极推进源头治理。重点针对旅游市场容易出现的“顽疾”，如“不合理低价”、强迫消费、诱导购物、欺客宰客、“黑车”“黑导”、无证经营等问题，精准发力，切实清除，营造良好的旅游环境，维护社会和谐稳定；二是组织开展专项整治。结合全区旅游行业“扫黑除恶”专项斗争工作实际，制订专项整治实施方案，细化工作措施，分阶段、有目标地把专项整治行动的每一项工作任务落到实处。确保全区旅游市场总体安全、秩序规范发展。

【旅游安全管理】 区文广旅体局始终坚持“安全第一，预防为主”的工作指导方针，严格检查督查，落实责任，建立健全安全管理制度，切实抓好旅游行业安全生产工作。一是与旅游企业签订安全生产责任书和守法经营责任书，严格落实各项安全生产责任制度，做到一级抓一级，层层抓落实，使安全生产责任制真正落到实处；二是举行安全生产应急演练现场会，6月20日，在万竹园景区内举办揭东区广电旅游体育系统安全生产应急演练现场会，进一步提高对应急管理工作重要性认识，切实增强责任感和紧迫感，提高安全生产的大局意识；总结并及时完善预案，增强预案演练的实效性；进一步完善各项安全规章制度，建立健全应急救援预案，规范好应急演练程序，确保发生事故后做到灵活、快速反应、有力指挥和有效施救；三是开展节假日旅游安全大检查。在春节、“五一”、“十一”等重要节假日期间，对全区各景区景点、旅行社进行安全大检查，指导督促各旅游企业严格遵守各项安全规章制度，做好安全自查自纠，完善各项安全措施，确保游客生命财产安全。全年旅游行业无发生重特大安全事故。

【厕所革命】 根据上级文件任务分工，区文广旅体局负责全区景区景点、娱乐场所、开放的公共文化设施、文物保护单位旅游厕所建设管理工作，并做好督查划分评定、统计汇总、百度地图上线等。2019年，7座旅游厕所（揭东区宝山湖逃禅竹院厕所、揭东区宝山湖坝王厕所、揭东区宝山湖露营基地厕所、揭东区宝山湖牛肉店厕所、揭东区战鼓台厕所、揭东区图书馆厕所、揭东区文化馆厕所）建设任务都已完成。

【乡村旅游】 红色旅游 2019年，在揭东区委、区政府的领导下，区文广旅体局全力挖掘开发红色旅游资源，申报“红色休闲生态”省级旅游精品线路，打造建设黄旭华故居、汾水战役纪念公园、锡场潭王革命老村，开发完善潮揭丰边人民委员会旧址、大脊岭抗战纪念公园等红色旅游线路。5月，区文广旅体局向广东省文化和旅游厅推荐四个“广东省乡村旅游精品路线”项目。其中，“红色休闲生态”揭东一日游线路顺利通过验收，于8月19日列入“广东省乡村旅游精品路线”名单。7月26日，区文广旅体局向广东省文化和旅游厅推荐玉湖镇新寮村“首批广东省文化和旅游特色村”项目。该项目顺利通过验收，于9月18日被公布为“首批广东省文化和旅游特色村”。依托“红色休闲生态”揭东一日游线路，“首批广东省文化和旅游特色村”玉湖镇新寮村，潮揭丰边人民委员会旧址等有利条件，区文广旅体局更深入地发掘革命文化、革命故事，挖掘人物亮点，提升文化内涵软实力。以玉湖镇新寮村“黄旭华故居”为重点，积极发掘红色文化资源，通过将名人资源效应与实施乡村振兴战略等相结合，不断加强旅游基础设施硬件建设，全面推动揭东红色旅游持续协调发展，促进旅游产品资源更深层次发展，来带动周边旅游及农副产品的共同发展。

农业生态游 充分发挥玉湖山茶园、念恩山农业种植基地特色优势，将绿色生态和农业科技相结合，发展茶叶和竹笋种植、观光旅游、休闲娱乐为一体的新型旅游模式，打造农业生态旅游新景点：

一是玉湖山茶园旅游区，以有机茶叶种植为特色、结合传统手工加工的特点，融合休闲生态旅游，以农带旅，以旅带销的新形产业投资开发方式，形成独具一格的农业休闲生态旅游产品。

二是念恩山生态园旅游区，以竹笋种植、加工、销售，生态农业投资开发和旅游配套服务功能，利用揭东埔田的竹笋美食特色，融合埔田镇的“中国特色小镇”品牌效应，做大做强农村休闲旅游资源，将美食生态游打造成揭东地区最具特色的农业休闲生态旅游观光区。2019年还以埔田镇竹笋美食为基础，将埔田镇竹笋美食一条街申报特色餐饮街区。更好的体现揭东乡村休闲旅游特色。

（陈燕城）

美丽的念恩山旅游区 （陈泽龙 摄）

邮政

【概况】 中国邮政集团有限公司揭阳市揭东区分公司（简称“揭东邮政”），位于揭阳市揭东区曲溪街道水厂路口，设有职能管理部室5个（综合办公室、市场营销部、金融业务部、渠道平台部、集邮与文化传媒部）和寄递事业部，下设16个营业网点，分布于揭东区、揭阳产业园、空港经济区；职工人数162人，其中，劳务工23人；2019年，实现业务总收入6280.40万元，比增26.10%；2019年揭东邮政获“揭阳市邮政系统先进集体”及“揭阳市邮政先进基层工会”称号。

【业务经营】 揭东邮政经营范围包括邮政基础业务（函件，机要通信，包裹，汇兑，报刊发行，集邮，特快专递）；邮政增值业务（邮购，电子信函，直递邮件，电子商务）；邮政储蓄等，有24小时提供服务的ATM自助区、手机银行、网银等便民快捷服务渠道。2019年，揭东邮政共收寄快递527.84万件，投递量463.46万件。全年收订党报党刊1614份。截至2019年年底，邮政储蓄个人存款余额为22.88亿元，理财月日均规模为2.85亿元。

【设施建设】 揭东邮政有对外营业网点16个，其中金融邮务合一网点14个；纯邮务网点2个。投递站点共有15个，投递段道64条，服务里程2947千米，直接提供投递服务的行政村个数196个。代理金融网点共投放ATM存取款机30台、大堂式存取款机4台、超级柜员机（ITM）15台。

【服务宗旨】 2019年，秉承“人民邮政为人民”的服务宗旨，揭东邮政充分发挥覆盖城乡的网络优势，坚持服务“三农”战略定位，扎根农村、服务农业、贴近农民，不断提升邮政服务“三农”、推进普惠金融工作成效，做好城乡居保金融服务工作；推动农村电商邮乐网点的建设，帮助农村农民增产增收，推动埔田笋丝、石牌红番薯、玉湖坪上笔尖秋茶等农产品上线邮乐网销售，帮助工业品下乡、农产品返城，助力国家扶贫政策落地。在政府深化“放管服”改革的背景下，重点做好出入境、交管、公安户政、法院专递和税务专递等寄递服务，深化政企合作。揭东邮政不断提升服务效能，为企业及群众提供便利化服务，提升服务品质，坚持“人民邮政为人民”，持续提升服务质量和效率，不断满足人民群众的更好用邮需求。

（陈子璇）

电信

【概况】 2019年，中国电信股份有限公司揭东分公司（简称“揭东电信”）以“信息强政、信息兴业、信息惠民”为发展方向，以“智慧城市”建设为牵引，加快提升全行业、全社会的信息化水平，在支撑揭阳“融湾建带”、揭东“紧凑高效做强园区、融入城区、建美乡村”的新征程中做出更新、更大贡献。2019年，实现经营收入7500万元，移动用户规模达到9.10万户，宽带用户达到5万户，天翼高清用户达到4.9万户。

9月29日，揭东电信在城区举办“升国旗、温誓词、建新功”庆祝新中国成立70周年主题活动（王凯聪 摄）

【党建统领】 2019年，揭东电信全面加强企业党的领导和党的建设，深入开展“不忘初心、牢记使命”主题教育和“三基”建设，大力弘扬延安和长征精神，有力促进党建工作与生产经营深度融合，形成以高质量党建推动企业高质量发展的良好态势。一是在“初心”上下功夫，牢牢把握“守初心、担使命、找差距、抓落实”的主题教育总要求，以深化理论学习为基础，以抓实调查研究为载体，以深入检视问题为契机，以狠抓整改落实为驱动，切实把学习教育、调查研究、检视问题、整改落实融会贯通，打出“早、实、深、全”组合拳，推动主题教育稳步推进、有序落实。二是在“融入”上下功夫，落实“三会一课”，推进“两学一做”，开展定期“党性体检”；将营服中心党支部党员组织关系归属管理，按照“六个规范化”推进标准化支部建设；强化标杆思维，推广党员示范岗，所有党支部开展“党建翼联”，找准业务发展“结合点”，全面凝聚起干事创业、推动高质量发展的强大力量。

【网络建设】 2019年，揭东电信围绕“网络智能化、业务生态化、运营智慧化”的战略目标，加大投入，紧抓机遇，不断完善网络基础设施、提高网络质量、增强网络能力，打造“3个精品网络”实现网络技术领先、网络质量领先、网络能力领先，为智慧揭东奠定基础。一是持续加大光网投入，全面建成覆盖全区7个镇（乡、场、街）、121个村（居）的光纤网络，光缆18万芯公里，光纤端口超17万个，率先实现全光网城区，电信用户全光覆盖，城域网出口带宽超过260G，全面具备“1000M到企业、200M到家庭”的网络接入能力。二是加快800M无线4G网络的建设，打造连续覆盖的4G精品网，大幅提升农村区域的信号质量，实现全区4G移动网络的深度覆盖，移动网络的MR（测量报告）覆盖率93%，建成覆盖全区的高清语音VoLTE网络，使用质量感知良好。三是加快5G基础网络设施建设，2019年，揭东电信持续加大投资，提前为5G的商用做好基础网络准备，建成移动、室分基站达800多个，完成5G网络第一阶段建设的基础准备。

【市场运营】 *落实“提速提质”工作要求* 在不断完善网络基础设施、提高网络质量的同时，通过降低中小企业宽带平均资费、降低移动网络流量平均资费、规范套餐设置、推进携号转网、开展“双G双提”等举措，并举大幅降低用户通信资费，更好地满足了政府企业以及人民群众日益增长的互联网需求。2019年，揭东电信固定宽带用户户均带宽达到67M，较16年提升2.5倍；移动流量规模同比增长了近4.3倍，4G用户户均手机流量超3.4Gb；有线宽带平均带宽价格累计下降53%，移动流量价格下降60%，惠及群众超7.3万户和众多中小企业。

3月13日，揭东电信在锡场镇潭王村举办“乡村振兴——全面上光打造信息化乡村”活动（王凯聪 摄）

着力提升服务质量 揭东电信持续改进用户体验，让老百姓明明白白消费。通过开展套餐简化清理，加大力度推广阶梯计费、越用越便宜的畅享套餐；彻底清理难以理解、规则复杂的套餐，套餐总量已经下降超过50%。启动“装维服务提升专项行动”，深化服务联动机制，全力实现电信宽带安装、障碍报修“当日装、当日修、做不到快赔付”，同步开展“光纤宽带金牌服务社区”上门便民志愿服务，通过走进小区/社区开展业务咨询、设备检修、天翼高清4K调试、天翼智能组网、家庭云、智能提速等上门服务，以明确的服务承诺彰显电信服务品质，树立了高品质的品牌形象。

【社会责任】 *进一步发挥信息化服务能力* 以云计算、大数据和智能信息业务为引领，全面推动“数字政府”建设和“智慧城市”建设。重点项目建设方面，积极服务中德金属生态园、军埔电商村、教育强镇、教育创现、新农村创建工程等重点项目信息化建设，率先完成互联网基础能力建设，实现百兆光纤、4G、4K视频网络的全覆盖。同时，积极跟进地方政府管理信息化需求，协助建设“平安揭东”高清视频监控平台、“智慧云护理”智慧医疗、政法综治信息化、教育视频网、农村远教、天翼云办公等众多政务信息化项目，为各级政府和机关单位的高效运作做出应有的贡献。

严要求、高标准落实好网络信息安全 揭东电信圆满完成两会、抗击台风等重要工作的应急保障。同时，发挥网络安全技术优势，有效防范和应对网络病毒、网络攻击。认真落实实名制工作，清理疑似用户6700多户，关停2400多户。规范网络接入和强化监测拦截，有效防范信息诈骗，全面发送防诈提醒短信。同时积极配合公安部门开展惩治非法宽带工作，有力维护了信息通信的安全稳定。

（王凯聪）

移动通信

【概况】 2019年，中国移动通信集团广东有限公司揭阳揭东分公司（以下简称揭东移动）在区委、区政府的正确领导下，以助力揭东区信息化建设和经济社会可持续发展为己任，努力提升网络、市场、管理等生产运营能力，开展一系列工作，取得良好的经营业绩。2019年，揭东移动各项工作得到各级党政、省市公司和社会各界的高度认可，获得多项荣誉，其中较突出的有：获全国巾帼文明岗、揭阳市五四红旗团（总）支部、揭阳移动公司先进单位。1个班组获广东省模范职工小家等。

【推进基础网络设施建设】 揭东移动全面加强信息基础设施建设，提升网络服务质量。一是加大网络基础设施建设。提升传输网络基础服务能力，加强光纤传输网建设，累计建成管道440管程公里，光缆4100皮长公里，综合业务区覆盖率提升至100%。加快IDC数据机房建设，可为政府、企业、各类网站提供大规模、高质量、安全可靠的专业化服务器托管、空间租用等服务。二是推进4G网络深度立体覆盖。快步网络建设，累计开通4G基站超1345个，全

揭东移动年度奖状 （陈蓓寒 供稿）

区4G行政村到达率100%，实现4G网络在主城区的连续覆盖和在乡镇区域的有效覆盖。三是加速5G网络建设。现已开通5G试验站点100个，信号覆盖揭东区政府、中德金属生态城、揭东开发区等重要区域。四是践行“宽带中国”战略，家庭宽带累计预覆盖超19.4万户，加深加密城区光纤网络覆盖，扩大乡镇、农村覆盖面，为市民提供良好的宽带接入。五是扎实做好应急通信保障。成立防汛应急通信保障机构，从指挥、落实、执行三个环节做好流程管控，顺利完成重要活动、灾害天气、节假日等通信应急保障。实现“零重大网络故障、零重大安全事件、零重要用户投诉”。

【打造“互联网+”新模式】 揭东移动全力落实市委市政府与广东移动签署的《互联网+战略合作协议》，重点配置资源，推进“互联网+”应用，服务政务民生信息化。一是实施“互联网+”行动计划，推进“互联网+政务”，为区委、区政府等搭建“电子政务云”、基层公共服务平台，把传统的政务应用迁移到平台上，助力提升政府服务效能；推进“互联网+医疗”，协同区卫计局完成“智慧医疗”项目，利用高速、安全、稳定、便捷的网络服务，实现市、县、镇三级医疗机构远程医学影像互通，在基层医疗机构就可接受上级医疗专家在线诊断，助力优质医疗资源惠及基层百姓；推进“互联网+教育”，为学校提供

网络、校园一卡通、教育云平台、数字教育资源服务等方面支持，助力提升教育现代化水平。二是开拓“万物互联”新应用，聚焦产业群，助力企业生产监控到各个环节，应用于电力无线抄表、自来水厂无线抄表，路灯远程控制、车联网等项目等。

揭东移动志愿者正在为群众答疑 （陈蓓寒 供稿）

【社会责任】 揭东移动充分发挥当地通信信息优势，践行社会责任，努力提升服务水平，争当责任型企业排头兵。一是响应政府创文工作的号召，认真组织系列志愿服务活动。开展创文志愿服务实践活动。组织志愿者参与文明讲解、文明宣传骑行、文明交通指引、环境卫生、现场便民等志愿服务，凝聚正能量、弘扬新风尚，助力文明创建工作。二是推进惠民便民服务。积极落实国家降费提速号召，持续落实“提速降费”。持续推广大流量套餐，推出日租套餐、38元5G大流量套餐、30元10G大流量叠加包餐等多种形式的流量产品，满足广大客户个性化需求，实现流量单价同比下降38.4%。三是开展公益活动。春运期间组织志愿者参与“外来工返乡休息驿站”行动，免费为返乡人员提供热水、泡面、电话等服务。联合区司法局举行“尊法守法·携手筑梦”公益普法活动，为广大农民工普及通信设施保护和防范电信诈骗知识。

（陈蓓寒）

联通

【概况】 2019年，揭阳揭东联通坚持以习近平新时代中国特色社会主义思想为指导，全面贯彻中共十九大和十九届二中、三中、四中全会精神和中央经济工作会议精神，坚持党建统领全局，坚定不移贯彻新发展理念，推进企业治理体系与治理能力现代化，纵深推进“五新”联通建设。2019年，揭阳联通揭东区分公司“揭东区竹笋产业园智慧农业服务平台项目”获广东联通政企线最具价值标杆项目奖；揭阳联通揭东区分公司获广东联通优秀政企区县，揭阳联通揭东政企党支部被省公司评为“先进基层党组织”。

【党建统领】 2019年，揭东联通党支部坚持以习近平新时代中国特色社会主义思想为指导，深入贯彻新时代党的建设总要求和新时代党的组织路线，始终贯彻以政治建设为统领,通过加强党支部的建设，积极推动党建与融入中心工作，切实发挥支部的思想引领作用和战斗堡垒作用。一方面，加强党支部的建设，严格落实“三会一课”及各项制度。坚持全面从严治党，不断夯实党支部党建工作，全面完成党支部各项工作，严格按照“三会一课”的要求开展各项工作，确保支部党建工作抓深、抓透、抓到位。揭东政企党支部开展组织生活，组织落实“三必访”“四必问”“五必谈”以及员工家访制度，组织开展谈心谈话及党员1+N联系制度。另一方面，积极推动党建与融入中心工作，部门各项工作有效开展。一是开展“不忘初心、牢记使命”主题教育。严格按照“十二”字总要求，深入开展“5+4+3+2”特色主题教育活动，以“传承•奋发•再起航”为主题，以高质量发展和群众满意为导向。通过主题教育，进一步统一干部员工思想，为企业发展凝心聚力。二是加强“三基建设”，夯实基层党建基础工作，认真落实支部考核制度，推进党支部规范化建设，发挥支部的战斗堡垒作用和党员的先锋模范作用。三是开展双创工作，推进党建融入中心工作。通过“双创”活动，使企业党建工作与中心工作深度融合，公司上下形成了“比、学、赶、超”的浓厚氛围，决胜年度中心任务全面达成。

【业务经营】 揭东联通助力区政府数字政府建设，承建“揭东区竹笋产业园智慧农业大数据服务平台项目”，在省农博会上受到省委领导的高度赞扬。

该项目是以物联网、移动互联网、大数据、人工智能等新兴信息技术为手段，以建设揭东区竹笋数字农业产业园为目标，全面打造产业兴旺、特色鲜明、美丽宜居、干净文明、富裕和谐的现代化农业示范基地。项目总体规划为“一个中心、三大平台、N个应用”，项目依托中国联通云+网+应用的技术和资源优势，以云计算、物联网为基础，以数据为中心，全面提升产业园现代农业数字化水平。同时，可借助揭东政务云搭建“数字政府”的重要基础。建成后在农业领域应用的主要创新亮点有：亮点一，平台实现了对国内各地区竹笋加工、产量、销售等“产供销”数据的采集和智能分析，有利于企业合理化安排生产，有效进行品牌定位及市场推广。亮点二，平台结合市场行情走势，对国内同类竹笋价格进行比对分析，输出的结果可供产业园企业进行竹笋定价参考，利于提高产品销量和收入。此外，平台还能实现对产业园当前及历史财务数据、整体经营情况的分析，有助于企业进行财务决策及内部管控。

【网络建设】 2019年，揭阳揭东联通持续推进4G网络建设和政企专网建设，全年移动网投资456万元，政企专网投资186万元，扩大基础网络覆盖。一是快速拓广4G目标网络覆盖，全年新建4G站点115个，同步组织开展3/4G网络质量优化和VOLTE、高铁专项优化等工作，4G网络价值区覆盖提升5.40%，价值区域MR提升至92.40%，网络能力持续提升。二是坚持5G双领先战略，率先开通第一个5G站，开通第一批5G试点支撑5G灯塔项目，推动5G场景与行业的融合试点。

【客户服务】 2019年，揭阳揭东联通以客户感知为着力点，切实提升数字化服务水平。一是以为客户办实事为宗旨抓服务感知提升。搭建全触点标准化服务体系，有效申诉率同比改善41.1%；投诉处理时长同比缩短5.1H；投诉解决率同比提升2.4PP。二是以数字化转型为向导抓服务渠道升级。NPS口碑提升全面达标，超级星期五平台会员超14万，官微吸粉超10万。

【企业文化】 2019年，揭阳揭东联通以排头兵文化活动为抓手创新推进企业文化铸魂工程。以党建引领企业文化建设，发布揭阳联通企业文化2.0，通过一系列精神文明建设活动，举办庆祝新中国成立70周年系列活动，朗诵一段爱国家书等系列红色教育活动，“激情工作、快乐生活，专业争先、成长共进”揭阳揭东联通企业精神以深入人心，为打造基业长青的揭阳联通筑牢根魂。

【社会责任】 2019年，揭阳联通积极履行社会职责，以实际行动感恩回报社会。一是结合主题党日活动，积极组织党员开展关怀慰问、交通服务、创文创卫等志愿服务。全年开展志愿服务活动18次，90余名党员群众参与其中。二是动员和组织公司员工参加无偿献血，用实际行动履行公民义务。三是揭东党支部高度重视精准扶贫任务，2019年成立揭东联通扶贫工作领导小组及办公室，专人负责扶贫攻坚日常工作并建立扶贫攻坚工作例会机制，进一步压实扶贫责任，在“精准”扶贫上下功夫。各驻村干部着力在精准扶贫户的识别、贫困户帮扶、扶贫项目实施等方面务实工作，加大扶贫力度，已全面完成2019年扶贫村所有建档立卡贫困户的预脱贫任务。四是落实总体国家安全观，网络与信息安全治理初现成效。深入开展骚扰电话和垃圾短信治理，加强用户个人信息保护和数据安全工作，初步形成长效治理机制，确保网络安全负面事件零发生，数据安全及用户信息无泄露。

（谢泽苹）

招商引资

【概况】 2019年10月，根据中共揭东区机构编制委员会的文件精神，区招商投资局更名为揭东区招商事务中心，区招商事务中心围绕“做强园区、融入城区、建美乡村”的目标定位，坚持把招商引资工作摆在重要位置，转变思路，完善机制，拓展空间，紧盯重点区域领域，创新招商方式，提升服务水平，突出精准对接，招商引资工作取得明显成效。2019年，全区共引进项目11个，计划总投资17.60亿元，已投资3.19亿元。

【存在问题】 2019年，招商引资工作虽然取得一定成绩，但离区委、区政府的要求还有较大差距，主要表现在：一、项目质量有待提高。新引进项目中缺乏投资规模大、科技含量高、带动能力强的龙头引领项目。二、部分项目推进不快。受园区产业布局、区域环评、土地指标受限等因素影响，部分项目推进进度缓慢，在谈项目签约落地率低，签约项目开工率不够高，在建项目推进进度不够快等。

（孙耿丽）

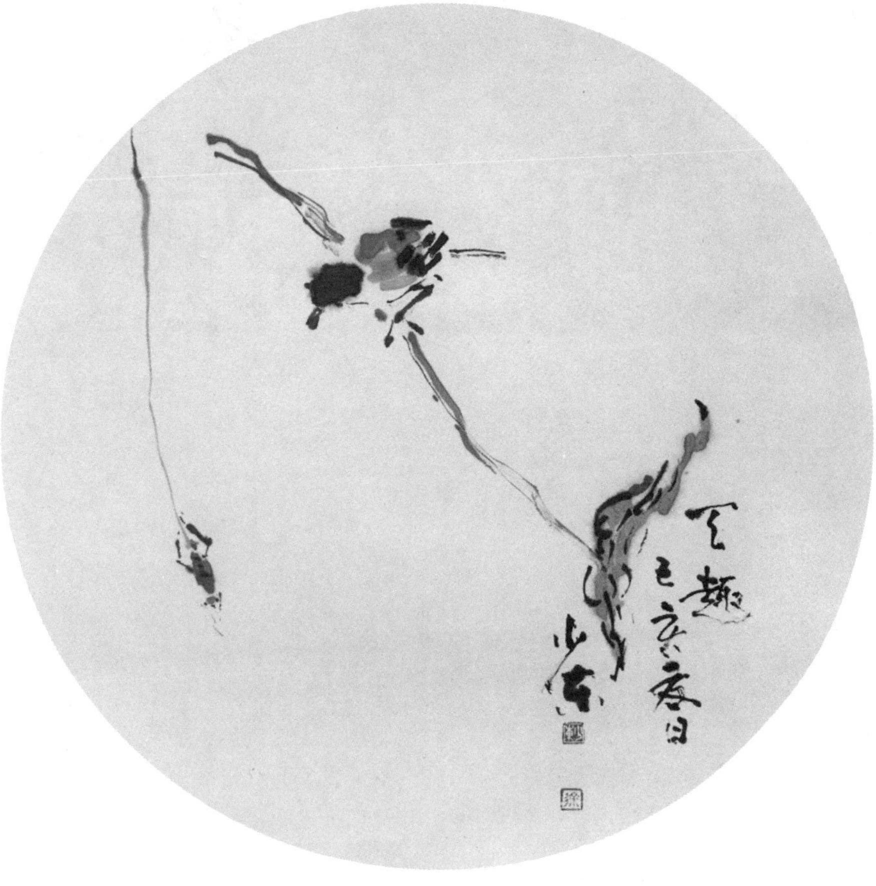

国画作品 （徐少东 作）

国画作品 （蔡桂波 作）

JICHU
SHESHI

基础设施

基础设施

■责任编辑：姚家丰

城镇规划

【概况】 2019年，区住建局结合住建系统工作实际，树立创新、协调、绿色、开放、共享五大发展理念，履行住建系统市政设施建设管理、建筑管理、城市管理、房产管理以及人居环境整治等方面的职能，推动扩容提质，打造宜居揭东，全面提升城市品位和形象。

【城市管理】 以创建国家文明城市为中心工作，落实区委、区政府关于“五城同创”的决策部署，开展城市环境综合整治工作，主城区乱搭乱建、乱贴乱挂、乱摆乱卖、乱堆乱放等现象得到整治，城市面貌有明显改观，为揭阳市通过2019年度全国文明城市测评、营造共建共治共享社会治理格局做出应有成绩。加强城管体制改革。落实上级对县（区）级城市管理综合执法工作的要求，揭东区委、区政府十分重视城市管理综合执法改革工作，指示区委组织部、编办进行专题调研，在区住建局的配合下，于2019年年底形成揭东区城市管理和综合执法改革工作方案，暂时在区住建局设置城市管理和综合执法大队，主要职责是贯彻落实国家和省、市、区有关市政设施、园林绿化、市容环境卫生等城市管理和综合执法工作。原揭东区城市建设管理监察队与揭东区城市管理中心合并为揭东区城市管理中心，市政、园林、路灯三个单位也并入城管大队。开展综合整治行动。累计开展环境综合整治行动46次，整治揭东大道、金溪大道、金凤路、西一横街等主次干道，以及榕泰广场、人民广场、城西市场等重点区域、各镇国省道两侧，拆除乱搭建、乱搭设660处，面积21800平方米,拆除乱设遮阳物125处，面积1040平方米，清理乱摆乱卖3250宗次，规范入室经营2560宗次，清理移动广告牌146块，拆除乱拉挂布条183条，规范车辆停放2260宗，清理乱堆放118宗，清理“牛皮癣”600多张，清理整治户外餐饮摊点和露天烧烤76宗；制止、教育露天焚烧52宗。开展文明示范路创建活动。2019年8—12月，区住建局（城管部门）牵头，会同区市监局、区公安分局、区应急管理局以及沿路有关单位，对金溪大道、金城路、西一横路、西二横路4条道路进行文明创建、重点整治、常态化管理，做

城区夜景 （周树明 摄）

好环境卫生、交通秩序、“门前三包”等巡查督促工作，及时制止“六乱”等行为，在主城区四条文明示范路及其它主要道路设立“门前三包”责任公示牌。加强在建工程普查和违法建设督查工作。住建局城管部门成立了7个巡查组，严格按照“巡查、发现、制止、报告”的制度配合各镇、街进行“两违”专项整治。2019年，揭东区共发现在建工程2988宗。其中合法建设工程40宗；违法建设工程2948宗；超过6层的共97宗。同时，对巡查发现的在建工程，按照要求建立好台账，做到“一宗一档”；2948宗在建违法建设现场已全部发出《责令停止违法建设行为通知书》及时制止其违法行为。配合各镇（街道）拆除7宗性质恶劣、市民关注度高、社会影响大的违法建设，拆除面积1973.1平方米；会同曲溪街道，敦促寨二社区一宗违法建设业主拆除多建的三层半，面积1500平方米。

【市政建设】 2019年，市政建设项目12个，其中续建4个，新建8个，计划总投资3.45亿元，完成投资1.17亿元。其中揭东区环山东段、揭东区金凤路中间增加绿化带改造工程、金凤路增设安装交通护栏等设施、揭东区第四小学对面小停车场、揭东区港美市场临时停车场工程、揭东第二小学西、南侧闲置土地改造工程、揭东第一中学东侧绿化改造工程、上围伯公前小公园+小停车场及揭东第二小学东侧闲置土地改造停车场工程、金凤路北段西侧小绿地及路篦公园对面小停车场工程等8个项目已建成交付使用；北环大道、北环大道综合管沟工程、揭东区北环大道三个交叉路口设置交通信号灯及电子监控设备工程等3个项目正在实施建设。

【园林绿化】 2019年，揭东区园林绿化管理所承担着城区123590平方米的绿化养护管理工作，全年投入160万元的管养费，对城区各路段进行高效管理和科学养护。穿城路段（揭东大道）绿化优化。推动“五个起来”工作部署，揭东交通局前和金叶节点红灯口处加绿植，金凤路与金溪大道交界三个红绿灯路口花箱换种龙船花。金新路（埔田高速路口至揭东大道路口）绿化改造提升。揭东城西片区西一、西二横路绿化改造提升。为迎接新中国70周年庆典，对城区绿化树木进行粉刷。国庆前，在区政府前、榕泰广场、人民广场、揭东大道环岛摆放盆花。人行天桥绿化改造提升。创建全国文明城市景观小品项目建设，在高速出入口、主干道（交叉口）及城区公共场所增设公益景观小品。开展“露土绿起来”专项工作，对全城区缺绿、失绿区域进行复绿，空置地进行增绿。

【公共事业管理】 2019年，对破损路面及时检查维修，维修滨江路、金凤路、兴源路、福源路、汇源路等破损路面16宗次。对排水管道实行精细化管理，对损坏的排污排水沟井盖及时更换，累计共更换及补充排污、排水沟井盖106个，对淤积管道及时进行清通，清排积水17宗次，新增排水管1.92千米。

【农村生活垃圾】 2019年，揭东区农村生活垃圾有效处理率达到96.71%，分类减量率达到51.05%，村庄保洁覆盖率达到100%，各项年度指标均能按照上级的要求完成。完善农村生活垃圾治理长效机制，推进各镇生活垃圾转运站及辖属各村生活垃圾收集点改造升级。6个镇的生活垃圾转运站已完成改造升级4个（玉湖、新亨、锡场、埔田），辖属94个行政村的生活垃圾收集点已完成改造升级60个。6个镇共配置垃圾压缩车20辆，购置洒水车6辆以及扫路车、二轮板车、三轮摩托斗车等清运设备一批。

（陈曼妮）

建筑业

【概况】 2019年，揭东区住建局结合住建系统工作实际，履行规划管理、建筑管理、城市管理以及市政设施建设等方面的职能，为打造“生态型、效益型”的新型城镇化示范区的工作目标奋力拼搏，推进城市更新工作，打造宜居揭东。

【城镇化建设】 2019年，全区在建项目58宗，建筑总面积288.31万平方米，总造价69.89亿元；办理施工许可34宗，建筑总面积160.55万平方米，总造价32.41亿元；竣工验收29宗，建筑总面积90.28万平方米；累计完成建设工程交易23宗，工程总造价159762.38万元，中标价155160.22万元，下浮率2.88%，节省投资4602.16万元，全年建筑安全生产无较大安全事故，质量安全管理水平不断提高。新开工项目100%开设农民工工资专用账户，100%缴纳农民工工资支付保证金。开展2次建材抽检活动，出动执法人员 22 人次，抽检建材 10 批次，未发现不合格建材。组织例行安全生产检查4次，出动228人次，检查工地108宗次，发现安全隐患538条，落实整改538条。开展“创建文明城市建筑工地”等多项安全文明施工专项整治，使建筑工地的防尘、泥头车管理、围挡等存在问题得到较大整治，工地面貌大为改观，取得显著成效。承接消防设计审查、备案和消防竣工验收备案工作，办理消防设计审查1宗，消防设计验收1宗，验收备案2宗。节能绿色建筑完成8宗，建筑总面积11.40万平方米，设计阶段绿色建筑节能执行率100%，节能竣工验收备案10宗，建筑总面积20.10万平方米，绿色竣工验收备案3宗，建筑面积1.20万平方米。

【建设项目顺利推进】 2019年，完成寨内村口至206国道截污管道工程，长124米，总投资160万元。完成4座PPP模式污水处理设施项目的建设。揭东区与北控水务集团合作，采用PPP模式建设开发区新区、玉滘、锡场和新亨4座污水处理厂，首期投资3.04亿元，规模为3.5万吨/日，服务人口21万人，运行情况良好。完成玉湖镇区污水处理厂建设，8月29日，完成施工采购，服务镇政府周边村民近1000户，人口3000人，服务面积0.60平方千米。建设规模为550吨/日，总投资500万元。

推进揭东区新亨镇、锡场镇、玉滘镇、主城区及云路镇污水管网扩延工程建设，项目均已2019年完成招标工作。揭东区新亨镇、锡场镇污水管网扩延工程已施工完成，揭东区玉滘镇污水管网扩延工程已进入收尾阶段，揭东主城区及云路镇污水管网扩延已完成工程量35%，项目总投资为67349.17万元，服务人口为25.63万人。

【房地产建设】 2019年，新开工房地产项目9个，建筑总面积101.25万平方米，总造价22.09亿元。全区在建房地产项目17个，建筑总面积197.41万平方米，总造价36.55亿元。

【建筑科技化与建筑节能】 2019年，加大建设部要求重点推广应用的建筑业十项新技术的推广力度，推广新型墙体材料，以减轻自重、符合节能要求、提高墙体的隔热性能、增强自装饰效果等方面为重点，解决墙体开裂、渗漏及提高隔声性能等技术难题。完成新建民用建筑节能设计图纸审查8宗，建筑面积11.40万平方米，设计阶段建筑节能设计执行率达100%。民用建筑节能分部专项竣工验收备案10宗，建筑面积20.10万平方米，新增节能建筑面积20.10万平方米。完成新建绿色建筑设计图纸审查3宗，建筑面积7.70万平方米，设计阶段绿色建筑节执行率达100%。绿色建筑节能分部专项竣工验收备案3宗，建筑面积1.20万平方米，新增绿色建筑面积1.20万平方米。

【建筑工程检测】 2019年，按照基本建设程序，根据广东省建设工程质量检测的要求将所注册项目录入到广东省建设工程质量监督管理信息系统，制作监督档案，将试验数据实时对接广东省建设工程检测监管服务平台，使试验数据更规范化、透明化。推行二维码送检制度，提高试验效率，确保来样对应在建项目真实性。

【建设工程招投标及代理】 2019年，全区办理施工许可35宗，总建筑面积160.12万平方米，工程总造价32.47亿元，其中房地产项目9宗，总建筑面积101.25万平方米，工程总造价22.09亿元；累计完成房屋和市政设施工程交易23宗，工程总造价15.98亿元，中标价15.52亿元，下浮率2.88%，节省投资4600万元。

【燃气经营管理】 2019年，做好燃气经营企业安全生产检查、加强煤气销售市场安全管理、开展城镇燃气事故隐患排查治理工作等各项工作。先后出去执法车辆12多台次，执法人员12多人次，对辖区内7家生产经营企业单位进行检查，现场发现安全隐患40项落实整改40项，排除安全隐患，把燃气安全各项工作落到实处，消除燃气企业、站点存在安全隐患，严防燃气安全事故发生，确保辖区内燃气行业安全运行。

（陈曼妮）

【中德金属生态城】 中德金属生态城位于广东省揭阳市，规划总用地面积2341.66公顷，预计建成后产值超千亿，是工信部批准设立的全国两个中德中小企业合作区之一。园区采用“改革开放、政府主导、协会主力、企业主体、共享发展”的新型办园模式，主导节能环保、先进装备制造、金属制品三大产业，联合德（欧）国家有关方面规划打造金属原材料交易与制品销售、研发设计、金属制品生产与机械制造、人力资源、废旧金属产品回收再利用、金融服务六大平台，设计建设中德“制造小镇”“活力小镇”“智慧小镇”三期单位。中德金属生态城以“中国制造2025”和“德国工业4.0”合作共创为导向，搭建中国对德合作重要平台，是中德中小企业知识产权保护试验区和中德智能制造（工业4.0）创新基地。在2019年第五届中德（欧）中小企业合作交流会上，由工信部中小企业发展促进中心授权揭阳中德金属集团承建“中国中小企业中心（德国）”，该中心是中国在海外设立的首个中小企业服务机构。

2019年，中德金属生态城完成规上工业产值1.17亿万元，园区内企业总税收约3930万元。2019年1—10月，完成规上工业总产值9200万元，总税收1700万元。有一批中德欧合作项目落户，其中电镀园有40家电镀企业通过租用厂房方式入驻；创新基地已有21家通过租用厂房方式入驻；环保装备产业园已有9个项目通过招拍挂落户，正在办理报建手续。还有巨轮智能（中德）工业4.0产业基地落户，首期“工业机器人及智能自动化生产线成套装备产业化技术改造项目”建成投产；欧晟绿色染料（揭阳）有限公司首期绿源项目于2017年8月开工建设，至2019年年底，项目总体工程量已完成70%。

2019年，园区理顺机制主要有以下工作：中德金属生态城管委会（筹）与揭东经济开发区管委会合署办公，实行“一套人马两块牌子”，日常工作由揭东经济开发区管委会承接，对外由揭东经济开发区管委会代章，人员由揭东经济开发区选派。2019年8月，市委正式批准成立揭东区中德金属生态城管理委员会。11月12日，揭东区中德金属生态城管理委员会班子正式到位，管委会以“坚守制造业阵地、紧凑高效做强园区”的原则，全面承接中德金属集团资产移交和管理运营事务，对整个园区的物业管理、安全保卫、绿化管养等进行接管。按照省城乡规划设计院对园区控制性详细规划（修编）、协同一体化发展和产业发展的专题研究，下一步园区主要构建4大制造业（传统优势制造、先进装备制造、节能环保、智能制造）+现代物流+配套服务产业。

2019年，做好化学与精细化工广东省实验室揭阳分中心筹建工作。启动广东省实验室化学与精细化工实验室建设工作，其中化学与精细化工广东省实验室布局在潮汕地区，其中的化学与精细化工广东省实验室揭阳分中心（对外统称“榕江实验室”）拟落户中德金属城四大中心一号楼，“榕江实验室”结合市的支柱产业，面向石油化工、表面处理新技术、绿色纺织印染和医药化工等研究方向，建设“一中心四基地”，即以中德金属生态城为科研主中心，分别在揭东、惠来、普宁、产业园等产业集聚区规划建设四个包含“应用技术研发、产业孵化与科技成果转化”功能的成果转化基地。力争把实验室建设成为揭阳市一个集“应用技术研发、人才培养、与产业企业高度结合”的重大科技创新支撑平台，通过关键和前沿应用技术研究攻关、高端科研人才引进和培养、科技成果高效转化、产业链和创新链协同创新，解决揭阳市在石油化工、纺织服装、金属制品、医药化工等支柱产业在转型升级过程面临的共性关键技术问题，全面提升揭阳市乃至粤东地区绿色化学制造相关产业和环境治理领域的创新动能。中德金属生态城管委会把筹建榕江实验室作为实施创新驱动发展战略、补齐科技创新短板、建设粤东新发展极的重要抓手，落实并提供揭阳中德金属生态城科研中心大楼（四大中心1号楼）2万平方米的建筑面积作为榕江实验室核心技术研究中心的科研和办公场所，配套专家楼公寓和其他生活配套设施等工作。中德金属生态城将以实验室落户园区为契机，加强与实验室和各研发机构合作，在“产、学、研”协同发展大背景下，以良好的政策、环境和服务，承接、促进更多的化工特别是金属制品表面加工等支柱行业向园区转移。2019年 9 月26日第五届中德（欧）中小企业合作交流会举行了化学与精细化工广东省实验室揭阳分中心——“榕江实验室”揭牌仪式，榕江实验室由揭阳市人民政府承建，联合天津大学、武汉理工大学、华南理工大学、中山大学等高校和科研机构参与建设，将结合揭阳市特色产业，围绕绿色化学与精细化工领域，开展前瞻性基础研究和应用基础研究，开拓前沿技术研发、成果转化及产业化应用，形成全链条研究模式，以科研带动创新，以创新引领高质量发展。健全招商引资机制，“招大商，大招商”。重点招引先进制造业，提升园区核心竞争力。围绕高端新兴产业,聚焦新一代信息技术、高端装备制造、新材料、新能源、生物医药等领域精准发力,注重招大引强，重点招引世界五百强、中企五百强等大型国内外企业到园区落户，初步形成招引高科技、聚集新产业、培育新动能的局面。以节能环保、先进装备制造、金属制品三大产业为主导，引进德（欧）先进技术（项目）和管理理念，借助中德集团在德国的“中国中小企业中心”“驻德（欧）办事处”为园区提供服务和对德（欧）合作交流，继续办好中德中小企业合作交流会，推动中德企业交流与合作，谋划对德合作交流专项活动，组织举办好德国经理人来华交流班。招引优质项目落地，通过引进、合作型创新，推动本地企业转型升级，最终实现自主创新。完善产业一体化发展规划和园区规划环评编制工作。加强与省规划院的沟通衔接，科学编制园区产业一体化规划，研究解决如何科学利用北部山区土地规模、布局好优质企业的问题，摸清生态城周边片区用地情况，把玉滘镇铁路以北的区域和玉滘陶瓷科技园实行统一规划、统一征用、统一开发，拓展园区发展空间。要调整优化园区北部山区板块规划，实行控制性、保护性开发，吸引大中型高科技企业落户，建设“山中有园、园中有厂、厂中有山”生态型工业园区。要盘活存量的土地和资产，为产业落户和园区发展提供支撑。争取成为中德中小企业合作示范区、智能装备制造产业集聚区。继续论证完善排污口设置方案，计划尽快与潮州方面协调对接跨界环境影响的相关事宜，征求其同意的意见。计划尽快确定北部危险废物填埋场的初步设计方案，并将该问题一并征求潮州方面的意见。完成环评报告初稿后，开展专家内审；在前述问题解决、且征得潮州同意意见后，报省生态环境厅审查。

2019年，抓好园区配套基础建设和企业监管工作。抓好园区基础设施建设。抓紧配套建设园区“三横一纵”（纵一路，横二路，中德西路，横四路）道路工程和1800多亩土地的平整土方工程，已进入全面开工建设阶段，确保企业顺利如期入驻建设。积极与3121部队、省供电公司沟通，协调解决国防光缆、高压塔迁移问题。督促中德金属集团有限公司加快表处园二期建设，确保按计划建成。对园区所有入园企业特别是环保装备园入园企业，按照合同约定开工建设，没有取得实质进展的，坚决收回土地。加强对入园企业特别是表处园入园企业的监管。对入园企业，特别是环保企业、表处园电镀企业，要全面安装监控系统，实时掌握企业的生产、排污等情况，确保生产安全、达标排放。继续做好安全生产业务培训，提高企业安全生产意识和处理安全生产事故技能的工作；经常性地进行安全生产检查工作；负责协助上级有关职能部门做好安全生产及消防安全的监督管理工作。督促中德金属集团有限公司、揭阳市表面处理生态工业园有限公司履行安全生产、治污、整改的企业主体责任，维护园区的平稳有序和谐发展。催建促产加快入园企业建设。揭东区政府有关单位和中德金属生态城管委会落实专人对接企业，全方位服务企业办理报建手续，环保装备园确保在《国有建设用地使用权出让合同》约定开工建设时间之前全部开工建设，力争新年度规模上工业企业有新突破。加快德国鸣乐眼镜集团铭乐光学（亚洲）生产基地项目项目尽快落地。加快电镀园二期和电镀园三期建设进展，完善电镀产业链条，实现电镀产业大集聚。找准路径，创造条件，争取省环保部门支持解决园区排污口问题，推进整个园区的规划环评工作圆满完成第五届中德（欧）中小企业合作交流会。在工信部和省政府的支持和指导下，合作区连续五年举办中德（欧）中小企业合作交流会，五届交流会活动累计吸引来自德国等欧洲国家的656多家企业（机构）和国内960多家企业在智能制造、绿色发展、人才培育、创新金融等多重领域进行现场交流对接，促进中德（欧）中小企业在管理、技术、设备、资本、人才等领域的务实合作，交流会已成为国内深化“一带一路”建设的崭新品牌。2019年9月，第五届中德（欧）中小企业合作交流会再次在合作区成功举办，参会的德（欧）机构和企业精选75个优质项目到此谋求合作，中国企业结合自身经营资源和市场渠道积极寻求国际合作，此届交流会共组织208场次企业现场洽谈对接，签订合作备忘录55份，形成合作会谈纪要143份，推动一批中德（欧）中小企业达成合作意向。

（罗丹纯）

房地产

【概况】 2019年，揭东区房地产主管部门加强房产市场监管，全区房产市场呈现平稳健康发展态势，在全区经济发展和城镇化建设中发挥积极作用。全区房地产开发项目总投资达到25.68亿元，商品房销售面积16.47万平方米。

【商品房预售登记】 2019年，在实施商品房预售行政许可的过程中，根据《商品房预售管理办法》规定，办理商品房预售行政许可10宗，商品房预售行政许可延期5宗。

【房地产开发情况】 2019年，房地产开发项目总投资达到25.68亿元，增长87.37%，商品房销售面积16.47万平方米，增长1.38%，商品房销售额10.97亿元，增长1.10%。在建房地产开发项目10个，其中，已预售未竣工验收项目6个，已开工未预售项目3个，已确权项目1个。

【房地产市场交易秩序整治】 2019年，对全区房地产开发公司、住宅小区和房地产中介机构开展多次现场检查和巡查督查工作，发现存在问题提出整改要求，问题较严重的发出整改通知书，发出整改通知书27份，整改率接近100%。接到“12345”市民热线投诉件112个，其中，经整改、调解、化解的投诉件110个，投诉件办结率达到98%。

（陈曼妮）

环境与生态保护

【概况】 2019年，揭阳市生态环境局揭东区分局做好生态文明建设和环境保护一系列工作，加大环境监管力度，解决突出环境问题、推进环境综合整治，全区环境质量持续改善，各项工作稳步推进。全年审批环评文件总计63份，登记表网上备案182份，环评执行率达到100%。

把饮用水源保护区、自然保护区等环境敏感区域列为严格控制区，加强饮用水源保护，在保护区安装设置警示标识。出动执法人员3100多人次，检查企业近760家，发现环境违法行为52宗，立案52宗，发现存在环境问题40宗，责令整改40宗，清理取缔散乱污企41家，移送行政拘留15宗；向司法机关移送涉嫌污染环境犯罪案件5宗，刑拘11人，处罚金额599.165万元，受理群众环境信访案件132宗，排查化解132宗，处理办结率100%。

【环境状况】 水环境　江河水质　2019年，榕江揭东河段6个监测断面中符合Ⅳ类水质有1个断面，占16.7%；劣于Ⅴ类水质的有2个断面，占33.3%。榕江揭东河段水质受到中度污染，主要污染指标是溶解氧、氨氮、化学需氧量。其中，一级支流北河河段水体均受到中度污染；二级支流枫江劣于Ⅴ类水质，水体受到重度污染，定类项目是溶解氧、氨氮。与2018年相比，其中，罗山桥断面水质有所下降，榕东大桥断面水质有所改善，其余断面水质无明显变化。生活饮用水源(翁内水库、世德堂水库、水吼水库)；

2019年，揭东区饮用水源水质优良。翁内水库、世德堂水库、水吼水库符合Ⅱ类水质。各监测项目达标率均为100%。饮用水源水质与上年基本持平。

大气环境　全区环境空气质量功能区划均为二类区。2019年，全区城市空气质量优良天数比例（AQI达标率）为97.9%，同比上升5.4个百分点，排名全市第2；综合指数3.55，大气环境总体改善。

声环境　城区声环境污染源由交通噪声、工业噪声、社会生活噪声、建筑施工噪声和其它噪声构成。区域环境噪声平均值为52.6分贝，与上年持平，未超出国家规定的标准限值；道路交通噪声平均值67.0分贝，低于国家规定的标准限值，与上年相比变化不大，总体上看，声环境质量较好。

【环境监测】 2019年，揭东区除榕江北河、枫江揭东河段水体受到不同程度污染外，环境质量总体保持良好水平。区环境空气质量达标率为97.9%；区饮用水源水质优良；榕江揭东河段水质受到中度污染；枫江揭东河段水体受到重度污染；区声环境质量状况良好。

【环境监察与执法检查】 2019年，揭阳市生态环境局揭东区分局以践行“绿水青山就是金山银山”理念,执行新环保法及配套办法，加大环境保护执法监管力度，查处违法排污企业，规范企业环保行为。出动执法人员3100多人次，检查企业近760家，发现环境违法行为52宗，立案52宗，发现存在环境问题40宗，责令整改40宗，清理取缔散乱污企41家，移送行政拘留15宗；向司法机关移送涉嫌污染环境犯罪案件5宗，刑拘11人，处罚金额599.165万元，受理群众环境信访案件132宗，排查化解132宗，处理办结率100%。通过加大环境执法力度，惩治环境保护违法违纪行为，解决危害群众健康和影响可持续发展的突出环境问题，为加快转型升级、建设幸福揭东提供环境执法保障。

【污染治理】 2019年，生态建设继续推进。对饮用水源保护区进行优化调整，时时提醒要保护水源，爱护水源。对重污染企业进行强制清洁生产审核。

【污染减排】 2019年，全区新增镇级污水处理能力3.555万吨/日，新增建设镇级污水管网33.33公里。其中，完成玉湖镇区污水处理厂及配套污水管网铺设，于12月通水运行；完善玉滘镇、锡场镇、新亨镇、揭东经济开发区新区等4个污水处理厂的配套管网，4个污水处理厂全部投入运行。全区农村雨污分流工程建设顺利推进，242个自然村全面开工建设(含建成)，开工率占100%；污水管网设计长度2076.41千米，已完成管网建设长度2039.50千米，完成率占92.85%。至2019年年底，全区投入运营污水处理厂6座，污水处理能力9.555万吨/日。

【固体废物管理】 2019年,推进涉危险废物产生、处置企业“三个一”工作。揭东区与100家企业签订《企业固体废物规范管理承诺书》，要求企业严格遵守环境保护法律法规，做好固体废物规范管理。针对揭阳市表面处理生态工业园大量危险废物未及时转移处置、大量高浓度电镀废水未及时处理露天堆放问题，全区加大巡查、督促力度，落实该园采取措施切实解决存在问题，全部处理露天堆放8115桶高浓度电镀废水；累计转移处置历史库存污泥8336.045吨，剩下污泥正在加紧转移处置中。

【环保宣传】 在环保宣传月期间，集中开展纪念“六五”环境日活动。邀请揭东区分管领导发表电视讲话。

在揭东区交通要道电子显示屏滚播生态环境保护宣传标语、口号。派发生态环境宣传资料。向各镇、街道、开发区送出《世界环境日宣传主题挂图》80套，组织全区环保工作人员向广大企业及公众发送《揭阳市重点流域水环境保护条例》8000册，《倡导节能减排 共建绿色家园》4000册，《公民生态环境行为规范（试行）》1.6万页，《参与垃圾分类 共建美丽中国》4000页。常年在揭东电视台播出公民生态文明行为规范公益视频和生态环境保护宣传标语、口号。

与揭东开发区（6月21日）、新亨镇(7月9日)、玉湖镇（7月12日）、锡场镇（7月19日）和曲溪街道（7月26日）新时代文明实践所联合，邀请专家，为各镇（街道）、村（社区）、经联社干部、环保工作人员及企业代表700人举行生态环境保护专题讲座。

（林丹玲）

环卫工作

【概况】 2019年10月，根据中共揭东区机构编制委员会的文件精神，区环卫局更名为揭东区卫生事务中心。揭东区卫生事务中心发挥创卫创文主力军作用，全面提升揭东主城区环境卫生质量，服务创卫创文工作。区卫生事务中心负责卫生管理的主城区市政道路共有71条，总长83千米，还有榕泰广场、揭东人民广场等公共活动场所，总面积258万平方米。负责上门收集生活垃圾的居民小区有108个（1万户）、单位有108个、厂家有105个。负责10座市政建设配套公厕日常管理。城区主干道及广场等公共场所设置果皮箱555只。环卫作业车辆28辆，其中垃圾压缩运输车11辆、装载车3辆、扫路车5辆、洒水车5辆、多功能抑尘喷雾车1辆、路面养护车1辆、挂桶式垃圾车2辆。一线环卫工人370人，其中道路清扫、保洁工人273人、公厕保洁工人10人、上门收集垃圾工人50人、作业车司机23人，垃圾清理及转运站管理14人。

【环卫设施建设和设备配置】 2019年，在揭东大道、金溪大道等路段设置生活垃圾分类宣传栏30处，新增配置分类垃圾桶120只。更新老旧破损垃圾桶200只，更新、维修破损果皮箱160只。新建成的3座生活垃圾压缩转运站，完成压缩设备安装调试，全面投入使用。拆除2座临时生活垃圾转运点，杜绝垃圾落地转运。

生活垃圾分类宣传栏 （蔡炎波 供稿）

【市政道路清扫保洁】 2019年，路面作业坚持人工清扫、机械清扫、水车冲洗、喷雾抑尘“四位一体”的作业模式，提升市政道路卫生水平。路面人工清扫、巡回保洁落实每天“2普扫2保洁”制度，作业时间12小时。城区主干道每天进行2次机械清扫，作业时间7小时，扫路车全部使用湿式清扫，路面清扫作业全过程抑制扬尘，防止污染空气。洒水车每天对城区主路面进行3次冲洗，作业时间9小时，根据路段交通情况，分时段进行。抑尘喷雾车每天巡回喷雾，抑制城区道路扬尘，对城区主干道及车流量大、扬尘污染严重路段，增加喷雾抑尘时间，尽量减少扬尘，提高城区空气质量，作业时间6小时。

【牛皮癣清理】 2019年，使用专门清洗车，落实专人负责，每天在城区全面巡回，对城区垃圾桶、果皮箱、公厕、垃圾转运站等市政环卫设施上的“牛皮癣”，广场、大街小巷、天桥等公共场所的“牛皮癣”进行全面清理，对垃圾桶、果皮箱进行全面清洗，使城区市容形象大有改观。

【文明公厕创建】 2019年，推进主城区10座市政建设配套公厕文明创建工作。每天组织人员进行全面检查，发现问题及时解决。落实专人保洁，提高卫生保洁质量水平。进行照明灯具、洗手器具、冲水器等公厕内部设施设备检修维护，对被破坏、老旧设施进行维修更换，解决内部设施破损、不完善问题。补充安装文明如厕等提示牌多批，增设公厕指示牌12处，增设无障碍通道标示牌5处。对10座公厕安装防蚊纱窗、软胶门帘，落实防蚊措施。经常性对公厕周边环境进行整治，清除杂草、清除垃圾杂物，确保门前无乱设摊、乱搭建、乱张贴、乱堆放等行为。

【环境卫生集中整治】 坚持常态管理和动态管理相结合的工作机制，开展集中突击整治，提高城区环境卫生质量。2019年，出动2500多人次，雇用手扶、大货车、铲车、挖掘机等作业车辆，针对市政道路两侧、城乡结合部、卫生死角等进行清理整治，清理垃圾杂物3000多吨。春节前、国庆前、创文迎检前开展多次“全城大水洗”行动，区卫生事务中心干部职工全员参与城区市政道路步行道人工冲洗作业。

【生活垃圾收集转运】 2019年，加强城区生活垃圾收集、转运过程管理，避免二次污染。加大垃圾收集力度，全面推行生活垃圾袋装、定时投放，规划好住宅小区、沿街铺户生活垃圾投放时间，收集人员每天早晚2次集中上门收集，中午增加1次沿街机动收集，适时增加垃圾收集作业班次，及时将垃圾集中到各中转站，确保垃圾不落地。加大垃圾转运力度，做好垃圾压缩运输车辆、装载车和司机、垃圾清理工合理搭配，规划好每一车辆清理运载范围、运载路线安排，每天清早和中午2次清理转运，晚上根据当天垃圾量安排增加运载班次，坚持生活垃圾日产日清，主城区日产生活垃圾150吨，全部转运至市垃圾处理场进行无害化处理。

（蔡炎波）

供水

【概况】 2019年，揭东区自来水公司以“安全优质供水，真诚服务社会”为经营理念，严格管理，实现安全优质供水。供水范围包括揭东城区、曲溪街道、埔田镇、云路镇、玉滘镇、中德金属生态城和空港经济区的砲台镇、登岗镇（潮汕机场）等，供水管道长400多千米，供水人口近50万人。2019年4月，揭东区自来水公司整体移交揭阳市人民政府国有资产监督管理委员会管理，2019年6月，整体移交揭阳市水务集团管理。

【供水情况】 2019年，日供水量10万立方米，全年供水总量3700万立方米，售水量3100万立方米，供水产值4900万元，上交税金268万元，受理报装开口140个。

揭东自来水公司办公大楼 （江岚 摄）

【供水管理】 2019年，揭东区自来水公司按照省《城镇供水规范化管理考核要求》规范生产管理工作，抓好原水把控、生产安全、水质创优、供水正常、产销同增、服务提升等方面工作，保障安全优质供水。生产安全方面以“安全第一、预防为主、综合治理”为方针，做好重点危险源和重大风险排查整治工作，堵塞安全风险漏洞，实现全年生产安全无事故；水质创优方面按照国家规定标准的制水工艺流程，严把生产各个环节，供水水质采取三级检测体系，达到日检10项、月检42项、半年检106项的检测要求，出厂水质综合合格率保持在98%以上，优于国家新规定的《生活饮用水卫生标准》。

【管道建设】 2019年，揭东水厂到人民大道供水管道工程投入资金60万元，建筑安装工程部分正在按程序报批中；投资62万元完成开发区龙山路DN200供水管道长850米。

（江岚）

交通运输

【概况】 2019年，全区交通基础设施建设完成投资34000万元，完成地方公路建设改造51千米。全区客运量260万人次，货运量836万吨。完成交通行政许可15宗；查处运政、路政案件690宗。

【交通基础设施建设】 2019年，完成揭东区“四好农村路”建设任务51.2千米，其中“畅返不畅”整治28.4千米，砂土路和硬化路改造22.8千米，完成投资6200万元。推进公路生命安全防护工程建设，完成公路标线2864.54平方，标志牌235块，道口标注及示警桩3850根，完成投资785万元。完成县道X107线绿化14.8千米，投资94万元。

【运政管理】 2019年，交通运输窗口业务办结率达到100%。完成2019年黄标车淘汰工作，淘汰黄标车160辆；完成行政许可15宗，其中驾培机构行政许可1宗，普通货运企业行政许可14宗。把好源头监管关，印发1238份安全生产法的宣传资料分发到本辖区各交通运输服务行业，签订交通安全生产承诺书2200份。做好运输的年审工作，清理注销不符合要求车辆4800台，从源头上确保了营运车辆的安全性能。做好道路运输驾驶员从业资格继续教育管理工作，提高驾驶员的职业素质。

【城镇公共交通】 2019年，全区农村客运班车车辆36辆，座位810座，优化2条农村客运线路，提高效率完成村村通农村客运的目标；揭阳市绿源新能源公交股份有限公司在揭东区投入运营新能源汽车20辆，线路2条，继续维持揭东区与市区的公共交通联系。全面改建辖区候车亭，结合揭东区实际，完成优化改建候车亭56个，总投资360万元，提升城市形象和品位。

【安全生产】 2019年，揭东区交通运输局落实安全生产责任制，实行“一岗双责”，完善全区交通运输行业安全生产管理，开展安全生产宣传教育培训活动，提升管理人员和从业人员的安全意识，促进行业安全生产形势稳定好转。谋划年度工作计划，制订年度行业安全生产监管与应急管理工作要点、年度安全监督检查工作计划、年度行业安全生产宣传培训教育计划，为全面、系统地做好行业安全工作定下总基调。落实局班子成员分片负责制，强化重点运输企业的安全监管工作。把安全生产工作责任落实到每个岗位，强化行业部门的监管职责，压实运输企业的安全生产，主坚持召开安全例会，每个季度都组织召开党组会议专门研究与部署行业安全生产工作、召开行业安全生产工作会议暨防范重特大安全生产事故会议，指挥、协调各业务管理部门、基层管理单位与交通生产经营单位认真履职，做好各个阶段的安全生产工作。

【运输企业】 2019年，全区公路旅客运输企业2家，年完成客运量260万人，客运周转量25350万人千米，货运量836万吨，货运周转量145800万吨千米；码头企业8家，其中危险品货物装卸码头企业4家，普通货物运输码头企业4家，最大靠泊能力3000吨，年度码头企业货物吞吐量278万吨。

【揭东区交运汽车运输总公司】 2019年，揭东区客运改革工作基本完成。揭东区交运汽车运输公司停止营业，该公司及其下属分公司原有挂靠车辆82台，根据揭阳市揭东区交通运输局文件要求，符合客改条件的32台车辆已过户到揭阳市通畅汽车客运有限公司，不符合重组条件的车辆已停班停运并办理过户注销。

（杨 宪）

公 路

【概况】 揭东区公路局辖养国、省道公路里程81.525千米，其中国道61.276千米、省道20.249千米。2019年，公路养护管理投入小维费1093.2万元（含8月增加职业年金55.2万元），水毁抢修资金15万元，优良路率100%，创优良路理程69.434千米。

【公路建设】 2019年，形成玉湖至新亨段灾毁路面修复工程项目建设方案；研究制订揭东区揭丰路新亨段改建工程可行性报告；对玉湖至新亨灾毁路面坑槽和破损部分组织实施大面积路面修补，修补路面坑槽5000平方米。

【养护管理】 2019年，区公路局在做好公路养护管理的同时，紧紧围绕提升城区品位，参与城市“创文”、“五城同创”和“五路同绿”创建活动，组织人力900人次、机械150台班，对城区路边际线、路缘石进行全面清洗，配合交警对标线进行修补、提升公路路容路貌，保障辖养公路通行能力稳中有升。

【路政管理】 2019年，路政所坚持“加强宣传、服务至上、规范管理、保障畅通”为目标，加大宣传巡查力度，维护好公路路产路权，做好国、省道沿线“三清三拆”工作，期间累计出动工作人员300人次、雇佣大型吊车完成公路红线内107宗清拆任务。全年累计上路巡查269天、1076人次，累计巡查里程46850公里、清障43次、拆除横幅136条、堆积物320立方米、违章活动牌290块、乱摆摊点51处。

（潘伟锋）

海事工作

【概况】 2019年，揭东海事处辖区船舶进出港8962艘次同比减少6.1%，货物吞吐量2060万吨，同比基本持平。其中，危险品船舶艘次2474艘，同比增加3.8%，危险货物吞吐量324，同比增加16.1%。

【渡船管理】 2019年，根据《揭阳市关于开展渡口渡船安全大检查的通知》《揭阳海事局关于印发“奋战50天 全面保平安”水上交通安全监管重点攻坚行动方案的通知》及《防治船舶水污染专项整治活动实施方案》要求，揭东海事处结合辖区实际，开展辖区渡运安全监管工作，为保障重点节假日期间广大人民群众的安全出行，揭东海事处针对春节、“两会”、清明、“五一”、国庆节等重要节假日前时间节点，多次联合地方交通港航部门，开展渡口渡船全覆盖式安全检查，重点检查渡船航行设备、信号设备、消防救生设备等，及时排查安全隐患。研究往年渡运数据，分析辖区渡运规律，根据潮汕地区在冬至、春节、元宵节、清明节等重大节日期间的民俗习惯，渡口渡船在重点节日期间将迎来渡运客流高峰的特点，利用电子盯防、现场驻守等方式加强渡运叮嘱盯防，提醒过往海船加强瞭望，减速慢行，要求渡口所在乡镇安全管理人员和渡船经营人强化辖区渡运现场维护，宣传渡运安全知识；按照《防治船舶水污染专项整治活动实施方案》要求，督促渡船设定垃圾存储区域，杜绝违规操作污染内河水域等违法行为。强化强降雨、台风、大雾等恶劣天气预警预控工作，揭东海事处及时接收气象信息，通过广大智慧海事监管服务平台群发短信功能，向辖区渡工及村镇相关负责人发布安全预警信息，要求做法防范措施。

【危险品运输管理】 2019年，揭东海事处以“安全生产月”和《揭阳海事局关于印发船舶载运危险货物安全综合治理行动方案的通知 》要求，做到提前介入，强化辖区危险品监管。厘清辖区危险品码头装卸货物种类，严把危货申报审批关，严禁船舶超吨位、超码头卸货种类靠泊装卸货作业；加强液货船作业期间安全检查，要求严格按照“船/岸检查表”项目开展工作重点检查船舶消防、救生、防污染设备是否符合要求，船员日常履职是否到位；船舶是否适航、适装、船舶AIS、VHF设备是否处于常开状态、船员是否适任、船岸检查表相关措施是否落实到位等情况；加强危险品码头水域巡航检查，危险品码头水域是否有船舶违规抛锚现象，加强与码头沟通协调，要求码头、船舶落实安全生产责任，落实号防火、防爆、防污染等安全措施，排查管控载运危险品船舶运输风险，保障辖区危险品运输安全。

龙舟赛护航 （方建羽 摄）

【通航环境管理】 2019年，揭东海事处按照“三个结合 ”安全监管方式，结合2019年揭阳海事局《安全生产风险防控和隐患排查治理百日行动实施方案》《“防风险、保安全、迎大庆”特别防护期水上交通安全监管工作方案》《“安全生产月”和“安全生产万里行”活动方案》及《关于进一步加强“五一”及端午期间龙舟活动安全管理工作的通知》等一系列专项整治活动方案要求，揭东海事处加强辖区巡航检查工作，重点加强节假日、夜间等薄弱时段的现场巡航工作，强化现场管控，排查桥区水域、渡船水域、弯道水域的安全隐患，惩治违章锚泊、渡船非法载运小汽车、船舶违规并靠、未按规定报告进出港信息和未按规定保持船舶自动识别系统处于正常工作状态等违法违规行为，以处罚加教育的模式提高辖区船舶守法和安全意识，维护辖区水域安全畅通。端午龙舟赛、学生开学期间，揭东南河海事处派出党员突击队、青年突击队深入现场，乘坐海巡艇为重点渡口和比赛活动水域进行维护秩序和护航，保障人员出行安全和活动顺利进行。加强到港船舶船用燃油硫含量检测，船舶防污染设施设备配备和运行工况，防污染文书记录等方面的检查，惩治船舶违规排放生活污水、违规倾倒生活垃圾的行为，保障榕江水体良好和通航环境安全。

2019年，揭东海事处按照“三个结合 ”安全监管方式，结合2019年揭阳海事局《安全生产风险防控和隐患排查治理百日行动实施方案》《“防风险、保安全、迎大庆”特别防护期水上交通安全监管工作方案》《“安全生产月”和“安全生产万里行”活动方案》及《关于进一步加强“五一”及端午期间龙舟活动安全管理工作的通知》等一系列专项整治活动方案要求，揭东海事处加强辖区巡航检查工作，重点加强节假日、夜间等薄弱时段的现场巡航工作，强化现场管控，排查桥区水域、渡船水域、弯道水域的安全隐患，惩治违章锚泊、渡船非法载运小汽车、船舶违规并靠、未按规定报告进出港信息和未按规定保持船舶自动识别系统处于正常工作状态等违法违规行为，以处罚加教育的模式提高辖区船舶守法和安全意识，维护辖区水域安全畅通。端午龙舟赛、学生开学期间，揭东南河海事处派出党员突击队、青年突击队深入现场，乘坐海巡艇为重点渡口和比赛活动水域进行维护秩序和护航，保障人员出行安全和活动顺利进行。加强到港船舶船用燃油硫含量检测，船舶防污染设施设备配备和运行工况，防污染文书记录等方面的检查，惩治船舶违规排放生活污水、违规倾倒生活垃圾的行为，保障榕江水体良好和通航环境安全。

【防台防汛管理】 2019年，强对流天气高发，台风生成早、发展快，汛期持续时间较长，做好防台防汛工作，揭东海事处按照《揭阳海事局防热带气旋应急预案》及《揭阳海事局防台网格管理手册》为指引，落实防台“赶、锚、固、守、救”五字方针，按照“早准备、早部署、早检查、早落实”的要求，制定防台安全措施做好防热带气旋工作，保障船舶、设施和人命财产的安全，保障辖区安全形势稳定。做好辖区船舶摸底调查，排查辖区风险隐患，通过走访、现场检查等方式向船方宣传个别地区发生闲置船舶碰撞桥梁事故的经验教训，督促船舶所有人或经营人加强管理，防止失管失控，避免漂流碰撞桥梁、堤坝、船舶；坚持早准备、早部署、早检查、早落实的方针，及时接收并跟踪强对流、台风等气象信息，及时通过广东智慧海事监管服务平台向辖区所有船舶及相关人员发送预警信息，要求船舶提前做好相关防范措施；台风期间，揭东海事处按照局响应的防台应急响应要求，巧用智慧平台设置防台管控措施，及时对在港船舶进行“一对一”点名，加强巡航检查，做好“台前宣传，台中管控，台后疏导”等工作，2019年，揭东海事处成功防御“白鹿”等台风，实现防台期间辖区安全形势稳定。

（方建羽）

CAISHUI
YINHANGBAOXIAN

财税·银行·保险

揭東年鑒

财税·银行·保险

■责任编辑：姚家丰

财 政

【概况】 2019年，全区一般公共预算收入8.4亿元，完成调整预算的101.93%，同比减收0.71亿元，下降7.75%，其中税收收入4.9亿元（含工商税4.34亿元，耕地占用税0.13亿元，契税0.43亿元），非税收入3.5亿元。全区一般公共预算支出36.66亿元，完成调整预算的103.18%，同比增支4.83亿元，增长15.18%，其中财政八项支出29.56亿元，同比增长18.60%，占一般公共预算支出80.64%。按照现行财政管理体制，一般公共预算收入加上级补助收入、下级上解收入、调入资金、债务转贷收入和上年结余收入，全区财政总收入44.51亿元；一般公共预算支出加上解上级支出、债务还本支出和调出资金，全区财政总支出38.86亿元。收支相抵，全区财政收支结余5.65亿元，全部结转下年度使用。

【财税征收】 2019年，区财政部门强化落实镇街协税护税与税收增量考核奖励挂钩机制，发挥牵头作用，促进应收尽收。加强重点税源和纳税大户征管，开展建筑服务项目、不动产销售（租赁）、房产税和城镇土地使用税以及工业小规模纳税人等涉税清理，增加收入。完善园区基础设施配套，全方位服务新型工业区25个在建建设项目和中德金属生态城已供土地项目，确保在建工程属地纳税和企业尽快建成投产，壮大税源。跟踪重点项目建设进展，加强揭阳站、引韩工程、进贤门大桥和开发区通用厂房等基建项目建安税收管理，清缴各项税费。加快有序供地，按照全年供地计划倒排时间表，明确土地出让金收入入库时间节点，土地出让金收入大幅度增长。强化“收支两条线”管理，重点清理清收机关事业单位历年应缴未缴非税收入，结合国有企业改制工作，加大存量资产盘活处置力度，非税收入有效增长。

11月25—29日，区财政局到锡场镇举办“2019年揭东区农村财务会计管理工作会议暨财政支农政策培训班”活动 （钟佩芬 供稿）

【支持地方经济社会建设】 2019年，区财政局加大财政资金统筹力度，支持地方经济社会建设，促进经济社会持续健康发展。向上争取资金，全年争取地方政府新增债券转贷资金9.34亿元和园区发展补助资金0.30亿元，保障重点项目建设。加大财政存量资金清理力度，全年盘活财政存量资金1.20亿元，纳入总预算统筹使用。落实稳增长调结构专项资金，全年拨付扶持企业科技创新发展、技术改造转型升级及生态环境保护等专项资金1.46亿元，扶持企业创新发展，促进经济可持续发展。

【改善和保障民生】 2019年，区财政局坚持民生引领发展，加大对教育、医疗卫生、社会保障、民生水利、环境保护、公共文化事业、交通运输和保障性住房等民生领域的资金投入，全年完成民生支出28.96亿元，占一般公共预算支出79.01%，同比增长19.29%，稳步提高底线民生保障水平，确保应保尽保。支持实施乡村振兴战略，按照“大专项+任务清单”管理模式，建立涉农资金整合统筹新机制，整合涉农资金3.19亿元，支持乡村振兴重点项目。支持打赢三大攻坚战，坚持底线思维，聚集重点任务，加大补短板、强弱项力度，集中财力支持三大攻坚战，全年统筹安排各级精准脱贫资金0.99亿元，支持脱贫攻坚战；区级统筹安排节能环保支出2.69亿元，同比增长224.12%，打好大气、水、土壤等污染防治攻坚战，重点支持枫江流域污染整治、截污项目和黑臭水体治理，推进生态保护与修复。支持创建全国文明城市和国家卫生城市，全年拨付创文创卫资金2.11亿元，推动“五城同创”工作深入开展，做好挂钩结对创文创卫等各项活动经费保障。

【财政改革】 2019年，区财政局推进各项财政改革，推动财政管理提质增效。推进财政预算编制执行监督管理改革，制定出台《揭阳市揭东区深化预算编制执行监督管理改革的实施细则》，建立项目库系统，构建大财政大预算格局，明确预算管理权责，提高财政资金使用效益。完善镇街财政管理体制，制订出台《揭阳市揭东区财政管理体制调整方案》，理顺镇街财政分配关系，整合优化财政资源配置，加大均衡性转移支付力度，促进“钱”和“事”相统一，提升镇街财力保障水平，促进区域协调发展。出台产业园区财政管理体制，制订出台《揭阳市揭东区产业园区财政管理体制实施方案》，建立激励机制，调动产业园区招商引资、增强园区经济发展内生动力，促进全区经济社会事业可持续发展。推进全区财务核算信息集中监管改革，全区各预算单位纳入财务核算信息集中监管系统，实现预算单位会计核算信息与国库集中支付信息匹配关联，强化财政资金使用监管。推进“放管服”改革，完善优化国库集中支付流程，提高财政预算执行效率。推进区涉农资金统筹整合改革，制定出台《揭东区涉农资金统筹整合实施方案》和《揭东区涉农资金统筹整合管理办法》，推进行业内资金整合与行业间资金统筹相互衔接配合，规范涉农资金管理和使用。

【接受监督和执行监督管理】 2019年，区财政局强化财政监督管理，推进财政部门依法行政和依法理财工作。联合区审计部门在全区范围内开展财务大检查，组织开展全区预算单位内部货币资金、预决算公开、私车公养、2013—2019十大民生实事专项检查及惠民惠农“一卡通”专项治理工作，加强财政监督检查，规范财务管理。举办2019年全区农村财务会计管理工作会议暨财政支农政策培训班，参训人数1285人，提高镇（街）、村（居）干部和财会人员法律法规意识和业务水平，促进农村财务管理工作逐步走向法治化、规范化和制度化运作轨道。加强政府投资项目审核，全年审核工程预算项目60个，核减工程造价0.48亿元；审核工程结算项目39个，核减工程造价0.04亿元。加强政府采购管理，全年审核办理政府采购66宗，采购金额1.04亿元。

【国有资产管理】 2019年，区财政局深化国有企业改革，完成揭东新华书店由省新华发行集团以现金收购方式进行资产重组工作，实现企业国有资产保值增值。落实国有资产管理情况报告制度，组织开展国有资产管理情况调查，摸清全区国有资产底数，牵头完成揭东区2018年国有资产管理情况综合报告和行政事业性国有资产管理情况专项报告，首次向区人大常委会报告全区国有资产管理情况。建立健全全区国有资产管理规章制度，逐步形成行政事业性资产管理与财务管理、预算管理相结合的国有资产管理制度，依托国有资产综合管理信息系统平台，加强行政事业单位国有资产配备、使用、处置的监管。全年行政事业单位资产23.16亿元（含流动资产10.55亿元，固定资产10.66亿元），负债7.6亿元，净资产15.55亿元。

（钟佩芬）

税收

【概况】 2019年，揭东区税务局组织税费收入31.12亿元，同比增长15.37%，圆满完成全年各项收入任务。组织国内税收收入18.58亿元，同比下降7.85%，其中：市县库6.74亿元，同比下降9.74%；区级库4.93亿元，同比下降12.80%。组织费金收入12.54亿元，同比增长84.15%，其中社会保险费11.83亿元，同比增长96.45%。办理出口产品退税6.40亿元，同比下降10.97%。

【组织收入】 2019年，揭东区税务局强化税种管理和挖潜增收，克服经济下行、重点税源企业减收、一次性税源大幅度减少等不可比因素影响，提高收入质量。全年组织税费收入31.12亿元，同比增长15.37%，完成全年各项收入任务。组织国内税收收入18.58亿元，同比下降7.85%，其中，市县库6.74亿元，同比下降9.74%；区级库4.93亿元，同比下降12.80%。组织费金收入12.54亿元，同比增长84.15%，其中，社会保险费11.83亿元，同比增长96.45%。办理出口产品退税6.40亿元，同比下降10.97%。

【减税降费】 2019年，揭东区税务局成立减税降费工作领导小组，建立健全工作制度，压实责任，坚持流程化推进、挂图式作战，制订各类工作台账，实行集中办公，确保减税降费政策措施落实各项工作抓到位。多次向区委、区政府作汇报、讲税课，全年得到许剑芒区长等领导的肯定性批示3次。全年落实减税降费合计3.81亿，其中税收3.28亿元，社会保险费0.53亿元。5月31日，财政部副部长余蔚平率队赴揭东区调研减税降费情况，肯定揭东区税务部门减税降费纳税服务工作。

7月2日，揭东税务局举办“习声回响，青春共话”经典传颂活动

（周家伟　摄）

【税费征管】 2019年，揭东区税务局开展金三并库中双轨试运行、金三并库大双轨试运行、数据清理、管户对照等一系列工作，为金三并库版夯实上线基础，确保金三并库版于3月1日在全区顺利上线和上线后首个征期的顺利过渡。统筹抓好增值税改革、个人所得税改革、社保扩面征缴、企业所得税管理、出口退税管理等各项税费征管工作，加强对旧糖

厂、高铁电气化、引韩工程、206国道改线、景观桥、沿江路风情街、中德金属生态城等重点项目的跟踪，开展经济户口清理、增值税纳税人纳税评估、企业所得税纳税辅导、房土两税专项清理，堵漏增收，确保有关税费征收入库。

【纳税服务】 2019年，揭东区税务局优化纳税服务和税收营商环境，提升纳税人缴费人满意度获得感，根据第三方机构开展的纳税人满意度调查结果显示，揭东区税务局2019年纳税人满意度得分位于全市第1、全省第8。开展“便民办税春风行动”，全面深化“放管服”改革，推行办税事项同城通办和省内通办，完善首问责任制、限时办结、预约办理、延时服务、24小时自助办税等服务制度，推进最多跑一次、新办纳税人套餐服务新服务模式。落实纳税信用管理，通过开展2018年度纳税信用等级评价工作，评出A级纳税人共295户，比往年增加137户。拓宽纳税人诉求渠道、建立热点难点问题解答机制、建立纳税人投诉管理快速通道等方式，强化纳税人权益保护，营造更省心、更舒心、更暖心的办税环境。

【依法治税】 2019年，揭东区税务局坚持内外并举，以内促外，深入推进法治税务建设。做好相关经济责任审计工作，配合好政法委持续开展扫黑除恶专项斗争。推行三项制度工作，细化审核主体、范围、内容、程序，落实税收执法督察和内部审计监督,组织税收执法考试,做好内部控制机制建设。开展防范增值税发票风险专项工作、出口退税风险应对任务工作、房地产行业和股权转让专项风险识别和应对工作、成品油生产企业风险排查工作和异地协作平台和防虚系统数据处理工作等风险防控工作，采取风险核查、纳税评估或移交稽查等相应的应对措施，加强风险防控管理。

【税收宣传】 2019年，揭东区税务局围绕“落实减税降费，促进经济高质量发展”税宣主题，结合揭东实际，精心策划，周密安排，组织开展减税降费税企座谈会、税收主题风筝、乐跑马拉松税宣、减税降费专场培训班等一系列形式新颖、内容丰富税收宣传活动，向社会宣传减税降费政策，提高税收宣传实效，为揭东经济社会发展营造良好税收舆论环境。

【队伍建设】 2019年，揭东区税务局把握党的政治建设这个根本性建设，增强“四个意识”、坚定“四个自信”、做到“两个维护”。配合省税务局党委第三巡察组下沉巡察揭东区税务局工作。落实贯彻主题教育工作要求，创新开展“三学四重五查”党日活动和各类党建活动，走深做实主题教育。落实“两个责任”实施办法，坚持履行党委主体责任、书记第一责任、班子成员“一岗双责”，实行党建指导员制度，推动管党治党政治责任有效落地。落实“基层减负年”要求，持之以恒落实中央八项规定，整治形式主义、官僚主义。巩固扩大国税地税机构合并成果，干部队伍“事合、人合、力合、心合”得到进一步深化。坚持分级分类、按需施教，先后组织开展春训、全员培训、集中学习研讨班等培训，组织开展“岗位大练兵，业务大比武”活动。推进职务与职级并行工作，进一步激发干事创业活力。2019年，揭东区税务局先后获得市级“巾帼文明岗”“揭阳市2016—2018年度文明单位”“2019年度揭阳市先进职工之家”等称号。

（周家伟）

银 行

中国人民银行揭东支行

【概况】 2019年，揭东区银行业运行呈现健康发展趋势。至2019年12月，辖区各银行机构本外币各项存款余额375.48亿元，占揭阳市15.46%，同比增长5.39%；各项贷款余额

191.82亿元，占该市16.23%，同比增长6.61%。中国人民银行揭东支行（简称“人行揭东支行”）履行基层央行职责，认真贯彻执行稳健货币政策。至2019年12月，全区银行机构7家，保险机构10家，证券机构2家。

【货币政策】 2019年，人行揭东支行贯彻中央经济工作会议精神，传达、贯彻落实稳健货币政策。组织召开辖区金融机构联席会议，恢复金融运行季度分析会制度，结合全省、市金融热点交流分析辖区金融运行情况，研究金融支持实体经济的对策措施，提升窗口指导实效。

【拓展履职领域】 2019年，人行揭东支行推动金融精准扶贫和乡村振兴工作。完善金融扶贫工作机制，引导金融机构发挥金融服务助推脱贫攻坚作用，推动金融资源重点投向贫困地区；举办揭东区中小微企业融资产品推介会。由各银行机构面向广大中小微企业推介主要融资产品进行推介座谈交流；推动辖区“访百万企业 助实体经济”专项行动规范有序开展。2019年，辖区银行机构累计走访企业7362家，首访企业6842家，累计发放贷款户数48户、金额7971.16万元，已放款加权平均利率为5.54%。

【支付结算】 2019年，人行揭东支行组织对部分银行机构开展支付结算现场检查。加强人民币银行结算账户管理，规范辖区银行卡收单业务，维护支付服务市场秩序，防范支付结算业务风险。落实“放管服”改革，强化支付服务为民理念。指导辖区银行机构按照操作流程办理企业开户手续，做好取消企业银行账户许可工作。

【经理国库】 2019年，人行揭东支行全面织紧国库资金安全防护网。落实主体责任，强化国库事前、事中、事后监督；开展国库业务自查，配合上级国库部门的检查、监督工作等工作手段，切实防范国库资金风险；开展商业银行代理国库业务现场检查，防范国库资金风险，确保国库资金安全；加强与财税部门的沟通协调，优化业务审批速度。2019年，揭东支库受理缴款收入16.03 万笔，实现预算收入入库54.83亿元；库款支拨12053笔，金额49.48亿元；预算收入更正（调库）118笔，金额2.03亿元；退库1966笔，金额9.01亿元。

【维护金融稳定】 2019年，人行揭东支行严加辖区金融业重大事项及重要信息报告制度执行纪律。通过召开重大事项管理工作会议和印发重大事项及重要信息报告制度，防范和化解金融风险，维护辖区金融稳定；做好辖区金融系统综治工作。联合政法委开展金融综治工作检查考核并组织召开辖区金融系统社会治安综合治理和平安金融创建工作会议，组织辖区各金融机构签订2019年度《社会治安综合治理暨平安金融创建工作责任书》。配合地方相关部门深入推进扫黑除恶专项工作。包括互联网金融风险专项整治、惩治和防范非法集资、惩治假币犯罪、打击治理电信网络新型违法犯罪等工作。落实打好防范化解重大风险攻坚战的要求。关注辖区农合机构经营运行情况、改制进展情况、风险防控及处置措施等情况。

11月5日，揭东人行在榕泰广场举办金融宣传活动

（林燕 摄）

【金融知识宣传】 2019年，人行揭东支行组织开展“普及金融知识，守住‘钱袋子’”暨

“银校结对送金融知识进课堂”“2019新版人民币防伪知识及金融知识”“投资国债 安全理财”等大型户外宣传活动，将金融服务精准延伸至社区、至学校，让群众享受到方便快捷的金融知识普及和宣传服务。

（林 燕）

中国农业银行揭阳揭东支行

【概况】 中国农业银行股份有限公司揭阳揭东支行（简称“农行揭东支行”）位于揭东区汇源路北侧汇润·熙岸尚城铺面5—13号，支行现有网点总数8个,支行机关设4个部门,全行从业人数120人。2019年，揭东支行各项存款余额50.87亿元，各项贷款余额41.51亿元。推进扩户提质、“一号工程”和网点转型三大基础性工程，控险强基，拓展市场,优化客户结构，增强资金实力，提高资产质量，稳健经营、各项工作稳步持续发展。

【存款业务】 2019年12月，揭东支行各项存款余额50.87亿元，比年初增加1.84亿元,四行同业余额、增量均排名第一。其中，储蓄存款余额和对公存款余额分别为43.15亿元和7.72亿元。

【信贷业务】 2019年12月，揭东支行各项贷款余额41.51亿元，比年初增加3.87亿元，“四行”同业余额、增量均排名第一。其中，法人贷款余额26.38亿元，比年初增加0.75亿元。个人贷款余额15.13亿元，比年初增加3.12亿元。

【中间业务】 2019年，揭东支行全年实现各项中间业务收入4470万元，市场份额占四行同业排名第一，较2018年同比增长840万元。揭东支行重视中间业务的多渠道发展，中间业务保持收入平稳增长，做好分期业务、贵金属、投资银行业务等新兴中间业务的发展，中间业务收入结构不断优化。

【提升金融服务】 2019年，揭东支行助推地方产业转型升级，对接地区基础设施和重点项目，重点做好潮惠高速、揭惠高速等交通基础设施建设项目的融资支持及金融服务工作；支持产业园区建设，加大对中德金属产业园和揭东经济开发区内企业的贷款支持力度；支持特色农林牧、县域旅游等特色产业，支持特色农业的发展；加大对新型农业经营主体投放贷款力度，支持农户经营和发展，支持发展地方特色经济，根据揭东区竹笋产业园的特色发展制订《揭阳市揭东区竹笋产业园金融服务方案》，为揭东区竹笋产业园量身定制金融服务产品“竹笋e贷”，为竹笋农户提供资金支持；实施“金穗惠农通”工程，延伸金融服务触角，使农民客户能够真正得到实惠，足不出村都能享受到优质便捷的金融服务；普及智能银行概念，推动“决胜掌银”工程和超级柜台投放，减少客户排队等候的时间。强化担当，确保“一号工程”各项任务落实，注重方法，讲求效果，提高效率，确保完成“一号工程”及金融扶贫各项目标任务。

（林佚嘉）

中国工商银行股份有限公司揭东支行

【概况】 中国工商银行股份有限公司揭东支行（简称“中国工商银行揭东支行”）设立于1992年，位于揭东区城西206国道北侧圩埔路101号。2019年，支行网点总数为支行营业部和炮台、锡场两个二级支行共3个，设立市场营销部，负责市场营销及一切后勤保障等行政工作,支行在职人员总数为41名。2019年12月，中国工商银行揭东支行人民币各项存款余额20.65亿元，各项贷款余额达到16.01亿元。

【存储业务】 2019年，中国工商银行揭东支行主要开办活期存款、定期存款、通知存款、协定存款、结构性存款等。2019年12月，人民币各项存款余额20.65亿元。其中，储蓄存款和对公存款分别达16.59亿元和2.47亿元。

【信贷业务】 2019年，中国工商银行揭东支行主要开办流动资金贷款、项目贷款、票据贴现、个人经营性贷款、个人综合消费贷款、个人住房抵押（按揭）贷款、质押贷款等。加大办理小微企业小额信用贷款、网贷通、大宗消费分期付款、个人网络循环贷款等业务，支持地方经济建设。2019年12月，各项贷款余额达到16.01亿元，资产质量优良。其中公司贷款为8.51亿元，个人贷款达7.50亿元，有力支持地方经济建设和满足城乡居民消费等金融需求。

【国际业务】 2019年，中国工商银行揭东支行主要开办结汇、售汇、人民币跨境结算，主要产品有付汇宝、出口发票融资等贸易融资品牌，推进出口发票融资和进口T/T融资等。

【中间业务】 2019年，中国工商银行揭东支行主要开办贵金属、转账、汇兑、票据、资金清算等支付结算业务；推出牡丹信用卡、灵通卡、贷记卡、联名卡等系列银行卡；开通自助银行、网上银行、电话银行、手机银行等电子银行业务；办理银保、银证等三方存管业务、理财业务、代理业务；代理销售、兑付政府债券；办理资信证明、现金管理等咨询顾问业务，投资银行业务、企业年金托管业务，银行承兑汇票、信用证、保函等担保或承诺业务；金融衍生业务。2019年12月，全行实现中间业务收入2617.28万元。

【优化金融服务】 2019年，中国工商银行揭东支行通过服务进基层、进市场的金融知识宣传营销活动，推进“服务标杆网点”创建等工作以及开展“岗位服务明星”“巾帼文明岗”等服务窗口和党员干部创先争优活动，利用3G移动终端开展金融服务进社区、进厂区、进校园，开展“金融知识进电子商务村”“普及金融知识万里行”等宣传教育等活动，提升业务效率和金融服务水平。维护地方金融稳定，促进地方经济建设的前提下，加强内控考核力度和管理，保障安全运营。配合揭东区委、区政府开展金融系统社会治安综合治理活动、创建平安金融单位，做好投诉建议等信访和维稳工作，保护消费者合法权益。2019年，完成该系统年度内控评价工作，继续蝉联内控管理一级三档高标准。落实反洗钱各项工作要求。落实“四防”演练，完善ATM机110联网报警系统。通过每月案防分析会、案情通报等形式，加强案防教育，强化员工的案防意识，平衡人员紧缺和日常生产繁忙冲突，安排支行人员加强值班管理工作，延长支行周边营业环境巡视时间和加大巡视频率，维护揭东城乡工商银行揭东支行自助交易区域安全，实现自助交易绿色通道畅通无阻，树立工商银行良好企业形象和品牌效应。

（黄胜吉）

中国建设银行股份有限公司揭东支行

【概况】 2019年，中国建设银行股份有限公司揭东支行（简称“揭东支行”）推出创新产品，提高金融服务质量，加强与重点项目的合作，扶持当地中小企业的发展。配置多台多功能智慧柜员机，推出“云税贷”等普惠金融贷款，加大对小微企业的服务和支持力度，设备的智能化、自动化，业务的线上化、便捷化，取得不俗的成绩。2019年12月，揭东支行一般性存款余额26.65亿元，各项贷款余额13.90亿元。

【负债业务】 2019年12月，揭东支行一般性存款余额26.65亿元，比年初新增0.17亿元。其中对公存款余额10.02亿元，比年初新增2.31亿元；个人存款余额16.63亿元，比年初新增2.48亿元。

【资产业务】 2019年12月，揭东支行各项贷款余额13.90亿元，同比增加3.10亿元。其中，个人贷款7.61亿元，对公贷款6.29亿元。

【普惠金融】 2019年，揭东支行解决企业融资难、融资贵的问题，扶持小微企业的发展，推广创新产品“云税贷”和”“抵押快贷”等产品。至2019年12月，普惠金融贷款余额2.37亿元，比年初增加5738万元，支持当地中小企业发展。普惠金融贷款利率下调至4.50%，月息仅0.375%。

【科技金融】 科技金融是建设银行整合各方资源，针对高新技术企业打造的专属服务品牌。2019年，揭东支行继续对高新技术企业提供科技金融融资，为高新技术企业提供全方位综合服务，助力企业发展，助力企业转型升级。

【消费信贷】 2019年，揭东支行在消费市场区域建设，促消费贷快速增长。拓汽车销售商合作汽车分期，进楼盘、社区宣传按揭和装修分期业务，对分期通目标客户组织外呼团队和厅堂服务精准对接，区域所有楼盘合作均逐个对接服务，项目进驻时揭东支行第一时间拜访介入提供服务方案，多渠道齐头并进、分期和按揭团队奋力拼搏，提效率、勤走访，全年实现分期交易额10577万元，住房按揭放款额15006万元，支持区域消费市场的发展。

【便民工程】 2019年，揭东支行推进交通便民工程，为车主提供ETC服务。支行ETC任务团队全体成员日夜兼程、下乡进村，团队成员配合默契，外拓和厅堂服务双兼顾、上门和电话营销拓展齐并进，支行办理货车ETC765个，客车ETC3560个，推进区域交通便民工程的发展。

【智慧银行转型】 2019年，揭东支行智慧银行转型工作进展明显，自动半自动服务机器大量配置。仅揭东支行本部服务大厅，就配置5台ATM存取款一体机，7台综合版智慧柜员机，1台存折打印机。新配置的机器渠道分流能力强，客户能自助半自助办理开户、挂失、变更信息、电子银行签约等业务， 90%以上的业务都可以办理，业务办理效率快，客户体验非常好。

【经营效益】 2019年12月，揭东支行中间业务净收入1593万元，税前利润5254万元，比去年新增256万元，经济效益发展良好。

【内控管理】 2019年，揭东支行开展“满意在建行”优质服务活动，强化合规操作和反洗钱工作，抓好重点部位、关键人员及关键风险点的监督和管控，落实相关业务和人员排查工作，实现全年安全无事故。

2019年中国建设银行股份有限公司揭东支行主要业务经营情况表

单位：亿元

项目	余额	比年初
存款余额	26.65	0.17
其中：个人存款余额	16.63	2.48
企业存款余额	10.02	-2.31
贷款余额	13.9	3.1
中间业务收入	0.16	-0.01
国际结算量（万美元）	9124	818

（许炯铭）

中国银行股份有限公司揭阳揭东支行

【概况】 2019年，中国银行股份有限公司揭阳揭东支行（以下简称“揭东中行”）强化金融服务功能，增加金融产品，加大信贷投放力度，创新服务方式，优化网点软硬建设以及加强智能柜台、自助设备应用。至2019年12月，揭东中行各项存款（含表内理财，下同）36.50亿元， 其中对私存款26.80亿元，对公存款9.70亿元；各项贷款余额14.90亿元。

【存储业务】 2019年，揭东中行本外币存款为36.50亿元。人民币存款有活期、整存整取、零存整取、整存零取、存本取息、定活两便、协定存款和通知存款、“大额存单”、“定益宝”等。外币存款有活期、大额分层计息存款和定期存款。至12月31日，外币存款余额1745万美元。其中对私外币252万美元，对公外币存款1493万美元。

【信贷业务】 2019年，揭东中行主要开办的贷款类型包括公司贷款、中小企业贷款、住房按揭贷款、个人投资经营贷款、抵押循环贷款和信用循环贷款等，贷款产品包括“优客分期”“中银E贷”“优粤贷”等。2019年12月，人民币贷款余额14.90亿元，较年初净增2.90亿元。其中个人贷款余额6.70亿元，较年初净增额超过2.30亿元；对公贷款8.10亿元，较年初净增0.60亿元。

【国际结算业务】 2019年，揭东中行为出国留学、跨境电商个人客户和从事进出口贸易的企业提供收汇、跨境汇款、结售汇以及涉外收支申报等服务。2019年12月，揭东中行国际贸易结算量3.20亿美元，跨境人民币业务量4.50亿元，两项业务在揭东区的市场份额均排名首位。

【对公账户业务】 2019年，揭东中行开办公户开立、对公网银、结算卡及短信通等业务，推广新产品企业手机银行和“票E贴”电子汇票业务，为对公客户开展经营活动提供最大便利。揭东支行全年开立基本存款账户82个，一般结算账户43个，预算单位专用存款账户6个，非预算单位专用存款账户18个以及外币户26个。为行政事业单位提供金融服务，为行政事业单位开立工会户、上门办理ETC和公务卡等。

【其他业务】 2019年，揭东中行本着方便商户、服务商户的理念，推广“来聚财”收款码业务，为广大商户提供更便利的收款服务，实现银行与商户无缝对接，揭东支行累计开拓商户数量达2255个。揭东中行保管箱正式投入运营，成为揭东区同业中首个拥有保管箱业务的支行。保管箱业务拉动了存贷款等业务的增长，对其他银行业务的拓展具有重要促进作用。深入各大市场、车站、企业、学校等单位，提供上门一对一服务，为客户办理ETC业务，助力ETC全面覆盖，累计安装对私ETC4790个，为40个企业事业单位安装对公ETC共200个。

（吴思榕）

揭东农商银行

【概况】 2019年，广东揭东农村商业银行股份有限公司（简称“揭东农商银行”）资产总额230亿元，各项存款余额203亿元，各项贷款余额107亿元，存贷款市场份额分别占比54%和56%，稳居辖区第一名，有从业人员813名，92家营业网点，平均每两个行政村就拥有1个网点，设置自助银行38个，助农取款服务点43个，服务范围覆盖揭东、蓝城、空港城乡，建成一个方便、快捷、覆盖面广的多元化服务网络，是揭东服务区域最广、客户资源多、业务规模最大的地方银行机构。

4月10日，揭东农商银行登岗支行获2018年度“全国巾帼建功先进集体”称号 （李慎跃 摄）

【业务规模】 2019年12月，资产总额230.40亿元，各项存款余额203.52亿元，比年初净增11.64亿元，增长6.07%；各项贷款余额107.10亿元，比年初净增3.47亿元，增长3.35%；存贷比52.63%，存贷款市场份额分别占比54%和56%，稳居辖区第一名。

【经营效益】 2019年，实现财务总收入8.37亿元，实现拨备前利润1.78亿元，全年上交各项税费0.19亿元，名列全区前茅。

【改革发展】 2019年，为规范股权管理，明晰股权结构，维护股东的合法权益，揭东农商银行于2019年9月启动股权托管工作，按照公司上市标准，要求每一户股东亲自到现场办理股权确权工作，在录音录像的情况下见证股东签字确认。现场完成对约1720户股东的确权，占全部股东户数79%，确权股份6亿股，股份确权率达89%，提前完成银保监会对商业银行股权确权比例应于2020年6月前达到80%的监管要求。

【社会责任】 2019年，揭东农商银行重点实施“四个发展转型”，打造合规银行、城乡首选银行、大零售银行和数字银行，增强服务“三农”和支持地方经济发展的能力。通过举办迎春灯谜业务营销以及协办赞助参与揭阳市首届“贤德揭阳”端午龙舟竞赛等活动，推动各项存款余额突破200亿元大关。布局“大零售”业务，推动业务转型升级，把握高质量发展的实现路径。至2019年12月，累计新增投贷款发放额10.21亿元，其中精英贷3.15亿元、助企贷1.22亿元、住房按揭商业贷款3.46亿元、其他贷款2.38亿元。开展“访百万企业助实体经济”专项行动，探索银企合作新模式，强化民营和小微企业金融服务，推进辖区经济高质量发展。2019年，全辖累计走访5225家企业，首次走访企业5062家，完成走访任务5113家的99%。其中面访2927家，面访率56%，有融资需求企业189家，预判可贷款企业16家，落地办理贷款业务2户，金额合计395万。推进互联网金融生态建设，加快交易场景开发，成功推出微信鲜特汇商城非税自助缴款业务和二维码扫码缴款项目，为广大客户提供更加高效优质的金融服务。至2019年12月，实现自动缴款2832笔，金额384万元。

【企业文化】 揭东农商银行通过组织员工开展“传承红色基因”主题党日活动、举办大型职工趣味运动会、中华人民共和国成立70周年暨建党98周年书画评选活动、诗歌朗诵、拍快闪视频“我和我的祖国”和举办“关注财经共赢未来”财经论坛等活动，增强员工的爱国主义情怀，激发员工干事创业的热情，打造向上的企业文化。派员参加全省农合机构“农商王者”大零售业务技能提升项目，获“学习标杆奖”团体奖项；揭东农商银行登岗支行获2018年度“全国巾帼建功先进集体”称号。

（李慎跃）

储蓄银行揭东支行

【概况】 2019年，邮蓄银行揭东支行营业地址位于东庆和园楼下，内设机构有3个职能部门：公司业务部、个人金融部、综合管理部。下辖三个二级支行，员工52人。业务经营范围主要包括：吸收公众，办理以本外币储蓄为主体的负债业务：办理国内、国际汇兑、转账业务，国内外结算、银行卡业务，代理承销发行、兑付政府债券，代销开放式基金，提供个人存款证明服务及保管箱服务等多种形式的中间业务；办理以债券投资、大额协议存款、银团贷款、小额信贷等为主渠道的资产业务；办理网上银行业务；买卖和代理买卖外汇；办理票据承兑与贴现；经银行业监督管理机构批准的其他业务。2019年12月31日，个人存款5.07亿元，小额贷款结余3.30亿元，消费贷款结余2.02亿元。网点自助设备共16台，12台存取款机和4台ITM。

【业务规模】 2019年，揭东邮政银行个人存款余额5.06亿元，年增4700万，理财结余28283万，年增5100万；小额贷款结余3.30亿元，年增1900万，消费贷款结余2.02亿元，年增2100万元。对公存款结余6.47亿元，年增2.49亿元，小企业贷款结余3.34亿元，年增1400万元。2019年小额贷款不良率0.20%，小企业贷款零不良率。

揭东邮蓄银行奖状（杯）一角 （周树明 摄）

【农村普惠】 2019年，揭东邮政银行服务城乡居保参保人数123.6万；服务缴费参保人数62.15万，缴费金额9760万；服务到龄领取待遇人数56.3万，累计领取金额20888.86万。设立助农取款点127个，取款功能覆盖行政村166个，年交易笔数1.63万笔；交易金额1591.06万；查询笔数1.78万笔；开通绿色通道27宗，为因病等特殊困难客户提供上门服务。加大普惠支付渠道引导，银联“云闪付”等移动支付推广应用，提高客户便民使用体验感。涉农信贷结余5.13亿。加强对五金不锈、塑料、石材等行业重点开发，通过税贷通、流水贷、快捷贷、E捷贷、极速贷、信速贷等产品创新，解决大部分小微客户缺少国有抵押物问题，扩大信用贷款营销渠道，做好小贷、个商发展，提高服务小微客户能力。个人经营性贷款结余3.30亿。以一手房屋按揭贷款、公积金信用消费贷款、综合消费贷款等线上线下产品为主，满足基础消费需求，促进地方消费转型升级。消费贷款结余1.83亿。对接人社局，合作创业担保贷款。通过政银合作，加强贴息政策宣传，激发大学生、退役军人、下岗职工主动创业，促进地方经济发展。与区扶贫办合作小额扶贫信贷，为贫困户提供脱贫致富的启动资金，最大限度降低资金使用成本，提高脱贫效率，打通“金融服务最后一公里”。

【社会责任】 2019年，揭东邮政银行通过与区农业局、区人社局、区扶贫办、省农业信贷担保公司、农业龙头企业合作，履行社会责任，其中：与国雄、通威、大北农等农业龙头公司合作，累计放款4000万；与农业局合作政银保担保贷款，累计放款4笔200万；与省农担担保贷款累计发放4笔、550万；与区扶贫办签订小额扶贫信贷合作协议，累计放款16笔、57.80万；与人社局签订创业担保贷款，累计放款164笔、2500万。

（倪昱华）

保险

中国人民财产保险股份有限公司揭东支公司

【概况】 2019年，中国人民财产保险股份有限公司揭东支公司（简称人保财险揭东支公司）内设7个部门，下辖2个营销服务部和1个交警承保柜台，在职员工14人。中国人民财产保险股份有限公司揭东支公司承保保险金额269.8亿元。

【承保与理赔】 2019年，中国人民财产保险股份有限公司揭东支公司承保各类政策性业务保险、机动车辆保险、企业财产保险、人身意外伤害保险及其他责任保险累计保险金额269.80亿元（同比增长34.60%）。其中政策性业务保险金额92.90亿元、各类机动车辆（含摩托车）保险金额98.70亿元、商业非车险业务保险金额78.20亿元；全年赔款支出2262.60万元；上缴地方政府税款139.80万元。通过揭东区住建局牵头，成功承保建筑工程意外险；与揭东区人社局成功签订农民工工资支付履约保证保险服务合作协议，承保农民工工资支付履约保证保险；与揭东区卫计局成功签订医疗责任险。发挥保险在推动社会治理体系和治理能力中的作用。推动政策性业务发展，实现农房保险全覆盖；成功承保地方特色创新险种“岭南特色水果种植保险”“香蕉种植气象指数保险”及“水稻种植保险”；成功推动温氏公司投保“仔猪养殖保险”。完善农网建设，人保财险揭东支公司下辖三农营销服务部两个，分别设立在白塔镇和炮台镇，网点建设方面均符合人保公司农网标准化建设要求。在农网建设上，完善服务机制，发挥网点服务效应，提高揭东区乡镇保险深度和密度。

2019年人保财险揭东支公司承保理赔情况表

年度	承包金额（亿元）	上缴税款（万元）	赔偿金额（万元）
2019	269.8	139.8	2262.6

（郑爽）

中国人寿保险股份有限公司揭东支公司

【概况】 2019年，中国人寿保险股份有限公司揭东支公司位于揭东区曲溪街道206国道凤山新城252号（揭东金叶大酒店东侧）。揭东支公司内设营销发展部、收展发展部、客户服务部；下设揭东本部营销部、云路营销部、锡场营销部3个营销服务部；在编员工16人，个险销售队伍人数432人，为社会提供266个就业岗位，全年保费总收12570万元。

【承保与理赔】 2019年，中国人寿保险股份有限公司揭东支公司主要开办人寿保险、健康保险、意外伤害保险等人身保险业务及财产险业务，全年新单保费2744万元。其中寿险保费1584万元，短期险保费530万元，财产险保费630万元；保费总收12570万元。为5234位客户提供理赔、保全服务，理赔件数590件，理赔金额425万元，满期给付金额504万元。中国人寿保险股份有限公司揭东支公司参与各项救助，承担相应社会责任，推动地方社会经济发展建设做出稳定作用。

（林立新）

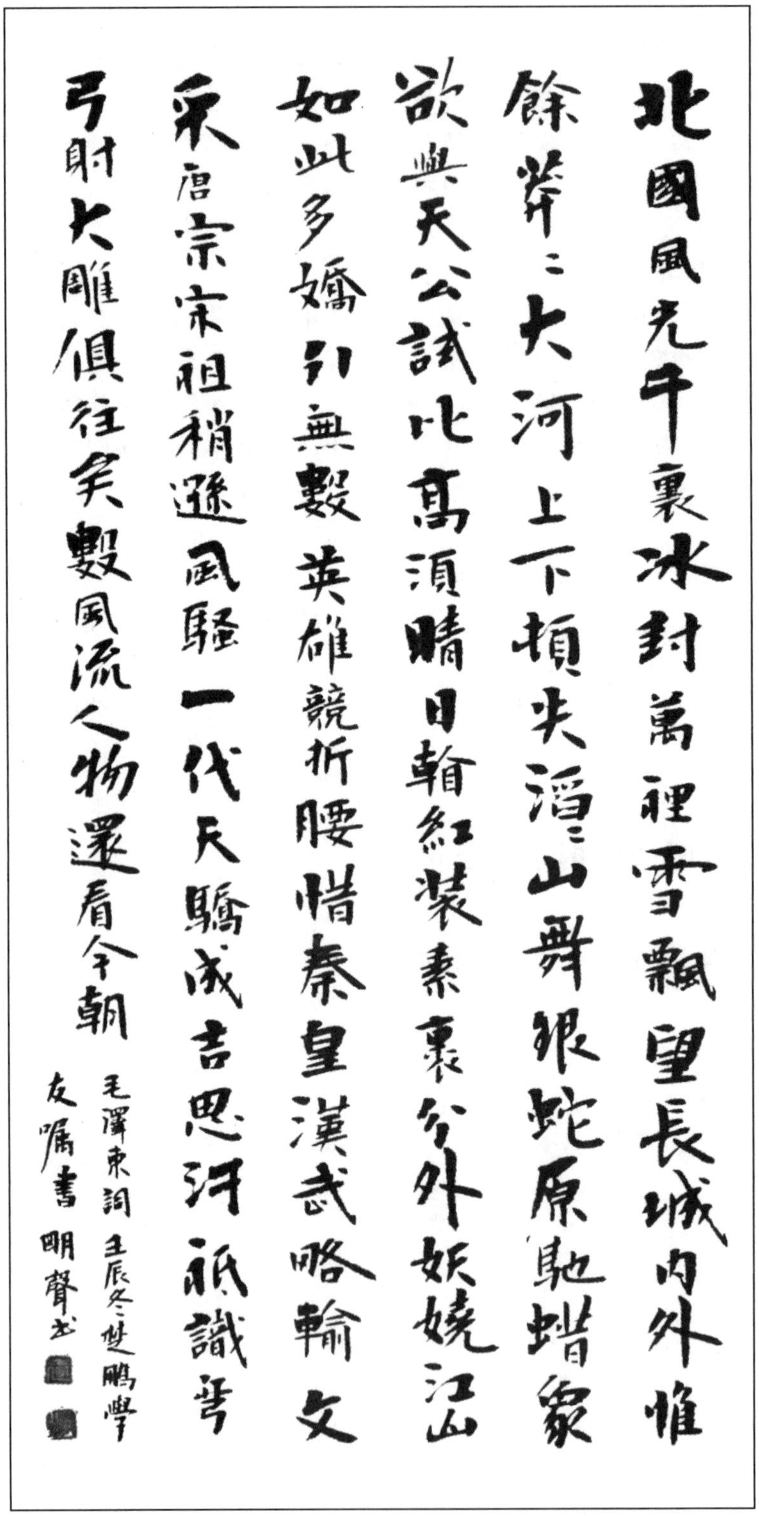
北國風光千裏冰封萬裡雪飄望長城內外惟
餘莽莽大河上下頓失滔滔山舞銀蛇原馳蜡象
欲與天公試比高須晴日看紅裝素裹分外妖嬈江山
如此多嬌引無數英雄競折腰惜秦皇漢武略輸文
采唐宗宋祖稍遜風騷一代天驕成吉思汗祇識彎
弓射大雕俱往矣數風流人物還看今朝
毛澤東詞

书法作品　　（袁明声　作）

ZONGHE
JINGJI GUANLI

综合经济管理

综合经济管理

■责任编辑：姚家丰

发展和改革工作

【概况】 揭东区发展和改革局（简称“区发改局”）内设办公室、综合股（与国民经济动员办公室合署）、经济体制综合改革股、投资股、工业交通能源股、人事股、粮食管理股（加挂军粮供应办公室牌子）、粮食调控监督股、价格收费管理股。加挂区粮食和物资储备局牌子。2019年，核定人员编制18名，做好经济和社会发展计划规划的编制，加强省市区重点项目投资的管理，统筹综合性经济体制改革以及粮食与物价的管理工作。区发改局按照“当好参谋、谋划全局、管理投资、推进改革、依法治价、稳定粮油”的工作思路，推进各项工作。

（刘 帆）

【计划规划及调研】 贯彻执行国家、省、市有关发展和改革工作的方针政策和法律、法规、规章。受揭东区政府委托向区第二届人民代表大会第四次会议提交《揭东区2018国民经济和社会发展计划执行情况报告及2019年计划草案报告》。拟订2019年揭东区国民经济和社会发展计划，统筹协调全区经济社会发展，研究分析宏观经济形势，提出全区经济社会发展、经济结构优化目标和政策建议；衔接、平衡各主要行业的行业规划，加强实施过程中的宏观调控；协调平衡人口和计划生育、科技、教育、文化、卫生、体育、旅游、民政、社会管理等发展政策，推进社会事业建设。组织监测全区国民经济形势和社会发展态势以及预测预警和信息引导工作，研究经济运行、总量平衡等重要问题。组织研究区域经济发展中的重大问题，提出新常态下区域经济发展相关建议，为区委、区政府领导做决策提供有价值的参考资料。高质量编制《揭阳市揭东区乡村振兴战略规划（2018—2022年）》。

（姚桂兰）

【投资管理】 2019年，区发改局抓项目、促投资，全区125个重点项目完成投资84.6亿元。其中，7个列入省级重点项目完成投资14.9亿元；34个列入市级重点项目完成投资45.7亿元。2019年，办理项目可研批复15宗，项目总投资11亿元；办理项目概算审批12宗，投资概算13亿元；办理项目招标核准事项17宗，总投资19亿元；办理项目备案52宗，项目总投资115亿元。

（吴藩鸿）

国土资源管理

【概况】 揭东区自然资源局内设12个股（室、局），在各镇（街道、开发区）分设派出机构自然资源管理所8个；设事业单位11个。干部职工170人，区自然资源局强化职能，依法行政，推进各项工作开展。2019年，全区实际耕地保有量6921公顷，森林面积24674公顷，自然保护区面积5293公顷。组织建设用地报批面积23.06公顷，推进“三旧”改造，严格土地执法，加强地质灾害防治和矿产资源管理；做好不动产登记和第三次全国土地调查工作，办理不动产登记各类手续信息22.80万宗。

【耕地保护与开发】 2019年，国家强调确保“十八亿亩耕地红线”不可破，夯实粮食安全基础。落实耕地“占补平衡”政策，开展耕地提质改造和水田垦造工作，优化农田水利基础设施。按照揭阳市下达2017年、2018年度垦造水田计划的通知，揭东区兑现承诺自行改造水田任务50.73公顷。落实4个项目实施，分别为：揭东区玉滘镇大滘村垦造水田项目、埔田镇车田村改造水田项目、埔田镇长岭村改造水田项目和揭东区云路镇梅坛村垦造水田项目。总建设规模55.44公顷，新增水田面积52.44公顷。配合区农业和农村局做好高标准基本农田建设工作。

【土地规划与利用】 2019年，落实土地管控工作，保障经济发展用地需求。编制《揭阳市揭东区2019年国有建设用地供应计划台账》和《揭阳市揭东区2019年土地征收储备计划表》，揭东区2019年国有建设用地供应计划32宗，面积185.45公顷。2019年土地征收储备计划12宗，面积171.10公顷，其中新报批面积144.98公顷，报批需完善征地手续6.05公顷，控征面积20.08公顷，完成报批23.07公顷，编制重点地区管控单元8个；执行土地使用权公开出让制度，组织国有建设用地出让17宗，面积67.46公顷，土地出让金额125143万元。办理划拨国有建设用地手续43宗，面积34.10公顷；推进“三旧”改造工作，提升土地集约化利用水平。实施揭东糖厂、揭阳电力厂、巨轮“一中心”3个项目“三旧”改造，面积34.47公顷。

【不动产管理】 2019年，开展第三次全国土地调查工作，揭东区“三调”数据库为全市第二个通过省级核查并经国家检查的县(区)，揭东区（含产业园）的抽查错误率为0.02%，错误率低于国家和省要求的0.09%。推进不动产统一登记工作，确保不动产统一登记工作健康有序运行，办理不动产登记各类手续信息12128宗；建设“一窗受理”窗口，优化政务服务流程；落实“双提升”建设方案，提高服务效率。

【执法监督与信访】 2019年，严格执法监察，强力遏制违法用地行为。落实土地管理共同责任制，加大执法巡查力度和频率，及时制止和查处自然资源违法行为，结合“大棚房”问题专项清理整治、“扫黑除恶”、整治农村土地“三乱”、违法违规卫星图斑的查处活动，深挖严打，惩治违法违规用地行为，规范自然资源管理秩序。上报完成清理属“大棚房”站点12宗，拆除违法面积1.65公顷，复耕面积1.40公顷，复绿面积0.25公顷，完成率达100%。在疑似“大棚房”图斑中进一步清理并拆除不符合土规的工矿仓储、商服用地等违法图斑57宗，拆除违法面积5.99公顷，复耕复绿面积4.29公顷，完成率达100%；清查清理农村集体土地乱租乱占乱卖宗数204宗，面积26.83公顷，全部完成整治；收到“扫黑除恶”涉土线索20条，核查20条，办结线索20条；立案查处涉土涉矿违法违规行政案件120宗，涉刑事犯罪移送公安立案侦查7宗。2018年卫片违法用地拆除复耕275宗，面积85.81公顷（耕地50.27公顷），拆除建筑面积11.2万平方米，完成率达100%；重视自然资源信访工作，解决人民群众合理诉求，化解我区自然资源领域矛盾纠纷。2019年受理各类途径信访142件，其中来访20件、来电4件、来信4件、上级转交办114件，办结133件。保护群众根本利益，维护社会稳定。

【地质灾害防治】 2019年，重视地质灾害防治工作，保护好人民群众的生命财产。制订年度地质灾害防治方案和突发性地质灾害应急预案，落实防灾监测人和责任人，建立和完善地质灾害群防群测网络和制度，层层落实群防群测责任，强化措施，协调、指导做好地质灾害隐患点排查和治理工作，加强地质灾害防治工作。投入资金92万元，整治玉湖镇汾水村竹竿岭地灾隐患点；推进做好区矿山地质环境恢复、扬尘污染防治、采石取土迹地整治复绿工作，投入资金203万元，复绿面积4.30公顷，提高保护生态环境力度。

【规划建设】 2019年，严格全区规划管理，服务规划建设。办理建设用地规划许可22宗，总用地面积76.632公顷；审批建设工程规划许可30宗，总建筑面积1606318.39平方米；出具拟出让用地规划条件23宗，总面积89.60公顷；建设工程规划核实（验收）10宗，总建筑面积231453.25平方米。做好项目用地预审，节约集约用地建设，受理各类项目用地预审3宗，面积13.4公顷。做好城乡规划编制，全区112个行政村全面完成村庄规划编制工作，实现全区村庄规划全覆盖。

（王湃 林佳琪）

林业

【概况】 2019年，全区贯彻落实省、市的工作部署和要求，开展绿化大行动，建设山青水秀、宜居宜业的美丽揭东。全区林业以“重扩绿、增资源、活产业”为理念，促进林业生态、产业、文化三大体系同步发展，抓好林业生态红线划定、责任考核和森林公园建设，森林覆盖率51.21%。

【造林绿化】 揭东区牢固树立和践行创新、协调、绿色、开放、共享，绿水青山就是金山银山的发展理念，围绕核心任务，大力实施生态联动战略，扎实推进以生态景观林带、森林碳汇为重点的绿色揭东建设，扎实推进国土绿化。狠抓森林资源培植和管护，全面提升林业生态建设水平，取得较好成效。

扎实抓好“五路绿化”工作 围绕“全民植树，绿满家园”主题，以“五路绿化”“五河毓秀”和“乡村振兴战略”为主阵地，因地制宜，大力开展造林绿化活动。2019年,全区“五路绿化”共投资628.17万元，完成“五路绿化”78条，其中镇、村道路绿化78条，长度77.52千米，年度完成率100.90%。主要种植火焰木、紫荆花、秋枫、桃花心木、风铃木、榄仁等，成活率97.80%。开展义务植树活动月，植树活动4次，参加人数约1.18万人次，植树数量3.55万余株。

抓好造林任务的落实，实施2019年度省级森林碳汇重点生态工程，项目总投资240万元，造林面积200公顷。

2019年，省级森林碳汇林抚育项目工程总投资199.4万元，抚育面积664.67公顷。

【生态公益林建设】 揭东区共有生态公益林面积11477.20公顷。生态公益林是以发挥森林生态效益，维护和保持自然生态环境，保护生物多样性和丰富的自然景观，提高人民生活质量发挥了积极的作用。

落实生态公益林效益补偿 贯彻落实《广东省生态公益林建设管理和效益补偿办法》及《广东省生态公益林补偿资金管理办法》的有关文件精神规定，做好生态公益林补偿资金发放工作。对自留山、责任山，将损失性补足额发放到林农手中；对集体统一经营的山林，将损失性补偿的70%以上发放到林农手中。以一卡通形式共发放补偿资金258.25万元，发放户数25454户。

落实生态公益林保护 为切实加强揭东区省级生态公益林保护管理和效益补偿工作，根据省市有关要求，采取有效措施改善生态环境，做好生态林落界工作，实现林业生态的快速、健康发展。一是落实责任做好管护工作。

落实管护人员，各管护责任单位根据管护区域的难易程度，对全区管护人员划定管护责任区，管护面积大小不等，但管护责任一致。同时按照上级有关文件等规定，根据管护人员的工作实绩，对管护人员上一年度的工作进行考核，对部分管护人员进行适当调整并进行了上岗培训。通过进一步明确了管护单位和管护人员的责任，把管护责任落实到具体单位、落实到人和山头地块，确保重点生态公益林区在管护到位。二是强化水源涵养林养护。组织技术人员对源头、库区水源涵养林的范围面积、林分结构、蓄水功能、保存情况进行清查，制定完善造林、封山育林、病虫害防治等水源涵养功能修复措施，对水源林区的针叶林、疏残林、过熟林、火烧迹地或病虫严重的林分，进行有计划地更新和改造，逐步建设成以常绿阔叶林或针阔混交林为主的生态公益林。火烧迹地为即发生，当年即造林。同时，组织专业技术人员实地调查监测，积极开展森林病虫害综合防治，使病虫害发生比例每年都控制在省规定的指标内。三是加强宣传培训。采取多种形式加强对生态公益林的宣传，以广播电视、标语、会议、宣传牌等形式对生态公益林实施项目进行宣传；管护人员则以现场典型教育等形式对生态公益林实施项目进行宣传。对管护责任单位召开多次培训会议，培训包括乡镇分管领导、林业站工作人员、护林员等相关人员，通过宣传，取得了明显效果，生态公益林周边农户对生态公益林的边界四至、管护范围、管护面积等有全面的认识，能自觉地参与到生态公益林的管护工作中来。

【森林资源保护与发展】 揭东区林业产业以“重扩绿、增资源、活产业”为理念，促进林业生态、产业、文化三大体系同步发展。通过建设完备的森林生态体系和发达的林业产业体系，实施绿色发展和生态惠民战略，落实森林资源保护和发展目标考核，抓好林业生态红线划定、责任考核和森林公园建设，落实森林防火措施，有效保护好该区的森林资源。2019年年底，揭东区森林覆盖率达50.29%。以实施生态重点工程为依托，坚持造、管、封、育并重，加大森林资源培育力度。

强化林地保护 严格按照《中华人民共和国行政许可法》《占用征用林地审核审批管理办法》，规范林地审核审批制度和林地征占用行为，全年审核使用林地1宗，面积14.79公顷。禁止毁林开荒开垦，严禁非法采采石挖土、开矿、乱征滥占林地行为的发生。推进林业生态红线划定工作，明确揭东区林业生态红线保护目标任务，将林业生态红线范围落实到山头地块，明确林地、湿地保护区域等级，建立林业生态红线空间数据和属性数据库。及时发现和破坏林地资源行为，把破坏林地资源的行为消灭在萌芽状态，严厉惩治乱砍滥伐林木、非法毁林开垦、非法毁林开山采石、采矿、采土、造坟、搭建永久性建筑物等违法犯罪行为。依法严厉惩治山火肇事者，对过失火灾案件，采取电视台公开曝光、赔偿损失、补植林地等措施，有效惩处违法人员。同时，教育广大干部群众提高保护林业资源意识，确保饮用水水库库区的森林资源生态环境安全。

强化林木保护 在森林资源保护上强化监管，严格执行林木管理制度，开展惩治破坏森林资源违法犯罪活动，依照《广东省森林采伐更新管理办法》等法律法规加强林木采伐限额管理，规范林木采伐审批程序，全年审批商品林采伐4宗，蓄积7523.67平方米。大幅减少木材砍伐量，依法惩治贩运私木、盗伐森林、批少伐多等不法行为。维护林区治安秩序稳定，严厉惩治破坏森林资源违法犯罪行动，有序、有力、有效地开展整治。开展“绿卫2019”森林执法专项行动，加强对专项斗争的动员步署，实地查访，加强排查，利用微信和举报电话等途径广收舆情，向社会公布举报电话，鼓励广大群众检举揭发违法犯罪线索，切实筑牢保护森林和动植物资源的全民防线。在摸底排查基础上，加大执法力度，从严惩治违法犯罪。结合正在开展的扫黑除恶专项斗争，深入排查林区恶势力团伙。2019年，揭东森林公安分局共受理各类案件11宗，查处案件11宗，罚款36.25万元。其中，行政案件11宗（擅自改变林地用途11宗）。有效地惩治森林违法犯罪，维护林区安全稳定。

强化林业生态环境安全保护 一是继续加强对双坑省级自然保护区双坑片区的管护巡查管理。二是加大林区巡查力度，坚持巡查常态化，特别是对涉及民生、群众关注度比较高的区域，发现有问题隐患的及时责令整改并发函到当地政府，使违法违规的苗头能够及时得到有效制止。三是有效落实森林防火工作，落实森林防火责任制和各项防范措施，加强宣传、巡查，突出重点管火源，对重点林区、风景区等重点部位及节日时段加强巡山护林，落实责任，划片到人，死看死守，确保森防安全和社会稳定。四是抓好松材线虫防治。按照《揭东区2018—2020年松材线虫病防治工作方案》组织实施防治，以林业地籍小班为单元，对发病率高于10%的小班范围内松树株连片清理伐除；对发病率低于10%的小班范围内病死松树株进行清理伐除。

落实防火措施 落实森林防火责任制和各项防范措施，狠抓森林防火工作，确保森林受害面积控制在省规定的指标之内。一是加强领导。区委、区政府领导十分重视森林防火工作，将森林防火工作摆上议事日程，召开专题会议，从责任落实、宣传教育、火源管理、队伍建设等方面对森林防灭火工作进行再动员、再部署，全面推进森林防灭火工作。二是强化措施。坚持从“防”入手，以预警监测和野外火源管理为重点，严防死守：大力推进以镇为主体的森林防火瞭望台建设，协同林火远程视频监控系统加强火情监测，已有7个镇（街道）通过各种形式设置了森林防火瞭望台7处；在落实48名专职护林员开展巡山护林的基础上，在重点节假日以村为单位增派600多人加强巡护；在主要进山路口设卡检查，将大部分火源堵在山下、防在林外，全区共设立森林防火检查站80多个，出动镇、村干部800多人次；组织区、镇领导班子分片挂钩到村、加强督促指导，推动工作落实；落实移动、电信、联通三大运营商向广大手机用户发送森林防火提示短信；加大执法力度，从严查处野外违规用火，严惩山火肇事者。三是广泛宣传。组织开展形式多样内容丰富的森林防灭火宣传，大力倡导文明祭祀。各镇（街道）、各村在各个主要路口悬挂宣传横幅300多条；电视台每天反复播放野外违法用火宣传教育。四是加强应急值守。各镇（街道）严格执行森林防火24小时值班和领导带班制度，实行森林火情“零报告、日报告”。区级专业森林消防队严阵以待，以镇级为主扑火队伍集中驻防，加强日常培训演练，确保一有火情，立即出动，科学扑救，实现打早、打小、打了。

（王湃 林佳琪）

质量技术监督

【概况】 2019年，揭东区开展计量工作，产品质量监管，标准化管理，特种设备管理工作。出动安全监察人员603人次，检查企业159家次，设备649台（套），发现隐患65处，发出监察指令书8份，立案7宗，罚款26万元，处理并回复举报、投诉10宗。

【计量工作】 2019年，开展各项检定、校准工作：检定计量器具6955台（件），校对计量器具1135台（件）。开展集贸市场、基层医疗卫生单位计量器具免费检定。对辖区内14个集贸市场和8家基层医疗卫生单位在用计量器具进行免费检定，检定计量器具3140台（件），免收检定费用30.27万元。开展加油站监管工作。检查加油站20家，检查在用加油枪266条。加强计量标准建设。新建计量标准3项，现有计量标准18项，扩展计量测试范围。推动实施“计量惠民生，诚信促和谐”活动。督促企业签订计量承诺书共5份，累计督促企业签订计量承诺书共105份。开展计量保证体系确认工作。全年完成三级计量保证体系确认企业

4家。

【产品质量监管】 2019年，国家地理标志产品2个，新增首席质量官企业2家，推荐广东吉青电缆公司参加广东质检院的电线电缆行业专家开展“点对点”“点面结合”“一站式”的质量提升暖企活动，省质检院为企业进一步创新发展传经送宝，双方还签订战略合作协议。提升全区质量总体水平，助力揭东区产业优化升级，推揭东迈入“质量时代”。抽查电线产品1批次，经检验合格；检查4家安全帽生产企业，其中1家不再从事安全帽生产企业已启动注销程序，抽查安全帽产品3批次，均检测合格；抽检18家油站共30款车用汽油柴油，抽检结果均合格。检查相关产品集中交易专业市场和批发市场、商超、学校周边门店等主要销售场所145家，责令立即改正违法产品种类49种，责令立即改正违法产品具体数量988件。

【标准化管理】 2019年，揭东区企业广东蒙泰高新纤维股份有限公司主导制定3个团体标准，自2019年6月1日起在行业内实施。截至12月31日，有68家次企业、176项标准在网上自我声明公开，其中企业标准64家次、149项；累计141家次、企业339项标准在网上自我声明公开，其中企业标准累计108家次、218项。商品条码注册44家，续展135家。揭东区市监局与区农村农业局及相关单位，成立两个地方标准起草小组，承担《地理标志产品 埔田竹笋》《地理标志产品 吴厝淮山》两个揭阳市地方标准的起草工作。

在曲溪创喜食品机械厂开展质量检查（吴创喜 供稿）

【特种设备管理】 2019年，检查企业198家次，特种设备767台（套），发现隐患73处，发出监察指令书10份，立案7宗，罚款26万元；推进督促辖区内列入《揭阳市燃用生物质成型燃料锅炉清单》锅炉开展能效测试；结合“安全生产活动月”在榕泰广场开展专场宣传活动，营造全民关注特种设备安全的良好氛围。

（杨晓青）

统计

【概况】 揭东区统计局为全额拨款行政单位，内设5个股(室)，下设区事业单位揭阳市揭东区统计普查中心1个，有干部职工13人。2019年，区统计局坚持依法统计、依法治统，提高统计数据质量，强化经济运行监测，全年编制《揭东经济运行监测快报》10期，统计分析4期，以及《统计年鉴》《计统快报》，做好各项统计调查和普查，发挥统计整体功能，推动全区统计事业向前发展，为揭东区经济社会跨越发展提供统计保障和服务。

【信息服务】 2019年，统计工作强化经济数据运行监测，增强服务意识和大局意识。在服务决策方面：揭东区统计局 关注国内外经济形势的复杂性和宏观政策的变化，在经济发展新常态下和当前全区经济下行压力大的情况下，加强对经济运行的动态监测预警。在每月主要经济指标数据出来后，向揭东区委、区政府反映全区经济运行情况变化，方便党政领导掌握和决策；待数据收集汇总后印制并发送《揭东经济运行监测快报》。在服务社会方面，利用政务服务平台，发布《2019年区国民经济和社会发展统计年鉴》和统计月报；以大量翔实的数据记录2019年揭东区经济和社会发展情况。同时，接受社会各界各种数据需求者的咨询。

【统计业务】 2019年，做好统计专业定报和年报工作，涉及到农业、工业、固投、建筑、社零、能源、服务、劳资等涉及全区经济社会领域的各项常规统计调查，按照国家统计局揭阳调查队的工作部署，完成城乡一体化住户调查和推广实施住户调查电子记账工作，做好“四上”新增企业的审核上报工作。组织统计业务人员深入乡镇、企业开展调研工作，服务一线。

【普查工作】 2019年，推进第四次全国经济普查登记及普查事后质量抽查工作。经济普查属于重大国情国力调查，对于摸清全区经济实情尤为重要。经过揭东区各级普查机构共同努力，完成了普查各阶段工作任务。

【依法统计】 2019年，落实中央关于深化统计管理体制改革提高统计数据真实性的文件精神，利用《统计执法监督检查办法》宣传学习契机，强化统计执法监督力度，确保统计数据真实准确、及时完整。加强统计基层基础建设，加大统计法律法规宣传力度，开展多场次的统计业务培训，夯实基层统计队伍建设；不定期开展统计执法检查、“双随机”统计执法检查，捍卫统计法律权威，推进统计政务公开，坚持依法办事、依法统计。

（林翠芳 林楷佳）

审 计

【概况】 2019年，揭东区审计局完成审计项目11个，审计查出违规金额542万元，管理不规范金额68034万元，审计处理应上交财政542万元，已上缴财政542万元，督促落实以前年度审计整改金额648万元，提出审计建议7条、采纳7条；提交审计信息31篇。

【专项审计和审计调查】 2019年，揭东区审计局开展“放管服”改革推进和营商环境优化情况专项审计调查。通过审计调查，客观分析问题产生原因，提出审计处理建议，针对查出问题督促被审计部门和单位进一步改进完善，发挥审计在推进全区“放管服”改革和建设服务型政府的监督保障作用。

【审计管理】 2019年，推进审计管理体制改革，发挥新时代审计职责使命。2019年7月2日，揭阳市揭东区委审计委员会成立；2019年9月25日，揭东区委审计委员会第一次会议顺利召开，标志着揭东区审计工作进入一个新的阶段。争取机构改革“红利”，在审计管理体制改革中，划入区财政局和区发改局、区国资部门的部分职能，优化区审计局内设机构职能，相应增加5个人员编制，充实审计力量，对揭东区审计监督体制机制具有重要意义。

（李 雯）

物价管理

【概况】 2019年，揭东区物价管理部门做好收费管理，价格认证工作，维护市场物价稳定。全年办理价格鉴证评估业务654宗，标的金额527万元。

【收费管理】 2019年，揭东区物价管理部门牵头制定并组织实施《关于揭东区农业水价综合改革2019年实施计划的通知》。会同区民政局对殡仪馆政府定价殡葬服务及用品收费和公墓管理费用进行调研，对揭东区云路镇宝山公墓园和绿色生态公益性墓园的殡葬服务价格项目和标准予以重新核定；会同揭东区教育局重新核定揭阳市揭东区光正实验学校有关收费问题；开展汽车客运明细票价、揭东万竹园旅游景区门票价格备案工作；会同住建局规范住宅小区物业服务收费标准；摸底调查全区自来水价格和污水处理费有关情况；按照上级要求启动揭阳市社会救助和保障标准与物价上涨挂钩联动机制，会同区民政局、财政局、人社局、退役军人事务局等单位落实揭东区价格临时补贴工作，6月至12月发放429.48万元，惠及1.92万困难群众。

（黄 钟）

【价格认证】 2019年，价格认证中心全年办理价格鉴证评估业务654宗，标的金额527万元。

（洪灿铄）

市场监督管理

【概况】 2019年，揭东市场监督部门维护市场秩序，保障消费者权益，打造良好的营商环境。全区有市场主体34390户，立案查处各类经济违法案件122宗。7月，在全区首届国家机关“谁执法谁普法”履职评议活动中获第一名；9月在全区“不忘初心、牢记使命”主题教育——学习强国知识竞赛中获第一名。

【企业和个体登记管理】 2019年，实施“证照分离”改革，牵头抓好个体户“个转企”工作，开通升格帮扶绿色通道。放宽企业准入条件、规范转型升级程序，简化审批流程。将办照承诺时间从原来3个工作日缩短为1个工作日，放宽市场准入条件，优化注册审批流程。新登记市场主体10879户，其中：企业1032户，农民专业合作社4户，个体工商户9843户。截至2019年12月31日，全区有市场主体34390户，其中企业4910户（本级登记2912户，市级登记1998户），农民专业合作社140户，个体工商户29340户。全区市场监管系统以集贸市场为“主阵地”，干部职工全员参与，投身创文创卫攻坚行动第一线，营造放心市场环境。牵头完成4个集贸市场实施标准化升级改造；落实5个村办集贸市场办理登记。

【知识产权】 2019年，知识产权工作有新突破。全区专利申请总量687件，同比增长51.99%；其中发明专利申请46件；专利授权总量352件，同比增长7.65%，其中发明专利授权7件,实用新型专利授权146件。全区通过知识产权贯标企业3家，获广东省知识产权优势、示范企业称号6家，2019年1月，揭东区首件农产品地理标志商标“埔田竹笋”获得注册，第二件农产品地理标志商标“东寮芋”获国家工商总局商标局发文受理。全区（县属）新增有效注册商标3484件，全区有效注册商标16447件。

【市场执法】 2019年，出动执法人员6527人次，查处各类违法案件122宗，罚没金额164.64万元。开展“扫黑除恶”专项斗争，移送涉黑涉恶线索2条。加强涉企、医药、交通等领域价费检查，强化猪肉、快递行业等价格监管。联合开展整治“保健”市场乱象百日行动、整治食品安全问题等多项专项执法行动，查处食品案件22宗，罚没40.76万元。加大无照经营清理力度，通过清理补办营业执照8077户，查处案件22宗，罚没金额16.48万元。

【企业信用监管】 2019年，推进年报公示工作。截至年报公示期，全区2018年度应年报各类市场主体23485户，实报22458户，年报公示率95.63%。全区以企业、农民专业合作社、个体工商户年报公示率“三个95%”以上，为2018年度年报工作划上圆满的句号。抓好市场主体异常名录（状态）管理工作。按规定将在执法检查中通过登记住所（经营场所）无法联系的1户企业列入经营异常名录、2户个体工商户标记为经营异常状态；对未按规定期限公示2018年年度报告的54户市局登记企业，按规定权限由市局列入经营异常名录；对未按规定期限公示2018年年度报告的94户，该局登记企业和5户农民专业合作社列入经营异常名录、867户个体工商户标记为经营异常状态。对已补公示有关年度报告并提交申请的4户企业移出经营异常名录、26户个体工商户恢复为正常记载状态。对因被列入经营异常名录届满3年仍未履行相关义务的12户企业，按规定列入严重违法失信企业名单，通过国家企业信用信息公示系统向社会公示。做好“双随机一公开”监管相关工作。印发《广东省“双随机、一公开”综合监管平台使用说明》，组织落实辖区企业总数5%、农合社总数3%、个体工商户3%的随机抽查的任务。按要求组织落实对该年度省局、市局、区局三级先后随机抽取的764户市场主体进行核查。组织该局会同辖区各市场监管所，对省局、市局、区局随机抽取的195户企业和4户农民专业合作社进行核查；落实各市场监管所对辖区内该局抽取的565户个体工商户。764户市场主体抽查结果在国家企业信用信息公示系统进行公示。是年，辖区内有97户企业申报“守合同重信用”公示，其中，新申报企业12户，连续十年以上申报企业45户。根据相关部门反馈意见，符合公示条件的企业共95户，在公示平台向社会公示。

【消费者权益保护】 2019年，围绕“信用让消费更放心”年主题，开展消费维权。组织开展“3·15”宣传咨询等活动，推进法治宣传“六进”（进社区、进学校、进农村、进企业、进机关、进家庭）活动11场次，现场接受咨询2600多人次，发放各类宣传材料2万余份（册）。全区受理投诉、举报1742宗，其中消费者投诉1332宗，办结1223宗，办结率91.80%，为消费者挽回经济损失309.48万元；群众举报426宗，已办结355宗，罚没36.88万元，办结率83.30%。

（杨晓青）

市场物业管理

【概况】 揭东区市场物业管理中心为公益一类事业单位，2019年10月，根据揭阳市揭东区委编制委员会文件，揭东区市场物业管理局更名为“揭东区市场物业管理中心”。中心下辖玉湖管理所、新亨管理所、锡场管理所、埔田管理所、曲溪管理所、云路管理所、玉滘管理所和城西管理所8个事业单位，有在职干部职工124人，分别辖管玉湖市场、新亨北辰市场、新亨集昌市场、埔田市场、曲溪副食品综合市场、城西水果肉菜综合市场、玉滘大滘市场、云路北洋综合市场、云路云七综合市场等9个市场，总占地面积3万平方米，建筑面积1.8万平方米，2019年市场经济收入520万元。

【市场管理】 2019年，揭东区市场物业管理中心开展创建国家卫生城市、文明城市工作，规范市场管理，提升服务质量。整治市场环境卫生，加强市场卫生巡查，各市场清理排水沟1850米，增加配置专用垃圾桶500个，大型垃圾装运斗4个，新购置垃圾装载车一辆，市场增加保洁员30名，做到垃圾即产即清。整治市场秩序，拆除曲溪河绿道旁边占路摆卖临时帐篷95间，实现还路于民；清理出店经营450户，市场基本实现入店经营；清理乱摆乱卖、占道经营2200多宗，确保市场道路畅通无阻；规范市场车辆停放秩序，重新规划划分市场停车位1500个。

【食品安全】 2019年，区市场物业管理中心把好市场食品安全关口，加大对粮、油、肉、蔬菜、瓜果等基本食品质量安全的巡查监督。各市场管理所成立食品安全工作督查组，实行分片包干、协调负责、网格化监管的工作机制，通过签订食品监管责任书，将食品安全监管工作作为各项工作的重中之重来抓，与市场经营户签订食品安全责任书，明确要求每个食品经营户必须执行食品安全管理制度，履行食品安全责任，拒绝销售“三无”食品和不合格食品。增加市场食品快检的数量和提高检测的质量，各主要市场的新鲜蔬菜、水产品、肉类等快检工作交由第三方进行检测，逐日将检测结果公布在市场公开栏，营造安全的消费环境。

【市场安全防火管理】 2019年，区市场物业管理中心坚持“以防为主，防消结合”的市场安全防火工作方针，完善市场消防设施建设，加强对市场从业人员安全防火技能培训，提高防火、灭火技能。逐级落实消防安全责任制，与各经营户签订《消防安全责任书》2100份，压实责任，把市场安全防火工作落实到具体人；投入12万元用于购买和维护市场消防器材，新购置消防水带650米、便携式干粉灭火器120瓶、重新填换灭火剂230瓶，加强消防器材管理力度，严禁擅自挪用消防器材；清理市场内经营、存放易燃易爆物品22宗；各市场出入口及主要通道都能保持畅通，符合消防安全要求；规范市场电气线路安装使用制度，按照国家有关规定埋设电气线路，清理乱拉乱接和超负荷用电行为80多起；清理市场“三合一”（仓储、经营、居住三合一）经营户5户，要求各经营户居住场所必须与经营、仓储场所分离，严禁商铺阁楼住人现象；落实市场值班制度，加强值班夜间巡查，特别是节假日期间，做到及时发现隐患，消灭隐患。2019年辖属市场没有发生火灾事故 。

【市场改造建设】 2019年，区市场物业管理中心做好创建国家文明城市、卫生城市工作，投入105万元用于市场改造升级，提升市场品位，完善市场基础设施和服务功能。改造曲溪副食品综合市场。按城市公共厕所二类标准改造市场公厕，改造面积110平方米，建男、女厕位共16个，男小便器5个，解决市场公厕脏乱问题；蔬菜批发区和自产自销区统一设置不锈钢摆台380个，实现高台摆卖，解决经营户落地摆卖不卫生、不美观现象；改造升级云路北洋综合市场、云七综合市场、城西水果肉菜综合市场。完善市场基础设施，提升市场综合环境，增强市场服务功能。主要改造：对市场亭进行维护升级；清理修缮市场地下排污设施；完善市场卫生配套设施，美化市场环境；划行归市，合理分区分类，提升市场综合服务能力。

（江春生 张赏辉）

食品药品监督管理

【概况】 2019年，揭东区食品监督管理部门主要承担辖区内食品药品，医疗器械，保健食品，化妆品监管职责。完成食用农产品快检11200批次。其中合格11182批次，合格率99.84%；共完成抽检任务1700批次，合格批次1688批次，合格率99.29%。完成全年揭东药品抽检任务100批次，做好药品抽检风险评估。完成药品不良反应监测259例、医疗器械不良事件监测108例、化妆品不良反应监测10例。

【工作要点】 2019年，落实对民生实事和食品三大领域安全监管。推进各项民生实事。启动四个食用农产品快检市场（城西市场，曲溪综合市场，云路综合市场，华清市场）快验工作，完成食用农产品快检11200批次。其中合格11182批次，合格率99.84%；不合格18批次。不合格产品75公斤，处理率100%。其中，蔬菜快检10401批次，不合格14批次，合格率99.87%；水产品快检781批次，不合格4批次，合格率99.49%。畜禽肉蛋类快检18批次，合格18批次，合格率100%。另外，对辖区内食品重点区域、重点环节和重点品种进行抽检，共完成抽检任务1700批次，合格批次1688批次，合格率99.29%。加强对食品生产领域的监管。建立健全企业监管档案，以“一企一档”方式建立食品生产企业档案，健全现有生产企业监管作息体系；督促食品生产企业（小作坊）100%落实配备“食品安全管理员”制度和“食品安全管理员”抽查考核覆盖率100%完成；开展针对酒类质量安全专项、食品生产经营单位落实食品安全管理员监督管理工作、糕点专项整治、茶叶专项整治、食用植物油塑化剂专项整治、婴幼儿谷类辅助食品专项整治等一系列整治行动，促进企业落实主体责任，注重食品生产流程的规范操作和风险防控能力，食品生产质量安全得到提升。加强对食品流通领域的监管。推行食用油追溯体系建设和婴幼儿配方乳粉及婴幼儿配方谷粉追溯体系建设，检查企业台账登记、签备案和中文标签标识管理。开展食品流通专项整治。落实酒类经营环节监督检查、“五毛食品”专项整治的有关部署，提高消费者特别是中小学生人群的防范意识。做好非洲猪瘟等动物疫病防控工作，通过对农村集贸市场、商场、超市、肉制品加工企业的监督检查，严禁采购、加工、经营病死猪肉，以及来源不明，未经检验检疾，检验检疾不合猪肉产品。加强对餐饮服务领域的监管。在高考、区人大、政协会议等重大会议、重要接待期间加强对餐饮业、集体食堂监管，组织做好食品安全保障工作。开展“地沟油”、火锅原料、底料和调味料、食用油、鲜肉和肉制品、餐具消毒，农村食品，“大光盘”“明厨亮灶”“平安餐饮”“众剑行动”“网络订餐”等专项整治工作。做好餐饮服务食品安全量化分级管理工作。全区获餐饮服务食品安全量化分级1900家（全区2000家企业），其中A级餐饮服务单位58家,B级餐饮服务单位1280家，C级餐饮服务单位500家，完成全年全区95%，优秀率和良好率不断上升，“寻找笑脸就餐”深入人心,完成2019年餐饮服务食品安全量化分级任务，其中大型餐馆和学校（幼儿园）食堂A级有31家，占30%（超过要求25%）。

开展对药品、医疗器械领域的专项整治工作。根据“智慧食药监”监管系统要求，开展药品医疗器械经营企业日常检查、跟踪检查。开展中药饮片、疫苗、血液制品、执业药师“挂证”整治、无菌和植入医疗器械、儿童青少年近视矫正专项等整治工作，健全药品安全风险隐患排查长效机制。做好药品抽样检验和药品不良反应和医疗器械不良事件监测工作。配合市局、市药检所完成全年药品抽检任务100批次，做好药品抽检风险评估。联合卫健局做好药品、医疗器械、化妆品的不良反应/不良事件监测工作，做到安全隐患“早发现、早报告、早评价、早控制”，控制突发、群发药品和医疗器械不良事件。做好食品安全宣传教育工作。利用好“食品安全宣传周”等类似活动推广，各有关部门通过电视、广播、报纸、网络、宣传栏等多种渠道，开展食品安全知识、法律法规“进农村、进社区、进校园、进企业、进机关”普及宣传教育活动，倡导健康饮食方式，增强消费者食品安全意识和自我保护能力。发放《中华人民共和国食品安全法》《广东省食品安全条例》《中学生食品安全》《小学生食品安全》等宣传资料2500多册；开展食品安全进校园宣传教育活动5场次，接受师生咨询1800多人次，解答村民及中小学生日常生活中遇到食品安全问题。是年，分发宣传海报《一滴汗一粒粮》《温馨提示、公示四项承诺、揭阳市文明餐卓公约》1900多份。对大、中、小餐馆、学校食堂分发文明用餐、节约惜福等宣传卡2800份。创文创卫期间，对全区餐饮服务单位分发《餐饮服务单位信息公示栏》计1900个，张贴禁烟标识共2800张，五城同创海报2000份，食品安全问题联合行动整治海报300份，社会主义核心价值观海报150份。

【购销工作】 2019年，企业基本情况：全区有药品生产企业7家，医疗器械生产企业5家，化妆品生产企业2家，药品批发企业2家、连锁企业1家、零售企业205家，医疗器械经营企业98家。购销环节监管：加强对药品经营企业进货渠道、储存条件、分类管理等的监督，惩治从非法渠道购进药品不法行为，严把药品购销环节质量关。

JIAO KE
WEN WEI TI

教科文卫体

揭東年鑑

教科文卫体

■责任编辑：杨锐标 林漫娜

教 育

【概况】 2019年，揭东教育工作坚持以党建政思想，以质量亮品牌，以后勤提效能，以安全筑保障，以“四大板块”为抓手，全力推动揭东教育稳定向好发展。至2019年年底，全区有中小学校133所（其中，完全小学69所，小学教学点33个，初中21所，十二年一贯制学校1所，普通高中6所，中职学校2所，特殊教育学校1所），幼儿园119所，乡镇成人文化技术学校7所；在校学生78086人，在园幼儿20456人；中小学教师6060人，幼儿园教职员工2288人。

10月29日，副市长姚丽璇到揭东调研，并召开市区教育专项调研座谈会　（区教育局　供稿）

【学前教育】 扩充优质学前教育资源，启动揭东区第一幼儿园项目建设，建成玉湖镇姑山幼儿园等13所幼儿园，新增学前教育学位2600个；加强普惠性民办幼儿园建设，联合区发改局、财政局、人社局重新修订《揭东区普惠性民办幼儿园认定、扶持和管理工作实施细则（试行）》；加强幼师培训，举办全区幼儿园教师专业技能比赛，开展“本土文化融入幼儿园课程”优秀活动案例评选活动，提升幼教质量；做好学前教育宣传，开展“科学做好入学准备”学前教育主题宣传月活动，开展幼儿家长征文活动；规范幼儿园管理，2019年4月和10月，对全区民办幼儿园和集体办幼儿园进行年度检查，促进全区学前教育健康发展。2019年学前教育毛入园率为98.16%。

【义务教育】 进一步优化学校布局，提升办学条件，扩充优质学位，制订《关于增加幼儿园中小学学位和优质教育资源供给的实施方案》《揭东区2018—2022年幼儿园和中小学校建设专项规划》《揭东区2019—2021年乡镇寄宿制学校建设专项规划》《揭东区2019年中小学校舍维修改造计划》。新（改、扩）建新亨镇硕榕中心小学埔东校区项目、玉湖镇达能小学项目、锡场镇锡西小学项目，分别新增学位1000个、400个、200个；切实抓好控辍保学工作，实施义务教育阶段学生变动和辍学报告制度，制定《揭东区2019年普通中小学招生入学工作实施方案》，组织入学工作。至2019年年底，全区小学生巩固率为100%，初中生年辍学率为0.5%，“三残”儿童少年入学率达到100%；2019年，中考报考5782人，上区重点中学分数线以上1301人，占比22.67%。

【高中教育】 进一步实施“促优提质”工程，提升普通高中普及水平和育人质量，至2019年年底，全区共有普通高中7所，其中国家级示范性普通高中1所，省一级学校1所，市一级学校5所；全日制高中阶段教育毛入学率为95%。稳步推进高中课程改革，探索差异化培养模式，高考成绩稳中有升：2019年，全区普通高考报考6088人,高考超过本科线率49.4%。

【成人教育】 健全以职业学校为骨干，以乡（镇）成人文化技校为辐射点的农村职业与成人教育网络，把建好、办好示范性乡（镇）成人文化技校作为推进“农科教结合”和“三教统筹”的重要组成部分。至2019年年底，揭东区创办省级示范性成人文化技术学校1所（云路镇），市级成人文化技术学校1所（玉湖镇），镇级成人文化技术学校5所，村级成人文化技术学校103所，接受培训15266人。做好2019年民办幼儿园教师学历提升计划专项招生工作，104名幼师通过幼儿教师大专学历提升试点班考试，获得入学资格。

【社会力量办学】 2019年，完成揭东区光正实验学校改扩建项目，新增学位2400个；批准新设立8所民办幼儿园。至2019年年底，揭东区有民办幼儿园83所，民办12年一贯制学校1所，民办中职学校1所，民办小学1所。贯彻落实市《关于进一步促进民办教育健康发展的若干意见》和《揭阳市揭东区民办教育机构管理暂行规定》文件精神，加强管理，规范办学行为，签订各类安全责任书。

【教育投入】 加大教育投入：2019年，继续加大教育投入，进一步调整优化全区学校布局，扩充优质学位：启动揭阳市揭东区第一幼儿园建设项目，工程造价约1563万元，可新增学位360个，计划2020年秋季投入使用；投入校舍建设及维修资金3978万元，投入教学设备资金1963万元。教育经费保障：全面按照“明确各级责任、中央地方共担、加大财政投入、提高保障水平、分步组织实施”的基本原则，将农村义务教育全面纳入财政保障范围，建立省、地级以上市、县分项目、按比例分担的农村义务教育经费保障机制，并按规定安排好农村义务教育经费保障机制预算；提高本级财政教育公用经费保障水平，足额拨付和规范使用农村义务教育学校各项专项资金，确保一般公共预算教育支出逐年只增不减，确保按在校学生人数平均的一般公共预算教育支出逐年只增不减。2019年度，全区财政教育经费投入84907万元（其中，一般公共预算安排的教育经费84871万元），中等职业教育经费1300万元，中学教育经费43009万元，小学教育经费37522万元，特殊教育经费253万元，学前教育经费1234万元，教育行政经费967万元，教育事业单位经费386万元，其他教育经费236万元。落实资助政策：2019年共完成大学生助学贷款318宗，贷出资金255.8万元；开展大学生圆梦助学活动，共资助90名大学生19.2万元；14名建档立卡户贫困大学本科新生获长隆集团资助，每年每人发放补助资金3500元；补助学前教育家庭经济困难儿童资助2300人，补助资金230.05万元；补助义务教育家庭经济困难学生生活费补助1856人，补助资金92.96万元；补助普通高中国家助学金1342人，补助资金268.5万元；中等职业教育国家助学金31人，补助资金6.2万元；中等职业教育免学费补助291人，补助资金101.85万元；补助建档立卡学生免学费和生活费补助2474人次，补助资金765.58万元。

【师德师风建设】 落实《新时代教师职业行为准则》，切实增强工作责任感和使命感，把师德师风建设作为加强教师队伍建设的首要任务和第一标准抓紧抓好抓实；修订《揭阳市揭东区教育局关于建立健全教师师德建设长效机制的实施细则》，将师德考核摆在首要位置，在教师年度考核、职称评聘、职务晋升、评优评先、表彰奖励、资格注册等工作中落实师德考核评价，坚持师德失范“一票否决”制度；开展“自觉爱国守法，潜心教书育人”师德建设主题教育月、师德征文及微视频征集等活动；组织“深化师德师风建设，造就新时代高素质教师队伍”专题网络培训。大力宣传优秀教师先进事迹，树立师德师风先进典型，杨伟东被授予“全国模范教师”称号，李锦霞等4位教师获第九届“潮汕星河辉勇师表奖”，江杰弟等10位教师被评为“揭阳市优秀教师”。

【德育工作】 印发《揭东区中小学校2018—2019学年度第二学期培育和践行社会主义核心价值观工作方案》，通过宣誓、宣讲、竞赛、演讲等主题教育活动，进一步提升师生对中共十九大和习近平新时代中国特色社会主义新精神、新思想的认知，培育和践行社会主义核心价值观；全面推进中小学新时代文明实践点建设，至2019年年底，全区中小学新时代文明实践点创建活动实现100%覆盖；推进思政课建设，成功举办揭东区首届思政课教师专业能力大赛；举行全区中学优秀团体心理辅导课例征集评选活动，承办全市心理健康教育进校园现场活动，提高教师心理健康辅导水平；继续加大志愿者服务的宣传和活动力度，组织环境整治、交通劝导等志愿活动。推进“文明校园”创建工作，至2019年年底，全区已有省级文明校园1所，区级文明校园57所。全区被评为“2019年度广东省优秀学生”3人次，“2019年度揭阳市三好学生”96人次，“2019年度揭阳市优秀学生干部”55人次，“2019年度揭东区三好学生”236人次，“2019年度揭东区优秀学生干部”177人次；50个班集体被评为“2019年度揭阳市先进班集体”，102个班集体被评为“2019年度揭东区先进班集体”；5名学生获2019年度广东省宋庆龄奖学金，11个项目申报2019年度潮汕星河奖。

【体卫艺工作】 体育方面：加强中小学校体育教育督查，全面推进校园足球推广工作，至2019年年底，全区共有全国青少年校园足球特色学校14所、广东省校园足球推广校14所；举办揭东区第三届中小学生校园足球比赛，有21支代表队共225人参加比赛。卫生方面：加强食堂卫生专项检查，联合区食药局及卫生健康局等部门定期对全区中小学校食堂进行专项检查，及时排查存在安全隐患；加强学校食堂管理，落实食堂办理“餐饮业服务许可证”、“健康证”及“食品卫生管理员培训证”，全面落实“明厨亮灶”工程；进一步完善对登革热、手足口等流行疾病的防控工作。艺术方面：举办揭东区第十二届中小学生现场书画比赛，揭东区中小学生中华经典诵读比赛；举办揭东区教师歌手大赛，选送7名教师参加全市教师歌手比赛，揭东区光正实验学校教师黄洁如获美声组二等奖；揭东区第二小学、揭东光正实验学校、揭东区第二中学、玉湖职业技术学校4所学校参加市“我和我的祖国”中小学生合唱比赛，揭东区第二中学、光正实验学校分别获高中组、初中组一等奖，揭东区第二小学获得小学组二等奖，玉湖职业技术学校获中职组三等奖。

【教育督导】 做好2019年全国义务教育阶段学生语文、艺术学习质量监测工作，20所样本校均按照规定时间节点有序实施监测，顺利完成国家义务教育质量监测任务；开展幼儿园办园行为督导评估工作，对31所幼儿园进行督导评估；区教育局联合各职能部门做好县级人民政府2018年度履行教育职责评价迎评工作；推进规范化幼儿园评估及标准化学校评估工作，玉湖镇姑山幼儿园等21所幼儿园被评为揭东区规范化幼儿园，锡场镇新置寨小学通过标准化学校评估。进一步推动依法治校工作，揭东区第三初级中学等75个学校（含教学点）被评为广东省依法治校达标学校。

【教育科研】 开展教学改革探索，推进教学教研“诊断式”视导调研，致力构建现代化教学教研管理新模式，努力提高教学质量。落实《揭阳市揭东区教育科研课题管理办法（修订）》，推动课题管理更规范有效，2019年,有129项教育科研课题通过结题验收并获得结题证书（其中，国家级课题1项，省级课题3项，市级课题25项，区级课题85项，校级课题15项），有19个区级课题、62项市级课题、15项省级课题、1项国家级课题通过立项申报并开展研究；组织教研员参加市级以上的学习培训276人次；全区各级教研中心组开展的公开课7410节、专题讲座1075场，教师撰写的教学论文或经验总结7925篇（其中，在市级以上刊物发表的论文78篇），全区师生参加各级各类教学教研交流、竞赛活动，获国家级奖励7人次，省级奖励26人次，市级奖励167人次，区级奖励2748人次。

（区教育局办公室）

【学校简介】 揭东区开放大学（揭东区教师进修学校） 于1999年2月开始筹建，2000年3月，经广东省高教厅批准成立，主要负责揭东区的高等教育，后与揭东区教师进修学校合署办公，实行两块牌子、一个机构，实现资源共享，优势互补。2019年12月“揭阳市揭东区广播电视大学”更名为“揭阳市揭东区开放大学”。学校现占地面积约0.67公顷，建筑面积11000平方米，其中教学用房5700平方米。现有教室24间（其中，网络教室2间，多媒体教室19间，教室座位近1500个），语音室1间，电子技术实验室1间，舞蹈室1间，配备200兆宽带光纤。教职工41人，其中，本科学历36人，高级职称9人，中级职称27人；专任教师19人，其中本科学历19人，高级职称5人，中级职称14人。

揭东区开放大学以成人学历教育为主。学校坚持以人为本、科学发展的办学方针，自1999开始办学至2019年，向社会输送各类毕业生超10000人。至2019年年底，揭东区开放大学开设行政管理（本科）、行政管理（专科）2个专业，在校学生500多人。

揭东区教师进修学校主要承担小学教师继续教育培训（含新教师培训、教育系统公修课及各类教师的短期培训等）。自1998—2019年培训小学教师11万多人次， 2019年，学校开展教师全员培训、职务培训等，培训中小学教师5000多人。

揭东第一中学 学校位于揭东城区中心片区，占地面积约118861平方米，建筑面积76000平方米，创办于1996年9月，2002年、2003年、2010年先后被评为市、省一级学校、国家级示范性普通高中。

学校教学区、运动区和生活区“三区”分明，绿化覆盖率达到62%，环境优美。校舍建设总投资近2.5亿元，全部教室配套一体机平台；拥有400米标准塑胶跑道的田径运动场1个、铺设人工草坪的足球场1个、篮球场11个以及网球场等大批体育设施；有创客实验室、电子计算机实验室、理化生实验室等功能室。

学校现有教学班68个，学生3859人，教职工312人，其中专任教师268人。教师中党员有142人，其中在岗党员125人，退休教工党员17人。教师中具有正高级职称2人，高级职称94人，中级职称121人，初级职称58人；具有研究生学历45人(含在读30人)，本科学历287人；有全国优秀教师1人，省特级教师4人、省级优秀教师10人，省级以上骨干教师培养对象22人，市级学科带头人10人；有省级名教师1人，区级名教师13人。2019年学校开展研究的区级以上立项研究课题32项，其中，省级课题4项，市级课题（含粤东）5项，区级课题23项。

学校以“以人为本，科学管理，和谐发展，追求超越”为办学理念，以“勤奋，求实，立德，创新”为校训，强化“管理、疏导、服务”的思想，深化内涵发展，实施素质教育，取得显著成绩：至2018年，学校为全国高等院校培养输送了2万多名优秀学生，其中，有7名学生先后考进清华大学和北京大学。

2019年，高考再创佳绩：上优先投档线人数434人（含术科），同比增加44人；上本科人数1783人，创历史新高；文理科总分600分以上7人。

办学以来，学校40多次获市级以上表彰，先后被评为“揭阳市文明单位”“揭阳市绿色学校”“广东省绿色学校”“广东省先进集体”“全国教育系统先进集体”“广东省依法治校示范校”“广东省普通高中教育水平优秀学校”“广东省职工书屋示范点”“广东省科学教育特色学校”“广东省安全文明校园”“揭阳市师德建设先进集体”“广东省青少年科学教育特色学校”“揭阳市三八红旗集体”，“揭阳市教育工作先进单位”，多次获“揭阳市高考成绩优异奖”称号。

2019年，学校认真实施发展规划，巩固示范性高中的创建成果，发挥示范辐射作用，努力把揭东一中建设成为办学理念先进、办学特色鲜明、管理科学规范、教育质量优良的粤东名校。

揭东区第二中学 学校创办于2008年，是广东省一级学校、揭东区重点高中、广东省依法治校示范学校、全国青少年校园足球特色学校、全国青少年校园篮球特色学校、广东省艺术教育特色学校。学校占地面积12.65万平方米，建筑面积8.75万平方米，设置学位4500个、宿位4200个，图书馆藏书15.97万册，教学区、运动区、生活区三区分明，设备设施完善，功能齐全。

学校现有学生3582人，教职工254人，专任教师252人，

学历达标率100%，其中硕士研究生29人，高级职称46人，获“南粤优秀教师”称号5人，获“潮汕星河辉勇师表奖”3人，国家模范教师1人，省劳模1人，省特级教师2人，省名班主任工作室主持人1人，省名教师工作室主持人1人，省级骨干教师15人，市、区拔尖人才2人，市优秀教师1人，区名教师8人。

学校确立“以人为本，为学生的终身发展奠定基础，培养具有社会公信力人才”的教育理念，以“自强不息、厚德载物”为校训，以“高起点、严要求、精管理、重细节”为办学思路，坚持以优秀文化为引领，推行特色教育，注重学生核心素养的培养，走内涵发展之路。

办学以来，师生获省级以上各类奖励280多人次。学校历经九届高考，本科上线率均在70%以上，位列全市前茅，为本科院校输送了7300多名优秀学生，其中有700多名学生考入同济大学、中山大学、华南理工、厦门大学、中央美院等名牌大学。2019年，高考成绩优异：上优先投档线147人，上本科线1012人，均创历史新高。

学校连续8年被评为“揭阳市高考成绩优异学校”，先后获得“揭阳市平安校园”“揭阳市文明校园”“揭阳市优秀志愿服务集体”“揭东区教育工作先进单位”“揭东区先进基层党组织”“揭东区文明单位”“揭东校园文化建设先进单位”“揭东校本教研工作先进单位”等称号。

揭东区光正实验学校 学校位于揭东城区，始创于2000年9月，原名揭东县实验中学，2011年5月更名为华南师大粤东实验学校，2019年3月6日，经揭阳市教育局批准正式更名为揭阳市揭东区光正实验学校，由广东光正教育集团举办。学校总投资超过5亿元，占地面积13万余平方米，建筑面积近13万平方米，按省一级标准兴建，拥有现代化的教学楼、科技楼、图书馆、师生公寓和食堂，高标准的田径场、足球场、篮球场、艺体中心，以及多媒体网络教室、多功能报告厅、计算机室、语音室、音乐室、舞蹈室、美术室、书法室、实验室等门类齐全、设施一流的功能场室，实现了教育技术装备的标准化、信息化和现代化。

学校为12年一贯制民办学校，设小学、初

中、高中三个学部，学生近5000人，专任教师312人，其中研究生学历教师9人，中职职称教师13人，高级职称教师18人。

学校秉承“以诚心服务社会，以爱心培育人才”的办学宗旨，奉行“为学生的终身发展奠基，为社会的进步发展育人”的办学理念，不断改善办学条件，努力加强师资建设，积极推进改革创新，全面实施素质教育。学校先后被评为“全国优秀家长学校实验基地”“广东省五四红旗团委”“揭阳市语言文字规范化示范校”“揭阳市社会组织总会理事单位”“揭东区先进基层党组织”“揭东区无毒学校”“揭东区教育工作先进单位”“揭东区校园文化建设先进单位”“揭东区安全文明校园优秀单位”“揭东区教育互动资源库实验点学校”“揭东区文明校园”“揭东区中小学语言文字工作达标学校”。

揭东区现代职业技术学校 学校创办于2000年，坐落在揭东开发区黄金地带，交通便利，占地面积34900平方米，校舍建筑面积34800平方米，环境优美，布局合理，设施完善，是一所集中职学历教育、职业技能培训、成人在职学历教育、就业服务、技能鉴定于一体的综合性学校。

2019年，学校进一步改善办学条件，兴建完成实训楼二期工程，改建了多功能大礼堂，重新装修了食堂餐厅，开通了数字化校园系统，实现了办公、教学、管理数字化。

学校开设汽车维修、模具制造、机电技术应用、计算机应用、电子商务、服装设计与工艺、会计等7个专业，有全日制在校生365人，教职工48人，其中，专任教师38人。

办学以来，学校秉承“一专多能，品学兼优”的校训，以“团结、守纪、求实、创新”为校风，以“管教、管导、管成才”为教风，以“爱我专业、学我专业、奉献社会”为学风，坚持以“责任心、真功夫、好习惯”作为技能型人才培养目标，参与“创文”“创卫”等活动，组织师生深入企业、社区和开发区中心市场开展志愿活动。学校高度重视党建和思想政治工作，努力践行社会主义核心价值观，组织开展理想信念教育、宗旨意识教育、典型示范教育及警示教育，组织开展校园文化系列活动，取得良好的教育效果。

学校先后获“全国职工教育示范单位”“揭阳市安全文明校园”“揭阳市高校毕业生就业见习基地”“揭东区高校毕业生就业见习基地”“揭东区教育先进单位”“五四红旗团委”“优秀志愿者团队”“揭东区中小学语言文字工作达标学校”“揭阳市规范汉字书写教育特色学校”“揭阳市平安校园”等称号。

揭东区青少年宫 创办于2007年8月，为区教育局属下股级事业单位，于2018年1月3日迁入新址，现位于揭东区福源路与车田大道交界，占地面积近0.8公顷，建筑面积5000多平方米。在职人员8人，其中本科学历6人，大专学历2人。中级职称7人，初级职称1人，其他专业教师均为择优外聘。

区青少年宫以“扬起艺术风帆，成就人生梦想”为工作目标、以“面向学校、面向青少年，遵循身心发展规律，普及与提高相结合，自愿参加，非盈利性”为工作原则，促进青少年全面发展。现有多媒体电教室2间，电子琴室、钢琴室、合唱室、美术室、书法室、舞蹈室、跆拳道室、机器人创客室、陶艺室等功能室各1间，另有电子钢琴、钢琴、萨克斯、大提琴、小提琴、民谣吉他等西乐，二胡、扬琴、琵琶、古筝、葫芦丝、笛子、箫等民族乐器，爵士鼓、电吉他、电贝司等电声乐器。所有场所均对外免费开放活动练习，每年培训青少年学生4000多人次。

区青少年宫是学校教育的延伸和补充，是广大青少年学生课余素质教育基地。主要活动有：一是送教下乡，组织舞蹈、跆拳道、象棋、书法（毛笔）、美术（儿童画、手工）、民乐、童声合唱团等项目骨干艺体类教师进校园并赠送教材、学具，培养孩子们对艺体类学习的兴趣，提高艺术能力，连年来共送教下乡20场次，送戏下乡活动3场，送科普、手工下乡12场，惠及青少年12000多人。二是开办免费公益班，其中，童声合唱团两次参加广东省百歌颂中华合唱比赛分别获得揭阳赛区银奖和金奖；机器人创客项目共举办公益活动27场次，参与学生3000多人，项目作品“围棋棋子自动分拣器”获2018年广东省中小学生创客大赛小学组团队项目一等奖，“高铁时代”获2019年广东省机器人比赛二等奖。

揭东区玉湖职业技术学校　学校始建于1956年9月，前身是揭阳县县属完全中学。1991年9月，改制为职业技术学校，附设普通高中和初中，2007年建成新校区。新校区占地面积79920平方米，建筑面积27457平方米。现有29个教学班，在校学生1060人，其中，初中学生416人，高中及中职学生644人，教职工165人，专职教师157人，其中高级教师22人，中级教师97人。

学校教育教学设施配备完善，教师每人配套一台手提电脑，教室配备多媒体教学平台，实验室、阅览室、计算机室、音乐室、体验器材室、心理咨询室等功能室齐全，田径场、篮球场、排球场等体育运动场地齐备。

学校秉承“构建文明和谐校园，培养健康发展学生”的办学理念，以艺体教育为特色教育发展方向。学校教风严谨，学风优良，办学质量不断提高。2019年度，学校参加普通高考学生254人，上本科线12人，专科221人，上线率91.7%；参加高职高考学生32人，上线27人，上线率84.3%。普通高考、高职高考上线率均列揭东区同类学校前茅，中考也取得优良成绩。学校先后获“广东省五四红旗团委”“广东省校园足球推广学校”“揭东安全文明校园”“揭东区中小学语言文字工作达标学校”等称号。

蓝田中学　学校位于新亨镇镇区206国道旁，占地面积近10公顷，前身是创办于南宋（公元1149年）的蓝田书庄。2007年，蓝田中学第四次易地新建，新校按照“一次性规划，分期建设，争取50年不落后”的理念，严格执行广东省一级学校标准规划建设，实行教学区、科研办公区、运动区、生活区四区分离，办学环境优越，教学配套设施基本齐全。学校现有学生2921人；教职工220人，专任教师本科率100%，其中，研究生（含在读）5人，特级教师1人，中学高级教师41人，中学一级教师101人，85%以上的教师具备高中三年循环教学经验。

近年来，蓝田中学高考各批次上线人数快速攀升，屡创新高，多名学生考入中山大学、华南理工大学、暨南大学、西安交通大学、华南师范大学等名校，学校多次获“揭阳市高考成绩优异奖”称号。近年来，学校教师先后获全国群众体育先进个人、广东省新一轮“百千万人才培养工程”“名校长”培养对象、广东省特级教师、广东省名校长工作室主持人、广东省师德先进个人、广东教育督导学会高中教育督导评估专家、广东省群众体育先进个人、广东省中小学校长培训中心兼职教授、韩山师范学院兼职教授、揭阳市优秀专家和拔尖人才、揭阳市人民政府教育督导室督学、广东省群众体育先进个人、潮汕星河辉勇师表奖，以及市、区“名教师”“先进教育工作者”“优秀教师”“优秀班主任”等荣誉称号。

学校先后被评为“全国首批青少年校园足球特色学校试点单位”“国家定点考场”“广东省安全文明校园”“广东省示范性教师教育实践基地”“广东省厂务公开民主管理工作示范单位”“广东省依法治校示范校”“揭阳市一级中学”“揭阳市教师专业发展学校”“揭阳市创建无毒学校先进单位”。

锡场中学　学校坐落于锡场镇打石岭，创建于1959年7月，是揭东区一所全日制公办高级中学，是揭阳市一级学校。学校环境幽雅，布局合理，教学区、生活区、运动区三区分明，广播系统网、安全闭路监控系统网、校园网络系统网“三网”安全设施完善。录播室、电子图书阅览室、多媒体室等现代化教育教学平台，音乐、美术，物理、生物、化学实验室等功能室一应俱全，塑胶跑道等体育设施齐全。师资力量雄厚，有中学高级教师21人，研究生3人，专任教师学历达标率100%。

学校秉承“以生为本、特色引领、精细管理、创建品牌”的办学理念和“以人为本、德育为先、内涵发展、和谐共进”的办学宗旨，倡导“团结向上、只争朝夕、永不放弃”的精神建设，善始善终，力争迈小步，一步一个脚印往前走，办好家门口的学校。

2019年，学校立足校情找对策，办适合的教育，助合适的成长，办好春考班，助力学生考上理想专科院校；办好夏考班，发展艺体教育，助力学生圆梦本科院校，多措并举提质量，高考总上线率82.20%。以实效管理促进艺术、体育特色教育发展，聚力打造书法班，突现学校特色品牌效应。

学校先后被评为“揭阳市美术教育示范基地”“揭阳市规范汉字书写教育特色学校”“揭东区中小学语言文字工作达标学校”，锡场中学党支部被区委组织部评为“党员示范岗”单位，锡场中学青年志愿者服务队被评为广东省“五四红旗标兵”。

云路中学 学校创办于1956年，是一所历史悠久、人文蔚茂、环境优美的完全中学，占地面积约2.3万平方米，总建筑面积2.5万平方米。校园布局合理，教学设施配套完善，配备录播室、多功能电教室、语音室、实验室等功能室及200米环型运动场等体育设施。现有学生1059人，教职工191人，学历达标率100%。

学校以“以人为本，内涵发展”为办学理念，以“崇德、尚文、励志、敦行”为校训，依法治校，以德树人，实行封闭式管理和开放性办学相结合的管理新模式，全力营造“守时敬业，爱生奉献”的教风和“勤学守纪，尊师爱校”的学风。学校教师潜心探索，积极创新，教育教学整体水平又上新台阶。师生参加各级各类比赛，获市、区奖励100人次；学生获市级“三好学生”“优秀学生干部”“文明小标兵”“优秀青年志愿者”“优秀共青团员”称号15人次。

学校先后获““潮汕星河奖集体品德奖二等奖”“揭阳市青年志愿者服务先进集体”“揭阳市平安校园”“揭东区中小学语言文字工作达标学校”“广东省依法治校达标学校”等称号。

梅岗中学 学校创办于1950年春，位于揭东中心片区，占地面积4.2万平方米，建筑面积2万多平方米，交通方便，环境幽雅，现为揭阳市一级学校、国家级定点考场、全国校园足球特色学校、揭东区道德礼仪教育试验基地、美术创作基地、揭东区次重点高中。学校设立初中部和高中部，现有在校学生2286人，教职工223人，其中，研究生学历1人，本科学历201人；特级教师1人，高级教师66人，一级教师131人。

校园布局合理，教学设施配套齐备，配备计算机室、录播室、多功能电教室、图音体室、各学科实验室等功能室；配备运动场及300米环形塑胶跑道等体育设施；设置有校史室（校友吴立群、罗玲伉俪捐建），阅览室藏书11690册，电子书20多万册；学校信息化建设稳步发展，拥有校园网络广播系统、高考考点标准化系统、校园安全监控系统，完成“三通二平台”建设，所有教室均为多媒体教室，教师每人配备一台电脑；校园网使用800M电信光纤接入国际互联网、500M接入揭东教育城域网、10M接入市基教网，基本覆盖办公楼、图书馆、教学楼、实验楼等，近几年在图书管理、财务管理、食堂管理等方面也已实现数字化办公。

学校全面贯彻落实党的教育方针，坚持依法治校，以德立校，以师强校；全面实施素质教育，推行高效课堂改革；不断优化各项工作，加大培优扶差力度，提高教育教学质量，提高课堂效益和管理效益，形成“全面发展、张扬个性、艺体见长、低进高出”的办学特色。2019年，高考取得佳绩：上优先投档线1人；上本科线49人，同比增加13人；总上线率91.30%，同比增加19.2个百分点。

学校先后被评为“揭东区安全文明校园”“揭东县先进基层党组织”“固本强基先进单位”“五四红旗团委”“朝阳读书活动先进集体”“优秀青年志愿服务集体”“揭东区优秀

爱心小组”“揭东区中小学语言文字工作达标学校”。

揭东区第二小学 学校位于揭东主城区中心片区，毗邻揭东一中。学校的前身是曲溪上围小学，2013年8月，揭东城区学校实行资源优化，原上围小学更名为揭阳市揭东区第二小学。原学校占地面积1.82万平方米，总建筑面积4600平方米。截至2016年8月，新学校扩建前，原学校开设6个教学班，教师14人，学生263人。

学校在区委、区政府和各级主管部门的高度重视下，新校区扩建工程于2016年12月开始动工，用地是由原曲溪上围小学向东扩征而成。工程于2017年11月底竣工，2018年1月交付使用。学校用地红线面积6.18万平方米，实际用地面积4.44万平方米，总建筑面积约29780平方米。其中，教学区建筑面积约18600平方米，生活区约5920平方米，运动区约5260平方米。学校建设有教学楼、教学综合楼（含行政楼）、艺术楼、活动中心、风雨操场、教师工作楼A/B、饭堂等，办学规模有48个教学班，最多可容纳2400个学生就读，工程总投资1.20亿元。2019年，学校开设33个教学班，学生2300人，教职员工102人。

学校设计以经济、时尚为指导思想，通过庭院围合、虚实对比、空间渗透来体现校园建筑之美，给师生营造一种轻松自在，时尚舒适的感觉。建筑设计从实际出发，充分利用规划用地，根据当地的生活习俗，做到经济适用、美观大方、功能齐全。除建筑占地及必要的道路与集散广场外，四周尽量设计为绿化隔离地带，并在适当的地方种植高低不一的树木、灌木,营造自然，舒适的园林式校园。

校园规划分为教学区、运动区、生活区。教学楼和教学综合楼位于场地的中部，正对主入口，两侧为艺术楼和风雨操场，形状为外“八”字形，留出较大的形象广场，便于人流的集散。而综合楼通过连廊巧妙地把教学楼、艺术楼等各部分连接成一个建筑群体，方便师生到达各处的教学用房。运动区主要由一个

揭东第二小学外貌 （吴典璇 供稿）

300米运动场和四个篮球场组成，位于场地的西侧。饭堂和教师公寓布置在场地的东面，动静分区，减少相互的干扰。整个学校整体布局井然有序、动静分明，功能分区明确又联系紧密。

建筑整体简约，以白色作为基调，加以淡黄色和棕色的构件点缀，使鲜艳的色彩衬托出小学校园应有的活跃氛围。建筑天际线高低错落有致，前后层次丰富的进深感。建筑各个功能体现的同时，也保持着造型、色彩的和谐统一。部分建筑立面体现韵律感，在韵律重复的基础上追求变化，同中求异。

在学校教育教学设备配备方面，全部采用智能化、现代化理念配置，有智能化云教室、智能化录播室及观摩室、创客空间实验室、智能化舞蹈室、智能化综合实践活动室、智能化多媒体智能教室、智能化交互智能平板、智能化校园广播系统、智能化钟楼、多功能智能学术报告厅（小剧院）、智能化安防设备实施、国学活动室（道德讲堂）等现代化场室和设备。学校布局合理，建筑设计科学，教学设备先进，场室功能完善，是一所极具魅力的现代化学校。

学校秉持“让每个学生享受适合自己的教育”的办学宗旨，紧紧围绕“崇美·博学”的核心理念，以“让崇美教育照亮孩子的智慧人生”“美道笃学、乐教慎行”为办学目标，进一步解放思想，奋力拼搏，以管理促发展，以管理提质量，凝心聚力、同心同德，提升学校的办学品位。近两年来，学校先后被评为“揭东区教育工作先进单位”“揭阳市平安校园”

"揭东区文明校园""广东省少先队先进中队""揭阳市少先队红旗大队""揭阳市安全标准化建设达标单位""揭东区国学经典诵读特色学校""揭东区中小学校语言文字工作达标学校""揭阳市语言文字规范化示范学校""广东省省级校园足球推广学校""全国青少年校园足球特色学校""广东省校园篮球推广校""揭东区第一批节水型学校";学校师生参加省、市、区各级各类竞赛,获得奖励近600人次。

揭东区第三小学　学校创办于1927年,位于揭东城区中心,曲水之滨。占地面积2.32万平方米,建筑面积9000多平方米;学生1265人,专职教师62人。学校拥有一支团结协作、具有凝聚力和作战力的教师队伍,是一所领导放心、家长信任、学生向往,充满生机活力的示范性学校。

学校坚持正确的办学方向,全面贯彻党的教育方针,以中国传统文化教育为引领,秉承"学而不厌、诲人不倦"的校训,倡导"人人都是管理者,人人都是被管理者"和"把自信带进学校,把欢乐带回家里"的理念,实施素质教育,打造学校特色,努力创建"三园化"校园,使学校成为学生学习和生活的花园、学园、乐园。

近年来,学校教育教学综合实力不断增强,学生文明向上、团结互助,综合素质不断提高。学校先后获市、区"教育先进单位""文明校园""校本教研优秀单位""校园文化建设优秀单位"和"揭阳市语言文字规范化示范校"等70多项称号。

玉湖镇浮山华侨小学　学校位于玉湖镇浮山村蛇地埔,1986年由浮山众多华侨、乡贤捐资建成,1987年投入使用。学校占地面积22000平方米,建筑面积6706平方米。有教学班12个,学生451人,专任教师30人。

学校现代化设施齐全,配套有录播室、电脑室等功能室,12间教室安装多媒体,全校公共场地和教室均安装数字高清监控系统。图书馆藏书12600册,电子图书7.8万册。

玉湖浮山华侨小学外貌　　(许晓英　供稿)

学校坚持"张扬个性,和谐发展"的办学理念,注重特色办学,多次举行足球比赛、朗诵比赛、现场作文比赛等活动,出版校刊《启航》,联合振东、湖岗、洋边三所小学,成立语文、数学、英语、体育、德育共五个课题研究,现已全部结题。

学校先后获得"潮汕星河奖集体道德三等奖""市级先进班集体""揭东区优秀爱心小组""全国青少年足球特色学校""广东中小学'暑假读一本好书'活动先进单位"等称号。

新亨镇硕联小学　学校创办于1950年,前身为"义安学堂",校址设在硕联村风围社,后因校舍破旧,无法适应事业发展需要,1983年选址建新校,在硕联村党政的重视下和海内外乡亲特别是香港同胞王昌耀的捐资支持下,1997年建成投入使用。学校占地面积2.55万平方米,建筑面积9915平方米,体育活动场地14800平方米,绿化面积7650平方米;校内教学区、运动区和生活区三区分离,布局合理。有教学班33个,学生1648人,专任教师82人,学历达标率100%。

学校努力落实习总书记对教育工作提出的"9个要求",逐步形成"造一个'公平、真知、善美的儿童世界',培养'一个完整的人'"的办学理念,着力教育教学改革,规范办学行为,进一步重视体育、艺术教育,促进学生德、智、体、美、劳全面发展。

三年来,学校在镇素质教育评估中成绩名

列前茅，学校先后被评为“全国青少年校园足球特色学校”“广东省依法治校达标学校”“揭东区语言文字达标学校”“揭东区文明学校”“揭东区健康学校”“新亨镇教育工作先进单位”；少先队大队部被区团委授予“红旗大队部”称号。

锡场镇锡中小学 学校创建于1949年，校园占地面积11500平方米，建筑面积5351平方米，现有学生1034人。在职教师52人，其中，高级职称教师3人，中级职称教师45人，初级职称教师4人，本科学历48人，专科学历4人，学历达标率100%。

锡中小学校园一角 （林潮高 供稿）

学校经两次改、扩建，现已是一所功能齐全、设备先进的现代化学校，容纳学位1200个。学校整体布局合理，综合楼、教学楼、教师宿舍楼、礼堂结构合理；有标准运动场和田径场，含篮球场、200米跑道、排球场，风雨体育活动室；各种教育教学功能设备齐全，校园计算机网络、校园广播系统、监控视频系统和一键报警系统配套齐全。图书室藏书2.06万册。

学校秉承“慎思、博学、笃志、报国”的校训，坚持“夯实基础、强化德育、精致管理、促进和谐”的办学理念，立德树人，质量兴学，特色名校”的办学宗旨，以“行为习惯养成教育”为办学特色，艺术教育素质教育效果显著，学生在德智体美劳等方面都得到比较全面发展，近几年教学质量稳步提升，参加镇学科竞赛和质量监测中都名列片区前予，是片区内教育教学质量一流的现代化学校，是一所让人民满意的学校。

学校先后获“揭阳市平安学校”“揭东区语言文字达标学校”“揭东区文明校园”“揭东区依法治校模范单位”“揭东区教育工作先进单位”等称号。

埔田镇车田小学 学校一所全日制公办完全小学，始建于1952年，前身可追溯至明朝时期的私塾学堂。民国时期更名为“车田初小学堂”，1952年改名为“顶八乡学校”，1958年正式定名为“车田小学”，沿袭至今。1992年，搬迁至新校址办学至今。学校硬件设施齐全，达到广东省现代化建设标准。

学校占地面积2公顷，设有6个年级，13个教学班，在校学生378人。多年来，学校坚定实施素质教育，推进课程改革，在稳定中求发展，在进取中求创新。学校以“关爱师生，温暖校园”为办学理念，基于办学理念引领下的“三风一训”，坚持突显以“礼”“爱”为主线，以“诵读《小学生必背古诗词75首》，阅读部编版必读经典书目，营造书香校园”为特色文化校园主题，彰显校园文化特色，逐步形成学校文化的核心内容，引领广大师生在实施素质教育的进程中奋力前行。

学校管理规范，要求严格，教职工工作勤奋，学生学习认真，教育质量不断提高。师生获“南粤优秀教师”“最美揭东人”“最美南粤少年”等称号。2019年，学校获潮汕星河奖、揭东区中小学生“中华经典”诵读比赛一等奖、揭东区数学优质课例比赛一等奖、埔田镇“欢乐大课间，提振精气神”大课间活动比赛一等奖等称号。

云路镇云路初级中学 学校创建于1986年，位于揭东区云路镇云七村，占地面积11059.7平方米，建筑面积8565平方米，是云路镇办学规模最大的全日制初级中学，办学服务范围覆盖云路镇云七、田东、陇上、象岗、古湖、梅坛、下径、月浦等行政村。目前开设16个教学班，在校学生666人；教职员工93人，其中中学高级教师18人，中学一级教师67人，本科学历82人，学历达标率100%。

学校坚持依法治校，质量立校，文化兴校的办学总体观，以提升师资队伍为基础，以提高学生综合素质为核心，践行“至诚、至能、尚勤、尚思”校训，办学规模不断扩大，办学成效逐渐提高，师生参加各级各类竞赛比赛活动获国家级奖项20多人次，省级奖项40多人次。

学校先后获“揭东区文明校园”“揭阳市平安校园”“揭阳市规范汉字书写教育特色学校”“揭东区教育教学工作先进单位”“广东省五四红旗团支部”“广东省足球特色学校”等称号。

玉滘镇翔龙中心小学 学校创办1929年，位于玉滘镇大滘村，占地面积9348平方米，建筑面积3084平方米，学校布局合理，育人环境优美，“三区”分明，有大礼堂、教学办公楼、文化走廊，按规范化学校标准进行配套建设，常规教学仪器、器材设备按标准配齐，功能室齐备，环形塑胶跑道、篮球场、羽毛球场、排球场等体育设施齐全。在校学生347人，教职工24人。

翔龙校园一角 （李桂锋 摄）

学校坚持党的教育方针，以培养具有创新意识和实践能力的社会主义建设者和接班人为目标，认真落实“严肃、勤奋、求实、活泼”的校训。坚持把安全工作放在首位，严谨治校，科学管理，全面实施素质教育，2019年学校教学质量在全镇名列前茅，教师受表彰15人次，学生受表彰16人次。

学校多次被评为“揭阳市平安校园”“揭东区教育工作先进单位”，2019年被评为“揭东区健康学校”“揭阳市语言文字规范化示范学校”。

（区教育局办公室）

科 技

【概况】 2019年，全区有23个项目列入省、市科技计划。新增省级工程技术研究中心3个，省重点实验室1个；新增市级工程技术研究中心3个，新增市级新型研发机构1个。

【产学研合作】 把产学研合作当作是科技工作的重中之重，鼓励企事业单位与高等院校、科研机构开展多种形式的产学研合作，进一步把国内外高校、科研机构的人才、技术、项目等创新资源引向全区，引导企业与高等学校、科研院所合作，鼓励企业创建研发机构，开展“实验室+”行动，牵线搭桥蒙泰、真丽斯、恒成等多家企业与广东工业大学、重庆理工大学、重庆邮电大学等院校开展产学研合作。

【科技计划】 实施“创新驱动”发展战略，培育创新型企业，鼓励企业申报国家高新技术企业认定和培育入省级库，加快企业创新平台和载体建设。成功申报认定嘉达电机、成丰实业、德克蒸发器等11家高新技术企业；已认定利鸿基、通威、港荣3家企业为省级工程技术中心，华龙、超导、森乐3家企业为市级工程技术中心。

【科技宣传】 通过多种形式，宣传“科学技术是第一生产力”思想，组织开展“科技进步活动月”宣传活动，广泛宣传全区科技事业发展新成就，营造有利于创新的社会氛围，推动全区经济提速提质发展；通过开展“科技活动月”活动，宣传科技创造美好生活，增强全民科学意识，提高全民科学素质。

【信息化管理】 2019年，不断推动《广东省工业企业“上云上平台”服务券奖补工作方案（试行）》落到实处，开展“工业互联网走进产业集群”政策宣讲对接活动，靠近服务制造业企业家，深度解读“上云上平台”政策，助力产业集群数字化转型，初步实现优秀供应商资源与企业的精准对接。2019年，揭东区共有17个项目兑现服务券，总金额321.24万元，其中注塑产业集群券共5家企业申请，兑现总金额123.06万元。

2019年，不断推动《广东省工业企业“上云上平台”服务券奖补工作方案（试行）》落到实处，开展“工业互联网走进产业集群”政策宣讲对接活动，靠近服务制造业企业家，深度解读“上云上平台”政策，助力产业集群数字化转型，初步实现优秀供应商资源与企业的精准对接。2019年，揭东区共有17个项目兑现服务券，总金额321.24万元，其中注塑产业集群券共5家企业申请，兑现总金额123.06万元。

（陈 乔）

文 化

【概况】 2019年，根据机构改革方案，揭东区将文化、旅游、体育三局合并，成立揭东区文化广电旅游体育局。内设办公室、公共服务与政策法规股、文化艺术股、文化遗产与旅游资源开发（产业发展）股、广电与市场管理股、体育股、综合执法队7个机构。下辖文化馆、博物馆、图书馆、文化中心管理处、文化演艺中心、业余体校6个事业单位。机关行政编制13名、行政执法专项编制8名，后勤服务人员数7名。现有机关人员28人，直属事业单位47人。

【公共文化建设】 （一）完善公共文化设施建设 揭东区初步建成区、镇、村三级公共文化服务设施网络，基本实现县区级有图书馆、文化馆、博物馆，乡镇（街道）有综合文化站，村（社区）有综合性文化服务中心的目标。结合全区实际，起草《揭东区文化馆总分馆制建设方案》，按1个总馆+7个分馆（7个镇文化站）+21个服务点（21个村级综合文化服务中心）的构成概况启动总分馆制建设。有效整合区、镇（街道）、村（社区）文化资源，构建布局合理、发展均衡、覆盖面广、全面开放的文化馆总分馆体系。

（二）做好文体广场建设 根据市政府2019年主要工作任务的要求，揭东区要建设2个乡镇（街道）文体广场示范点，于9月底提前完成。并推进健身广场、体育公园基础设施建设，通过“全民健身日”等载体不断放大辐射效应，全民健身逐步深入人心。

（三）打造城区“读吧” 为贯彻落实“揭东区2019年十件民生实事”提出的打造城区“读吧”的任务要求，区文广旅体局以朗读亭的形式认真做好选址、安装及日常管理工作，目前在区图书馆、揭东二中、榕泰广场、云南社区、路篦社区等地建成使用。并组织开展朗读亭朗读体验活动，推广全民阅读，建设书香揭东。

【文化遗产保护】 （一）开展文化遗产保护宣传 揭东区博物馆陆续展出“揭东区文化遗产流动展”“珍贵瓷器展”等各类展览活动，在活动中发放文化遗产宣传手册。结合5.18国际博物馆日，精心策划推出一系列题材多样、特色鲜明的主题活动，向社会公众宣传文物知识、文物保护和利用。博物馆全年接待观众8万多人次。

（二）做好文化遗产的挖掘、整理、保护和传承工作 3月30日，“吴履逊旧居建筑群”“永业公厅”“继玉公祠”“军屯砖瓦窑”“修陞公祠”“精臣公祠三壁连近现代建筑群”6处古建筑顺利通过专家组审核，被公布为第七批揭阳市文物保护单位；7月10日，“传统龙舟建造技艺”“锡器制作技艺”“石茶盘制作技艺”“金桔油制作技艺”“冬菜制作技艺”5个项目被列入揭东区第四批区级非物质文化遗产代表作名录，并申报市级非物质文化遗产代表作名录。

（三）配合做好郑大进府维修设计方案、专家论证　8月1日，经广东省古迹协会专家组审核，同意郑大进府维修设计方案。10月30日，揭东区人民政府批复同意郑大进府维修工程启动。区文广旅体局严格按照文物法及有关规定依法依规组织实施。现工程可研性报告编制已完成并进入核价招投标等手续申报流程。

（四）召开院士文化研讨会　8月8日，为贯彻落实区政府关于充分宣传发扬黄旭华、蔡翘、黄叔培等本土院士效应的工作任务分工，组织专家参观蔡翘展览馆、黄旭华故居，召开“弘扬院士精神，深挖院士文化”研讨会。

【群众文化】　（一）开展群众性文化活动　正月初一，“美丽揭东，迎春贺岁”2019年揭东区迎春文艺活动在揭东区人民广场举办。现场进行文物流动展、谜台、书画、潮剧折子戏、乡村振兴摄影展等文化活动，与市民一起赏文化、过大年；初三，在区人民广场举行“汉服之美 醉美千年”展览活动，展览主题为“汉民族传统服饰展示”，讲述中国传统服饰上种种纹样的吉祥寓意；初五晚，在会议中心举行“我们的中国梦·文化进万家”2019新春潮剧专题晚会。丰富多彩的文化活动，活跃了群众的文化生活，营造了欢乐祥和的节日气氛。

（二）开展全民阅读推广活动　“4·23”世界读书日期间，组织了送书进区消防大队、进区特教学校、“绿书签行动”暨版权宣传周、知心姐姐讲故事“4·23”世界阅读日故事会、揭东朗读沙龙朗诵会、“快乐成长，共享阅读”幼儿阅读推广活动等系列活动。同时，开展户外宣传服务、赠书、共读半小时、业务咨询等；5月25日至6月1日服务宣传周期间，举办《昆虫大世界》图片展、2019年世界阅读日粤港澳创作比赛优秀作品展、少儿爱玩书“点读绘本”阅读互动、知心姐姐讲故事庆“六一”等活动。同时，免费赠送图书，宣传公共图书馆法，播放爱国主义和红色经典电影；8月16—20日，参与2019南国书香节揭阳分会场暨揭阳书展活动，活动期间，接待读者3000多人次。

5月31至6月3日，区文广旅体局在春晖幼儿园举行“昆虫大世界”流动图片展　（陈燕城　供稿）

（三）举办揭东“朗读沙龙”活动　自4月上旬开始，由区文广旅体局、区广播电视台主办，区图书馆、市知心书店承办的揭东“朗读沙龙”活动，每两周的周六晚举办1期，每期评选1—2名优胜者，年末参加年度半决赛、决赛。2019年，活动内容增加“我们的节日”为主题，结合清明、端午、中秋、重阳等节日进行选材开展朗读，传承传统文化，践行社会主义核心价值观。活动举办17期，累计报名参加及观看市民达到4000多人，深受朗读爱好者和广大市民的好评。

（四）组建业余合唱团　为推动全区群众文化活动的开展，5月组建揭东业余合唱团，成员50多人，共举办活动24期；6月组建悠悠童声少儿合唱团，成员40多人，共举办活动22期，参加市、区国庆等各类晚会活动。

（五）举办“潮剧票友之星竞唱会”活动　6月19日开始，定期举办“潮剧票友之星竞唱会”活动。旨在弘扬地方文化瑰宝，提高群众对潮剧戏曲的欣赏水平，同时为广大潮剧戏曲爱好者提供一个展示才华的平台。

（六）举办揭东区“初心·使命 多彩揭东”创意短视频大赛 为庆祝建党98周年和新中国成立70周年，传播揭东文化、讲好揭东故事，区委组织部联合区文广旅体局举办创意短视频大赛。大赛面向全社会征稿，共收到作品近30部。评出一等奖作品1名，二等奖作品3名，三等奖作品5名，优秀奖作品5名，最佳人气奖1名。

（七）举办系列公益展览 先后举办“金针彩线花城绣——广绣文化”精品展、“一带一路共繁荣——广东佛山石湾陶艺”珍品展、“揭东区文化遗产”流动展、“昆虫大世界”流动图片展、“乡风·乡韵·乡情”摄影展、“赵佗——岭南开发第一人”图片展、“第七届全国道德模范事迹展览”“华侨与辛亥革命”“香江旧影—香港城市的变迁”图片展览等活动，参观人数16700多人。

（八）举办暑期书法培训班 为弘扬中华优秀传统文化，丰富学生暑期文化生活，7月29日—8月20日，揭东区博物馆举办免费少年书法培训班，学员共30多人。

（九）成立“文艺轻骑队”，打造群众文化活动品牌 为贯彻落实中共十九大精神，围绕市委、区委中心工作，开展文艺宣传，从11月中旬开始，区文艺轻骑队以“建美乡村”为主题，深入蟠龙、庵后、马硕等乡村，把文艺送到老百姓家门口，满足人民群众对美好生活的精神文化需求。

【文艺创作】 （一）文艺创作 大型现代潮剧《大国赤子》（曾用名《贤德魂》）由区文化馆负责人黄烈明创作完成；6月18日，特邀著名国家一级导演钟汉秋临揭执导，正式投入排练；8月1日晚，在揭东人民广场会议中心（剧场）成功首演；次月，面向全市各县、区巡演。广东卫视、《羊城晚报》《南方日报》等各大报刊先后报道，盛况空前。

（二）推送文艺人才、文艺作品参赛 6月20日，举行广东省第十三届“百歌颂中华”歌咏活动揭东区歌手海选比赛，共16名选手参加，前两名代表揭东区参加“百歌颂中华”揭阳市选拔赛，取得1银1铜的战绩；6月，推送作品参加省群众艺术花会（少儿艺术），获1个一等奖和4个三等奖；9月，选送作品参加2019年“我最ok”广东全民才艺大比拼活动揭阳赛区决赛，取得1银2铜的成绩；11月，推送书法、美术等作品参加“共筑中国梦”——揭阳市庆祝中华人民共和国成立70周年群众文艺作品比赛，获得2银1铜2优秀奖的成绩。

【文化市场管理】 区文广旅体局不断强化文化市场的执法巡查监管，确保全区文化市场总体安全、秩序规范发展。一是通过开展日常执法巡查，保证检查全覆盖；二是开展“扫黄打非”专项行动，通过“护苗”“净网”“固边”“清源”“秋风”等专项整治行动，对全区书店、印刷厂等进行清理整治；三是开展扫黑除恶专项斗争。重点排查整顿娱乐场所操纵经营“黄赌毒”行为，娱乐、演出、网吧等文化市场欺行霸市、充当保护伞等违法违规行为；四是落实安全责任制。与网吧、歌舞娱乐单位签订责任书，共同营造良好的文化市场环境。

2019年，共出动执法人员700多人次，检查文化市场经营场所80多家，发出停业通知书12份，受理电话举报1宗。

【队伍建设】 自开展“不忘初心、牢记使命”主题教育以来，区文广旅体局召开动员大会，组织支部集中学习，开讲调研课题党课、主题党课，要求全体党员干部加强自学并认真记笔记，深入学习贯彻习近平总书记重要讲话精神。进一步提高政治站位、强化责任担当，坚定理想信念、践行党的宗旨。切实把思想统一到中央、省委、市委和区委的决策部署上来。

组织机关党员干部职工开展“不忘初心，牢记使命”主题党日活动。先后到埔田镇念恩山、锡场镇谭王村等爱国主义教育基地，参观抗战遗址，重温入党誓词。激励区文广旅体局党员干部职工不忘全心全意为人民服务的初心，牢记忠实履行职责的使命。

9月14日，“我们的节日•乡味琴音颂中秋”活动在文广旅体局演艺厅举行 （陈燕城 供稿）

【文化志愿者活动】 （一）组织送春联活动 1月7日，揭东区博物馆、文化馆组织教师到馆写春联，送往革命老区埔田镇马硕村；1月17日，组织教师到埔田镇刘厝寨现场写春联；1月21日，组织教师到锡场镇潭蔡村进行写春联活动。

（二）开展送书送戏下乡工作 组织开展送书活动，共赠送基层图书800多册，做好全区100多个农家书屋的建设，协助各镇文化站做好图书馆（室）的业务工作以及文化信息资源共享工程基层服务点的建设等。组织实施送戏下乡活动，全年送戏下乡150多场次。

（陈燕城）

地方志

【概况】 2019年，揭东区地方志办公室在区委、区政府正确的领导下，在上级史志部门的支持指导下，贯彻落实《广东省地方志工作条例》（以下简称《条例》），主动出击，有所作为，完成《揭东年鉴•2019》《揭东区革命老区发展史》《揭东区自然村落历史人文普查》三部书稿共165万字的编写工作并送出版社出版，受到上级有关部门的肯定。

【贯彻《条例》】 组织写心得体会，有1篇在上级史志部门的汇报会上交流发言，受到与会者的肯定；把《广东省地方志工作条例》和《〈条例〉导读与释义》分发到区主要领导班子成员手里，做到人手1册；把《条例》送到镇级。另外，送《条例》到锡场镇文化站，并交流指导该镇《锡场镇志》编修情况，开展互动学习。

【自然村落历史人文普查】 3月，区地方志办公室（以下简称区志办）继续对《揭东区自然村落历史人文普查》文稿进行核对修改补充完善，至6月，文稿全面完成。并送华南理工大学出版社出版。该书共7个镇(街) 112个行政村共231个自然村，总字数约60万字。总页码878页，有图片988幅，总纂负责人陈楚鹏，参与镇级初审人员78人，区级复审人员10人。

【年鉴编纂】 5月8日，中共揭东区委办公室、揭东区人民政府办公室发电通知，要求全区各有关单位于5月20日前报送2018年度《揭东年鉴（2019）》资料，并落实专人负责催交。5月25日，收齐全部年鉴资料。组织人员（含外聘2人）共5人进行稿件整理修改、编纂工作，9月初定稿，复核后送回有关单位复审和揭东年鉴编委会领导审核，按审读意见再逐条修改完毕。10月8日，送华南理工大学出版社按

5月8日，《揭东年鉴（2019）》编纂业务培训班在区政府会议厅召开 （何巧珠 摄）

程序“三审三核”，同月14日，区志办派2人到出版社对接修改文稿， 2020年4月完成出版印刷工作，同月发行。

【揭东区革命老区发展史】 2019年，继续完善《揭东区革命老区发展史》编纂工作。8月，《揭东区革命老区发展史》书稿送广东人民出版社出版，2020年5月，全书定稿。（另外，2019年8月，选送相片26幅参加在广州举办的全省革命老区图片展，入选作品6幅）

【地方志资源开发和利用】 《揭东区自然村落历史人文普查》的基础上，至2018年12月，区志办完成报送玉湖镇新寮村为《广东名村系列丛书》之“广东红色文化村”和玉湖镇坪上村为“特色产业村·坪上炒茶”， 两个村庄资料共约5000字，图片8幅。《广东名村系列丛书》已于2019年5月由华南理工大学出版社出版发行。

（陈楚鹏）

档 案

【监督指导】 （一）着力抓好档案指导，不断提高档案工作水平 2019年，区档案馆以《中华人民共和国档案法》《广东省档案条例》等法规性文件为依据，加大对全区档案基础业务工作的监督指导力度。2019年，档案局共派出人员10多人次，指导有关单位4个。通过多次指导，全区大多数单位规范了整档方法，加快档案进馆速度。

（二）做好档案征集接收 根据实际情况，及时做好整理、归档、鉴定、分类、编目、排架、入库等工作。2019年，全区档案馆新增档案41卷、5628件，圆满完成年度接收任务。

（三）加强民生服务，做好档案查阅 热情周到，尽心尽责为组织和群众查阅利用档案提供优质服务。2019年，共接待档案利用者94人次，调阅案卷、资料、报纸123卷（册、件），接待现行文件利用者9人次，查阅现行文件19件，提供档案、资料复制220多页，充分发挥档案资料的价值作用，同时扩大了档案的社会影响力，增进同社会、团体、群众之间的关系。

（四）馆藏档案信息化建设 为适应形势发展的需要和方便档案查阅者查阅档案，截至2019年年底，区档案馆完成馆藏档案文件级目录100%录入，达到110000多条，馆藏纸质档案数字化达到420000画幅，有效地推进馆藏档案信息化建设。

【档案馆藏】 2019年，区档案馆库房面积大约400多平方米，馆藏档案全宗47个，档案9570卷、31481件，排架长度大概为128米，其中文书档案4362卷、27637件，专门档案5208卷、3844件；实物档案101件，主要是区委、区政府和区直有关单位的锦旗、奖牌、奖杯、证书等实物；图书、报纸、资料1767多册，包括各种年鉴、史志、方志、族谱等工具书；照片档案共1112张，主要是揭东区重大历史事件和巨大变化的纪实照片，以及党和国家领导人在揭东的视察工作活动照片；光盘档案56张，内容主要有《今日揭东》《月起金都》《潮汕历史文化研究中心成立十周年1991-2001》《揭东县曲溪镇计生村民自治试点纪实（1）》。馆藏档案形成自1992年开始，这些档案记载了该地区党政机关以及所属各部门自建县以来的历史发展、机构演变等不同历史时期的全过程。真实地记录了从揭东县到揭东区建设、发展的历程以及取得的各项成就，全面地反映揭东区政治、经济、科学、文化等方面的真实面貌。这些档案材料作为宝贵的精神财富和珍贵的历史文化遗产，为全区的经济建设、科学研究以及各项事业的发展，发挥着有效的凭证作用和参考作用。

（吴洁玲）

广播电视

【概况】 揭东广播电视台于1993年9月23日成立，位于揭东城区中心，是区委宣传部直接领导下的正科级事业单位。自办揭东电视台综合频道、公共频道以及揭东人民广播电台（频率FM100.2兆赫）及揭东新闻网站、广东台“触电新闻”揭东频道、“金凤视听”公众号、揭东电视台官方抖音号等新媒体。拥有一批专业影视管理、策划、主持、采编、摄制、播控、传输的技术及艺术人才，有专业技术人员90多人；拥有一批电视摄录、编辑、播控、传输平台等先进设备，有电视及电台发射塔1座，塔高118米，覆盖半径50多千米，覆盖总面积2826平方千米，覆盖人口达500多万人，除覆盖揭东全境外，揭阳市区和周边的潮洲、丰顺、普宁、澄海、潮阳等地的部分地区均能收听收看到揭东广播电视台的节目，电台信号覆盖粤东地区。

揭东广播电视台遵守党的宣传纪律，并与时俱进，适时调整、优化节目结构，提升节目品位，现自办新闻类节目有《揭东新闻》、《资讯速览》，每周各6期；自办社教专题类节目有《百姓话题》《聚焦揭东》《揭东风情》《政法之声》等，每周1期；少儿节目有《小小欢乐汇》，主持类节目有《但说无妨》，语言类节目有《我来朗读》《文明揭东云课堂》等，每周共2期。揭东广播电台自办有《早安揭东》《快讯快报》《养生有道》《潮俗潮语》《生活全接触》《娱乐100.2》《音乐婷好听》《熟悉的旋律》等多个栏目，信号覆盖粤东各地。多个新闻类、专题类节目频繁渗透于各个播出时段，增强自办节目传播密度，打造揭东台自身品牌。节目内容面向国内外，以潮汕传统文化为依托，以当地时政、社会、人文为载体，以适合当地受众口味和具有特色为重点，兼顾外来人口的收视习惯，进行科学创新、合理设置，使栏目品位、宣传质量和宣传效果不断提高。

【新闻宣传】 2019年，揭东广播电视台在区委、区政府和区委宣传部的正确领导下，学习贯彻落实习近平总书记系列讲话精神，认真落实中央和省、市、区关于加强宣传工作的指示精神，紧紧围绕区委、区政府中心工作、中心任务，牢牢把握正确的政治方向、宣传导向、突出宣传、贯彻中共十九大重大政治任务和习近平新时代中国特色社会主义思想，精心组织策划，创新方式方法，开展全方位、多形式、多层次的对内对外宣传。

2019年，《揭东新闻》共播出320期（含《一周要闻》），播出新闻1520条，并有450条新闻上送市台。《资讯速览》共播出240期，播出消息2800多条。《揭阳产业园新闻》共播出240期，播出新闻485条。同时，在新媒体和网站方面，《揭东新闻网》播出消息7000多条。《金凤视听》公众号发送330期，近2500多推文，拥有粉丝45000人。《触电新闻》揭东频道，发表总量近2500条，有近20条消息获得“10万+”的阅读量。

传统媒体和新媒体互融并进，推动新闻宣传工作在服务好党政的中心、筑固宣传主阵地的同时，也成为观众喜爱的新闻窗口。

《揭东新闻》节目中先后开设“学习贯彻党的十九大精神”“不忘初心、牢记使命”“喜迎新中国成立70周年”“壮丽70年·奋斗新时代”“文明揭东你我共建”“环保整改在行动”“黑臭水体整治”“随手拍曝光台”“三清三拆三整治”等20多个栏目，充分展示揭东各行各业工作取得的新成就、新经验。

揭东新闻网紧密结合全区“创文”活动，利用新媒体技术等创新宣传内容和形式开展宣传工作。网站开设“文明揭东”专栏。下设《学习习近平总书记参加广东团审议重要讲话精神》《创建在行动》《文明创建随手拍》《创文大家谈》《记者曝光》等栏目。刊登信息动态300多条。

经过三年运作，“金凤视听”公众号已经

成为全市较有影响力的公众号。采编人员围绕“揭东人喜爱的节目”这一主线，深入各地发掘揭东特色，关注社会热点，第一时间搜罗各种新闻素材，全力打造原创内容，力求以品质争关注。

在专题报道方面，揭东广播电台共开设《百姓话题》《聚焦揭东》《政法之声》《揭东风情》)4个专题栏目以及揭阳产业园的《今日揭阳产业园》和2个特色的栏目《但说无妨》《我来朗读》。2019年，为庆祝新中国成立70周年，专题部还特别策划制作《我来朗读》国庆专场节目，制作《小小欢乐汇》国庆特别节目主题MV。同时，全年为服务揭东社会各项事业发展精心摄制了多部宣传片、推介片等。

在公益宣传方面，揭东广播电台的综合与公共频道还在不同时期播放各种相应主题的宣传标语、公益广告及宣传片，播放次数居高的主要有《习总书记讲话标语》《十九大标语》《五城同创标语》《社会主义核心价值观标语》《国家创卫标语》《美丽揭东公益宣传》《内涝防治整治》《安全出行》《生态环境保护》《全民健康》等等，起到全方位多层次的宣传作用。

此外，揭东广播电台集中精力抓好深层次宣传报道，经营大题材，使节目更有品位，提升宣传水平和质量。在参加2018年度揭阳新闻奖评选活动中，揭东广播电台选送的新闻、专题作品共有多件获奖。其中，《黄旭华千里送祝福 新寮村故貌换新颜》获广播新闻二等奖，《“起侮辱性绰号属校园欺凌”——别拿言语暴力不当回事》获广播社教专题二等奖，《新亨镇仙美村“地浮三尺” 专家鉴定系重物挤压造成》分获电视新闻二等奖和广播新闻三等奖，《和之约——池渡山美冰释前嫌破陈规》电视礼教专题二等奖，《保护环境 从小事做起》获电视公益广告三等奖；《曲溪街道单身老人捐资10万支持“两清”》分获广播新闻三等奖和电视新闻三等奖，《揭东打造“马上就办、办就办好”政务服务品牌赢得群众的“金口碑”》获电视新闻三等奖，《传承红色基因注活力 老区砥砺奋进换新貌——揭阳市揭东区锡场镇潭王村》获电视社教专题三等奖。

【事业建设】 2019年是广电网络改革重组第一年，经过不懈努力，完成了广电网络改革重组工作，体制机制，通过改革终于甩掉了长期以来沉重的历史债负，揭东区广播电视台将迎难而上，继续巩固宣传思想意识形态阵地。一是打造高清频道播出平台。在区委、区政府的重视支持投入230多万元。对揭东台综合和公共两个频道进行高清改造升级，配套好相应的采、编、播设备技术，使广播电视的编、播、制能力再度升级，节目质量有大的提升，揭东区广播电视台是全市第一个率先进行全高清改造升级的电视台；二是制作中心整体提升改造。从办公环境到硬件设备再到软件全部一体化升级，全面配合高清频道改造；三是打造好新时代文明实践所的建设。按照区新时代文明实践中心的要求，作为全区第二批建设单位，揭东区广播电视台高度重视，扎实推进，根据建设要求打造实践所硬件设施及配置，并开展“书香读书”活动，“志愿者学贤德”活动等，实践所各项活动正在兴起。四是强化节目审查及安全播出，坚持播出安全教育、日常应急处置能力的培养，以及意识形态领域的管控，对节目严格实行监听、监看、监审制度，切实加强播出管理，定期和不定期对播出系统进行维护和备份，经常对发射机进行检修、维护，维修和更换线路设备、发电机组及各类设备故障，有效防止播出事故隐患，确保安全播出。

【强化管理】 揭东广播电视台强化员工的政治意识、责任意识、安全意识：一是制订《安全播出应急预案》《安全播出应急响应、处理联系表》《安全播出应急处理指挥中心关系图》《重要安全播出保障期管理制度》等制度，把省、市安全播出指挥中心值班电话、人员的情况登记在表上，挂墙公布，并存放于播出机房电话旁，方便工作人员及时上报，反映播出情况。二是强化安全播出防范。要求员工认真执行安全播出规章制度，实行全台安全统一调度指挥，保证机房24小时值班到位，电话通畅，对重大节目、重大活动、重要敏感时期实施24小时上报制度，防患于未然；值班人员做到“眼不离荧屏、耳不离监听、手不离开关”，切实加强对节目的监控，确保安全优质播出节目。三是要求负责安全播出的领导和工作人员把上级联系电话设在自己手机的快速拨号上，缩短上报时间，方便省、市、县（区）三级联动。

【队伍建设】 2019年，揭东广播电视台现有干部职工92人，其中男53人，女39人；大专毕业49人，本科毕业38人，高中及以下5人；中级职称49人，初级职称25人，技术员3人。

（陈雪丽）

卫生健康

【概况】 2019年，区卫健工作在区委、区政府的正确领导下，在市卫健局的精心指导下，围绕“创建卫生强区、打造健康揭东”的工作目标，贯彻落实省、市有关加强基层医疗卫生服务能力建设的精神，切实加强领导，加大投入，有力推动全区医疗卫生服务能力和质量的进一步提升。2019年，全区门诊诊疗人数641737人次，同比降低4.62%；出院病人40876人次，同比增长6.15%；医疗业务收入33289万元，同比增长13.23%。全区人口出生率11.75‰、政策生育率90%、自增率为7.25‰、出生婴儿性别比107.91。

【公共卫生】 通过扩大家庭医生式服务试点，不断提高群众的获得感，全区居民电子健康档案建档率达81.29%，全区城乡家庭医生式服务签约数20.98万人，占常住人口的35.41%；无偿献血及肺结核、糖尿病、高血压等防治工作名列全市前茅。登革热、H7N9禽流感等传染病防控工作有序推进，以环境卫生整治清除病媒滋生地、活禽市场清洗消毒为主要内容的爱国卫生运动全面开展，有力维护了群众身体健康和辖区和谐稳定。

9月30日，市长张科（右），区长许剑芒（左）在揭东区人民医院共同出席揭阳市第二人民医院揭牌仪式

（林乔松 供稿）

【医疗卫生】 2019年，共接诊病人5004人次，发放平价药包4026个，减轻群众负担14.11多万元；推进“医联体”建设，区第一人民医院、第二人民医院与市人民医院构建“医联体”协作关系，区中医院与市中医院签订“医联体”合作协议，区妇幼保健计生服务中心与省第二人民医院也签订“医联体”合作协议，各签约医院也派出骨干医生定期到全区开展医疗技术帮扶，有力推动全区医疗服务能力和质量的进一步提升。

【人才培养】 通过公开招聘、定向培养、全科培训、引进等形式，逐步充实揭东卫生专业人才队伍，2019年，公开招聘22名编制卫生专业技术人才，并在9月分配到各基层卫生院（社区服务中心）工作。继续实施农村订单定向培养医学生工作，与14名大学生签订农村订单定向培养医学生协议。已完成助理全科医生培训13名、全科医生转岗培训24名、全科医生岗位培训25名，产科医师转岗培训9名、儿科医师岗位培训2名。选派650多名医护人员参加上级培训班学习，并通过构建“医联体”等多种方式，聘请上级专家定期到各医院开展坐诊、查房和课堂教学，进一步提升全区医务人员的诊疗技术水平。

【依法行政】 2019年，全区共查处无证行医17宗，立案17宗，罚款4.27万元，进一步净化全区医疗市场环境。组织开展对各镇（街）社抚费征收案卷的督查工作，对发现存在问题的，立即要求整改，确保征收规范、程序合法、案卷完整、材料齐全。

【项目建设】 区级项目方面：区第一人民医院改造工程已在2019年10月底完成一期工程（职工大会议厅、食堂、围墙及绿化、大门、ICU中心、血透中心）建设，购置DR、MR、DSA等大型先进医疗设备并正式启用，服务能力明显增强；区中医院新建工程已于12月25日完成主体结构封顶；区妇幼保健计生服务中心综合楼已于12月5日完成主体结构封顶。埔田卫生院标准化建设工程已竣工并通过验收；玉湖卫生院标准化建设工程已于2020年1月5日完成主体结构封顶。

【特色品牌】 区第一人民医院与广州市第一人民医院共建医疗联盟，由该院委派高年资的泌尿外科医生常驻区第一人民医院；区第二人民医院在进一步擦亮眼科品牌的基础上，打造中医康复特色专科；区妇幼保健计生服务中心与省第二人民医院构建“医联体”，进一步做大做强该院的妇产科医疗品牌；埔田卫生院争取市中医院的支援，由市中医院派出专家团，到该院开办特色中医专科，并开展“智能免煎中药”服务。

【疾控工作】 2019年，共接诊可疑病人984例，发现活动性肺结核病患者310例，完成上级下达任务指标100.65%；通知基层医疗卫生机构管理的辖区内肺结核患者362例，已管理肺结核患者348例，肺结核患者规范管理率96.13%，各项工作任务指标、防治质量达到项目质量要求和管理规定。全区发现高血压登记管理20797人，管理率95.9%；糖尿病登记管理7699人，管理率96.9%。

【村卫建设】 村级卫生站公建规范化建设工程已全面启动，至2019年12月，计划建设村级公建规范化卫生站112家，已建成验收69家（其中，2017年32家，2018和2019年共37家），2018—2019年建设任务80家中79家在建，其中，39家完成室内装修，1家尚未开工。

【宣传工作】 为进一步提高群众对全民健康生活方式相关知识的知晓率，区创新“灯谜猜答讲健康”的特色宣传项目，将“三减三健”、基本公卫、防病保健等知识融入到灯谜和知识问答之中，通过进村开展猜答活动，寓教于乐，大大提高健康宣传教育实效；区创新的这套宣传方式已被省卫生健康委列为2019年度的优秀健教特色项目，得到省的资金补助支持，并先后在《广东卫生计生报》《中国人口报》上推介。同时，落实投稿奖励措施，鼓励干部职工向上级投稿的积极性，大力宣传推介全区在开展卫生健康工作中的新亮点、新举措。同时，落实投稿奖励措施，鼓励干部职工向上级投稿的积极性，大力推介全区在开展卫生健康工作中的新亮点、新举措。配合创文、创卫宣传工作，开展“省级慢性病防控综合示范区”创建工作，通过宣传栏、LED电子屏、微信公众号、网站、标语等形式，营造浓厚的宣传氛围，号召全区广大干群参与到创卫、创文和慢性病防控综合示范区活动中来，并向国家、省、市的有关报刊投稿，2019年，在国家、省、市刊物（网站）发表稿件28篇。

【创卫工作】 作为全区创卫工作的牵头单位，区卫健局按照区委、区政府和上级主管局的工作部署，牵头督促各镇（街道）和区直各相关单位，对照创建省级、国家卫生城市的各项标准和要求，紧扣时间节点，认真查漏补缺，特别是针对城区9个农贸市场、24个垃圾转运站、112个公厕升级改造和城中村综合整治等突出问题，下大力气真抓真改，全市的创卫工作先后通过省卫生城市第二次复审，国家卫生城市省级暗访、技术评估，申报资料一次性通过国家专家审查，并顺利完成国家暗访。揭东区于12月31日被省卫健委确认为“省级慢性病综合防控示范区”。

【其他工作】 一是加强公共卫生突发事件的应急处理，不断提高全区卫生应急能力，2019年，指挥中心累计指挥出车2402次，收治病人1668人。二是充分调动医务人员的积极性和创造性，在医学科学技术领域不断创新、发展，持续推动医学科研、临床和管理方面的研究和实践。三是无偿献血工作再创佳绩。在区委、区政府的重视下，区采血站切实履行职责，组织区直单位、各镇（街道）参加无偿献血活动。2019年，全区参加无偿献血2151人，献血量共430200毫升，完成市下达献血计划任务的78.3%，无偿献血工作在全市建制县（区）中名列前茅。四是儿童计免工作稳步发展。认真贯彻执行《疫苗流通和预防接种管理条例》，开展常规免疫工作，规范预防接种告知和宣传行为，利用多种媒体、多种渠道和多种形式，制作或发放健康教育材料，广泛宣传预防接种知识和政策。儿童一类疫苗接种率达到95.20%，二类疫苗接种有序开展，全区未发生严重预防接种异常反应事件。五是加强对全区生活饮用水水质的监测工作。2019年，区疾控中心共监测全区水质432份，对检测不合格的，将认真落实追踪，并继续抽取水样进行复检，全力保障全区人民群众的饮用水安全和身体健康。六是扎实抓好基层党建工作。区卫健局继续扎实做好“两学一做”示范点工作，通过阶段来精心组织，基层党组织各项活动受到上级较高评价，特别是打造的特色品牌“灯谜会猜”受到上级领导的充分肯定。结合纪律活动月活动，2019年，区卫健局被上级定为基层党组织规范化建设示范点。

（林乔松）

医疗保障

【概况】 2019年3月18日，揭东区医疗保障局挂牌成立。3月25日，区委、区政府批准印发《揭阳市揭东区医疗保障局职能配置、内设机构和人员编制规定》，核定区医保局为正科级区政府工作部门，行政编制7名，内设股室3个，主要承担城镇职工和城乡居民基本医疗保险、生育保险、医疗救助、药品和医疗服务价格管理等职责。区在2019年机构改革中将原区人社局医疗保险服务管理中心划入区医疗保障局，为区医疗保障局属下正股级事业单位，继续承担全区医疗保险、生育保险经办服务职能，医疗保险服务管理中心核定事业编制数14名。各项工作稳步推进，新旧医疗保障管理模式改革平稳过渡。

【医疗保险】 2019年，全区医疗保险、生育保险经办服务工作正常顺利开展。按照上级文件精神，要求联网结算医院严格按病种分值付费，增强定点医疗卫生机构规范医疗行为的主动性和积极性，控制医疗费用不合理增长，实现参保人医保待遇水平和医疗机构医疗服务质量“双提高”。全区2019年度基本医疗保险参保595540人，其中，城乡居民参保569740人，城镇职工参保25800人。全区参保住院享受待遇75032人次，享受金额43949万元，其中城乡居民享受待遇70037人次，享受金额40580万元；城镇职工享受待遇4995人次，享受金额3369万元。全区生育保险参保27000人，生育享受待遇人数643人次，享受金额300万元。

【医疗救助】 2019年全区医疗救助16382人次，支付金额538.08万元，其中，自7月医疗救助职能从区民政局移交以来，医疗救助

535人次，支付金额74.54万元。

【医药采购管理】 根据《关于做好医疗服务价格调整政策效果评估工作的通知》开展工作，对辖区内医保定点医院揭阳市揭东区人民医院和揭阳市揭东区玉滘卫生院执行医疗服务价格调整政策效果进行评估，取得良好效果。2019年12月31日24时起，该区全面取消公立医疗机构医用耗材加成，实现全部公立医疗机构医用耗材“零差率”销售。

【医药基金管理】 一是做好“打击欺诈骗保”宣传月宣传工作。制订《关于开展打击欺诈骗保维护基金安全集中宣传月活动实施方案》，发放宣传资料近20000份，播放悬挂宣传标语近200条次，营造良好的舆论氛围。二是启用医保第三方智能监控。2019年，医保定点医疗机构已全面启用医保第三方智能监控系统。三是开展检查，维护医保基金运行安全。对辖区内的13家定点医疗机构进行检查，实现检查全覆盖。

【重点医疗机构简介】 揭东区辖区内共有13家医保定点医院。

揭东区人民医院（揭阳市第二人民医院） 成立1995年8月，位于金凤路198号，是揭东区“二级甲等”综合性非营利性医院,集急救、医疗、康复、教学、健康体检和科研于一体。医院编制床位500张，全院专业技术人员400多人，高级职称26人，中级职称78人。配套有MRI、DSA、CT、DR、大生化仪、彩色B超和电子胃、肠镜等先进医疗设备。

揭东区中医医院 成立于2005年8月，是公益二类事业单位，揭东区“120”紧急救援中心成员单位。拥有专业技术人员35人，其中：中级职称5人、初级职称21人；设置内儿科、康复科、骨伤科、检验科、放射科、药剂科、B超心电图室等临床和医技科室，开放床位50张。自2016年以来，医院得到佛山市中医院的对口帮扶，使得医院的康复科和内儿科迅速打出品牌，成为主要特色专科。2017年9月，与市中医院签订了“医联体”合作协议。

揭东区慢性病防治中心 创建于1992年8月，是一所非营利性公益一类医疗机构，加挂揭东区结核病防治中心、揭东区精神卫生防治中心、揭东区皮肤性病防治中心牌子。中心现有干部职工17人，编制床位99张，配备检验科（省一级和县级中心性病实验室、市艾滋病抗体初筛实验室）、放射科、B超、心电图、微波治疗室等功能科室。担负着全区的结核病、精神疾病及皮肤病、性病、麻风病、高血压、糖尿病等慢性病的防治防控任务，是全区唯一的一所专业慢性病防治机构。

揭阳市复退军人医院 是揭阳市退役军人事务局下属公益一类正科级优抚事业单位，编制120人，担负揭阳、汕头、潮州三市复退军人精神病员和收治部分社会精神收治任务。医院内设办公室、行政科、医务科、护理科等4个职能科室（正股级）。设有1个门诊部和3个精神病区。医院现有职工166人，有25名医生、48名护士、20名病区管理人员。

揭东集和医院 是一家集医疗、预防保健、康复治疗、急救为一体的一级综合非营利性医院。医院现有职工82人，其中高级职称6人，中级职称18人，初级职称48人，后勤人员10人。医院设有创伤骨科、脊柱外科、显微外科、普通内科、中医骨伤科、康复理疗中心等特色专科。配套检验、超声诊断、心电图、X线检查、CT检查等辅助专业。

揭阳爱尔眼科医院 是由爱尔眼科集团在揭阳投资的一家二级眼科专科医院，成立于2016年6月，集临床、科研、教学一体，开展白内障科、眼底病科、屈光科、视光及小儿眼病科（近视防控、医学验光、配镜）、综合眼病科（角膜病、眼表疾病、泪道病、青光眼、眼外伤、眼科整形等）眼病诊治临床工作。

揭东区妇幼保健计划生育服务中心（曲溪社区卫生服务中心） 是揭东地区唯一一家非营利性公立妇幼保健专科医院、全区妇幼保健机构业务指导中心，是集妇幼保健、基本医疗、公共卫生、出生缺陷干预、社区卫生服务、计划生育技术服务、从业人员健康体检于一体的综合型二级医疗保健机构。

埔田镇卫生院 设立于1962年，位于埔田镇湖下村竹山路，是一所综合性公立非营利性的乡镇卫生院。该院现有职工98人，中级职称20人，初级职称60人，卫生技术人员12人，工勤人员6人；开设诊疗科目有预防保健科、中医科、内科、外科、妇产科、儿科、急诊医学科、五官科、康复医学科、医学检验科、医学影像科等。

锡场镇卫生院（揭东区第二人民医院） 始创于1958年，是一所公立非营利性医疗机构，集医疗、科研、教学、预防、保健及医疗急救于一体的二级甲等综合性现代化医院。建筑面积1万多平方米，编制床位数220张，全院专业技术人员250人，高级职称6人，中级职称30多人。年服务门诊量约20万人次，住院量约1万人次，各类手术量约4000例。

新亨镇中心卫生院（揭东区第三人民医院） 始建于1958年，是一所公立非营利性一级甲等综合医院。医院现有编制人数100人，在职职工169人。年服务门诊量约7万人次，住院量约2500人次，各类手术量约600例。现开展诊疗项目有急诊科、心血管内科、内分泌内科、消化内科、普外科、肿瘤外科、胸外科、儿科、妇科、产科、骨外科、手足外科、康复理疗科、中医科、眼科、耳鼻咽喉科、麻醉科等科室。还设有检验科、DR室、CT室、B超室、心电图室、电子胃肠镜室等医技科室。

玉湖镇卫生院 成立于1952年，是集医疗、急救、预防保健、国家基本公共卫生服务为一体的非营利性综合医院。医院位于206国道玉湖镇路段，占地6395平方米，现有专业技术人员88人，配备CT、DR、彩超、心电图、生化仪等先进医疗设备，开设预防保健科、急诊医学科、外科、内科、儿科、眼科、妇产科、中医科等诊疗项目。

云路镇卫生院 成立于1961年6月，是一家公立、非营利性、集医疗、预防、保健于一体的综合性卫生院。现有专业技术人员117人，其中中级职称11人，初级职称86人。主要开展业务项目有：内科、外科、妇产科、儿科、骨外科、眼科、五官科、中医科、急诊、预防保健、医学检验、医学影像。

玉滘镇卫生院 设立于1961年2月，位于省道335线旁、揭阳与潮州的接壤处，是一所集医疗、预防保健、公共卫生服务为一体的非营利性事业单位。2019年，有工作人员145人，设有门诊部、住院部、妇产科、防疫站、中医科、骨伤科、康复医学科等临床科室及拥有先进仪器的检验、B超、放射等辅助科室。

（郑宇宏）

体 育

【概况】 2019年3月，在新一轮的机构改革中，揭东区将文化、旅游、体育三局合并，成立揭东区文化广电旅游体育局。内设体育股，负责全区体育竞训、全民健身、群体活动、体育设施建设、体彩及体育类社会组织管理等工作。

【群众体育】 2019年5月18日，区在揭东枫江枫口河段举办揭阳市首届“贤德揭阳”端午龙舟竞赛揭东区初赛，并于6月6日组队参加市决赛；端午节期间，全区各地举行了形式多样的龙舟赛事。其中，锡场镇潭王村有18条龙舟参与活动9场次，参加人数1850人；曲溪镇路篦、三友、港畔、龙砂、旧坑、云南、寨二等多个村共有36条龙舟参与活动20场次，参加人数8114人；云路镇田东村有2条龙舟参与活动10场次，参加人数600人；玉窖镇池渡村有9条龙舟参与活动16场次，参加人数410人；8月8日，在揭东区榕泰健身广场举行“全民健身日”暨“广东省第二十届体育节”揭东区系列体育活动启动仪式；10月6日至7日，在局办公楼举办揭阳市揭东区庆祝新中国成立70周年“中国体育彩票杯”少年棋类比赛。比赛项目：围棋、中国象棋。共有7个镇参加比赛；10月6日，在榕泰健身广场举办庆祝中华人民共和国成立70周年暨“重阳节”揭东区体育系列活动广场舞艺术展演。

【国民体质监测】 组织开展2019年区直机关国民体质监测活动，完成省市下达全年体质测定样本数量。另外，为贯彻落实《全民健身条例》，根据广东省体育局《关于开展广东省公共体育场馆免费低收费开放示范单位创建活动的通知》文件的精神，揭东区文广旅体局综合训练馆和榕泰健身广场继续向辖区内广大体育健身爱好者免费开放。

【完善城乡体育设施】 向上级体育部门及地方政府争取资金和器材的支持。榕泰全民健身广场由于使用人数众多，使用频率过繁，部分器材已经损坏，2019年，文广旅体局对榕泰健身广场的活动场地及健身器材进行全面维护、更新。

【体育彩票管理】 2019年增机扩点，新增7台，销售量4500多万元。

【成立揭东区篮球协会】 12月15日，揭东区篮球协会成立大会暨第一届理事会在揭东榕泰广场召开。会议选举产生协会第一届理事会班子成员。篮球协会的成立，填补区篮球赛统一组织协调的空白，将更好地团结揭东区篮球工作者和社会各界人士，加强组织建设，规范管理模式。进一步团结全区篮球爱好者，提升全区篮球竞技水平，推动篮球运动的普及和提高，促进体育社会化，人人运动起来，人人享受健康。

（纪瑞珊 陈燕城）

【老年人体育协会】 2019年，揭东区老年人体育协会（以下简称区老体协）在区委、区政府的关怀和重视下，在有关部门的支持下，贯彻落实《全民健身条例和老年人保护法》，围绕区委区政府的中心工作，深入学习中共十九大文件和习近平新时期中国特色社会主义思想，坚持以人为本，开展老年体育系列活动，为揭东区老年人体育事业作出应有的贡献。

10月6日，区老体协在榕泰广场举行健身体育展示活动

（林通文 摄）

（一）开展全民健身活动 紧抓团队建设，立足本区和本协会的实际，以协会为中心，围绕区体育局、协会党支部和上级党组织以及区总工会、区民政局、区科协等部门的中心任务开展工作。2019年春节期间，区老体协配合区政府在揭东人民广场举办迎春活动，共派出200人同社区群众共度佳节，营造节日氛围。6月，区老体协在城区举办各项健身活动，庆祝全国首届老年幸福活动周。7月，区老体协健身舞蹈培训工作在榕泰广场举行，共培训200余名学员。同月，区老体协和玉湖镇棋协联合举办青少年棋艺暑假培训班，造就棋艺人才。8月，在庆祝全民健身日暨广东省第20届体育节上，区老体协配合区体育局举办体育系列活动。同月，区老体协派出七支队伍参加省第四届广场舞揭阳市赛区大赛，荣获市第一名。9月，区老体协代表队参加全市庆祝建国70周年活动，成绩优秀，受到表扬。11月，协会代表队参加厦门全国广场舞才艺综合大赛，荣获“一金二铜”的好成绩。

（二）党建工作常抓不懈 2019年，做好党支部组织活动，坚持正确的政治方向，主题教育有重点，党支部“两会一课”常态化。培养新党员，按程序、看表现，成熟一个，吸收一个。全年吸收新党员5名，预备党员转正7名，培养入党积极分子10名。经市委老干局推荐，区老体协党支部被省评为离退休老干部先进基层党组织。

（三）做好协会工会工作和星光老年之家的工作　完善“职工之家”与“星光老年之家”，2019年，已配备书画室、棋艺室、乒乓球室、演唱室、舞蹈室、休息室等设备设施。

（四）学习科普知识，分享科普幸福　区老体协开展礼赞共和国，追梦新时代的系列活动，聘请市保健协会专家为老体协会员开展科普健康讲座，同时为会员作免费健康体检。2019年，区老体协已有332人成为科普信息员。

（林通文）

坪上瀑布　（许涌　摄）

大鱼
36%
产品
包装
真空包装
vacuum packing

SHEHUI
SHENGHUO

社会生活

揭東年鑒

社会生活

■责任编辑：陈楚鹏 陈小岚

人力资源和社会保障

【事业单位人才招聘】 2019年，全区面向社会公开招聘教师53名。区人社局、教育局及有关单位到华南师范大学举办现场招聘会，定向招聘教师6名（揭东一中2名，揭东二中1名，第一初中3名）。由区人社局、残联联合到南京特殊教育师范学院开展校园招聘，招聘4名急需、短缺的特教专业毕业生到区特教学校任教。聘用2名定向培养的医学院校毕业生到乡镇卫生院工作。面向社会公开招聘医疗卫生专业技术人员23名。

【事业单位人事管理】 2019年，共承办调动事业干部220人，其中，区外调入34人，调出区外24人，区内调动162人。全区年度事业单位工作人员8547人，实际参加年度考核8538人，9人按有关规定不进行考核，评为优秀等次1126人，占参加考核人数的13.19%，评为合格等次7304人，评为基本合格等次2人，评为不合格等次16人，参加考核但不评定等次90人。

【专业技术人员管理】 深入推进职称制度改革，收审职称材料中级42份，初级95份。完成广东省揭阳市中高级人才证书共19份的核发工作。协调相关部门向广东越群海洋生物研究开发有限公司拨付50万元博士工作站建站补贴、向揭阳维亿家健康科技有限责任公司孔寅飞博士拨付20万元青年博士人才生活补贴。根据《关于加快人才优先发展推动创新驱动的若干意见》《揭阳市实施引进和使用好中高级人才三年行动计划（2018—2020年）》等相关文件，经揭阳市人社局审核，确定吴灶和、洪佩玲、王琳君、王小玲、蔡洁婷、钟斯婉、黄春妍、陈素容共8人为揭阳市中高级人才租房补贴发放领取对象。

【工资福利】 2019年，按政策调整机关事业单位工作人员基本工资标准10080人，在职人员正常晋升工资7200人。受区委组织部委托协办审批公务员职务晋升兑现工资待遇103人，审批公务员、事业干部退休32人，办理遗属困难生活补助48人。

【人才交流】 2019年，共接收高校毕业生报到2457人，接收大中专生档案3543份。大力推进高校毕业生就业，在揭阳招聘网设立“高校毕业生就业专区”，开展网上大学生就业服务，组织开展高校毕业生专项招聘活动，提供适合大学生就业岗位2680个，办理求职登记1020人，达成就业意向大学生256人。引进硕士研究生5人。安置“三支一扶”高校毕业生2人。

【城乡统筹就业】 全区城镇新增就业人数3164人，失业人员再就业1010人，农村劳动力技能培训2015人，全民技能提升储备培训

15218人次，帮扶困难人员就业155人，城镇登记失业率2.35%，就业局势保持稳定。组织开展“南粤春暖”“贫困劳动力就业”等专项就业招聘活动31场次，提供就业岗位数4200多个，达成就业意向540人。加大就业资金支持创业力度，推进“大众创业、万众创新”，促进创业994人，发放社保补贴449773元、支付小额担保贷款贴息67369.17元，创业带动就业706人。继续落实失业保险援企稳岗政策，发放稳岗补贴655542.25元。

【职业技能培训】 组织实施市“十万电子商务人才培训工程”，大力加强电商人才培训，切实做好贫困户劳动力电商培训，全区劳动力技能培训2055人，电子商务人才培训 28人。2019年全区共培训各类人员15385人，其中，在岗职工培训12614人、新成长劳动力培训513人、失业人员再就业培训121人、劳动力技能培训2055人、其他培训418人。

【社会保险扩面征缴】 组织实施企业养老保险省级统筹工作，推进“9070”扩面缴费计划，扩大企业职工养老保险参保人数和实际缴费人数，推动企业全员足额参保。2019年，全区企业养老保险参保60638人，实际缴费人数31685人，征收29115万元；机关事业养老参保14699人，征收25075万元；失业保险参保25703人，征收567万元；工伤保险参保26074人，征收234万元。

【社会保险待遇发放】 2019年，全区离退休人数12301人，其中，企业8236人、机关事业4065人，发放企业养老金18273万元、机关事业养老金24605万元、城乡居民基础养老金20437万元；支付工伤保险待遇247万元、失业保险待遇7万元。分配到被征地村社保资金1009.8万元。

【城乡居民养老保险】 全区新农保参保250016人，其中，领取养老金108747人，符合困难人员条件的参保人员都得到全额资助参保。调整城乡居民养老保险基础养老金标准，基础养老金从原来的148元/人·月提高到170元/人·月，本次调整补发98368人次，补发金额1071.57万元。2019年发放居民养老保险养老金20437万元。

【劳动关系】 2019年，受理工伤认定案件95宗，作出认定工伤决定72宗，不予认定2宗，受理后撤回7宗。区劳动人事争议仲裁委员会受理立案44宗，涉及金额750万元；仲裁调解结案39宗，仲裁裁决结案5宗，法定审限内结案率100%，累计结案率100%，调解率89%。劳动合同制度全面推行，集体协商与集体合同覆盖面不断扩大。企业劳动合同签订率达95%，已建工会企业集体合同签订率82.10%。

【劳动监察执法】 2019年，劳动监察共接待处理信访事项25宗，处理“12345”热线投诉案件258件，信访事项的按期办结率达到100%。主动监察用人单位112户次，涉及职工0.78万人，督促24家用人单位补签劳动合同335人次，追发工资550万元。劳动监察立案2宗、协调处理24宗、移交公安机关处理2宗，案件结案率100%。

（黄庆维）

民族宗教事务局

【概况】 2019年，全区有佛教、基督教、天主教、道教四大教派，区级宗教爱国团体有佛协、基督教“三自”爱国会，共有38个经政府批准的宗教活动场所，其中，佛教20处、基督教11处、天主教6处、道教1处，佛教临时活动地点4处。教职人员57人，教徒人数7350人，其中，佛教教徒2000人，道教教徒400人，天主教教徒1150人，基督教教徒3800人，分布全区7个镇（街道）各个角落。

【宗教事务管理】 做好揭阳市“谋振兴·百日百项大行动”打击违法宗教行为 维护信教群众利益专项整治活动实施方案 2019年4月17日，中共揭阳市委统战部《关于印发〈揭阳市“谋振兴·百日百项大行动”打击违法宗教行为 维护信教群众利益专项整治活动实施方案〉的通知》的通知，区委统战部立即制订《揭阳市揭东区“谋振兴·百日百项大行动”打击违法宗教行为 维护信教群众利益专项整治活动实施方案》，下发到各镇（街道）党（工）委、区直各有关单位，要求各地各单位提高政治站位，强化风险意识，切实承担起维护意识形态安全责任。全区完善区、镇（街道）、村（社区）宗教工作三级网络，及时更新建立全区、镇（街道）、村（社区）三级宗教工作网络，宗教工作三级网络机构128个，其中区级机构1个、镇（街道）级机构7个、村（社区）120个，分管负责人129人，工作人员54人；2019年，完成宗教活动场所的教职人员更新工作，备案人员共57人，其中佛教教职人员39人（僧14人、尼25人）、基督教教职人员12人、道教教职人员6人，把专项整治活动实施落到实处。

开展民族团结进步创建活动 根据中共揭阳市委、揭阳市人民政府《揭阳市开展“五城同创”活动总体方案》和全市、全区创建全国文明城市工作会议的部署和要求，结合创文任务分解和资料审核的要求，结合民族工作实际，5月20日，区民宗局制订《2019年推进民族团结进步创建活动工作方案》下发到各镇（街道）党（工）委，更好地推进2019年区民族团结进步创建活动深入开展。

区民宗局贯彻落实《2019年推进民族团结进步创建活动工作方案》的实施，6月12日，区民宗局联合曲溪街道办事处带队到曲溪街道办事处各清真面馆进行调研，关心、了解他们的生产生活、经商情况，引导他们进行依法经营、文明经营，促进政府和少数民族群众交流交融。同时现场办公，帮助解决某清真面馆子女读书难问题，使他们感受到党和政府的真切关怀。为创建全国文明城市，营造民族团结进步的良好氛围。

引导宗教界人士在建设和谐社会中发挥积极作用 2019年，区民宗局在新修订《宗教事务条例》实施后积极引导宗教界人士发扬乐善好施，扶贫济困的优良传统，动员他们热心社会公益事业，促进社会和谐，在扶贫济困、扶孤助残、抗震救灾、修桥造路中取得一定成绩，受到社会各界好评。2019年，全区宗教界共捐出大米16多万公斤，食油0.5万多公斤，面几千件及其他物品一批，折合人民币100多万元。基督教、天主教、道教在兴学育才，捐资建校，修桥造路，扶孤助困等方面也发挥积极作用。

（黎育生）

民政工作

【城乡低保】 2019年，揭东区纳入最低生活保障对象共4720户12515人，全年共发放低保资金4177.70万元；2019年，全区城乡低保标准在2018年的标准的基础上各提高10%，补差水平城镇对象每人月570元；农村一类、二类、三类对象每人月分别为290元、280元、270元。2019年，采取重点对象备案、“互联网”＋入户核查模式、委托第三方机构入户调查、加强职业道德教育和业务培训等形式切实开展低保专项治理行动，低保工作实现动态管理下的“应保尽保，应退则退”。

【救灾救济】 2019年，全区总支出临时救助资金111.6万元，救助困难对象540人。2019年春节，全区共向困难群众发放慰问资金341万元。

【特困供养】 2019年，全区纳入特困供养1985人，发放供养资金2530.7686万元。城镇特困供养标准提高到1564元/月，农村特困供养标准提高到1087元/月。2019年5月起，实施特困对象失能半失能护理工作。截至至12月底，全区共有半失能需要护理的特困对象13人,发放特困护理费25.1025万元。

【儿童福利】 2019年，全区共有孤儿128人（其中集中供养孤儿48人，基本生活费标准1685元/人·月；散居孤儿80人，基本生活费标准1025元/人·月）；事实无人抚养儿童50人，基本生活费标准500元/人月，全部通过银行转账逐月发放。“春节”和“六一”节期间开展走访慰问活动。联合相关部门与具备资质的“揭阳市天蓝心理服务中心”签订委托协议，开展以揭东区福利院为主体的特殊群体未成年人关心关爱活动，并针对辖区内特殊人群进行心理疏导。开展农村留守儿童“合力监护、相伴成长”关爱保护专项行动，组织各镇（街道）进行“三留守”数量摸排。启动揭东区儿童福利院建设工程。2019年依法办理收养登记2宗。

【老年人福利】 2019年，全区共有各类养老服务场所125家，其中养老机构8家，社区养老服务场所117家。拥有养老床位数4096张，每千名老人拥有养老床位数达到35张。建立健全80周岁以上高龄老人生活津贴制度，百岁老人495元/人·月，80周岁以上低保、“五保”、重点优抚对象115元/人·月，普通80周岁以上老人25/人·月。

【残疾人福利】 落实困难残疾人生活补贴和重度残疾人护理补贴制度，至2019年年底，全区在册享受“残疾人两项补贴”的对象共有6659人，其中困难残疾人1841人，生活津贴165元/人·月，发放生活津贴共325.248万元；重度残疾人4818人，护理补贴220元/人·月，发放护理补贴 1130.822万元，实行动态管理。个人信息均录入广东省残疾人两项补贴管理系统。

【殡葬管理】 加强殡葬管理，深化殡葬改革，完善殡葬设施，落实惠民政策。2019年，全区火化遗体3887具，火化率达100%。全面实施城乡居民免除殡葬基本服务费用3491宗，共计331.465万元。揭东云山殡仪馆二期改扩建项目有序推进。2019年5月7日，在玉滘镇红路云山开展第29次“推行骨灰生态安葬、骨灰植树，回归自然”活动，深埋植树骨灰800多具。落实骨灰生态安葬补贴，2019年10月起，对参加由市、区民政局、文明办等部门统一组织的海葬、树葬（含花坛葬、草坪葬）、撒散（树葬区等特定区域）、深埋（不留坟头）等不占地或少占地的生态安葬方式的，每具骨灰按500元给予补贴。

【婚姻登记】 2019年，全区依法办理结婚登记共4520对（其中，涉外结婚登记61对），离婚登记共783对。

【社工服务】 以玉湖镇、云路镇社工服务站为载体，以玉湖吴厝社区、云路陇上村为平台，以社会工作和志愿者为支撑，打造“三社联动”机制，组织开展“暑期社区学堂”“空巢老人结对帮扶”“慈善聚焦脱贫攻坚，携手关爱空巢老人”等活动，为孤残儿童、“三留守”人员等弱势群体提供对应的专项服务。

【基层民主建设】 2019年1月起，全区村（居）务监督委员会成员补贴从原来每人月625元提高到每人月700元。加强对各镇（街道）村务公开工作督查。8月，启动揭东区“阳光村务”创新示范点建设工作。至2019年年底，全区112个村和9个社区居委会全部完成村规民约和居民公约的修订完善工作。

【区划地名】 2019年1月，揭东区报送的第二次全国地名普查成果通过省的审核和验收，全区入库地名条数共5411条（含蓝城区）。加强地名管理，2019年，完成金一街等共38条道路命名（更名）和住宅小区丽景湾花苑的命名工作。加强界线联检，8月，配合完成梅揭线丰顺揭东段第四轮行政区域界线联检工作。

【社会组织登记管理】 2019年，全区依法登记在册的社会组织154家，其中社会团体52家，民办非企业单位102家。当年依法成立社会组织14家，其中社会团体3家，民办非企业单位11家。注销民办非企业单位2家。开展2018年度年检工作，应年检社会组织132家，接受年检119家，年检率90%。

【救助管理】 开展专项救助工作，在寒冬、酷暑给辖区内流浪乞讨人员送去衣物和食物，并对城区各街道、广场、商场等城区重点区域日夜加强巡查。2019年，救助流浪乞讨188人次。

（苏 霞）

退役军人事务

【概况】 2019年3月12日，揭东区退役军人事务局挂牌成立，是区政府工作部门，为正科级。局机关设3个内设机构，分别为办公室、安置创业与军休管理股、拥军优抚与褒扬纪念股。直属2个事业单位，分别为揭东区退役军人服务中心和揭东区光荣院。区退役军人事务局自成立以来，始终以坚持习近平新时代中国特色社会主义思想为指导，深入落实习近平总书记关于退役军人工作重要论述和重要批示指示精神，树牢“四个意识”、坚定“四个自信”，落实“两个维护”，以“让军人成为全社会尊崇的职业”为工作目标，圆满完成各项任务。

【保障体系】 2019年5月25日，揭东区退役军人服务中心正式成立，设立服务大厅、接待室、荣誉室、档案室等功能区。区服务中心周边突出“党味”“军味”，宣传习近平总书记关于退役军人的重要论述及阅兵、视察部队等图片资料、习近平强军思想、军队有关标语口号、军队10位挂像英模画像。各镇（街道）和村（社区）的退役军人服务站也相继于2019年7月底前全部完成建立，全区共设立7个镇（街道）退役军人服务站、121个村（社区）退役军人服务站，并落实村（社区）退役军人服务站由村（社区）“支委”担任站长，确保区、镇、村三级有专人从事退役军人工作。

【安置工作】 2019年，区退役军人事务局在全市率先采用“阳光安置”方式安置2019年由政府安排工作退役士兵10名，公开安置单位及退役士兵个人量化评分，按量化评分从高到低依次顺序由退役士兵现场选岗并签名，使服役时间长贡献大的退役士兵优先选岗，确保公平、公正、公开。2019年，10名退役士兵全部安置在区直公益一类事业单位。同时落实由政府安排工作退役士兵待安排工作期间保险费用和生活补助共计22.62万元。2019年，全区共接收自主就业退役士兵113人，接收伤病残移交退役士兵1人、复员干部1人。

【就业创业】 落实2017年度和2018年度退役士兵共计114人参加中等职业技能培训的报名工作；采用社会发放方式，发放2018年度137名自主就业退役士兵一次性经济补助金共390.32万元。组织2019年114名退役士兵参加全员适应性培训，培训内容涵盖政治、法律、社会、心理、信息安全、计算机操作技能、就业形势分析和就业指导，帮助退役军人做好角色转换、生涯规划，改善知识结构、提升能力素质，实现由部队主力军向地方生力军的顺利转变，并在培训结束后，组织退役士兵参加市退役军人专场招聘会。

【优待抚恤】 2019年，全区有享受抚恤补助优抚对象4723人，全年落实抚恤补助约2506.6万元；落实价格临时补贴约68.47万元；为345名义务兵发放家庭优待金共约425.7万元。全面开展退役军人和其他优抚对象信息采集工作，至2019年12月31日，采集信息12943条，审批12539条，为烈属、军属和退役军人等家庭上门悬挂光荣牌12802块。落实106名2018年59周岁农村籍退役士兵的申报登记及审批录入工作；根据享受国家定期抚恤补助优抚对象年龄状况，按比例进行入户核查2352人。8月6日，区6大银行开展银行系统拥军优抚协议合作文件签署暨拥军优抚银行卡发放工作，为全区退役军人及其他优抚对象提供优质、高效、便捷的金融服务。开展“最美退役军人”评选活动，评选出2019年度“最美退役军人”林少平、蔡楚明，在电视台、微信公众号等大力宣传报道他们的典型事迹。

【烈士褒扬】 2019年9月30日，揭东区在汾水战役烈士陵园举行烈士纪念日公祭烈士活动，区四套班子、各单位主要负责人共200多人参加纪念活动，同时在全区3处烈士陵园（烈士纪念碑）和39处零散烈士墓开展2019年“今天鲜花献给烈士”活动，缅怀革命先烈，追思革命英雄，并做好慰问烈属工作，下拨慰问金6万元慰问75户军烈属。

（吴志鸿）

揭阳潮汕国际机场 （李莹莹 供稿）

寒夜哨卡（国画）　　　　　　　　　　　　　　　　　　　　　　（陈和光　作）

ZHEN JIE KAIFAQU
JIANKUANG

镇（街、开发区）简况

镇（街、开发区）简况

■责任编辑：何巧珠

曲溪街道

【概况】 曲溪街道隶属于揭阳市揭东区，处于揭阳市东部，位于榕江北岸、枫江西岸、车田河南岸，北靠牛岭山，是揭东区委、区政府所在地，揭东区政治、经济、文化中心。榕江北河曲溪港岸线长达8千米，沿岸设有进出口货物装卸点和货运码头，5000吨级码头5座，货轮经汕头港出海可直达世界各地；国道206线、国道539线、汕梅高速公路在城北经过，广梅汕铁路设有揭东客货站；距揭阳潮汕机场约16千米、距汕梅高速公路埔田入口约4.5千米、距揭阳市区约9千米。曲溪街道区域面积27.12平方千米，曲溪街道辖3个居委会18个行政村（28个经济联合社），揭阳市公安局在曲溪辖区内设立城东、城西、曲溪及水上4个派出所，曲溪街道办事处驻地寨一社区。2019年，全街道总户数2.39万户，总人口9.77万人，绝大多数为汉族，个别为少数民族（以外来婚进女性为主）。2019年,街道各项工作进展顺利，实现社会经济各项事业稳步发展。全街道完成固定资产投资总额4.31亿元；实现规模以上工业总产值52.39亿元，限额以上商业企业销售总额46.20亿元，零售业7.86亿元，外贸进出口总额4.06亿元；完成工商税收1.27亿元（占工商区级库预期目标的95%）。

【城市更新】 2019年，街道重点建设项目共9个，其中续建7个，新建2个，完成投资17.49亿元（占计划83.85%）。加快重点项目征地拆迁工作。仅用3个月完成进贤门大道（景观大桥）延伸工程揭东段项目99.6%的拆迁量，并于6月初全面完成，拆迁面积约3.31万平方米；沿江路东段堤防改造工程拆迁工作于年初全面完成；曲溪河黑臭水体整治工程曲溪居委段拆迁工作全面完成。加快完善城区基础设施，投资3418.22万元（完成率81.47%）做好辖区内雨污分流基础设施建设，17个自然村完成建设，3个自然村（网地、陈寮、港美）在建，其余8个自然村（缶灶、新坑、路篦、上围、兴盛、刘厝、枋口、王厝）经报上级同意暂缓建设。碧桂园、恒大华府、理想新城、八月海棠、揭东风情街等项目建设进展顺利，盛泰·君和广场的主体工程于年底竣工，今正内部装修。加快旧城改造项目拆迁工作。金溪大道沿街两侧一般建筑物立面改造工程于5月8日完工并通过竣工验收。此外，结合“创文”“三清三拆三整治”工作，对辖区内可利用的边角地、插花地进行绿化微改造，进一步完善绿化及停车位配套设施。

【创文工作】 2019年，辖区内28个自然村全部完成“三清三拆三整治”并通过验收。街道累计完成“三清理”4158宗，清理杂草杂物、积存垃圾约4384.5吨，清理沟渠池塘溪河淤泥、漂浮物和障碍物约2027.8吨；“三拆除”3517宗，“三整治”3672宗，拆旧补绿、美化绿化面积179032平方米。全面推进农村生活垃圾处理日产日清。大力开展农村公厕建设和改造，2019年有公厕81个（已拆除6个旱厕），其中已按标准完成升级改造45个，正在升级改造中36个。

4月15日，曲溪街道景观大桥拆迁中 （吴贤杰 摄）

【生态更新】 全面落实“河长制”，水污染整治成效显著。结合“三清三拆三整治”工作，扎实开展“五水清漂”、河湖“清四乱”等专项行动，河长制工作顺利通过市级、区级验收。2019年，街道完成内河清淤23.46千米，砌石篱16千米，岸坡植绿12千米，石栏栅13.8千米，绿道10千米。开展畜禽养殖整治行动，全面整治农业面源污染，共清理复养反弹的畜禽散户30多家。结合中央环保督察工作，全面整治“散乱污”工业企业，排查辖区内“散乱污”企业共203家，已关停取缔类企业17家，占任务100%，整合搬迁类10家，占任务100%，升级改造类176家，占任务100%。

【信访维稳】 2019年，街道没有发生新的信访积案。街道信访业务系统接收上级转交的信访案件48批36人，尚在办理中10批10人，按期办结率100%。街道信访办现场接访共接收信访案件14宗20人次，给予受理并按时办结13宗，现场给予解决落实1宗，按期办结率100%。“70周年大庆”活动期间（8月1日至10月15日），曲溪街道党政领导公开日共接访群众3批3人，案件均按期办结。

【社会治安综合治理】 深入推进“扫黑除恶专项斗争”行动，做好中央扫黑除恶督导组反馈问题的整改工作，全面遏制黑恶势力违法犯罪突出问题。2019年，3个派出所共处理案件30宗、66人，街道对上级移交的3宗扫黑除恶线索已落实相关整改。全面摸清各类重点特殊人员群体的底数，组织开展对“法轮功”在册人员专项排查行动，做好禁毒工作和铁路沿线整治工作，筑牢社会稳定防线。

【工农业生产】 坚持创新驱动发展，着力振兴实体经济。2019年，完成固定资产投资4.31亿元；规模以上工业总产值52.39亿元；蒙泰、热金宝、源诚塑业等3家企业已投入0.618亿元深入开展技术改造。蒙泰已完成改制、上市辅导，中国证监会已受理相关申请文件，并按程序将招股说明书（申报稿）在中国证监会网站预先披露。

【商贸流通】 加快推进“退二进三”，重点发展商贸、物流、房地产、中介服务等第三产业，推进服务业集约发展，集聚人气，打造核心城区。2019年，街道完成限额以上商业企业销售总额46.20亿元，零售业7.86亿元，外贸进出口总额40601.97万元。顺利完成第四次全国经济普查工作。

【财税】 2019年，街道完成工商税收12740.05万元（占区级库预期目标95%）。

【社保民政】 2019年，曲溪街道城乡居民基本医疗保险参保人数8.18万人，征收参合费1443万元，占任务数99%；参加新农村养老保险1.99万人，参保金额238万元；医疗报销963人次（其中住院报销280人次，生育报销25人次，门诊报销658人次），报销医药费373万元；全街道新增低保6户、19人、动态调整257户、553人；享受低保人数304户、717

人，发放低保金共计294万元；申报大病医疗救助共17人，救助金额17万元；开展临时救助1人次，救助金额1.6万元；符合条件残疾人共652人,发放救助资金161万元；完成城乡居民养老生存认证1.13万人；完成企业退休职工生存认证487人；完成年满60周岁申请城乡居民养老待遇739人；对照“两不愁三保障”“八有”指标，及时更新增减人员，有序推进新时期精准扶贫工作，对134户、210人扶贫对象落实“一户一策”帮扶措施。

【教育事业】 2019年，街道有初中2所、小学9所及分校5所，中小学生 1.21万 人，现有在编在岗646人（其中借出及支教7人，本学年度退休14人）其中男教师138人、女教师508人。现有幼儿园32所（其中公办标准化街道中心幼儿园1所、标准化村级幼儿园4所），在园幼儿5533人；幼儿教职员工634人。揭阳市揭东区第一幼儿园项目已启动建设，目前已完成环评备案、可行性研究报告批复、建设用地规划许可、场地赔青拆迁、地质勘察、施工图设计等前期准备工作。

美丽乡村曲溪街道寨一村　　（杨子斌　摄）

【文化体育】 重点打造街道新时代文明实践所和路篦、云南新时代文明实践站3个示范点，并坚持先行先试、打造样板，推动镇村两级新时代文明实践所（站）建设全覆盖。街道1个镇级文明实践所和18个社区的村级文明实践站均实现常态化、制度化管理。2019年，街道共发展文明实践志愿者100多人，举办文明实践活动110多场次，参与群众11000多人次。同时，全面推进社区综合性文化服务中心建设，20个社区已实现全覆盖，累计举办潮剧票友会、广场舞、猜灯谜、篮球赛等各类文化活动200多场次，参与群众11000多人次。此外，街道还组织参加各类文化活动，在5月18日揭阳首届“贤德揭阳”端午龙舟（揭东区）竞赛中，街道获得标准龙舟一等奖。

【卫计工作】 曲溪街道有曲溪社区卫生服务中心和区妇幼保健计划生育服务中心（简称“二中心”），“二中心”建筑面积4539平方米，按照“一套斑子、两块牌子”的方式完成优化整合。其中曲溪社区卫生服务中心是揭东区唯一一所一级甲等社区卫生服务中心，揭东区妇幼保健计划生育服务中心是揭东地区唯一一家妇幼保健专科医院、全区妇幼保健机构业务指导中心，综合型二级医疗保健机构。曲溪社区卫生服务中心现有在编人员31人，其中管理人员九级1人、十级1人，专业技术人员15人（管理人员九级1人，中级职称4人，初级职称12人），特设岗位2人（中级职称1人，初级职称1人），工勤技能人员12人，设置病床位80张，有 55个乡村卫生室和5家个体诊所。区妇幼保健计划生育服务中心现有在编人员95人，其中管理人员6人（九级5人，十级1人），专业技术人员86人（管理人员九级5人，副高4人，中级职称21人，初级职称52人），工勤技能人员8人，设置床位200张。2019年，曲溪社区卫生服务中心预防接种总人次数39761人次，接种率达95.59%，业务总收入约197.8万元。区妇幼保健计划生育服务中心门诊工作总量10.20万人次，出院3539人次，业务总收入约1664万元。做好国家卫生城市初审工作，辖区内已获得“省级卫生村”18个。

【反腐倡廉】 建立街道、社区、经联社三级信访网访，拓宽信访举报渠道。持续推进纪检组织三个规范化建设。抓好党风廉政建设工作，坚决依法严惩腐败分子，严肃查处各类违法违纪案件。2019年，街道共受理线索和信访件共91件，已处置40件，其中市委第六巡察组移交问题线索52件，已处置9件；立案20件，已结案16件，共处分党员干部16名，其中：党内警告处分9名，党内严重警告处分4名，组织党内除名1名，开除党籍处分2名；共开展谈话提醒13人次，诫勉谈话11人次，批评教育2人次。继续加强“三资”管理，2019年街道“三资”交易平台已成功交易34宗（其中工程类33宗、资产租赁类1宗），进场交易金额2629.93万元，中标金额2484.45万元。

2019年曲溪街道各行政村及下辖自然村（社区）统计表

单位：人

行政村名	自然村名	人口数
缶灶	缶灶　网地	3684
圩埔	圩埔　新坑	6265
路篦	路篦	14128
新篦	新篦	2265
陈寮	陈寮	3933
五堆	五堆	2952
旧坑	旧坑	2469
港美	港美　广元	4151
寨二	寨二	2936
诸美	诸美　庵前　庵边	3577
寨一	寨一	3693
上围	兴盛	3796
蟠龙	蟠龙	5209
陇埔	陇埔	2995
港畔	港畔	5380
龙砂	龙砂	3085
云南	云南	2208
三友	刘厝　王厝　横山　枋口　顺利	5295

2019年曲溪街道主要经济指标一览表

农业产值（亿元）	规模上工业总产值（亿元）	限上商业企业销售总额（亿元）	财政收入（万元）	税收收入（万元）	固定资产投资（亿元）	人均收入（元）
—	52.39	46.20	18953.94	12740.05	4.31	—

2019年曲溪街道党政领导班子成员

党工委书记：吴梓斌（11月止）
人大工委主任：王岳周
党工委副书记：谢泽湖（2月止）
郑育彬（2月起）
徐允贤　徐晓生（8月起）
党工委委员：徐晓生（8月止）
杨顺洲（8月止）
陈奕敏（8月止）
何喜鹏（8月起）
黄焕辉（8月起）
许胜波（8月起）
吴伟佳（8月起）
孙为为（11月起）
谢拾柒　江锡忠　江志嘉
洪晓芬
黄春梅　（列席街道党委会议）
陈德贤　（列席街道党委会议）
办事处主任：谢泽湖（2月止）
郑育彬（2月起）
办事处副主任：徐晓生（8月止）
张楚广（8月止）
何喜鹏（8月起）
黄焕辉（8月起）
高小龙　林晓明（8月起）

（曲溪街道党政办）

玉湖镇

【概况】　玉湖镇位于揭东区西北部，东北接丰顺县汤坑镇、隍镇，东与新亨镇相连，西与丰顺县埔寨镇接壤，南与桂岭镇、白塔镇毗邻，北和丰顺县汤南镇交界。距城区25.50千米，到丰顺县城12千米，镇政府驻地吴厝村。全镇总面积135平方千米，山地约0.73万公顷，耕地5.29万亩，是一个山区农业镇，下辖20个行政村共47个经联社。镇党委会下辖党总支17个，党支部103个，现有党员2759人。2019年，全镇总户数2.70万户，总人口11.7万人；固定资产投资总额7.2亿元，完成规模以上工业总产值8.80亿元。

【新农村建设】 新寮村、大坑村被列为省级示范村，列入区级资金补助。新寮村建设项目通过区验收，大坑村示范村建设工作正在谋划和设计中。谋划建设鸿坪线、坪茶线、透大线、新寮村道、溢洪线5条“四好农村路”，其中透大线改建工程已完成4.5千米。持续推进“厕所革命”，全部户厕现已完成无害化改造，55个公厕有7个公厕改造完成并投入使用。不断推进垃圾转运升级改造，全镇配置转运车3辆，23个转运站有16个已完成改造升级，各村配备一定比例的保洁员，47个自然村的垃圾已全面实行“村收集、镇转运、区处理”模式，逐步健全常态化卫生管理长效机制。全力以赴推进农产改，全镇各经联社均已完成农村集体资产清产核资工作，成员代表选举和表决工作已基本完成。

美丽乡村玉湖镇北坑村 （倪三板 摄）

【新型农村合作医疗】 2019年，完成新农保续保任务1.83万人、新参保人数574人。

【旅游】 2019年1月28日，揭东区政府与棕榈生态城镇发展股份有限公司签订《揭东区·玉湖历史文化小镇投资协议》。2019年9月，汾水战役烈士陵园、黄旭华故居被评为揭阳市党员教育基地。发挥汾水战役烈士陵园和黄旭华院士故居的红色教育和爱国教育作用，深入挖掘展示红色资源和爱国主义的思想内涵和时代价值，组织开展“不忘初心，牢记使命”主题教育活动和纪念新中国成立70周年系列活动，传承爱国主义精神，弘扬揭阳贤德文化。今年来，到玉湖接受爱国主义教育和生态旅游的党政、社会团体、游客达20万人次。

吴厝淮山种植基地一角 （玉湖党政办 供稿）

【农业生产】 坪上种植绿茶面积达3.2万亩，年产值约2.56亿元；东寮芋头种植面积达43.33多公顷，年产值约1550万元；吴厝淮山种植面积达93.33多公顷，年产值约3640万元。打造现代农业示范高地，全镇建有坪上炒茶标准化茶园示范基地3个，坪上村被评为全市“一村一品”特色农业专业村，玉湖山炒茶入选全市十大农特产品，吴厝淮山入选全市十大农鲜产品，玉湖山特色农庄入选全市十大特色农庄，初步形成特色农业产业化的生产经营格局。

【脱贫攻坚】 2019年，预脱贫806户1740人。为161户未实现安全饮水的贫困户接入自来水管道，做到不漏一户一人，确保“三保障”100%落实。以“通用厂房实施方案”作为脱贫攻坚重点发展产业，实施“以奖代补”辅助措施，2019年度共计两批收益166.45万元，其中第一批收益83.43万元，第二批收益83.03万元，已全部发放至贫困户手中。

【“创文”+人居环境整治】 抓好“创文”和人居环境大整治工作，围绕不同的主题开展系列活动，对镇村主次干道、广场、公园、学校、公厕、市场等重点部位和薄弱环节进行整治。推进全镇“三清三拆”大行动,清理乱堆乱放7996宗，杂草杂物、积存垃圾5478吨，渠池塘溪河淤泥、漂浮物和障碍物3145吨。全镇20个村建立环境卫生长效管理机制，通过周检查、月评估、季考核的方式，确保卫生长效机制落到实处。

【社会治安综合治理】 发挥驻镇村法律顾问作用，利用法律手段化解基层矛盾，全年接访群众31批、98人次，处理信访案件26件；排查化解矛盾纠纷102件，调解率达97%；化解信访积案14宗，妥善处理东寮高铁建设信访问题和姑山村民宗族矛盾，解决群众的合理合法诉求。在高铁保通车工作方面，清除红线内建筑物3宗、路外安全隐患14宗，协调解决遗留问题20多宗。深入开展“扫黑除恶”专项斗争，协助上级办理完成线索2条，上报涉黑涉恶线索1条。大力惩治各类违法犯罪活动，全年破案40宗，抓获各类违法犯罪嫌疑人88人，社会治安防控体系得到有效完善。严格落实安全生产责任制，全镇消防安全、道路交通安全形势总体稳定。

【财税】 2019年，全镇财政一般收入22096.25万元，一般预算支出22096.25万元，比2018年增支6667.94万元，增幅43.21%。当年实现收支平衡。区级库税收收入510.18万元，完成区下达任务的82.96%，比上年减收49.82万元，减幅8.9%。

【教育事业】 完善教育基础设施，投入200万元重建达能小学校舍，投入80万元改造新寮小学活动场地，投入50万元改造宁化初级中学厕所。中高考成绩喜人，中考上区重点线以上133人，其中市一中11人；高考上本科12人、专科221人，上线率达91.7%。

【文化体育】 玉湖镇有综合文化服务中心21个，图书室21家。文化广场共有10个，不可移动文物4处，其中省级文物保护单位1处，区级文物保护单位3处，省级爱国主义教育基地1处、市级爱国主义教育基地2处，省级古村落有2处。成立玉湖镇书画协会，并举办建党98周年书画作品展和庆新中国成立70周年书画作品展。组织开展送戏下乡、送电影下乡文化惠民活动，丰富基层群众文化生活。节假日期间，多次举办象棋赛、篮球赛、乒乓球赛、猜灯谜活动，群众踊跃参与。

【卫计工作】 推进卫生院综合大楼建设，现已完成九层主体框架建设。加强健康建设，为辖区居民累计建立健康档案8.65万人，建有6个健康村。推动8家公建卫生站规范化建设，20个行政村已基本实现全覆盖。

【社会保障】 不断强化居民社会保障工作水平，按时发放低保金、优抚金、补助金，全面完成低保人数扩面，做到应保尽保。全镇低保户数1033户，总人数2933人，发放资金952.99万元，全年新增89户，退出45户；全镇特困对象总人数 419人 ，发放资金 541.74万元，全年新增 49人 ，退出25人 。

【生态环保】 开展中小河流整治，投资2600万元启动新西河及东寮排洪溪（玉湖镇）中小河流治理工程建设。推进雨污分流工程建设，投入近1.26亿元铺设管网452.9千米，建成污水处理池69个。配合建设镇中心片区污水处理设施，铺设主管网3.6千米、分支管网16千米。开展专项整治行动，推进农业面源污染、“散乱污”企业整治，有效改善水环境。全面落实河长制，建立镇村二级河长工作制，加强河道巡查。聘请第三方专业公司对榕江北河玉湖段水浮莲、漂浮物进行常态化打捞，并清理沿河两岸的乱搭、乱堆、乱放。

【反腐倡廉】 全年共受理违纪违法线索97条

（其中上级转办信访件50件，群众来信来访1件，市委第六巡察组转办46件）；办结案件46件，在查51件（其中11月29日市委巡察组转办44件）；立案审查7件、7人，给予党纪处分7人，其中开除党籍1人，党内严重警告4人，党内警告2人，诫勉谈话9人，通报批评1人。收缴违纪违法总金额61.28万元（其中协助上级纪委追回44.3万元）。

2019年玉湖镇各行政村及下辖自然村统计表

单位：人

行政村名	属下自然村名	人口数
浮山	主村 月地 下园 军屯 下尾 赤坎 蟹地	11853
东寮	东寮	6534
詹厝	詹厝	1132
坪上	坪上	7729
郑厝	郑厝	2005
洪厝埔	洪厝埔	1818
新寮	主村 新西河	5585
汾水	主村 九斗	10075
姑山	姑山	4793
玉牌	石牌 朱厝 礤尾 小坑	5713
北坑	主村 埔龙发 象地 肖厝	5708
观音山	主村 横山头	10526
马料堂	马料堂	3555
大坑	大坑	1288
下坡	下坡	2452
洋边	主村 西门 老埔龙 新埔龙 玉斗 赤兰围 顶塔坑	9143
湖岗	湖岗	3832
吴厝	吴厝	4275
林厝	林厝	2420
玉联	草猛埔 祠堂黄 洪厝 纪厝 后园 宫头 楼溪潭	13188
居委		3343

2019年玉湖镇主要经济指标一览表

农业产值（亿元）	规模上工业总产值（亿元）	商业限上总产值（亿元）	财政收入（万元）	税收收入（万元）	固定资产投资（亿元）	人均收入（元）
7.59	8.8	8.3	22096.25	510.18	7.2	—

2019年玉湖镇党政领导班子成员

党委书记：郑潮文
镇 长：卢树娇（11月止）
谢伟波（11月起）
党委副书记：卢树娇（11月止）
谢伟波 李剑欢
陈惠群（11月起）
人大主席：姚宏正
人大副主席：黄列国
党委委员：杨河新 郑树周 林晓铨 庄小兵
柯庆柔 蔡树波（7月起）
谢卓佳（7月起）黄焕辉（7月止）
江伟聪（9月止）
副镇长：郭耿旋 徐少荣

（玉湖镇党政办）

新亨镇

【概况】 新亨镇位于揭东区西北部，是一个半山区镇。东北与梅州市丰顺县隍镇、潮安县登塘镇交界；西北接玉湖镇，东连锡场镇、埔田镇，西南临蓝城区桂岭镇，南隔榕江北河与揭阳产业转移园产业园月城镇相望。镇政府驻地硕和村，距城区17千米。全镇总面积90.60平方千米，其中耕地面积约1.76万亩，山地面积约6.83万亩。辖1个居委会和楼下村、秋江村、北良村、白石村、硕和村、硕榕村、硕联村、仙美村、英花村、坪埔村、溢溪村、下坝村、五房村13个行政村39个联社。2019年，新亨镇总户数2.55万户，总人口12.06万人。镇党委会下辖党总支16个，党支部115个，现有党员3194人，村（居）两委人数114人，村民小组80个。2019年，新亨镇实现固定资产投资总额16.10亿元；实现农业总产值5.75亿元，规模上工业生产总产值22.60亿元，商业限上销售总额17.6亿元。

【新农村建设】 2019年，新亨镇开工建设罗山路、硕和路、益民路、益群路、益众路，方便群众出行；建成英花公园、顶坝公园，硕和民俗公园，加快推进硕榕公园建设，改善乡村市容市貌，助推精神文明建设。

新亨北联村干渠一景 （倪三板 摄）

【新型农村合作医疗】 2019年，新亨镇城乡居民医疗保险人数9.17万人，实现补偿支付总额达625.77万元，报销1392人次，新型农村社会养老保险人数3.81万人，享受人数达1.71万人。

【工农业生产】 实施乡村振兴战略，全力推进“一镇一业”“一村一品”工程，重点发展茶叶、萝卜、竹笋、蔬菜等特色农业，对茶叶、萝卜、竹笋等农产品原料进行深加工，延长农业产业链同时重点打造潮揭丰边纪念馆、革命烈士纪念碑，大力发展五房红色村庄旅游，以农村特色产业助推乡村经济发展。据统计，2019年新亨镇全年猪牛羊禽肉产量2212.75吨，其中，猪肉产量1273吨，牛肉产量18吨，羊肉产量0.81吨，禽肉产量844吨。生猪存栏2.91万头。

【社会治安综合管理】 2019年，新亨镇派出所共立刑事案件73宗，破案50宗（其中涉黑恶案件6宗），刑事拘留55人（其中涉黑恶刑拘18人，涉食药环刑拘2人），抓获涉毒人员10人，查处行政案件34宗，调解矛盾纠纷100余宗。镇综治办认真做好信访维稳工作，针对缠访闹访对象成立稳控化解小组并落实一对一包案制度，建立有关信访联调机构和村级处理信访维稳工作机构，抓好社会矛盾调查排处工作，2019年以来，参与接访领导354人次，共受理矛盾纠纷和群众诉求62批、236人次，化解市专项巡察交办信访积案18件，受理办结市专项巡察交办信访件28件，综治信访维稳中心接收上级转送信访案件40宗，按期结案率均达到100%。

【财税】 2019年，新亨镇完成税收任务2030.66万元。财政收入2.39亿元。

【商业贸易】 新亨镇依托大军埔电商圈和揭阳高铁站片区发展，促进物流产业良性发展，形成新的产业支柱。深入调研和整合镇区内分散的物流企业信息资源，为建设规模化物流产业园打基础。2019年，新亨镇新增“四上”企业6家。

【教育事业】 2019年，新亨镇高中1所，初中7所，小学13所；在校学生1.32万人，其中高中生2921人、初中生3060人、小学生7249人；中小学教职员工932人，其中高中教师220人、初中教师341人、小学教师371人；高级职称118人，中级职称544人。投入资金5220多万元完善各中小学设备设施配套建设。中考成绩上区二中以上重点中学人数共191人。

【文化活动】 2019年，新亨镇文化站1个，13个行政村文化室，文化广场8个；不可移动文物33处，其中区级文物保护单位5处，市级爱国主义教育基地3处。新亨镇具有地方特色的文艺节目主要有潮乐、灯谜、书画、民间节日庙会、摆猪羊等。硕联村“摆猪羊”十年轮值庆典活动于农历正月十五至农历正月十七在风铺举行。

【卫计工作】 2019年，揭东区第三人民医院（新亨镇中心卫生院），医院总占地面积

8181.46平方米，有病床120张，在编职工86人，年门急诊量3.8万多人次，收治住院病人1500例，纯业务收入1800万元。共有乡村医疗站33所，乡村医生36人。硕联、仙美、溢溪、坪埔4个卫生站已顺利通过验收，楼下、秋江、北良、白石、硕和、硕榕6个卫生站完成建设，下坝、英花、五房3个卫生站加快建设，至此村级卫生站将全面覆盖新亨镇13个行政村，方便群众看病和报销医保，实现“小病不出村”。2019年，新亨镇孕前优生健康检查496对，当年人口出生1848人，出生率14.37%，自然增长率8.82%，计划生育率98.41%。

【社会保障】 2019年，新亨镇办理农村低保3.34万人次，发放资金809.08万元；城镇低保1155人次，发放资金63.40万元。残疾人补助金共287.11万元（其中重度残疾1.02万人次，共发放224.36万元，生活补贴3803人次，共发放62.75万元）。新农保参保人数3.81万人，享受人数达1.72万人。抓好精准扶贫工作，2019年，退出相对贫困户1215户、3100人，脱贫率100%。

【“创文”工作】 2019年，新亨镇常态化开展“三清理三拆除三整治”，在“三清理”方面，共清理乱堆乱放2071宗，清理各类垃圾杂物2918吨；在“三拆除”方面，拆除各类建（构）筑物 2443宗、26254.8平方米，拆除违规广告牌等190宗；在“三整治”方面，完成“三整治”1677宗。全面加强环境保护，开展污染源普查工作，组织专门力量加强巡查和管理，查处食品厂6家，清理“散乱污”企业4家，清理各类畜禽养殖场（户）12宗。

【反腐倡廉】 2019年，新亨镇开展全镇反腐败斗争工作机关，组织学习贯彻十九届四中全会精神，开展系列考学活动，进一步加强党性修养，筑牢拒腐防变的思想防线，营造风清气正的政治生态。新亨镇从严查处违纪违规案件，受理或配合区纪委办结省纪委抽查组转办的重要问题线索共31条，立案查处党员干部6人，其中党内警告1人、党内严重警告2人、开除党籍1人，移送组织部门予以党内除名2人。另外，一年来镇纪委共配合区纪委监委查处党员干部14人，其中，2人被处以党内警告、政务记过，2人被处以党内严重警告，10人被开除党籍。

2019年新亨镇各行政村及下辖自然村统计表

单位：人

行政村名	自然村名	人口数
楼下村	官目洋 老寨 龙手 尖石 楼下	5913
秋江	老东龙 新东龙 溪头	5928
北良	北陇 大良岗	13162
白石	老寨 新寨 军埔 玉林	12070
硕和	硕和	15878
硕榕	硕榕	10611
硕联	风铺 下乡 上乡 中社 龙社 埔塝 许厝 大围 八亩 牛圩 六乡 凤奎 新寨	16916
仙美	仙美	8150
英花	英花	4517
坪埔	埔东 坪埔	9122
溢溪	老村 新村	2012
下坝	下坝 顶坝	3525
五房	五房	7674
居委会		5116

2019年新亨镇主要经济指标一览表

农业产值（亿元）	规模上工业总产值（亿元）	商业限上销售总额（亿元）	财政收入（亿元）	税收收入（万元）	固定资产投资（亿元）	人均收入（元）
5.75	22.60	17.60	2.39	2030.66	16.10	—

2019年新亨镇党政领导班子成员

镇委书记：谢奕涛

镇委副书记：徐卫东 江泽华 江馥青

镇委委员：杨子财 陈培鸿 吴伟彬 黄凯雄 高金勇 李丹霞 许树荣 刘旭生 陈超超

镇人大主席：吴焕松

镇人大专职副主席：徐永杰

镇　长：徐卫东

副镇长：陈培鸿 吴伟彬 王洁鹏 谢建邦

（林 艺 陈沐娴）

锡场镇

【概况】 锡场镇位于揭东区西北面，东以马鞍山、松仔鞍为界，与埔田镇接壤，东南与榕城区东阳街道为邻，北与新亨镇相连，南、西南临榕江北河，与揭阳产业转移园磐东街道和月城镇隔江相望。镇政府驻地锡西村，距揭东城区12千米，全镇总面积48.75平方千米，下辖1个居委会和江滨、潭王、潭蔡、东仓、大寮、石洋、华清、锡西、锡中、锡东、新置寨、军埔12个行政村，39个经联社，2.73万户，总人口12.39万人。

【新农村建设】 以“创文创卫、三清三拆”为抓手，全面推动乡村振兴工作。投资2000多万元进一步完善农村道路等基础设施建设；全面启动潭王村、新置寨美丽乡村创建工作；全镇39个自然村均已完成“三清三拆”工作并通过验收。全镇39个经联社雨污分流工程已基本建成投入使用，铺设管网319.12千米，完成率99.5%，已投入资金近1亿元，覆盖率91%。已完成玉城河上游（大沙沟）、锡中新溪（锡中支流）、浦南干渠、潭王内河、潭蔡内河的清淤，完成东仓彬琪内溪清淤砌石篱、石洋村浦边内溪清淤砌石篱、石洋村溪头内溪清淤砌石篱等工程建设，共清淤土方44万立方米，植绿32千米，总投资约3000万元。“河畅、水清、堤固、岸绿、景美”的生态环境初步显现。

【新型农村合作医疗】 宣传发动医保的扩面和征缴，做好录入和登记工作，2019年锡场镇城乡居民养老保险，征缴2.2万人，征缴金额299.70万元。城乡居民医疗保险，征缴10.60万人，征缴金额2652.20万元。

【工农业生产】 锡场镇工业企业众多，食品、五金等传统产业的转型升级步伐加快，全年完成规模以上工业总产值64.29亿元；限上商业销售总额17.94亿元；全社会固定资产投资18亿元。新增规模以上工业企业6家，限额以上商业企业1家,服务业1家。加快农业“一镇一品”建设步伐，着力培植壮大特色农业，“三高”农业得到大力发展。粮食作物以稻谷、番薯、豆类为主。经济作物以水果、茶叶为主。水果品种多样，以潮州柑、香蕉、龙眼、荔枝、柚、橄榄、乌榄、桃、李、杨桃著称；茶叶有云南茶、水仙茶、梅占茶等品种。初步形成蔬菜、竹笋、甜玉米、兰花等特色农产品基地。

【社会治安综合治理】 建立健全信访工作网络，深入开展“学讲话、解民忧”百日专项接访活动，开展领导干部定期接访活动和国庆防护期每日接访工作，有效开拓村民参与村务监督渠道。共接待群众来访55起，成功调处矛盾、纠纷44起，办结80%。深化推进“雪亮工程”，加强综治维稳网格化建设，规范矛盾纠纷排查调处工作体系，着力抓好矛盾调处工作体系建设。共排查调处矛盾纠纷146宗，调处成功146宗，调处成功率100%。深入开展扫黑除恶专项斗争，“众剑行动”，排查线索39条，惩治各类违法犯罪行为，全年安全生产无事故。

【财税社保】 2019年，共完成区级库税收收入2707万元；完成规模以上工业总产值64.29亿元；限额以上商业销售总额17.94亿元；全社会固定资产投资18亿元。宣传发动企业职工社会养老保险的扩面和征缴工作。

【商业贸易】 2019年，顺利通过省经信委“互联网+小镇”的验收，电商特色小镇的知名度和影响力不断提升。同时，大力支持和引导玉和物流、盛辉物流等龙头物流企业借助互联网、物联网实现智能化管理。2019年，军埔“双十一”交易额达1.6亿元，全镇电商交易额达2.5亿元，全年交易额超48亿元，比2018年增加20%。

【科技教育】 潭王村蓝康小学被授牌为“全国红军小学国防教育示范学校”。世德初中被确定为2019年广东省信息化示范学校，华清小学创客队获得广东省魔法编程杯第七届人工智能机器人编程竞赛现场决赛荣获小学组第二名,其中萝卜圈项目获省一等奖。投资300多万元的锡西小学新扩建教学楼已交付使用；年底，投资200多万元进行教学楼加固扩建的东仓小学竣工；投资460多万元锡东中心小学新扩建教学楼完成首期基础建设。

锡场镇军埔村黄氏宗祠 （周树明 摄）

【文化体育】 镇、村二级文化活动室举办文化活动，开展主题书画笔会20场次，举办潮乐潮曲票友会、篮球赛、乒乓球赛等文体活动。举办首届锡场（深圳）乡亲书画作品展，促进深圳与锡场的合作交流。通过潭王村“红色调解室”，大力弘扬“以和为贵”文化。

【卫计工作】 卫生事业取得长足发展，揭东区第二人民医院业务量再次刷新记录，潭王村等5个村村级卫生站完成规范化建设。2019年，参加国家免费孕前优生健康检查的夫妇256对，接收地贫筛查2274人，领取广东家庭发展奖扶资金133.3万元，其中，领计划生育节育奖126人，共领取7.6万元；领失独家庭扶助金1人0.96万元；领农村部分家庭奖励361人，共52.26万元。

【社保民政】 2019年，继续扩大揭东区通用厂房扶贫项目参与份额，扶贫更加精准，脱贫攻坚取得初步成效，750户、2060人实现标识脱贫。城乡居民养老保险(新农保)参保人数2.2万人，城乡居民医疗保险(医保)参保人数10.6万人，住院报销1.23万人次，报销支出7758万元。

【“创文”工作】 开展文明创建和环境综合整治，规范提升集贸市场整治。“垃圾日清”，推进垃圾分类投，深入推进村道硬化、水岸同治等工作。 2019年，共取缔“散乱污”企业12家、责停43家，责令整改的4家，查处食品涉水企业7家，拘留5人，采取断电措施7家。清理各类畜禽养殖场（户）约56家，面积约3280平方米。各村级新时代文明实践站不定期开展实践活动，开展“推行垃圾分类，提升文明程度”专题宣讲，提高村民对垃圾分类的知晓率与参与率。

【反腐倡廉】 严格落实“一岗双责”，遵守廉洁从政各项规定，强化执纪问责，大力整治不作为、乱作为等问题。坚持把纪律挺在前面，加强党内监督，严肃党的政治纪律和政治规矩，铁腕查处违纪违规行为。2019年，全镇受党纪处分党员45人次，其中党内警告11人，党内严重警告14人，撤销党内职务1人，留党察看4人，开除党籍15人。

2019年锡场镇各行政村及下辖自然村统计表

单位：人

行政村名	自然村名	人口数
江滨	浦南　塔步　坤山　江滨　坤洋　山尾	9316
潭王	潭王	8632
潭蔡	潭蔡	6217
东仓	后围　前围　东仓　彬琪	8337
大寮	下寮　大寮　彬美	5581
石洋	三担　石部洋　石林　溪头　东围　浦边	11785
华清	华清　崎岭	24684
锡东	锡东	17066
锡中	锡中	12119
锡西	锡西	12657
新置寨	新置寨	1785
军埔	军埔	2990
居委会		3073

2019年锡场镇主要经济指标一览表

农业产值（亿元）	工业产值（亿元）	社会消费品零售总额（亿元）	财政收入（万元）	税收收入（万元）	固定资产投资（亿元）	人均收入（元）
4.5	64.29	17.94	22208	2707	18	—

2019年锡场镇党政领导班子成员

镇党委书记：方树荣

镇人大主席：李卫川（3月止）

陈有德（11月起人大主席人选）

镇党委副书记：陆广才　蔡腾华

镇党委委员：林树丰　卢瑜瑞　王利飞

江怀盛　黄国华

李培武（7月止）　张业庆

罗　晓　倪锐勇　黄涛（7月起）

镇　长：陆广才

副镇长：林树丰　卢瑜瑞　杨楚平　范耿龙

主任科员：许文仲（11月止）

镇人大副主席：洪卫波

（锡场镇党政办）

埔田镇

【概况】 埔田镇位于揭东区中部，东与云路镇接壤，南托黄岐山而接揭东县城和揭阳市区相邻，西隔马鞍山、藤吊岭山连接锡场镇，北绕小北山与新亨镇五房山、潮安县登塘镇世田山交界。总面积81.30平方千米，其中耕地面积约1533.33公顷，山地面积约4666.67公顷。辖区1个居委会和19个行政村27个经联社。2019年，总户数1.64万户，人口6.89万人。镇党委下辖党总支16个，党支部84个，党员2479人，村（居）民两委干部113人，村（居）民小组141个。埔田镇是“中国竹笋之乡”的主产区，先后被评为“广东省麻竹笋技术创新专业镇”“全国一村一品示范镇”“广东省休闲农业与乡村旅游示范镇”“第二批全国特色小镇”，于2019年入选全国农业产业强镇创建单位。

美丽乡村埔田镇饶平村　（江杜勇　摄）

【新农村建设】 开展“三清三拆三整治”工作，围绕全镇面上村打造“干净整洁村”，示范村实现“美丽宜居村”的标准，全面改善农村人居环境，提升村容村貌。埔新路改造提升工程竣工并投入使用，新建、改造镇道村道8.4千米，完成9条线路的公路安全防护工程建设。完成274千米的村级雨污分流管网铺设，实现雨污分流全覆盖。投资1950万元建设村级公益景观，改善乡村公共配套。严厉惩治涉土违规违法行为，拆除违法图斑52宗面积60.61亩。埔田镇被定为广东省2019年生态宜居美丽乡村示范镇，饶平村、庵后村被定为省级示范村，车田村、牌边村被定为区级示范村。

【新型农村合作医疗】 城乡居民合作医疗保险参保人数6.14万人，征收参合费1101.49万元。全年住院报销7275人次，报销金额3823.63万元。

【工农业生产】 农业总产值5.48亿元，其中种植业产值约2.59亿元，林业产值约2.19亿元，畜牧业产值约0.33亿元，渔业产值约0.35亿元。埔田竹笋出口额9.64亿元。埔田镇成功入选省级“一村一品”“一镇一业”专业镇，竹笋加工入选全国农业产业镇示范建设项目，获批创建国家级农业产业强镇。新增省级“一村一品”项目2个，竹笋罐头入选市级“十大农特产品”。“埔田竹笋”品牌跻身“粤字号”2019年县域名特优新农产品区域公用品牌百强，品牌价值达6.3亿元。新增规模以上工业企业3家，规模以上工业产值18.45亿元。

【商业贸易】 限额以上商业销售额2.12亿元，外贸出口企业18家，工业出口额约1.987亿美元。揭阳市裕中食品有限公司被评为“揭阳市十大农业流通企业（户）”。拥有聚香园、东篱香等一批餐饮企业，润泽山庄在广东揭阳首届潮客粤菜师傅乡厨厨艺邀请赛中，获优胜奖。念恩山生态旅游区7D玻璃桥及丛林穿越项目竣工开放，揭东万竹生态园度假村酒店加快用地审批办理，全镇年游客量约60万人次，营业收入约2800万元。

【社会治安综合治理】 持续开展防范化解重大风险攻坚战，坚持每周一党政领导班子接访制度，结合“众剑行动”，深入开展扫黑除恶专项斗争，惩治各类违法犯罪行为，侦破刑事案件37宗、刑拘23人、逮捕18人，查处治安案件80宗，查处吸毒人员7人，办结信访案件数18宗。深入开展“平安埔田”建设工作，进一步推动全镇综治工作，“三个最”创建工作取得明显成效，被授予全市“平安镇（街）”荣誉称号。

【财税】 2019年，埔田镇财政收入15633.77万元，完成工商税收1111.90万元。

【教育事业】 全镇中小学校17所，在校学生5902人，初中1所，学生1547人；小学16所，设有教学点3个，在校学生4355人；中小学教职工416人。幼儿园14所，其中集体办幼儿园6所，民办幼儿园8所，在园幼儿 2503人。中考上区二中及以上重点线91人，上重点线率达19.3%。在教学教研评优选先活动中获得区级奖励236人次，获得市级奖励16人次，省级奖励2人次。投入资金对车田小学、新岭小学、老岭小学、长岭小学、茬洋小学和刘厝寨小学等学校的厕所、围墙、教室、运动场进行维修，改善办学条件。

9月28日，埔田镇书法协会成立 （林玉珊 供稿）

【文化体育】 文化站1个，农家书屋19个，电子阅览室20间，19个行政村的综合文化服务中心免费开放使用。完成放映电影下乡任务

228场。组织参加文化局举办的“庆国庆”象棋围棋比赛，举办乡里曲间文体活动2场、举办文艺轻骑队下乡演出2场、配合开展新时代文明实践广东“七个一百”精品项目第四批下基层活动。在埔田中学和车田小学举办新中国成立70周年成就图片展、昆虫展、文物展。利用春节、元宵等重大传统节日，举办潮剧票友演唱、潮乐演奏、灯谜、篮球赛、乒乓球赛、象棋赛和锣鼓标旗游艺等文体活动，活跃节日气氛。

【卫计工作】 卫生院1所，设立床位85张，是城镇居民基本医疗保险和新型农村合作医疗定点医院。卫生院专业技术人员58人，年收住院病人1711人次，门诊病人3.48万人次，国家基本公共卫生院服务下乡280次。总投资800万元的卫生院医技大楼扩建工程，于2019年年底前竣工交付使用。下辖乡村医疗卫生室35所，个体诊所1个，建成规范化村级卫生站19个。提升计育服务质量，计划生育奖扶制度及优惠政策落实率达100%，出生人数1004人，出生率14.44%，人口自然增长率8.18%，计划生育率90.04%。

【社保民政】 城镇新增就业人数390人，失业人员再就业95人，农村劳动力技能培训1580人。农村养老保险参保人数2.40万人，参保金额158.76万元；参加企业养老保险人数2293人。落实五保供养263人，其中，敬老院集中供养10人，农村分散供养253人，每人供养金1087元/月；农村低保户家庭695户1646人，城镇低保户家庭15户、18人，月发放低保救助资金45.87万元；优抚对象130人，月发放优抚金11.94万元；领取孤儿基本生活费14人（其中孤儿9人，事实无人抚养5人），每人1110元/月；办证残疾人710多名，其中重度残疾493人，每人享受补贴220元/月，困难残疾210人，每人享受补贴165元/月。

【“创文”工作】 对标对表深入开展环境卫生、控停违建、污染防治三大整治，打造干净、整洁、有序、和谐的村容环境。开展环境卫生清理，对房前屋后空地进行硬化绿化美化，建设小公园、停车场等配套设施，乡村面貌得到提升。清理并责停、控停在建工程180宗，联合相关部门对县道X114沿线24个违章搭占点和牛岭山庵后界内26个违章建构物进行清除，有效遏制违法违规建设行为。推进枫江片区综合整治，开展牛蛙、猪场等养殖清理，整治“散乱污”企业20家，完成赤坎水长岭段清淤工作，污染整治取得阶段性成效。

【反腐倡廉】 配合市委第二十专项巡察组开展全面从严治党加强基层政权建设专项巡察，重点聚焦从严治党、扫黑除恶、涉土违规、阳光村务、“头雁”工程5类问题。以落实驻镇巡村专项巡察整改为契机，进一步加强基层组织建设和党风廉政建设，推动全面从严治党向基层延伸。严肃查处镇村基层违纪违法案件，受理信访举报、自查、上级转办案件总共16宗，初核了结11宗，立案5宗，结案4宗，诫勉处理2人，办理区纪委移交巡察问题线索9条。对乡科级及以下人员谈话提醒52人次。

【精准扶贫】 把脱贫攻坚作为一项重大政治任务，建立镇党委书记和村党支部书记遍访贫困户制度，认定扶贫对象902户、1987人，按程序退出相对贫困人口888户、1953人，脱贫率达到98.3%。收到揭东区通用厂房资产收益项目收益共165.93万元，预计受益对象人均增收1260元。

2019年埔田镇各行政村及下辖自然村统计表

单位：人

行政村名	自然村名	人口数
金东岭	金东岭	3558
祯祥坑	祯祥坑　福林湖　茂林　龙背	2355
车田	车田	5662

续上表

马硕	马硕	5003
荖洋	荖洋 店前围	4825
刘厝寨	刘厝寨 张厝围	3163
溪南山	溪南山 月山	2479
饶平	饶平	112
南湖	南湖	3826
埔田	埔田	3417
新岭	新岭	1811
老岭	老岭	3357
湖下	湖下	2723
牌边	牌边	8401
庵后	庵后	8114
莲花心	莲花心	1626
新龙	新龙	1098
老龙	老龙	1157
长岭	长岭 世德堂 东寮	3622
竹山居委		1653

2019年埔田镇主要经济指标一览表

农业产值(亿元)	工业产值(亿元)	社会消费品零售总额(亿元)	财政收入(万元)	税收收入(万元)	固定资产投资(亿元)	人均收入(元)
5.48	21.80	2.12	15633.77	1111.90	8.0	—

2019年埔田镇领导班子成员

党委书记：谢奕涛（2月止） 谢昭杰（3月起）

党委副书记：谢昭杰（3月止）
方晓东（3月起）
朱树东 刘杰

党委委员：吴梅生（11月起） 黄裕林 王小武
郭庆南 李培武（8月起）
郑斌（11月止）
吴国荣（12月止）
蔡晓明（4月止）

人大主席：洪潮群

人大副主席：徐俊荣

镇 长：谢昭杰（4月止） 方晓东（4月起）

副镇长：黄裕林 林晓娜 吴志强
郑斌（11月止）

副镇长人选：吴梅生（11月起）

（林玉珊）

云路镇

【概况】 云路镇位于揭东区东北部，小北山之南，梅岗山之北，东邻玉滘镇饶美村，东北山区与潮州市潮安区登塘镇接壤，南面与砲台镇隔江相望，西毗邻揭东城区与开发区接壤。镇政府驻地陇上村，距离揭东城区7千米。全镇总面积67.20平方千米，辖有云新居委、赵埔、中夏、棋盘、军田、洪住、梅坛、古湖、下径、象岗、云七、田东、陇上、北洋、月浦、永和、老桃、新桃、西洋、翁洋、东后21个村（居），49个经联社。2019年，全镇总户数2.10万户，总人口9.12万人。全年固定资产投资18.9亿元，规模上工业总产值74.85亿元，新增规模以上工业企业2家，限额以上商业企业1家，规模以上服务业1家。

【新农村建设】 以美丽乡村为抓手，强力推进农村人居环境整治，49个联社已全部通过区实施乡村振兴战略领导小组验收；全镇2.03万个户厕已全面完成改造工作，并建成标准化卫生公厕80个；加快推进“雨污分流”建设工程，全镇49个自然村全部列入“雨污分流”工程任务计划，总计划投资7699.46万元。2019年度，已投入资金7407.98万元，已建成47个，开工在建2个，污水雨水分流排放目标基本实现；以《云路镇总体规划（2017—2035年）》为指导，在原赵埔村已完成规划编制设计的基础上，结合全镇总体布局，分别对其余19个村进行村庄设计，形成19个《村庄规划》，指导年限15年，确定全镇各村发展思路和目标。

【新型农村合作医疗】 城乡居民基本医疗保

险参保人数8.21万人，城乡居民养老保险参保人数3.91万人。

【工农业生产】 工业方面：2019年度，全镇新增规模上工业企业2家，实现规模以上工业总产值74.85亿元，固定资产投资18.90亿元，工商税收（区级库）2123.60万元，全镇经济总量保持稳中有进。农业方面：实施乡村振兴战略，积极引导甲鱼、西洋菜、大棚蔬菜等特色农业向规模化、产业化、专业化发展，全镇甲鱼养殖面积300公顷，西洋菜种植面积380亩，大棚蔬菜10.67公顷；完善三资管理服务平台运营管理，2019年度共上平台27宗，合计招投标总金额551.12万元；严格国土资源管理，加强动态巡查，保护耕地红线；推进农业供给侧改革，加快农村综合改革步伐，完善农业农村基础设施建设，全年实现农业总产值7.25亿元。

【项目建设】 2019年，全镇实施重点项目建设共有10项，总投资6.64亿元。其中，千田塑胶有限公司改扩建以及福昌文具有限公司、金丰制罐实业有限公司等5家企业的技改工作已完成；揭阳市宝山湖文化生态项目列入省级、市级重点建设项目；全面完成云宝大道人行道及绿化带工程建设工程，总投资900万元，铺设道路里程5.58公里。

【社会治安综合治理】 充分发挥驻村工作组、一村一法律顾问、乡贤咨询委员会和乡村志愿团队作用，引导民众参与社会治理，建立乡村治理共治共管长效机制；深入开展大调研、大走访，有效化解中夏、赵埔、棋盘、云七等村的不稳定因素，2019年，全镇共接收上级交办信访件56宗，办结56宗，办结率100%；创新基层社会治理和防范基层社会治理风险举措，全面完成21个村居的村居民约和居民公约的修订完善工作；严格落实红袖章集中巡查，2019年度共排查重点行业、场所220处，排查问题隐患110宗，落实整改110宗，排查矛盾纠纷15宗，化解15宗。广泛深入开展扫黑除恶专项行动，重拳惩治违法犯罪行动，2019年全镇共破刑事案件29宗，其中破获涉盗抢案件12宗，刑拘28人，调解民事纠纷案件84宗。

【财税】 2019年，云路镇完成财政收入18747.79万元，实现工商税收（区级库）2123.60万元。

【社保民政】 全年开展全民技能提升储备培训1700人次，实现新增就业270人；全年发放低保金472.24万元，特困人员供养金458.61万元；深入走访贫困户，查摆“两不愁三保障”突出问题，建立动态管理，确保了贫困户在住房、医保、教育等方面得到切实保障，强化产业扶贫，投入贫困户产业发展扶贫资金763.88万元建设通用厂房，拓宽贫困户群众增收渠道，2019年，全镇完成2户贫困户的危房改造工作，建档立卡贫困户524户、944人，现已全部脱贫。

【教育事业】 做好校园足球的推广工作，云路初级中学、棋盘小学通过省级验收，被命名为“第三批省级校园足球推广学校”；推动全镇教育系统公民道德建设，努力塑造新时代青少年文明形象，云路初级中学潘珊琪同学被揭阳市教育局评为2019年度“新时代好少年”，云七小学于2019年通过验收成为市级“文明校园”。2019年度共有79位云路籍考生高考考上一批线， 8位考生考上揭东区第一中学。全镇共有初中3所、完全中学1所，在校学生1935人；小学17所，在校学生5315人；幼儿园18所，在园幼儿1678人。现有初高中教师328人，小学教师321人，幼师202人。

【文化体育】 建成1个镇级实践所和21个村级实践站，初步建立了文明实践全域覆盖网络。召开全面建设村级新时代文明实践站现场推进会，扎实推动把新时代文明实践站建设成为“百姓之家”——古湖村整合村综合文化活动中心资源，把潮乐潮曲等潮汕优秀传统文化融入文明实践活动中；中夏村因地制宜利用文化广场打造党建主题公园，让群众零距离学党史、知党情，同时借助老祠堂多形式开展文明实践活动；陇上村发挥优势，独辟蹊径打造榕树下微课堂、公园走廊微课堂。实现“村村有实践站，处处闻文明声”；开展革命遗址普查工作，进一步摸清云路镇“红色”家底，准确掌握革命遗址基本情况，为科学制定保护利用措施提供参考。

11月13日，云路镇文艺宣传进社区　（吴盛欢　供稿）

【卫计工作】 抓好卫生创强，完成村级卫生站标准化建设9个，不断改善基层医疗卫生条件；加强无偿献血宣传，全年共完成123例献血任务，在全区镇街中名列前茅。做好登革热、禽流感和非洲猪瘟防控工作；抓好人口计生管理和服务工作，全年全镇参加国家免费孕前优生健康体检对象310对。

【“创文”工作】 持续推进创建全国文明城市工作，全力推进城乡环境和交通秩序综合大整治。据统计，2019年度共出动人员6119人次、挖掘机211台次、运输车1120台次，清理垃圾近553吨、淤泥约548吨，拆除收缴占道招牌50块，清理牛皮癣6000多张。强化“门前三包”责任制，深化网格化管理，按照每500人配1名保洁人员的要求配齐农村保洁队伍。深化农村生活垃圾集中处理工作，每个季度末对各村工作情况进行评比通报，激励各村美化村居环境。升级改造农村垃圾转运点，新购垃圾压缩车1辆。

【反腐倡廉】 开展纪律学习月活动，实现党风廉政宣传教育工作常态化；开展机关作风大整顿，集中整治“怕慢假庸散”、“吃拿卡要”、农村干部作风问题、违反中央八项规定精神和“四风”问题；严格执纪问责，坚决把纪律挺在前面，强化监督检查和严查严办。2019年，全镇共对乡科级及以下干部诫勉谈话20人，谈话提醒324人次，批评教育17人，约谈4人。查处违纪违法案件10宗，处分违纪党员10人，协助上级纪委查处违纪党员19人，开除党籍1人。

2019年云路镇各行政村及下辖自然村统计表

单位：人

行政村名	自然村名	人口数
赵埔	赵埔	5511
中夏	中夏	7094
棋盘	棋盘主村　棋岽　新村　新堂下	6257
军田	下田　顶田　蜈蚣　后祠　古者	4434
洪住	鸿聚　莲花埔　先生寮　云石　官径　后埔　东径	9650
梅坛	梅坛	2102
古湖	古湖　云沟	2779
下径	下径	1618
象岗	象岗	4669
云七	云七	4526
田东	顶田东　田下　巷口　杉铺　港美　月潭	7860
陇上	陇上　沙田　湖下　埔美	5094
月浦	月浦	1091
永和	永和	1751
老桃	老桃	4109
新桃	新桃	2221
西洋	西洋	988
翁洋	翁洋	2233

续上表

东后	东后	1798
北洋	一社 二社 三社 四社 五社 六社 七社 八社	13474
云新居委	云新居委	1945

2019年云路镇主要经济指标一览表

农业产值（亿元）	工业产值（亿元）	商业限上销售总额（亿元）	财政收入（万元）	税收收入（万元）	固定资产投资（亿元）	人均收入（元）
7.25	74.85	13.8	18747.79	2123.60	18.90	—

2019年云路镇党政领导班子成员

镇党委书记：蔡革亮

镇党委副书记：郑创忠、陆奕斌

林瑞潮（1月起，9月止）

镇党委委员：曾培昭、郭佩文

陈伟生（1月起，5月止）

柯心豪（4月起）

徐锦峰（1月起，7月止）

柯泽敏（7月起）

林桂雄（7月起）

李雄德（7月起）

李永丹（7月起）

人大主席：吴树界

人大副主席：杨桂荣

镇　长：郑创忠

副镇长：陈伟生（1月起，5月止） 曾振华

黄佳明（1月起，7月止）

柯泽敏（8月起）

林桂雄（8月起）

（云路镇党政办）

玉滘镇

【概况】 玉滘镇地处揭东区东北部，东濒枫江与潮州市潮安区凤塘镇隔江相望，南同空港区砲台镇、登岗镇隔枫江为邻，西与云路镇接壤，北与潮安区登塘镇以大脊岭分水，距揭东城区12千米，镇政府驻地新寨村。辖饶美、新寨、桥头、东面、半洋、凤美、大滘、谢坑、尖山、池渡10个行政村共35个经联社和玉滘居委会1个。全镇总面积38平方千米，2019年总人口5.81万人。镇党委会下辖党总支12个，党支部70个，有党员2287人；村（居）两委人数78人，村民小组35个。全镇实现固定资产投资总额16.8亿元，实现规模以上工业生产总产值57.48亿元，限额以上商业销售总额10.1亿元。

【“三清三拆三整治”】 玉滘镇以“三清三拆三整治”为主抓手，扎实推进乡村人居环境综合整治。2019年，共清理垃圾乱堆乱放722宗，清理杂草杂物、积存垃圾3476吨，清理溪河淤泥、漂浮物等渠池塘溪河淤泥、漂浮物和障碍物586吨，拆除危旧房、露天厕所、乱搭乱建等1262宗，完成垃圾乱扔乱放整治885宗，开展污水乱排乱倒整治103宗，开展“三线”乱搭乱接整治 105宗。

美丽乡村玉滘镇谢坑村 （周树明 摄）

【新农村建设】 2019年，各村持续加快新农村建设步伐，打造美丽乡村建设新亮点：谢坑村全面启动省级生态宜居示范村建设；尖山村因地制宜，打造具有本土特色的“梅岗院前”景观；大滘村新建、修缮公厕10座，完成水棉桥社“四好农村路”建设；池渡村整治埔尾池，修砌大进广场陶瓷壁画；饶美村整治老厝

区、拆除老厕所；半洋村建设球场、灰埕；新寨村打造法治文化主题公园；东面村建设党建宣传栏；凤美村谋划建设文化体育公园；桥头村综合市场初显规模。

【新型农村合作医疗】 2019年，全镇参加农村合作医疗保险人数5.03万人，征收参合费904.9万元。全年住院报销795人次，报销医药费351.94万元。

【工农业生产】 2019年，玉滘镇全力服务中德金属生态城建设，改革提升陶瓷科技园，盘活园区企业，不断提高全镇生产总值。全年共实现规模以上工业企业总产值57.48亿元，新增规模以上工业企业1家。

【中德金属生态城项目建设及推进】 2019年，玉滘镇支持配合金属城基础设施建设，稳妥推进中德金属城扩征1633亩土地范围内的迁坟、拆迁、赔青工作，为园区建设创造了无障碍施工条件。

【社会治安综合治理】 2019年，玉滘镇开展“众剑行动”和扫黑除恶专项斗争，镇派出所共破刑事案件40宗，刑事拘留各类犯罪嫌疑人25人，调解民事纠纷60件次。镇综治信访维稳中心共受理信访案件20宗，结案20宗，结案率100%。镇司法所受理各类矛盾纠纷128宗，调处128宗，调结128宗，调结率100%。安全生产、消防安全、道路交通安全等形势持续稳定，全年没有发生重特大安全生产事故。

【财税】 2019年，玉滘镇财政总收入11431.92万元，财政总支出11431.92万元；完成区级库税收收入1502万元。

【商业贸易】 紧紧围绕区委“133”打造玉滘产业强镇的部署，着力引进扶持潜力型、环保型企业绿源环保有限公司、泰图工贸有限公司入驻，改善投资软、硬环境，拓展对外贸易，多渠道、多层次进行招商引资宣传活动。以盘活陶瓷科技园存量土地为契机，大力发展陶瓷产业，进出口业务，发展地方商贸。

【教育事业】 玉滘镇有初级中学2所、小学10所、幼儿园 7所；在校学生5364人，其中中学生1003人、小学生2808人、幼儿1558人；中小学教师345人，幼儿教师168人。2019年共投入资金300多万元，更换、维修、加固凤美小学教学楼门窗和围墙、翔龙中心小学教学楼天面和尖山小学院前分教点教学楼外墙，改善东面小学教学设备。半洋小学被确定为国家校园足球特色学校、官硕初级中学被确定为省级校园足球特色学校、翔龙中心小学获“揭阳市语言文字规范示范校”称号。全镇有8所学校获揭东区“语言文字规范达标校”称号，7所学校通过区“依法治校”达标学校的验收，集体幼儿园和民办幼儿园普惠性率100%。

【卫计工作】 玉滘镇共有镇级卫生院1所，有门诊大楼和行政楼各1栋，门诊大楼建筑面积2500平方米，有医务人员59人，病床60张，年门诊共诊治病人4.69万人次，收治住院病人5166人次，公共卫生服务人数1.48万人，卫生院设住院、门诊、中医科、妇产科、公共卫生、防疫六个部门。

【社保民政】 2019年，玉滘镇全年共落实残疾人基本服务和需求补贴620名，为408户低保户、459名重点优抚对象按时发放生活补贴，为196户五保户按时发放供养金。全年参加新型农村养老保险人数2.4万人，参保金额288万元。

【枫江综合整治】 按照“五河毓秀、枫江先行”的工作理念，全面推进枫江治污各项工作。设定每月10日为固定巡河日，开展常态化巡查，拆除枫江及14条支流周边畜禽养殖点24家；对32家涉水企业进行巡查，严防企业偷排漏排；加快雨污分流建设进度，投入资金

6056.3万元，完成33个自然村的工程建设，剩余程畔、启美2个自然村在建，完成管网铺设长282.94公里，完成率94.7%。

【反腐倡廉】 认真落实党风廉政建设和反腐败主体责任，把反腐败工作摆在更加突出的位置，严肃查办违纪违法案件，严格责任追究。2019年，玉滘镇纪委共受理信访举报件59件、办结20件，立案5件5人，诫勉谈话1人，批评教育6人，党内警告处分3人，留党察看一年1人。2019年度共开展谈话提醒30人次。

2019年玉滘镇各行政村及下辖自然村统计表

单位：人

行政村名	自然村名	人口数
饶美	饶美　新蛟　旧蛟　程畔	8273
新寨	新寨　六亩　启美	5829
桥头	一社　二社　三社　四社	4664
东面	东面　南面　寨内　新厝	4758
半洋	半洋　东洋　东边	4357
凤美	凤巷　巷内　涂寨　园尾	4501
大滘	寨外　寨内　玉市　下乡　水棉桥　柑园	7499
谢坑	谢坑　汉沟　寮头	4036
尖山	尖山　院前	6738
池渡	池渡　山美	5668

2019年玉滘镇主要经济指标一览表

农业产值（亿元）	规模上工业总产值（亿元）	限上商业企业销售总额（亿元）	财政收入（万元）	税收收入（万元）	固定资产投资（亿元）	人均收入（元）
4.0	57.48	10.1	11431.9	1502	16.8	—

2019年玉滘镇领导班子成员

镇委书记：吴宏波（11月止）
　　　　　吴莉（11月起）
镇委副书记：陈乐彬　陈壮凯
　　　　　王伟春（7月止）
　　　　　陈奕敏（8月起）
镇委委员：吴宏波（11月止）
　　　　　吴莉（11月起）　陈乐彬
　　　　　陈壮凯　王伟春（7月止）
　　　　　陈奕敏（8月起）　李诚镪　郑晓丹
　　　　　黄晓升　徐俊旭（7月止）　谢庆丹
　　　　　林锴标（11月起）　郭桂镇　杨甲峰
镇　长：陈乐彬
副镇长：郑晓丹　黄晓升　江小盈
　　　　柯泽敏（7月止）
　　　　黄佳明（8月起）
人大主席：李朝旭
人大副主席：吴洁辉
主任科员：吴梅生（11月止）

（谢淡萍）

揭东经济开发区

【概况】 广东揭东经济开发区是1992年10月经省人民政府批准设立的。目前规划总面积17.54平方千米，共有174家企业落户投资，已投产企业150家；规模以上企业86家，限额以上企业14家。形成装备制造、塑料化工、生物医药、食品饲料及金属制品的发展布局。2019年全区实现产值372.33亿元、税收5.9亿元。建区28年来，先后引进了百事可乐、四川通威、青岛啤酒等国内外品牌企业，拥有广东榕泰、巨轮智能等10多家上市公司，有高新技术企业21家、院士工作站2个、博士后工作站3个、省级以上工程技术中心15个，区内产值超5亿元企业实现研发机构全覆盖。2019年正在申报“5G+工业互联网示范园区”。园区先后被评为“广东省先进经济开发试验区”“中国优秀开发区”“全国劳动关系和谐工业园区”“广东省循环经济工业园”，同时也是“国家新型工业化产业示范基地”和“广东省产业转移工业园”。

2019年，加紧开发建设的新区是揭东区“坚守制造业阵地，紧凑高效做强园区”的主战场，主要发展先进制造业、健康产业等主导产业，以及高端电子信息等潜力产业和贸易物流配套产业。园区云棋路等一批重大基础设施建设正在稳步推进，通用厂房、国家电投、易安仓储等重点项目正在建设，还有一批“基础设施项目库”正在谋划推进。

新区已落户企业41家，占地约153.33公顷，计划总投资50多亿元，其中青岛啤酒、华龙、粤泰等8家已建成投产，国家电投、通用厂房、易安仓储、港荣等21家已开工建设，汇宝昌、云方、丰树等12家正在完善前期开工建设手续，2020年计划新开工7家。

繁忙的工地 （杨淳 摄）

【财税工业】 2019年，开发区全年税收收入总库累计完成5.9亿元，增长4.5%，创历史新高；规模以上工业总产值完成372.33亿元，增长8.24%；规模以上工业增加值完成70.3亿元，增长9%；固定资产投资34.2亿元，增长12.8%。

【招商引资】 2019年，开发区提升管理和服务，在现有管理基础上，新区已实现常态化管理。对园区项目落实专人提供“一对一”的咨询、审批、代办和协调等服务，已制订《揭东园区工业投资项目报建流程》。引进正英、创兴、真丽斯、宝嘉、钢丰5个投资意向项目落户。

【园区建设】 2019年，开发区做好园区建设各项工作。通用厂房项目于2019年7月18日成功招标，2019年9月10日桩机进场开工建设，年底已全面完成桩基础建设，正在建设5、6、7、8幢五层和办公楼、宿舍地下车库；云棋路项目已完成临时路基建设，与原施工队的结算正在完善历史资料，正在委托初步设计和可研及环评工作；投资1000万的开发区新型工业园高压线的迁改工作于4月完成。青岛啤酒、卓超供热、华龙、胜为、创睿、粤泰6家企业已投产创效；润昇、热金宝2家企业正在试产；通用厂房、国家电投、港荣、金润达、中晟、榕申、育秀、佳烨、新美得福、金瑞阳等20个项目已开工建设。开发区老区蒙泰、越群、荣通已征地，需加快建设。因省级开发区申报升级国家级开发区的需要，准备启动老区跟踪环评和新区区域环评工作。国道206南侧约1.7平方公里已规划为“退二进三”片区，正在编制控规。加强土地整备工作，开发区符合规划面积884.33公顷，其中可报批土地79.07公顷（其中新区71.4公顷，老区7.67公顷）；新区批而未供土地45.13公顷，老区17.73公顷。做好已征未供土地的供地工作，已出让广东云方3公顷、丰树物流6.73公顷、蒙泰4.07公顷，总共13.8公顷。同时继续完善老区历史已用未办理手续的土地，已解决大鹏0.57公顷、恒翔3.33公顷、宝嘉二厂2.53公顷。年底老区盘活现有的厂房资源，广东兴科环境科技有限公司（今年新增高新技术企业）、揭阳市恒胜金属材料有限公司（原海力不锈钢公司）、广东特酵生物科技有限公司等7个项目落户，从而实现了零地招商新项目。

【社会治安综合治理】 2019年，开发区全力抓好安全、消防、维稳、环保等工作。加强日常安全生产巡查监管指导，各企业挂钩管理组经常深入企业检查，特别是对2家危化品（榕泰、金万得）生产企业、4家医药（九和、博洲、粤龙、世信）和1家化工（天银）企业加强监管。推进企业节能减排工作，落实上级环保督察反馈问题的整改工作，对企业排污进行严格监管，杜绝企业偷排；强化社会治安排查和综合整治力度，全年全区无发生重大安全事件和治安案件，治安形势和社会大局持续稳定。

【“创文”工作】 开发区紧扣创文创卫工作主题，实行“网格化”管理模式，落实企业“门前三包”责任制，加强巡查监管，打响园区文明创建综合整治攻坚战，投入200多万元，先后共出动铲车、推土机等机械500部次、人员1500多人次，开展联合执法20多次，完成区内主干道路、背街小巷的环境卫生清理整治，专项工作取得突出的成效，加快文明园区的发展步伐。

【反腐倡廉】 2019年，开发区党委、管委严格落实区委、区政府和纪检监察部门有关党风廉政建设工作的相关要求，以学习习近平新时代中国特色社会主义思想为重点，开展机关作风和党廉警示教育活动10余次，坚持不懈纠正“四风”，盯紧“四风”的新形式、新动向，增强风险防控意识，以更高的要求、更严的标准推进党风廉政建设。全年处理违法违纪案件3件，其中开除党籍、开除公职处分1人；党内警告、政务记过处分1人；政务警告处分1人。

2019年开发区主要经济指标一览表

农业产值（亿元）	工业产值（亿元）	社会消费品零售总额（亿元）	财政收入（万元）	税收收入（万元）	固定资产投资（亿元）	人均收入（元）
—	372.33	—	8223.24	5.9	34.2	—

2019年开发区党政领导班子成员

开发区党委书记：吴鑫浩（2月止）
郑创辉（2月起）
党委副书记、管委会主任：柯再鹏（2月止）
蔡泽堡（3月起）
党委副书记、纪委书记：郑鹏龙（5月起）
党委副书记：吴秀林（5月止） 方喜松
陈禹（5月止）
陈伟生（5月起，11月止）
党委委员：蔡仰旋、杨晓淳（5月起）
林汉亮（5月起，11月止）
庄朱协（7月起）
管委会副主任：张跃明（5月止） 袁伟鹏
蔡毓（5月止）
林晓龙（5月起）

（吴添盛 苏惠湘）

国画作品 （王映秋 王剑波 作）

RENWU
RONGYU

人物·荣誉

人物·荣誉

■责任编辑：何巧珠

人物

2019年区委、区人大、区政府、区政协、区纪委领导班子成员及工作部门负责人名单

中共揭东区委员会

书　记：方 烽
副书记：许剑芒(女)　陈建雄(2月止)
　　　　周武城(2月起)
常　委：周武城(2月止)林志伟(2月止)
　　　　陈妙龙　钟金鸿(12月止)
　　　　卢培祥(2月止) 林晓珊(女)
　　　　关敬军(挂职，2月止)
　　　　龙志飞(9月止)　江清丰(2月起)
　　　　林伟生(2月起)　袁镇松(2月起)
　　　　王拥新(2月起)　韦明生(12月起)
办公室主任：王拥新(11月止)
　　　　　　黄伟群(11月起)
办公室副主任：蔡泽堡(3月止)　卢伟彬
　　　　　　　郑壮忠(2月止)　江明东(3月起)
　　　　　　　杨庆鸿(3月起)　徐宋宏(3月起)
组织部部长：林志伟(2月止)　江清丰(2月起)
区委组织部老干部局局长(3月止)：方树林
　　　　　　　　　　　　　　　(3月止)
区委老干部局局长(加挂，3月起)：方树林
　　　　　　　　　　　　　　　(3月起)
直属机关工作委员会书记(加挂)：陈林城(2月止)
　　　　　　　　　　　　　　　陈和藩(5月起)
宣传部部长：林晓珊(女)
统一战线工作部部长：陈妙龙
区人民武装部政委：陈克
区人民武装部部长：龙志飞(8月止) 林建波
政法委员会书记：卢培祥(2月止)
　　　　　　　　袁镇松(3月起)
区委依法治区办主任(3月止)：卢创旭
　　　　　　　　　　　　　(3月止)
区机构编制委员会办公室主任：刘庭松(3月)
区委机构编制委员会办公室主任(3月)：刘庭松
区委农村工作办公室主任(2月止)：江少荣(2月止)
区委党校校长：林志伟(3月止)　江清丰(3月起)
区委党校常务副校长：林建南
对台办主任(2月止)：黄惠娜(女)(2月止)
总工会主席：黄建声
总工会常务副主席：林佳斌
团区委书记：杨思洁
妇联主席：刘跃红
科协主席：陈旭锋
文联主席：谢树波(2月止)　陈少鹏(2月起)
侨联主席：袁奕江
工商联主席：杨铁生(企业家兼职)
工商联常务副主席：陈林城(2月起)
残联理事长：黄灿义
红十字会会长：蔡晓霞(女)
红十字会常务副会长：陈海彬
广播电视台台长：郑惠山
外事侨务局局长(2月止)：李 旭(2月止)

揭东区人民代表大会常务委员会

主　任：许列群
副主任：黄建声　陈郁芳(女)　杨明城
　　黄敬双
　　林琼瑜(女，党外人士，民革支部主委)
　　谢淡松
办公室主任：郑树彬
法制工作委员会主任(2月止)：吴沛端(女)(2月止)

人大监察和司法工作委员会主任(2月起)：
　　吴沛端(女)(2月起)
选举人事任免工作委员会主任：许赐鹏
代表联络工作委员会主任：吴秀辉
农村农业工作委员会主任：陈婕环(女)
财政经济工作委员会主任：林钦胜
教育科学文化卫生华侨外事工作委员会主任：
　　陈莲芝(女)
城乡建设环境与资源保护工作委员会主任：
　　郑秋兴
人大社会建设委员会主任委员(3月起)：
　　谢晓舜(3月起)
常务委员：吴秀辉　陈昌奕　袁奕江　郑树彬
　　陈婕环(女)　陈莲芝(女)　郑秋兴
　　吴沛端(女)　杨素英(女)　林建生
　　肖俊述　蔡立藩　刘伟臣　蔡锡辉
　　陈林城(3月止)　杨思洁
　　陆少萍(女)　陈旋宇(女，3月止)
　　吴利炜　柯璧彦　卢三强　杨奕生
　　赖伟松　许赐鹏　林钦胜
　　郑晓辉(3月起)
　　刘跃红(女，3月起)
　　吴伟斌(3月起)
　　林创凯(3月起，11月止)
　　谢晓舜　(3月起)

揭东区人民政府

区　长：许剑芒(女，代区长，3月止)
　　许剑芒(女，区长，3月起)
常务副区长：钟金鸿(3月起，12月止)
副区长：蔡晓霞(女)　张木奋　洪锡藩
　　袁镇松(3月止)　赖天鸿
　　关敬军(挂职，3月止)
　　吴宏波(3月起)
　　刘桂兰(挂职，3月起，8月止)
办公室主任：柯寒青(3月止)
　　谢泽湖(3月起)
办公室副主任：谢培钦
　　陈有德(11月止)
　　周秀松　陈淡明(3月止)
　　洪美波(3月起)
　　谢镇华(11月起)
发展和改革局局长：林仲龙
教育局局长：陈林浩
经济信息化和科技局局长(3月止)：郑创辉(3月止)
工业信息化和科技局局长(3月起)：柯再鹏(3月起)
公安局局长：赖天鸿
公安局政委：郑楚群
监察委主任：周武城(2月止)
　　林伟生(3月起)
民政局局长：张炳怀
司法局局长：陈少鹏(2月止)
　　吴庆谋(3月起)
财政局局长：吴国贤
人力资源和社会保障局局长：蔡广辉
国土资源局局长(3月止)：李泳生(3月止)
自然资源局局长(3月起)：李旭波(3月起)
住房和城乡规划建设局局长(3月止)：李旭波(3月止)
住房和城乡建设局局长(3月起)：李建榕(3月起)
交通运输局局长：何长全
水务局局长(3月止)：苏培河(3月止)
农业和林业局局长(3月止)：江惜辉(2月止)
农业农村局局长(3月起)：苏培河(3月起)
文化广电新闻出版局局长(3月止)：吴莉(3月止)
文化广电旅游体育局局长(3月起)：吴莉(3月起11月止)
　　卢树娇(11月起)
卫生和计划生育局局长(3月止)：胡雄彬(3月止)
卫生健康局局长(3月起)：柯寒青(3月起)
退役军人事务局局长(3月起)：江海彬(3月起)
审计局局长：江少初

环境保护局局长(3月止)：胡俊龙(3月止)
安全生产监督管理局局长(3月止)：叶育加(3月止)
应急管理局局长(3月起)：叶育加(3月起)
食品药品监督管理局局长(3月止)：无
市场监督管理局局长：王少义
知识产权局局长(加挂)：王少义(3月起)
统计局局长：吴锦海
医疗保障局局长（3月起)：刘书文(3月起)
信访局局长：郑壮忠
政务服务数据管理局局长：陈旋宇
(女，非党，3月起)
民族宗教事务局局长：吴晓彬
侨务局局长(加挂）：李旭(3月起)
公务员局局长(加挂）：郑晓辉(3月起)
新闻出版局局长、互联网信息办公室主任(加挂)：
谢树波(3月起)
台港澳事务局局长（加挂）：吴冬泉(3月起)

揭东区政协常务委员会

主　席：林炳华
副主席：洪新辉(8月止)
黄炎真(党外人士，民促会员)
陈豪杰　郑秋林　陈少强(非党)
周建波(非党)
办公室主任：许伟林
提案委员会主任：李增辉
社会与法制委员会主任：谢燕标
经济委员会主任：郑放
教科文卫体委员会主任：方晓东(3月止)
蔡婉(11月起)
港澳台侨委员会主任：曾育群(9月起)
农业和农村委员会主任：江惜辉(3月起)
综合科科长：林悦喜(5月起)
组联科科长：郑鹏龙(5月止)
吴秀林(5月起)
常务委员：许伟林　李增辉　方晓东(1月止)
黄榕城　曾育群(9月起任人选)
王锡廷　释耀瑜
黄惠娜(女，5月止)　杨宝生
许二毫　杨炳高　吴莉(1月止)
黄龙　郑放　谢燕标　黄秋和
杨楚平　钟洁辉　涂德建　黄礼永
林木深　吴贤文　刘淞(1月止)
江静波　林俊忠　吴潮标　郑栩栩
吴美辉(5月止)　林旭升　林玉龙
罗瑞捌　夏仕亮　江惜辉(3月起)
蔡婉(3月起)　林跃洪(3月起)
吴梓斌(11月起任人选)

中共揭东区纪律检查委员会

书　记：周武城(2月止)　林伟生(2月起)
副书记：蔡俊藩 林崖丰
常　委：陈耀才(8月止)　吴奕璇
洪纯龙　黄伟群(11月止)
陈洁龙(11月起)

2019年区委、区人大、区政府、区政协新任领导简介

江清丰　男，广东普宁人，汉族，1965年3月生，大学学历，1983年8月参加工作，1986年5月加入中国共产党，现任揭阳市揭东区委常委、区委组织部部长、区委党校校长。

1980年9至1983年7月，广东潮阳师范学校学习，中专毕业；1983年8月至1986年8月，广东普宁南径民德中学任教；1986年8月至1988年7月，汕头教育学院中文专业学习，大专毕业；1988年7月至1989年8月，广东普宁南径联中任教；1989年8月至1991年8月，任普宁一中团委书记；1991年8月至1995年10月，任普宁市委组织部工作；1995年10月至1997年2月，　任揭阳市委组织部干部二科工作；1997年2月至2000年3月，任揭阳市委组织部干部二科副科级组织员；2000年3月至2003年8月，任揭阳市委组织部干部二科副科长(其间：2002年8月高教自考中山大学行政管理专业大学毕业)；2003年8月至2006年10月，任揭阳市委组织部信息科科长；2006年10月至

2007年12月，任揭阳市委组织部干部二科科长；2007年12月至2010年2月，任揭阳市人事局副局长、党组成员；2010年2至2019年2月，任揭阳市人力资源和社会保障局副局长、党组成员；2019年2月至2019年3月，任揭阳市揭东区委常委、区委组织部部长；2019年3月起，任揭阳市揭东区委常委、区委组织部部长、区委党校校长。

林伟生 男，揭阳市揭东区人，汉族，1971年10月生，大学学历，法学学士，1994年8月参加工作，1997年5月加入中国共产党，现任揭阳市揭东区委常委、区纪委书记、区监委主任。

1990年6月至1994年7月，在华南师范大学法学专业学习，大学毕业；1994年8月至1995年10月，任揭阳市人民检察院科员；1995年10月至1999年1月，任揭阳市人民检察院书记员；1999年1月至2002年11月，任揭阳市人民检察院助理检察员；2002年11月至2009年5月，任揭阳市人民检察院侦查一科副科长；2009年5月至2010年1月，任揭阳市人民检察院侦查一科副科长、正科级检察员；2010年1月至2010年12月，任揭阳市人民检察院计划财务装备科副科长、正科级检察员；2010年12月至2014年8月，任揭阳市人民检察院计划财务装备科科长；2014年8月至2017年7月，任揭阳市纪委派驻市中级人民法院纪检组长、市中级人民法院党组成员；2017年7月至2018年8月，任揭阳市纪委、市监察局第二纪检监察室主任；2018年8月至2018年10月，任揭阳市纪委、市监委第二纪检监察室主任；2018年10月至2019年2月，任揭阳市纪委、市监委第五审查调查室主任；2019年2月至2019年3月，揭阳市揭东区委常委、区纪委书记；2019年3月，起任揭阳市揭东区委常委、区纪委书记、区监委主任。

袁镇松 男，揭阳市揭东区人，汉族，1963年9月生，大学学历，1988年1月参加工作，1986年12月加入中国共产党，现任揭阳市揭东区委常委、区政法委书记。

1985年6月至1988年1月，任揭阳县霖磐镇南塘村青团书记；1988年1月至1989年8月，任揭阳县霖磐镇政府资料员（1987年12月聘用为合同制干部，聘期自1988年1月开始）；1989年8月至1993年3月，任揭阳县霖磐镇政府统计员；1993年3月至1995年7月，任揭阳市揭东县霖磐镇城建办副主任；1995年7月至1999年4月，任揭东县霖磐镇计育办主任（其间：1997年7月转为录用制干部；1995年9月至1998年8月在广东省委党校行政管理专业学习，大专毕业）；1999年4月至2001年12月，任揭东县新亨镇党委委员、纪委书记；2001年12月至2002年3月任揭东县新亨镇党委委员；2002年3月至2005年5月，任揭东县新亨镇党委委员、副镇长（其间：2002年8月至2004年12月在中央党校行政管理专业学习，大学毕业）；2005年5月至2005年7月，任揭东县曲溪镇副镇长；2005年7月至2006年7月，任揭东县曲溪镇党委委员、副镇长；2006年7月至2007年6月，任揭东县曲溪街道党工委委员办事处副主任；2007年6月至2009年9月，任揭东县月城镇党委副书记、镇长；2009年9月至2010年1月，任揭东县月城镇党委书记；2010年1月至2012年10月，任揭东县月城镇党委书记、人大主席；2012年10月至2013年4月，任揭东县新亨镇党委书记、人大主席人选；2013年4月至2016年5月，任揭阳市揭东区揭东区新亨镇党委书记、人大主席；2016年5月至2016年6月，任揭阳市揭东区委常委，新亨镇党委书记、人大主席；2016年6月至2016年8月，任揭阳市揭东区委常委，统战部部长，新亨镇党委书记、人大主席；2016年8月至2017年10月，任揭阳市揭东区政府副区长、党组成员，新亨镇党委书记；2017年10月至2019年2月，任揭阳市揭东区政府副区长、党组成员；2019年2月至2019年3月，任揭阳市揭东区委常委，区政府副区长、党组成员；2019年3月起，任揭阳市揭东区委常委、区委政法委书记。

王拥新 男，揭阳市揭东区人，汉族，1977年8月生，研究生学历，1997年12月参加工作，2000年6月加入中国共产党，现任揭阳市揭东区委常委，区政府党组副书记、副区长。

1994年9月至1997年7月，广东省轻工业学校会计专业学习，中专毕业；1997年12月至2001年12月，任揭东县埔田镇财经办办事员(其间:1999年8月至2001年9月在广东省委党校行政管理专业学习，大专毕业)；2001年12月至2003年6月，任揭东县埔田镇经济建设办公室办事员（2005年6月，高教自考华南农业大学农村财会与审计专业大专毕业）；2003年6月至2003年7月，任揭东县埔田镇财经办副主任；2003年7月至2006年9月，任揭东县埔田镇党政办副主任（2006年8月，高教自考华南农业大学乡镇企业管理专业大学毕业）；2006年9月至2007年12月，任揭东县埔田镇副镇长；2007年12月至2009年4月，任揭东县埔田镇党委委员、副镇长（其间：2008年10月至2010年10月南开大学、香港理工大学国际航运及物流管理专业学习，获理学硕士学位）；2009年4月至2010年5月，任揭东县委办公室副主任、接待科科长（其间：2009年7月，任揭东县委办接待科接待服务中心主任）；2010年5月至2011年6月，任揭东县委办公室主任科员；2011年6月至2011年9月，任揭东县云路镇党委副书记；2011年9月至2013年3月，任揭东县云路镇党委副书记、镇长；2013年3月至2014年12月，任揭阳市揭东区云路镇党委副书记、镇长；2014年12月至2015年3月，任揭阳市揭东区新亨镇党委副书记；2015年3月至2016年3月，任揭阳市揭东区新亨镇党委副书记、镇长；2016年3月至2016年8月，任揭阳市揭东区玉湖镇党委书记、人大主席；2016年8月至2018年12月，任揭阳市揭东区玉湖镇党委书记；2018年12月至2019年2月，任揭阳市揭东区委办公室主任；2019年2月至2019年7月，任揭阳市揭东区委常委、区委办公室主任；2019年7月至2019年11月，任揭阳市揭东区委常委、区委办公室主任、区国安办主任；2019年11月至2020年1月，任揭阳市揭东区委常委；2020年1月，任揭阳市揭东区委常委，区政府党组副书记、副区长。

韦明生 男，广东普宁人，汉族，1975年8月出生，大学学历，1996年12月参加工作，1995年12月加入中国共产党，现任中共揭阳市揭东区委常委。

1992年9月至1996年7月在广东省潮州农业学校植物保护专业学习，中专毕业；1996年7月至1996年12月毕业待分配；1996年12月至1999年5月，任普宁市占陇镇党政办公室资料员；1999年5月至2001年1月，任普宁市占陇镇团委副书记、党政办资料工作科员（1999年9月过渡为机关工作者）；2001年1月至2001年10月，任普宁市流沙北街道办事处筹备领导小组分配工作（科员）；2001年10月至2002年6月，任普宁市流沙北街道党政办主任、团委书记（其间：2006年2月，高教自考中山大学高等继续教育学院法律专业，大专毕业；2000年9月至2002年12月，广东省委党校经济管理专业大学，大学毕业）；2002年6月至2002年8月，任普宁市流沙北街道党政办主任、团委书记、列席流沙北街道党委会；2002年8月至2005年4月，任普宁市流沙北街道党政办主任、团委书记、列席流沙北街道党委会；2005年4月至2005年9月，任普宁市流沙北街道党工委委员、团委书记；2005年9月至2006年8月，任普宁市流沙北街道党工委委员；2006年8月至2006年9月，列席普宁市洪阳镇党委会、分工政府工作；2006年9月至2014年2月，任普宁市洪阳镇政府副镇长（其间：2007年12月，高教自考中山大学高等继续教育学院行政管理专业，大学毕业）；2014年2月至2016年2月，任普宁市大坝镇党委副书记；2016年2月至2018年11月，任普宁市大坝镇党委副书记、镇长；2018年11月至2019年12月，任普宁市大南山街道党工委书记；2019年12起，任中共揭东区委常委。

吴宏波 男，揭阳市揭东区人，汉族，1970年10月生，中专学历，1990年12月参加工作，1991年12月加入中国共产党，现任揭阳市揭东区政府党组成员、副区长。于

1990年12月至1994年1月应征入伍,任杭州83020部队75分队战士；1994年1月至1994年10月待业；1994年10月至1996年6月在广东省人民武装学校人民武装专业学习，中专毕业；1996年6月至1996年8月待业；1996年8月至1999年6月，任揭东县埔田镇人民武装部办事员（1994年9月至1997年7月，中国人民解放军陆军指挥学院人武指挥专业函授，大专毕业）；1999年6月至2002年4月，任揭东县埔田镇计育办副主任；2002年4月至2004年9月，任揭东县埔田镇纪委委员、计育办副主任（2001年8月至2003年12月，中央党校行政管理专业函授，本科毕业）；2004年9月至2006年3月，任揭东县埔田镇党政办副主任；2006年3月至2006年8月，任揭东县埔田镇副镇长；2006年8月至2009年9月，任揭东县砲台镇党委委员；2009年9月至2011年6月，任揭东县云路镇党委副书记；2011年6月至2012年10月任，揭东经济开发区党委副书记、纪委书记、主任科员；2012年10月至2013年3月，任揭东县玉滘镇党委副书记，镇长人选；2013年3月至2014年5月，任揭阳市揭东区玉滘镇党委副书记、镇长；2014年5月至2016年8月，任揭阳市揭东区玉滘镇党委书记、人大主席；2016年8月至2019年3月，任揭阳市揭东区玉滘镇党委书记；2019年3月至2019年11月，任揭阳市揭东区政府党组成员、副区长，玉滘镇党委书记；2019年11起，任揭阳市揭东区政府党组成员、副区长。（区委组织部办公室）

年度新闻人物

王映秋（1957—2020） 揭东人，中共党员，1978年毕业于广州美院国画系研修班，广东省美术家协会会员，揭阳市知名画家。曾任揭东县文联常务副主席，《揭东文艺》主编，揭阳市第二届人大代表，政协揭东县委员会委员。主要业绩：20世纪70年代，从事文化工作并为社会培养大批美术人才，经长期的探索和磨炼，使国画作品形成自家风貌，擅长花卉、花鸟、山水画等。作品流传日本、美国、加拿大及东南亚一带国家，画作常入选国内外书画展并获奖、出版、收藏等。代表作有《江南早春》《报春》《黄山松云》等近100作品先后在北京美术馆、首都博物馆、日本东京美术馆、秋田市艺术馆展出并被收藏。艺术论文和100余作品先后发表于《人民日报》《文汇报》《南方日报》 等20多种报刊。在庆祝中华人民共和国45周年北京博物馆主办的中外书画大赛中获银奖，中国文联“中国历代书画名家（当代名家）”等称号。（王剑波）

王映秋 （资料相片）

王映秋作品 （资料相片）

林通文 锡场镇锡西村人，中共党员，锡场中学英语高级教师。他自幼热爱书画艺术，曾拜岭东画家林逸为师，笔耕不辍。退休后又参加揭阳市老年干部大学书画进修班，技艺不断长进，作品多次参加市、区级展览，2019年出版有《林通文书画作品集》（香港当代文艺出版社出版）。现为广东省老干部书画研究会会员，揭阳市老干部书画研究会理事，揭阳市书协、美协会员。 （周树明）

时令果香　　（林通文　作）

吴练彬　1984年6月生，曲溪街道三友村人，揭东区玉滘中学书法教师。2016年被文化部中国艺术科技研究所聘任为全国美术考级揭阳监考官，现是文化部美术考级揭东考区主任，广东省书法评论家协会会员，揭东区书法协会会员。2019年编著《硬笔书法考级教程》（中国艺术家出版社•2019年8月第一版第一次印刷）；在揭东区率先举办美术书法考级活动；论文《〈小学硬笔书法〉校本课程的开发》参加广东省书法评论家协会举办“广东省书法园•南粤杯”第三届青少年书法大赛暨南粤书法教育论坛获论文组优秀奖，是揭东区获此奖项的第一人。（陈楚鹏）

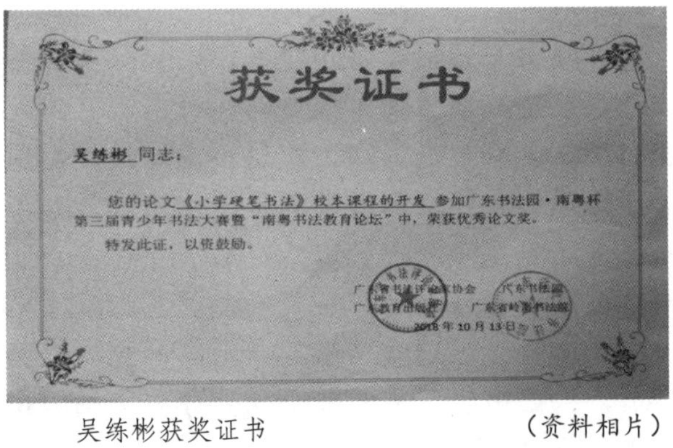

获奖证书

吴练彬同志：

您的论文《小学硬笔书法》校本课程的开发参加广东书法园·南粤杯第三届青少年书法大赛暨“南粤书法教育论坛”中，荣获优秀论文奖。

特发此证，以资鼓励。

广东省书法评论家协会　广东书法园
广东教育出版社　广东省岭南书法院
2018年10月13日

吴练彬获奖证书　　（资料相片）

陈泽平　（资料相片）

陈泽平　1979年生，揭东人，深圳市明德荟文化艺术创意有限公司董事长，揭阳市艺术教育协会名誉会长，揭东区政协委员，揭东区美术家协会副主席兼秘书长，他自幼潜心国画创作，其人物山水，花鸟虫鱼，应有尽有；写意工笔，设色水墨，均有一定的造诣。其作品“外师造化，中得心源”，形象生动，惟妙惟肖。他笔下的人物、牡丹、梅花、紫藤等，无一不是摇曳生姿，韵味十足。作品曾参加1994年“潮汕星河奖·书画大赛”一等奖和1995年省美协主办的“全国青少年书画大赛”一等奖等，同年为大弯大桥作画曾见到时任家主席江泽民。2004年，与汕头工艺美术学校联合创办汕头工艺美术学校艺成分校。该校已成为粤东地区培养美术设计人才的主要基地。（陈楚鹏）

红军阿姆　　（陈泽平　作）

黄映明　1967年1月生，曲溪街道蟠龙社区人。8岁时的一场车祸，改变了他的人生。车祸致残，曾经让黄映明的人生灰暗到极点，但挫折没有湮灭他的意志。在生活的路上，黄映明付出常人难以想象和承受的艰辛困苦，是剪纸这门技艺，为他的人生重新打开了一扇明亮的窗，是工匠精神成就了他“独”特的人生。

多年来，独臂的黄映明努力克服独臂带来的不便和学力不足等各种困难，坚持学习、创

最美抗疫者（剪纸） （黄映明 作）

新、传承剪纸这门艺术。黄映明学剪纸的启蒙老师是其母亲。“她随手拿起剪刀就能剪出花鸟、双喜字或窗花等图案。”受母亲的影响，黄映明从6岁起就喜欢摆弄各种手工活，将收集来的塑料瓶和纸板块等材料，剪成一件件小饰品。25岁后，经历各种生活磨难的黄映明把全部精力投在剪纸技艺上，剪纸看似简单，却离不开严谨与精细。稍微简单些的内容，五六天可以做一张，复杂一点的要做半个月，有些更精细的，从设计到成品，需要花费一个月的时间。一不小心剪错一丁点地方便前功尽弃。

剪纸创作过程一是构思，二是起稿，三是创作。制作一般需要经过起稿、剪刻、修改、粘贴、揭离、包装等步骤。但黄映明单手徒刀，无需底稿，过目不忘，成竹在胸，率性而剪，无一雷同。十多年来作品多次参赛并获奖，“独臂剪技”得到肯定。

30多年来，靠一只左手、一把剪刀，创作剪纸作品8000幅有余，先后代表揭阳市参加过国家级、省级残疾人职业技能竞赛，并屡获佳绩，部分获奖作品还被广东博物馆收藏展览。最让黄映明欣慰的是，残联的领导关心他的生活，为他安排一份工作。一只手，一把剪刀，剪出不一样的人生，为更好地传承和发扬剪纸艺术，还于2018年成立揭东区映明剪纸艺术馆。黄映明感慨地说：“现在我过得很幸福。”

春节期间，新冠肺炎疫情牵动着黄映明的心，也引动了他艺术创作的思绪。他决定用剪纸艺术，为前方艰苦奋战在疫情防控一线的“战疫者”们加油、鼓劲！

黄映明白天在单位当门房保卫，晚上一有闲暇时间便创作起来，短短几天时间他便用独臂剪出《万众一心战疫》《众志成城共渡难关战胜疫情》《民族脊梁》《抗疫我们在一起》《不吃野生动物，远离祸害》等剪纸作品，观其作品主题突出，动物栩栩如生，人物活灵活现，让人赞叹。

“我虽然是残疾人，但觉得很幸福，能够在家里安心创作。我为全国受病毒侵害的同胞感到伤心，我不能上一线，但我用剪纸为武汉加油！为中国加油！”黄映明说。（陈培鸿）

黄曼凯 1984年6月生，曲溪街道蟠龙村人，他从小喜爱画画和剪纸。现从事非遗剪纸装裱，书画装裱，剪纸传承、弘扬。

2015年3月至2017年5月，他学习传统手工书画装裱技艺，学习期间研究如何将书画传统手工装裱技艺运用到非遗剪纸艺术作品装裱上，让老百姓更加喜欢剪纸艺术。结果发现非常困难，根本不可能，为什么呢？首先书画作品是整张宣纸，铺平、喷点雾水上作品，用羊毛刷刷平，再用24管细羊毛刷粘上稀浆糊水，以作品中间为起点向左右两侧和上下两边排刷两次，再排刷一次空气，排刷浆糊基本完成。而非遗剪纸艺术作品她是缕空的，通过阴阳结合，月牙、点、弧线等，一气呵成的优美的艺术作品。只要粘上浆糊水的细羊毛刷，一碰到剪纸作品就粘到一起，作品也就废了大半，根本无从下手……

庆幸的是经过1年多的努力不懈、研究和探索，在无数次的失败中吸取经验教训。皇天不负苦心人。黄曼凯终于形成了一套手工剪纸艺术作品装裱技艺，但还需继续努力，做到更好…… （陈培鸿）

荣誉

2019年度教育系统新增高级职称教师名录

表1

序号	单 位	姓 名	专业资格名称
1	揭东区玉湖中学	许洁鑫	高中政治高级教师
2	揭东区玉湖中学	陈强	高中政治高级教师
3	揭东区新亨镇硕和初级中学	陈育	初中语文高级教师
4	揭东区新亨镇坪埔初级中学	陈妙君	初中语文高级教师
5	揭东区新亨镇北良初级中学	卢晓红	初中语文高级教师
6	揭东区锡场镇义西初级中学	张书华	初中语文高级教师
7	揭东区锡场镇义西初级中学	蔡少敏	初中语文高级教师
8	揭东区云路镇初级中学	吴加德	初中语文高级教师
9	揭东区梅岗初级中学	陈敏芝	初中语文高级教师
10	揭东区蓝田中学	江妍华	高中语文高级教师
11	揭东区梅岗中学	吴嘉嘉	高中语文高级教师
12	揭东区第二中学	周芋伶	高中语文高级教师
13	揭东区新亨镇硕和初级中学	钟伟娜	初中英语高级教师
14	揭东区锡场镇世德初级中学	林馥娜	初中英语高级教师
15	揭东区埔田中学	郑育娜	初中英语高级教师
16	揭东区埔田中学	许洁云	初中英语高级教师
17	揭东区蓝田中学	夏曦喆	高中英语高级教师
18	揭东区云路镇棋盘初级中学	吴伟东	初中语文高级教师
19	揭东区第一初级中学	吴丽萍	初中英语高级教师
20	揭东区锡场镇世德初级中学	徐娟娜	初中历史高级教师
21	揭东区光正实验学校	郭晓聪	初中历史高级教师
22	揭东区第二中学	李元宏	高中历史高级教师
23	揭东区锡场镇世德初级中学	徐敏玲	初中地理高级教师
24	揭东区蓝田中学	倪柔娟	高中音乐高级教师
25	揭东区新亨镇白石初级中学	林冰松	初中美术高级教师
26	揭东区新亨镇硕和初级中学	王绵华	初中数学高级教师

续上表

27	揭东区新亨镇白石初级中学	蔡晓存	初中数学高级教师
28	揭东区锡场镇世德初级中学	纪琼沙	初中数学高级教师
29	揭东区锡场镇华清初级中学	林玉苗	初中数学高级教师
30	揭东区锡场镇华清初级中学	罗灿华	初中数学高级教师
31	揭东区锡场镇华清初级中学	蔡旭红	初中数学高级教师
32	揭东区玉湖中学	王建甫	高中数学高级教师
33	揭东区第二中学	田茂辉	高中数学高级教师
34	揭东区第二中学	任聪	高中数学高级教师
35	揭东区新亨镇硕和初级中学	郑锦湧	初中物理高级教师
36	揭东区玉滘中学	郑加越	初中物理高级教师
37	揭东区蓝田中学	陈晓庆	高中物理高级教师
38	揭东区第二中学	郑伟文	高中物理高级教师
39	揭东区新亨镇白石初级中学	朱锦源	初中化学高级教师
40	揭东区新亨镇北良初级中学	姚桂平	初中化学高级教师
41	揭东区第二中学	陈岱新	高中化学高级教师
42	揭东区新亨镇硕和初级中学	黄彩霞	初中生物高级教师
43	揭东区蓝田中学	陈树烁	高中体育高级教师
44	揭东区玉湖镇广英小学	黄利光	小学语文高级教师
45	揭东区新亨镇仙美小学	陈妙珊	小学语文高级教师
46	揭东区新亨镇仙美小学	徐凯珊	小学语文高级教师
47	揭东区新亨镇五房小学	廖延君	小学语文高级教师
48	揭东区新亨镇北良小学	叶秦芬	小学语文高级教师
49	揭东区新亨镇秋江小学	陈佩霞	小学语文高级教师
50	揭东区云路镇棋盘小学	杨素雄	小学语文高级教师
51	揭东区锡场镇江滨小学	许剑海	小学英语高级教师
52	揭东区教育局教研室	吴吟发	小学英语高级教师
53	揭东区玉湖镇浮山华侨小学	洪丽萍	小学数学高级教师
54	揭东区新亨镇硕和小学	陈锐丹	小学数学高级教师
55	揭东区新亨镇硕和小学	廖益芳	小学数学高级教师
56	揭东区新亨镇白石小学	陈金填	小学数学高级教师

续上表

57	揭东区新亨镇北良小学	徐洁云	小学数学高级教师
58	揭东区埔田镇马硕小学	朱建裕	小学数学高级教师
59	揭东区埔田镇南湖小学	陈少敏	小学数学高级教师
60	揭东区云路镇云七小学	梁少绵	小学数学高级教师
61	揭东区玉湖镇泽联小学	吴伟杰	小学体育高级教师

（区教育局）

2019年揭东区受省、部级表彰单位（个人）名单

表2

获奖单位（个人）	获奖称号	授予单位
李锐斌	全省优秀人民警察	省人社厅、省公安厅
区人大办	省县乡人大工作和建设先进集体	省人大办公厅
卢　营	全国刑事技术破案会战优秀视频侦查人员	公安部
林世亮	全省公安法制部门练兵比武执法服务能手	省公安厅
谢润华	省刑事技术青年人才	省公安厅
林世亮	全省公安法制练兵比武“执法服务能手”	省公安厅
郑炎鑫	个人嘉奖	公安部
禁毒大队	集体二等功	省公安厅
揭东供电局	广东省五一劳动奖状	省总工会
区信访局	信访工作“三无”区	国家信访局
区人武部	新闻舆论工作先进单位	省军区
洪　福	全国五一劳动奖章	中华全国总工会
许国文	省优秀工会工作者	省总工会
区人民医院	广东省模范职工之家	省总工会
青岛啤酒揭阳公司	省先进集体	省总工会
袁奕江	省归侨侨眷先进个人	省人社厅等
曾奕涛家庭	全国“最美家庭”	全国妇联
林楚红	全国巾帼建设标兵	全国妇联
刘跃红	广东省三八红旗手	省妇联
江卓佳	省优秀书香世界	省妇联等

续上表

杨伟东	全国模范教师	教育部等
江杰弟	13届全国语文教师“四项全能教师”	《语文教学与研究》
江杰弟	征文比赛三等奖	省教育厅
伍朝亮	省中学数学论文一等奖	省教育厅
揭东电信	二等奖	中国电信广东公司
揭东电信新亨所	二等奖	中国电信广东公司
揭东电信埔田所	二等奖	中国电信广东公司
吴洁彬	省劳动模范	中国电信广东公司
联通揭东公司	联通政企线标杆项目奖	联通省公司
联通揭东公司	联通优秀政企区县	联通省公司
杨宝生	省优秀建设者	省委统战部等
建行揭东支行	同业公会“三星级网点”	省银行业公会
卢俊鸿	普惠金融先进个人	中国建设银行
建行揭东支行	贡献突出网点	省建行
建行揭东支行	网点现金服务集体先锋	省建行
苏 霞	全省民政先进工作者	省民政厅等
农商银行登岗支行	全国巾帼建功先进集体	全国妇联
区消防大队	基层建设标兵大队	省消防总队
区新风街消防站	基层建设标兵救援站	省消防总队
区新风街消防站	先进基层党组织	省消防总队
白家林	执勤训练先进个人	省消防总队
李思劲	优秀共青团员	省消防总队
黄晓耿	百名优秀村党组织书记	省委组织部
杨伟东	全国模范教师	教育部
区第四小学	省文明校园	省文明委
林玉龙	省生物中考模拟试一等奖	省教育学会
蔡晓斌	省小学语文论文二等奖	省教育学会
吴东玲	省小学语文教学二等奖	省教育学会
蔡佩丽	省小学语文教学二等奖	省教育学会
陆嫚娜	省小学语文教学二等奖	省教育学会

续上表

罗泽衡	省小学语文教学二等奖	省教育学会
卢晓娜	省小学数学教学三等奖	省教育学会
巨轮公司	全国模范和谐企业	人社部等
巨轮公司	省守合同重信用企业	省市监局
巨轮公司	“第三届全国智能制造应用技术大赛”冠军	人社部等
巨轮公司	省测量控制与仪表科技一等奖	省计量测试学会
巨轮公司	省“守合同重信用”企业	省市监局
区人武部	新闻舆论工作先进单位	省军区
区司法局	全国第四批法治县（市、区）创建活动先进单位	省司法厅
区检察院	新媒体工作室集体二等功	省检察院
吴锐亮	广东省民间工艺精品展《观音》银奖	省文联

（何巧珠）

2019年卫计系统新增中高级职称人员名录

表3

姓名	编制属性	工作单位	现专业名称	现职称名称	申报专业名称
黄晓平	编内	揭东区锡场镇卫生院	普通外科	普通外科副主任医师	普通外科主任医师
黄曼丽	编内	揭东区锡场镇卫生院	护理学	主管护师	护理学副主任护师
黄晓漫	编内	揭东区锡场镇卫生院	护理学	主管护师	护理学副主任护师
刘窕娜	编内	揭东区锡场镇卫生院	口腔内科	口腔内科主治医师	口腔内科副主任医师（基层）
林铄凯	编内	揭东区新亨镇中心卫生院	内科	内科主治医师	普通内科副主任医师（基层）
江惠平	编外（合同）	揭阳爱尔眼科医院	眼科	眼科主治医师	眼科学副主任医师（基层）
张丹	编内	揭阳市复退军人医院	精神病学	精神病学主治医师	精神病学副主任医师

（区卫健局办公室）

WENJIAN
HUIBIAN

文件汇编

文件汇编

■责任编辑：陈楚鹏

关于印发《揭东区打好污染防治攻坚战三年行动计划（2018—2020年）》的通知

揭东委办发〔2019〕4号

各镇（街道、开发区）党（工）委和人民政府（办事处、管委会），区直及省、市驻揭东局以上单位：

《揭东区打好污染防治攻坚战三年行动计划（2018—2020年）》已经区委、区政府同意，现印发给你们，请认真组织实施。实施过程中遇到问题，请径向区环保局反映。

中共揭东区委办公室

揭东区人民政府办公室

2019年2月26日

揭东区打好污染防治攻坚战三年行动计划（2018—2020年）

为深入学习贯彻习近平总书记重要讲话精神和习近平生态文明思想，全面加强我区生态环境保护，坚决打好污染防治攻坚战，加快推进生态文明建设，努力建设人与自然和谐共生的美丽揭东。根据《揭阳市打好污染防治攻坚战三年行动计划（2018—2020年）》（揭委办发〔2018〕26号）要求，现结合我区实际制定本计划。

一、总体要求

1.指导思想。全面贯彻党的十九大精神，以习近平新时代中国特色社会主义思想为指导，深入贯彻习近平总书记生态文明思想，统筹推进“五位一体”总体布局和协调推进“四个全面”战略布局，坚持保护优先，强化问题导向，突出改革创新，注重依法监管，推进全民共治，围绕“四减四增”，坚决打赢蓝天保卫战和打好水源地保护、劣V类水体消除、城市黑臭水体治理、高污染高排放行业企业淘汰、农业农村污染治理、柴油货车污染治理等战役，集中力量解决突出生态环境问题，改革完善生态环境治理体系，推动形成绿色生产生活方式，实现生态环境质量持续改善，更好地满足人民日益增长的优美生态环境需要。

2.总体目标。到2020年，完成国家、省、市下达的总量减排任务，主要污染物排放总量大幅减少，生态环境质量总体改善，实现环境质量状况、绿色发展水平、环境治理能力走在全国前列。

大气环境质量方面。空气质量优良天数比例稳定达到93.0%以上，PM2.5控制在33微克/立方米以内，基本消除重污染天气，达到国家空气质量二级标准。

水环境质量方面。地表水责任书监控断面达标；全面消除城市建成区黑臭水体。

土壤环境质量方面。基本摸清土壤环境质量状况，有效防控土壤环境风险，保障农产品质量及人居环境安全，受污染耕地安全利用率达到90%左右，污染地块安全利用率达到90%以上。

污染物排放方面。主要污染物排放总量：化学需氧量、氨氮、二氧化硫和氮氧化物分别相对于2015年减排15%、14%、2%和5%。挥发性有机物（VOCs）排放总量比2015年下降0.098万吨。

二、全面加强党对污染防治攻坚战的领导

3.完善领导体制机制。充分发挥区环委会、河长制、湖长制的作用，统筹协调处理污染防治工作中的重大问题，指导和督促各地各部门落实中央、省决策部署和市的工作安排。落实领导干部生态文明建设责任制，严格实行党政同责、一岗双责。各地党委和政府必须坚决扛起生态文明建设和生态环境保护的政治责任，把加强生态环境保护和打好污染防治攻坚战摆到突出位置，压实责任，层层抓好落实。党委和政府主要负责同志是污染防治攻坚战的第一责任人，其他有关领导成员在职责范围内承担相应责任。各地要参照区的做法建立健全生态环境建设领导机制，制定具体的工作方案，明确责任、目标、任务、措施，强化督导督查，确保污染防治攻坚战顺利推进。充分调动基层党组织的积极性、主动性和创造性，把基层党组织建设成为坚强战斗堡垒，为打好污染防治攻坚战凝聚强大共识和合力。（区委组织部、区编办、区环保局、区水务局牵头）

4.强化考核激励。实施《揭东区生态文明建设目标评价考核实施方法》《揭东区党政领导干部生态环境建设半年考核办法（试行）》，继续改革完善党政领导干部政绩考核体系，将加强生态环境保护和打好污染防治攻坚战情况纳入各级党政领导班子年度述职考核范围，将污染防治攻坚战成效纳入考核结果运用，作为各级领导班子和领导干部综合考核评价奖惩任免的重要依据，注重选配推进污染防治攻坚战工作得力、实绩突出的干部。加强正向激励，对污染防治攻坚战成效显著的地方，区将按照“奖优罚劣”的原则在专项资金项目入库方面给予倾斜。强化量化刚性问责，对在污染防治攻坚战中失职失责、任务完成严重滞后的，约谈主要负责人，同时责成其向区委、区政府作出深刻检查；对损害生态环境的领导干部依纪依法严格问责、终身追责。（区纪委监委、区委组织部牵头，区财政局、区环保局、区人社局参加）

5.强化监督合力。纪检监察机关要突出抓早抓小，把加强监督贯穿污染防治攻坚战全过程，提供坚强纪律保障。开展环保领域专项巡察活动，充分发挥巡察的“利剑”作用，深化政治巡察，坚持问题导向，着力发现问题、形成震慑，推进解决污染防治工作中的突出问题。各级人大、政协要充分发挥监督作用，把生态文明建设和生态环境保护作为重点工作，积极建言献策；加大环境保护法治宣传，营造人人参与保护环境、爱护美丽家园的社会氛围。各级政府要主动接受社会监督，政府网站应及时公布本地区生态环境保护政策和污染防治行动计划，积极回应群众诉求。开展领导干部自然资源资产离任审计，强化资源利用和生态环境保护领域的审计监督。健全人大、政协及纪检监察机关和审计等部门的信息共享机制，形成监督合力，实现监督长效化。（区纪委监委、区环保局牵头，区人大办、区政协办、区委宣传部、区审计局参加）

6.加强宣传引导。健全例行新闻发布制度，及时报道生态环境保护成效做法、存在问题及整改情况，宣传推广一批保护生态环境的经验做法，办好“曝光台”“回音壁”等栏目，曝光一批破坏生态环境的典型案例，增强群众对生态环境保护工作的认同和支持。用好新媒体矩阵，丰富新媒体产品，建设生态环境保护部门的“信息窗口”“形象窗口”。强化舆论引导和舆情研判，牢牢把握话语权和主导权。加快构建生态环境保护行动体系，引导社会力量投身生态环境保护，让每个人都成为生态环境的保护者、建设者、受益者，推动形成人人参与生态环境保护的良好氛围。（区委宣传部、区环保局牵头，区文广新局、区电视台参加）

三、突出抓好水污染治理

7.加强水源地环境保护。工作目标：全力确保饮用水水源安全，地级以上城市集中式饮用水水源和县级集中式饮用水水源水质全部达到或优于Ⅲ类。到2019年11月底，完成饮用水水源保护区内环境违法问题清理整治。

工作重点：以“水质优先、区域统筹、科学规范、精准保护”为原则，严格按照国家和省的相关技术规范，结合饮用水源地实际情况，依法依规进行划定或调整饮用水源保护区。加快推进饮用水水源保护区规范化建设，在边界设立明确地理界标和警示标志。建立健全饮用水水源保护区日常巡查长效机制，杜绝已整改问题死灰复燃，实现精准管理。（区环保局牵头，区水务局、区农林局参加）

8.强化优良水体保护。工作目标：到2020年，达到《揭东区水污染防治目标责任书》地表水水质目标，地表水水质优良比例达到85.7%；重点推进枫口（古京北渡）、硕榕、锡中断面达标整治。

工作重点：水陆统筹，强化源头控制，突出上下游、干支流水污染联防联治，分流域、分区域系统推进水污染防治。榕江流域，重点做好环保基础设施建设，畜禽、水产养殖污染防治，凉果、食品、金属等工业企业污染防治。组织开展湖泊污染专项治理，推动我区水生态环境持续改善。（区环保局牵头，区住建局、区水务局、区农林局参加）

9.消除劣Ⅴ类水体。工作目标：到2020年，对于划定地表水环境功能区划的水体断面，基本消除劣Ⅴ类水体；枫口（古京北渡）、硕榕、锡中断面达Ⅲ类；枫江口断面稳定达Ⅳ类。

工作重点：榕江北河流域，重点推进环保基础设施建设以及上游工业企业污染整治，枫江流域扎实做好三江水系连通工程前期工作，确保2019年水系连通工程运行前，枫江流域水质达Ⅴ类。（区环保局、区水务局牵头，区经信和科技局、区住建局、区农林局参加）

10.基本消除黑臭水体。工作目标：到2020年，城市建成区基本消除黑臭水体。

工作重点：综合采取“控源截污、内源治理、生态修复、活水循环”等措施，清理整治黑臭水体沿岸排污口及沿岸垃圾、水面漂浮物、河床底泥，严格控制生活污水、工业废水、农业废水等直排入河。对于未列入住房城乡建设部公布名单的，发现一个整治一个，并列入整治台账；对群众举报的黑臭水体，及时核实、抓紧整治。同时，落实《揭东区榕江北河、枫江流域主要支流（河涌）现状调查及整治分析建议措施清单》文件要求，推进我区榕江流域中65条主要支流（河涌）整治，强化河长管理职责，“一河一策”全面落实管理措施、同步推进工程措施。（区住建局、区环保局、区水务局牵头，区发改局、区国土资源局、区农林局参加）

11.加快推进污水处理设施建设。工作目标：2019年，全区建制镇实现污水处理设施全面覆盖。到2020年底，全区污水处理率达到95%以上。

工作重点：着力完善配套污水管网建设，重点实施《榕江流域水质改善暨中心城区污水治理工程实施方案》。到2020年底，全区新增配套污水管网48.74公里；新增县城以上城市污水管网5公里，确保管网与污水处理设施连通。新建、改建和扩建城镇生活污水处理设施出水，全面执行城镇污水处理厂污染物排放标准（DB18918—2002）一级A标准及广东省地方标准《水污染物排放限值》（DB44/26—2001）的较严值。因地制宜在排放口前建设人工湿地深度处理出水。推动高耗水企业使用污水处理厂中水。（区住建局牵头，区发改局、区国土资源局、区环保局、区自来水公司参加）

12.全面加强入河排污口规范化管理。工作目标：到2020年，建立完善入河排污口管理系统。

工作重点：加强入河排污口设置审核，依法申报办理新建、改建入河排污口。对合法设置的入河排污口，依法依规公开相关信息；对非法设置或经过整治后仍无法达标排放的入河排污口，依法依规予以清理整治。推进城市建成区污水零直排区建设，到2020年，实现旱季生活污水无直排。依据《揭东区水质考核断面工作方案（试行）》，委托第三方对71个水质监测考核断面进行优化调整，设置考核断面，进行水质监测考核。（区水务局、区环保局牵头，区住建局参加）

13.实施水生态扩容提质。工作目标：保障水生态环境容量。

工作重点：编制实施全区主要江河水量调度方案，采取闸坝联合调度、生态补水等措施，合理安排下泄水量和泄流时段，保障主要河流生态流量。深入实施榕江、枫江水环境系统共治，配合做好省三江水系连通工程。加强生态公益林建设、保护和管理，实施湿地生态恢复。开展流域河道清漂整治，按照“属地管理、分级负责”原则，区负责区管重点河道水面漂浮物清理整治，相关镇（街道、开发区）负责责任区域水面漂浮物的清理整治工作。通过守、退、补方式加快推进江河湖库、城市建成区河涌两岸生态缓冲带建设。守住生态缓冲带区域，除公共设施外严格控制项目上马；清退已进入生态缓冲带区域的项目；对无法清退的项目，制定补救措施。（区水务局、区环保局牵头，区发改局、区财政局、区住建局、区农林局、区自来水公司参加）

四、坚决打赢大气质量改善攻坚战

14.开展工业源污染整治。工作目标：落实工业企业完善废气治理设施，废气达标排放。

工作重点：切实做好VOCs排放企业、高污染排放企业、燃煤锅炉企业等污染企业整治工作，实行清单式管理，按要求落实企业配套废气治理设施，确保正常运行及废气达标排放。

（1）加强挥发性有机物污染防治

工作目标：到2020年，VOCs排放总量比2015年减少0.098万吨。

工作重点：严格涉VOCs建设项目准入，按照省、市有关工作要求，实施等量替代；严格限制石化、化工、包装印刷、工业涂装等高VOCs排放项目建设，2019年底前，全区完成落后产能VOCs企业淘汰退出。到2020年，全面完成工业涂装、印刷、制鞋等重点工业企业低挥发性原料改造。（区环保局牵头，区发改局、区经信和科技局、区市场监管局参加）

（2）推进锅炉综合整治

工作目标：到2020年，完成省、市下达的燃煤锅炉、生物质成型燃料锅炉整治任务。

工作重点：2019年底前，各地要加快集中供热管网建设，基本淘汰集中供热管网覆盖区域内的分散供热锅炉，完成生物质成型燃料锅炉专项整治工作；按国家要求逐步淘汰每小时10蒸吨及以下燃煤锅炉；其他未实行清洁能源改造的每小时35蒸吨及以上燃煤锅炉（含企业自备电站）在2020年底前完成超低排放改造或自主选择关停。（区环保局、区市场监管局牵头，区发改局、区经信和科技局、区财政局、揭东供电局参加）

15.开展移动源污染整治。工作目标：强化移动源污染整治，杜绝车辆道路遗撒、冒黑烟车等现象。

工作重点：按要求通过推广新能源汽车、开展柴油车污染整治、强化机动车监管、加强船舶废气排放监管、推进非道路移动机械污染防治等工作，切实强化移动源污染整治。

（1）推广电动公交车及其他新能源汽车

工作目标：2020年底前，全区公交电动化率达80%。

工作重点：2018年起，更新或新增公交车全面使用纯电动或氢燃料电池汽车。2020年底前，全区公交车纯电动化率达80%。（区发改局、区交通运输局牵头，区财政局、揭东供电局等参加）

（2）开展柴油货车污染治理

工作目标：到2020年，柴油货车颗粒物和氮氧化物排放量比2017年分别下降10%，基本消除柴油车冒黑烟现象。严格机动车排放机构检验制度。

工作重点：2018年年底前，提前供应符合省蒸气压要求的国六标准车用汽油、柴油。持续开展黄标车闯限行区联合电子执法和专项清理行动，对已强制注销但尚未拆解的黄标车录入交通违章管理系统进行布控，发现一辆，查扣拆解一辆，全面巩固黄标车淘汰成果。加大联合执法力度，落实新车生产企业、机动车进口企业、机动车排放检验机构、维修企业、运输企业主体责任，严格执行二手柴油车转入排放检验制度。推进淘汰老旧柴油货车，鼓励开展柴油货车提标改造，推广使用纯电动或氢燃料电池货车。扩大货车限行范围。在2019年9月底前，配合上级完成机动车遥感监测系统并与省平台联网。提升油品质量，实现车用柴油、普通柴油和部分船舶用油标准并轨，加强成品油质量、车用尿素质量的监督检查。（区公安局、区交通运输局、区环保局牵头，区经信和科技局、区财政局、区住建局、区市场监管局参加）

（3）提升船舶排放控制水平

工作目标：全面强化船舶和港口大气污染防治工作。

工作重点：落实省、市、区财政保障经费，提高船舶单船抽检率，做好船舶大气污染排放控制区扩展至沿海所有港口的准备。推动内河和江海直达船舶改造，加强颗粒物排放控制。大力推广使用岸电，到2020年，50%以上已建的集装箱、客滚、邮轮、3千吨级以上客运和5万吨级以上干散货专业化泊位完成岸电建设；港作船舶、公务船舶岸电使用率达到100%，鼓励其他靠港船舶优先使用岸电。限制高排放船舶使用，推广使用纯电动等清洁能源船舶。（区交通运输局、揭东海事处牵头，区发改局、区经信和科技局、区财政局、区环保局、区农林局等参加）

（4）推进非道路移动机械污染防治

工作目标：2018年年底前，基本消灭冒黑烟的工业钻探设备、工程机械、农业机械、林业机械、材料装卸机械、叉车、机场地勤设备等非道路移动机械。

工作重点：2018年9月底前，实施省、市有关加强非道路移动机械污染防治工作的政策措施。禁止使用冒黑烟等高排放非道路移动机械。（区环保局牵头，区发改局、区住建局、区交通运输局、区公路局、区水务局、区农林局、区市场监管局参加）

16.开展面源污染整治。工作目标：有效遏制各类扬尘污染，基本杜绝露天焚烧和乱放烟花爆竹现象。

工作重点：强化施工工地扬尘污染、路面扬尘污染管控措施，严厉查处运输车辆道路遗撒、露天焚烧及乱放烟花爆竹等现象。

（1）加强施工工地和运输扬尘管理

工作目标：所有纳入监管的施工工地全部满足“六个100%”，城市道路和穿越城镇的运输车辆参照执行。

工作重点：督促所有纳入监管的施工工地严格落实现场100%围蔽、砂土100%覆盖、路面100%硬地化、现场100%洒水压尘、出工地车辆100%冲净车轮车身、暂不开发的场地100%绿化等扬尘管控措施，提高施工现场围蔽降噪功能，确保文明施工。推进所有渣土运输车、泥头车、运砂车、垃圾收运车等进行改造或更新，实现全密闭化运输，严禁轮胎和车身带泥上路，严禁超载和出现洒落。（区住建局、区交通运输局、区公路局、区环卫局牵头，区公

安局、区国土资源局、区环保局、区市场监管局参加）

（2）加强路面扬尘管控

工作目标：确保市政道路、公路、主要交通干道等保持路面清洁，基本杜绝路面扬尘污染。

工作重点：住建、公路、交通运输部门加强所属道路日常管养，增加保洁喷淋频次，保持路面清洁、环境卫生，对重点区域、出现特殊情况时，根据需要加大路面每日保洁喷淋频次及力度，确保不出现扬尘污染现象。（区住建局、区交通运输局、区公路局牵头）

（3）全面禁止露天焚烧

工作目标：基本杜绝露天焚烧和乱放烟花爆竹现象。

工作重点：划定禁止秸秆、落叶等露天焚烧区域，落实各地属地管理责任。加强露天焚烧、烟花爆竹禁限放监管，依法查处露天焚烧和乱放烟花爆竹等违法行为。推行“文明、绿色、环保”的节日活动和宗教活动，落实文明敬香，减少露天焚烧祭祀。（区住建局、区公安局、区农林局牵头，区民宗局、区环保局、区消防大队参加）

17.大力发展清洁能源。工作目标：完成省下达清洁能源项目建设任务。

工作重点：扩大清洁能源利用规模，大力推进分布式能源系统和智能电网建设。加快推进天然气利用，到2020年，天然气主干管网通达需要用气需求的工业园区。开展热电冷联产项目监督检查，以保证供热安全和电网运行安全为前提，按照“以热定电”原则安排热电项目机组发电。（区发改局牵头，区经信和科技局、区国土资源局、区环保局、区财政局、揭东供电局等参加）

18.大力压减燃煤。工作目标：到2020年，全区能源消费总量实现“零增长”。

工作重点：调整老旧燃煤电厂，推进服役到期与服役时间较长及位于城市建成区的燃煤电厂优化整合和淘汰，同步推进清洁替代电源建设。以先合同后改造为原则，开展清洁能源改造。推进建筑陶瓷行业清洁能源改造。到2020年，区级以上城市建成区居民用散煤全部清零。（区发改局、区经信和科技局、区环保局牵头，区财政局、揭东供电局等参加）

五、加强固体废物综合管理

19.推进建立固体废物监管体系。工作目标：2020年年底前，建立相对完善的固体废物监管体系，初步实现固体废物的全过程监管，有效控制固体废物环境污染。

工作重点：落实固体废物产生单位的主体责任，工业固体废物产生单位要依法开展网上申报登记，动态申报固体废物产生种类、产生量、流向、贮存、处置等有关信息，建立规范完善的内部管理制度，配套建设足够的暂存场所。强化固体废物处理处置单位责任，生活垃圾焚烧企业、生活垃圾填埋场、危险废物处置单位等固体处理处置企业，须依法开展经营活动，严禁超范围、超规模经营，严格企业内部管理，建立固体废物利用处置台账，规范处理处置固体废物。强化监管责任，环保、住建、农林。卫计、交通运输等部门要全面加强监管，根据职责分工，做好工业固体废物、畜禽养殖废弃物、医疗废物、机动车维修行业（4S店）废弃物等固体废物的监管工作。（区发改局、区经信和科技局、区教育局、区公安局、区财政局、区环保局、区住建局、区交通运输局、区农林局、区卫计局、区安监局、揭东海事处按照职责分工负责）

20.加快危险废物处置设施建设。工作目标：到2020年，全区工业危险废物安全处置率、医疗废物安全处置率均达到99%以上。

工作重点：加快推进揭阳市民康医疗废物处理有限公司一期项目升级改造，一期4吨/日升级改造为10吨/日。（区环保局牵头，区发改局、区国土资源局、区交通运输局、区卫计局、区财政局等参加）

21.加强一般工业固体废物资源化利用。

工作目标：到2020年，全区一般工业固体废物资源化利用率达到75%以上。

工作重点：引导和促进固体废物综合利用

行业规范发展，推动“城市矿产”产业发展，全面加强一般工业固体废物资源化利用。构建工业固体废物综合利用系统，提高工业“三废”资源化利用。（区经信和科技局牵头，区发改局、区国土资源局、区环保局、区住建局、区财政局等参加）

22. 推进生活垃圾无害化处理和分类回收。

工作目标：到2020年，城市生活垃圾无害化处理率达到98%以上，村庄保洁覆盖面达到100%。

工作重点：推进生活垃圾无害化处理项目建设、存量生活垃圾治理，并落实生活垃圾焚烧飞灰无害化处置设施建设。差别化推进城镇和农村生活垃圾分类工作，加快建立分类投放、分类收集、分类运输、分类处理的生活垃圾处理系统。积极倡导绿色生活方式，组织开展快递业产生的废物减量化行动，减少白色污染。（区住建局牵头，区发改局、区经信和科技局、区国土资源局、区环保局、区财政局等参加）

23. 强化生活污水处理厂污泥全过程监管。

工作目标：到2020年，配合揭阳市区污泥及餐厨垃圾处置中心建设工程一期建设，新增日处置能力50吨（80%含水率计），城市生活污水处理厂污泥无害化处置率达到90%以上。

工作重点：配合揭阳市区污泥及餐厨垃圾处置中心建设工程一期建设，到2020年年底前建成或验收。按照稳定化、无害化、资源化原则，加快制定污泥制砖等再生利用标准，提高污泥再生利用水平。加强污泥全过程监管，实施污泥转运联单制度，防止污泥随意倾倒和不规范处置。（区住建局、区环保局牵头，区发改局、区国土资源局、区市场监管局等参加）

24. 严厉打击非法转移倾倒固体废物行为。

工作目标：坚决遏制固体废物非法转移倾倒。

工作重点：以涉固体废物行业企业为重点，聚焦危险废物产生、储存、转移、利用、处置环节，监控重点固体废物流向，加强对沿海、内河以及港口、码头等场所的监管。加强公安机关及住建、交通运输、海事等相关部门的分工协作，建立陆上堵、水上查、海上巡的联防联控机制。开展打击固体废物环境违法行为专项督查，加大对非法转移倾倒固体废物、不按规定堆存固体废物、存在较大环境风险的环境违法案件的督办查处力度。（区环保局、区住建局、区交通运输局、区水务局、揭东海事处牵头，区公安局、区国土资源局、区农林局等参加）

25. 推进固体废物进口管理制度改革。工作目标：2019年年底前，大幅减少固体废物进口种类和数量，停止进口国内资源可以替代的固体废物。到2020年，全面落实国家关于禁止“洋垃圾”入境各项改革措施。

工作重点：持续严厉打击工业废料、电子废物、生活垃圾、废塑料等“洋垃圾”走私，集中打击走私“洋垃圾”的团伙，有效切断走私“洋垃圾”的通道和链条。开展废塑料、废五金等主要固体废物进口及加工利用企业专项稽查，重点检查倒卖证件、倒卖货物、企业资质不符等问题。全面整治固体废物集散地和加工利用场所，减少进口废物种类和数量。推动固体废物再生行业贸易和加工模式转变，优化再生资源利用渠道，鼓励固体废物源头就地加工，实现再生资源规范进口。（区环保局、区打私办、揭东海事处牵头，区发改局、区经信和科技局、区公安局、区住建局等参加）

六、扎实开展土壤污染防治

26. 开展土壤污染状况详查。工作目标：到2020年，基本摸清全区土壤环境质量状况。

工作重点：2018年年底前，完成全区农用地土壤污染状况详查，并协同开展食用农产品质量调查。以有色金属矿采选、有色金属冶炼等12个行业为重点，开展全区重点行业企业用地土壤污染状况调查，2019年年底前，全区完成关闭搬迁企业用地土壤污染状况调查，完成在产重点企业用地土壤污染状况调查。2020年年底前，完成重点工业园区用地土壤污染状况调查。（区环保局、区农林局牵头，区发改局、区经信和科技局、区国土资源局、区住建

局、区卫计局等参加）

27.实施农用地分类管理。工作目标：到2020年，全区受污染耕地安全利用率达到90%左右。

工作重点：对中轻度污染耕地实施安全利用和治理修复，对重度污染耕地实施严格管控。2020年年底前，完成农用地土壤环境质量类别划定，完成受污染耕地安全利用和治理修复、重度污染耕地种植结构调整或退耕还林还草目标任务。根据全国土壤污染状况详查结果，完成上级下达的受污染耕地安全利用、治理与修复任务要求。（区农林局牵头，区发改局、区国土资源局、区环保局等参加）

28.严格建设用地准入管理。工作目标：到2020年，全区污染地块安全利用率达到90%以上。

工作重点：将建设用地土壤环境管理要求纳入城市规划和供地管理。依托全国污染地块环境管理信息系统，建立污染地块名录，污染地块名录、调查评估、风险管控、治理修复及其修复效果评估结果向社会公开。建立环保、国土资源、住建等部门间的信息沟通机制，严格污染地块再开发利用准入管理。（区国土资源局、区环保局、区住建局牵头，区农林局等参加）

七、大力推进农业农村污染治理

29.推进农村“厕所革命”。工作目标：到2020年，农村无害化卫生户厕普及率达到100%，全面普及乡村旅游区等公共厕所。

工作重点：加快推进农村厕所改造，按照群众接受、经济适用、维护方便、不污染公共水体的要求，大力开展农村户用卫生厕所建设和改造，推广农村完全资源化利用厕所，同步实施粪污治理，全面普及乡村旅游区等公共厕所。建立健全农村无害化卫生厕所长效管护机制。有效衔接生活污水处理，推进厕所污水和粪便有效处理或资源化利用。（区住建局、区卫计局牵头，区经信和科技局、区环保局、区农林局、区旅游局等参加）

30.强化畜禽养殖污染治理。工作目标：到2020年，全区养殖废弃物综合利用率达到67%以上，规模化养殖场粪污处理设施装备配套率达到75%以上。

工作重点：实行畜禽养殖总量与区域双控制，严格执行禁养区环境监管。推行现代化高效规模养殖场，减少散养户数量。全力推进畜禽养殖废弃物资源化利用工作，2019年年底前，全区规模化养殖场全部配套建设粪污处理设施。运用信息化手段加强执法监管，规模化生猪养殖场实施在线智能化防控并纳入当地农业和环保部门监管平台。（区农林局牵头，区发改局、区环保局等参加）

31.严格控制农业面源污染。工作目标：到2020年，全区测土配方施肥技术覆盖率达到95%以上，主要农作物化肥、农药利用率达到40%以上，实现化肥、农药使用量零增长。

工作重点：大力推广测土配方施肥，加快高效缓释肥料、液体肥料、水溶肥料等高效新型肥料的应用，开展化肥深施、机械施肥试点，不断提高肥料利用率。研究利用补贴方式鼓励引导农民推进秸秆还田、种植绿肥、增施有机肥和土壤调理剂，合理调整施肥结构，促进化肥减量增效。全面推行高效、低毒、低残留农药及生物农药和先进施药机械，推进病虫疫情统防统治和绿色防控。大力推广环境友好型种植业，探索对种植农户使用环境友好型化肥、农药给予补贴的机制，科学构建基层技术推广队伍，实现种植业生产减少化肥、农药使用量和对环境的污染。（区农林局牵头，区经信和科技局、区环保局等参加）

32.全面开展农村雨污分流整治。工作目标：2019年12月底前，全面完成建设工作任务，改变农村“污水横流”的面貌。

工作重点：全面实施《揭东区全域推进农村雨污分流工程建设实施方案》（揭东委办发〔2018〕4号），按照“示范先行、重点推进、分步实施、全面完成”的工作思路，以财政资金为引导，利用一切可利用资源，扎实推进雨污分流建设，通过接入市政管网、联片集中处理、分散处理等方式，彻底解决污水收集

“毛细管网”不全面、效益低的现象。（区委农办、区住建局牵头，区财政局、区环保局等参加）

八、调整优化产业结构

33.依法依规推动落后产能退出。工作目标：利用综合标准，淘汰高污染高排放行业和企业，促使一批落后产能依法依规关停退出。

工作重点：全面落实《关于利用综合标准依法依规推动落后产能退出的指导意见》，严格能耗、环保、安全、质量、技术方面的常态化执法和强制性标准实施，促使一批落后产能依法依规关停退出。严格执行节约能源法，对达不到强制性能耗限额标准要求的产能，限期整改；逾期未整改或经整改仍未达标的，依法关停退出。严格执行环保法律法规，对超过大气和水等污染物排放标准排污、违反固体废物管理法律法规，以及超过重点污染物总量控制指标排污的企业，责令采取限制生产、停产整治等措施；情节严重的，报经有批准权的人民政府批准，责令停业、关闭。严格执行安全生产法，对安全生产条件达不到相关法律、行政法规和国家标准或行业标准要求的产能，立即停产停业整顿；经停产停业整顿仍不具备安全生产条件的，予以关闭；有关部门应当吊销其相关证照。严格执行产品质量法，对相关产品质量达不到强制性标准要求的产能，依法查处并责令停产整改。（区经信和科技局牵头，区发改局、区财政局、区人社局、区国土资源局、区环保局、区农林局、区市场监管局、区安监局等参加）

34.开展“散乱污”工业企业（场所）综合整治。工作目标：2019年年底前，基本完成全区“散乱污”工业企业（场所）综合整治工作。

工作重点：在以往工作的基础上，积极开展地毯式、拉网式排查，并建立台账，通过关停取缔、整合搬迁、整改提升等措施，对各类“散乱污”工业企业（场所）实施分类处置，2018年年底前，完成城市交界处、工业集聚区、村级工业园“散乱污”工业企业（场所）整治，完成排查清单整治任务的40%；2019年9月底前基本完成整治工作清单确定的任务，2019年年底前，完成“散乱污”工业企业（场所）专项整治。完善长效监管机制，及时复查巩固整治成果。（区环保局、区发改局、区经信和科技局牵头，区公安局、区国土资源局、区住建局、区市场监管局、区安监局、区食药监局、揭东供电局等参加）

35.加快工业绿色化循环化升级改造。工作目标：绿色低碳循环发展水平大幅提升。

工作重点：全面落实《广东省工业绿色发展实施方案（2016—2020年）》《广东省关于全面推进绿色清洁生产工作的意见》，以传统工业绿色改造升级为重点，深入推进高耗能设备系统节能改造和流程工业系统节能改造，推进万企清洁生产审核行动，加快构建绿色制造体系，实现制造业高效清洁循环低碳发展。通过集中规划、集中生产、集中管理、集中治污等措施，推动我区省级工业园区循环化改造升级。推广佛山、中山市经验，推动家具等行业污染工艺使用“共性工厂”，实现同类企业污染物集中处理。（区经信和科技局牵头，区发改局、区环保局、区市场监管局等参加）

36.大力发展低碳环保产业。工作目标：尽快培育、形成一批具有竞争力的节能环保品牌和龙头企业。

工作重点：大力发展以低碳为特征的新兴产业，形成以高科技产业和现代服务业为主的低碳产业体系。实施节能环保产业重大技术装备产业化工程，推动低碳循环、治污减排、监测监控等核心环保产品和装备设备的研发。鼓励环保企业优化联合，加快培育、形成一批具有竞争力的节能环保品牌和龙头企业。推动节能环保技术咨询、系统设计、设备制造、工程施工、运营管理等专业化服务综合发展，促进环保产业链上下游整合，积极发展环境服务综合体。依托现有生态工业示范园区、循环化改造试点园区、循环经济工业园等平台，认真借鉴先进城市在环保技术研发方面的好经验、好做法，形成以地方实际及资源综合利用为特色

的产业集聚带。（区经信和科技局牵头，区环保局参加）

九、加强组织实施

37.夯实各方责任。深入研究我区污染防治工作的突出短板，明确时间表、路线图、任务书，进一步压紧压实责任。区环保局定期向区污染防治攻坚战指挥部报告工作进展情况，并公布各镇（街道、开发区）水、大气环境质量排名。各地党委和政府对本行政区域的生态环境质量负总责。各相关部门要履行好生态环境保护职责，按一岗双责的要求抓好工作，各牵头单位在推进工作中，可根据实际需要调整参加单位。各部门要认真落实《揭东区生态环境保护工作责任清单》，做到守土有责、守土尽责、分工协作、共同发力。综合运用经济、法律以及必要的行政手段，健全约束和激励机制，推动企业履行主体责任。（区环保局牵头，区环委会成员单位参加）

38.加强督察执法。持续抓好中央、省、市环保督察及"回头看"反馈意见整改落实。通过专项督查和执法，推动中央、省、市环保督察整改和污染防治攻坚战各项任务完成。整合环保及相关领域污染防治和生态保护执法职责、队伍，统一实行生态环境保护执法。依法惩处污染环境、破坏生态的违法犯罪行为，建立整治打击联动长效机制，充分发挥刑事司法的威慑作用；依法监督环境资源行政行为，支持行政机关依法履行职责。依法审理与污染防治攻坚战密切相关的环境民事案件，稳妥推进环境公益诉讼、生态环境损害赔偿诉讼。在重点区域、重点流域开展多部门联合执法、交叉执法，依法从严从重查处环境违法行为，对涉嫌违法违纪的启动"一案双查"。将企业环境信用和环境违法行为等信息纳入社会信用体系，配合省、市在国家企业信用信息公示系统（广东）公示，实施联合惩戒。（区环保局牵头，区编办、区法院、区检察院、区公安局、区国土资源局、区交通运输局、区水务局、区农林局、区市场监管局参加）

39.严格项目准入。严格执行国家、省、市关于重点行业、重点污染物、重点区域和流域污染物排放标准，在钢铁、石化、水泥、化工、有色金属冶炼等行业执行大气污染物特别排放限值。严格环保准入，实施生态环境保护清单式管理，完善环境分区管控，加快实施生态保护红线、环境质量底线、资源利用上线和环境准入负面清单。实施更严格的水污染物排放标准，严格按照《榕江流域水质达标方案》要求，实行榕江流域限批。全面落实工业园区及交通、产业、能源、自然资源开发等重点领域规划环境影响评价有关要求，除已通过规划环评审查、符合园区准入要求的工业园区外，禁止新建电镀、印染、酸洗、电解抛光、电泳加工及其他含涉酸表面处理工序的重污染项目。对超过重点污染物排放总量控制指标或者未完成环境质量目标的镇（街道、开发区），暂停审批其新增重点污染物排放总量的建设项目环境影响评价文件。（区环保局牵头，区发改局、区国土资源局、区市场监管局参加）

40.落实资金保障。合理确定财政事权，完善支出责任划分，压实环保资金支出责任。资金投入向污染防治攻坚战倾斜，坚持投入同攻坚任务相匹配，强化污染防治、重大环保基础设施建设等资金保障。配合市建设市级生态环境保护专项资金项目库，择优纳入国家、省专项资金项目库，争取上级资金支持。逐步建立常态化、稳定的财政资金投入机制，积极拓宽环保投融资渠道，落实国家支持节能环保的税收政策，执行有关环境保护税法，完善征收管理制度。充分运用市场化手段，完善资源环境价格机制，推进社会化生态环境治理和保护，采取多种方式支持政府和社会资本合作项目。（区财政局牵头，区发改局、区经信和科技局、区环保局、区税务局、揭东供电局参加）

41.强化科技支撑。加强与国家、省、市科技发展重大部署和科技计划对接，组织实施绿色技术创新重大专项，加快大气、水污染治理、生态修复等领域核心关键技术攻关，探索推动多层次环境实验室和环境科技创新平台建设。大力发展环保产业，认真落实环保产业发展的相关政策，重点扶持、服务具有自主知识产权的重要环保技术和装备产业。积极推进第三方治理试点示范，鼓励在城镇污水、垃圾处理和工业园区采用委托治理、委托运营等模式引入环境服务公司，对污染进行集中式、专业化治理。筛选一批先进成熟、经济适用的环保技术装备，打造功能完善、开放共享的环保技术装备展示平台。积极开展国际合作与交流，强化环境科研质量提升和成果应用。（区经信和科技局、区环保局牵头）

42.完善监测体系。深入实施《广东省生态环境监测网络建设实施方案》，结合《广东省环境保护厅生态环境监测网络建设2017—2018年工作计划》，优化完善全区生态环境监测网络，逐步建成、优化水、气、土三大监测网络及声、辐射环境等监测网络，实现全区全覆盖与数据联网。按照省环境监测垂改部署，全面配合完善国家地表水环境质量监测事权上收工作，定期不定期开展水质加密监测分析；按计划配合完成省控水质监测断面（或自动站）、省控空气质量监测站点上收工作。加快构建卫星遥感核查、无人机（船）详查、地面核查相结合的监测体系，加快建成陆海统筹、天地一体、上下协同、信息共享的生态环境监测大数据平台，全面客观反映生态环境监测质量状况。按照省环保厅环境大数据与“互联网+环保”实施计划，结合实际分步实施，整合扩建现有环保信息化基础设施和业务平台，实现数据互通共享。综合运用大数据、云计算等技术，加强对环境质量变化及其成因的分析研判，深化部门联合会商。进一步提升大气预报预警能力；增加跨界河流交接断面监测布点，精准掌握不同控制单元水质变化情况。（区环保局牵头）

附件：

1.揭东区污染防治攻坚战部门任务分工表（略）

2.揭东区污染防治攻坚战目标任务表（略）

中共揭东区委办公室 揭东区人民政府办公室 关于印发《揭东区推进村庄清洁“三清理三拆除三整治”专项工作方案》的通知

揭东委办电〔2019〕11号

各镇（街道、开发区）党（工）委和人民政府（办事处、管委会）、区直及省、市驻揭东局以上单位：

《揭东区推进村庄清洁“三清理三拆除三整治”专项工作方案》已经区委、区政府领导同志同意，现印发给你们，请结合实际认真贯彻执行。

中共揭东区委办公室

揭东区人民政府办公室

2019年4月4日

揭东区推进村庄清洁“三清理三拆除三整治”专项工作方案

为贯彻落实省、市实施乡村振兴战略推进会议精神，以及中央农办、农业农村部等18部委联合印发的《农村人居环境整治村庄清洁行动方案》（农社发〔2018〕1号）精神，切实解决农民群众最关心、最现实、最急需解决的村庄环境卫生难题，加快改善我区农村人居环境，根据市委、市政府和区委、区政府实施乡村振兴战略工作部署，特制订全区推进村庄清洁“三清理三拆除三整治”专项行动工作方案。

一、主要目标

以自然村为基本整治单元，区组织、镇主体、村实施，广泛发动群众，开展“三清理三拆除三整治”专项行动，突出“三清一改”，从根本上扭转农村“脏乱差”现象，至6月底前全区264个自然村全面彻底完成“三清三拆”、建立垃圾日清长效机制、全面推进雨污分流工程，推进厕所革命，开展绿满家园行动，全面整治村容村貌，实现村庄干净、整洁、有序、宜居。

二、基本原则

（一）坚持分类指导。根据各村基础条件、人口规模、区位特点、文化特色等方面差异，因地制宜推进“三清理三拆除三整治”行动，总结经验，探索路径，由点到面，全域铺开。

（二）坚持群众主体。通过宣传教育、政策激励等形式，充分调动广大群众积极性、主动性和创造性，充分发挥群众主体作用，引导农民自主开展、主动配合“三清理三拆除三整治”行动。

（三）注重文化传承。保留体现村庄自然禀赋、文化特色、民风民俗、乡愁乡恋的文化符号和建筑符号，对有保留价值的传统建筑、庙宇、祠堂、古树名木等进行挂牌保护和妥善利用，严禁人为破坏古村落、传统村落、历史文化名村的文化肌理和历史风貌。

（四）完善长效机制。健全完善农村环境卫生的长效管理机制，落实人员、设备、制度、经费等保障措施，推行市场化模式，逐步实现村庄环境卫生的有效管理，确保整治效果能够长久保持。

（五）坚持规划先行。村居规划要充分考虑农村差异性，有序推进，做到注重质量，从容建设，鼓励推行“多规合一”。

三、主要任务

（一）开展“三清理”行动

1.完成村巷道及生产工具、建筑材料乱堆乱放清理。农户生产工具（如锄头、簸箕、犁耙、打谷机等）摆放整齐有序，不占道堆放；废弃的建筑材料及时全部清理，可利用的建筑材料堆放有序，不占用道路、公共场所，不影响通行。

2.完成房前屋后和村巷道杂草杂物、积存垃圾清理。各农户负责清理房前屋后的垃圾杂草，实行门前“三包责任”制，达到干净整洁，无卫生死角。

3.完成河溪沟池塘渠淤泥、垃圾漂浮物和障碍物清理。房前屋后排水、排污沟以及村内沟渠、池塘、溪河无淤泥、垃圾漂浮物和障碍物，保持清洁、畅通。

（二）实施“三拆除”行动

1.完成危房、废弃猪牛栏及露天厕所茅房拆除工作。

（1）组织对废弃猪牛栏、露天厕所茅房进行拆除。

（2）危房原则上由村组织发动村民自行修缮、拆除，并对有需求的村民提供挖掘机等设备进行清理。

（3）拆除后可利用的旧石条、旧门斗、旧石磨等建筑材料可用于绿化美化或收集堆放，不占道、不影响通行；对废弃的建筑材料合理处理或统一填埋。

拆除危旧房应充分听取群众意见，保障群众合法权益，分类处置。一是保留类。对历史文化名村、古村落、传统村落和具有历史文化价值的建筑，要保留其建筑形制，修缮时要修旧如旧；对暂时无力修缮的，必须进行全面卫生保洁，确保该区域无积存垃圾、无杂草杂物，干净整洁、整齐有序。二是修缮类。对建筑质量较好，与村庄环境与整体规划冲突不大的传统旧屋，采取保留措施，维持现状；对简陋建筑、质量较差建筑，以及对村庄风貌有较大负面影响、建筑质量差的危旧房，原则上采取拆除措施，不予拆除的，要限时除险加固，开展外立面整饰；有居住需要的，要依照村庄规划限时进行改建。三是拆除类。对危房、有碍村容村貌的残垣断壁，要采取拆除措施，并由村出具权属凭证等形式的产权证明（俗称“地票”），保护产权人合法权益。

根据《广东省全面推进拆旧复垦促进美丽乡村建设工作方案（试行）》规定，农村旧房屋等建（构）筑物有下列情形之一的不得纳入拆旧范围。一是已核定公布为文物保护单位和一般不可移动文物的古遗址、古墓葬、古建筑、近现代重要史迹和代表性建筑、传统风貌建筑、具有保护价值的建（构）筑物和建筑群，以及历史文化名镇名村、历史风貌区、传统村落或者地名文化遗产保护范围内的建筑；二是权利依法受到限制、已签订买卖合同、正在办理转移登记的房屋；三是权属有争议的房屋；四是其他不宜拆旧的情形。

2.完成乱搭乱建、违章建筑拆除工作。对占用公共道路、公共场所，乱搭乱建的违章建筑予以拆除，对占道种植的农作物予以清除还路。

3.完成非法违规商业广告、招牌等拆除工作。组织拆除道路两旁乱拉乱挂的的标语、横幅等各类非法违规商业广告、招牌，清理建筑物乱涂写乱刻画乱张贴的小广告。建筑物外观达到清洁美观，商业广告、招牌统一规范有序。

（三）开展“三整治”行动

1.完成垃圾乱扔乱放整治。全面清理路边、堤边、桥边、村边、屋边和公共场所的各类垃圾。健全村庄保洁机制和垃圾处理长效机制，做到有垃圾桶、收集运输工具等保洁设施，有稳定的保洁队伍，专人收集、专人清扫、专人运输，垃圾日产日清，村庄保洁覆盖面达到100%。

2.开展污水乱排乱倒整治。推进农村雨污分流工程，将管网铺设到户，生活污水纳管纳渠，污水、雨水分流排放。每个自然村要因地制宜、选择合适模式，建设科学有效的污水处理设施，实现村庄生活污水达标排放。整治河溪沟池塘渠污染源，实行畜禽集中圈养，实施农村无害化卫生厕所、公共厕所建设，清除村庄黑臭水体。

3.开展“三线”（电力、电视、通信线）乱搭乱接整治。整治“三线”（电力、电视、通信线）乱搭乱接，清除空中“蜘蛛网”，消除安全隐患；推行布线“同一侧、同高度、同走向”，做到线杆架设整齐，线路布设有序，“三线”整齐有序。

（四）实施绿满家园行动。以“五路绿化”为引领，实行清旧补绿、拆旧建绿、见缝插绿。积极选用乡土树种，对拆除后空地、房前屋后、村道巷道、村边水边、未建设宅基地等进行规整植绿、建栅栏圈围。对铁路、高速公路、国省道、主要河流沿线、南粤古驿道、旅游景区和邻市交界处的矿场、荒坡、荒地进行复垦复绿。

（五）开展拆旧复垦行动。贯彻落实《广东省人民政府关于印发广东省全面推进拆旧复垦促进美丽乡村建设工作方案（试行）的通知》（粤府函〔2018〕19号）精神，结合“三拆除”，通过对农村旧住宅、废弃宅基地、空心村等闲置建设用地实施整治复垦为农用地，腾退出来的建设用地指标优先保障所在村建设需要，节余部分以公开交易方式在省内流转。复垦指标收益扣除成本后，净收益按照一定比例返还县、镇、村集体和农户，为乡村振兴提供用地支持。

（六）加强垃圾废弃物的有效管理。为推动我区“三清理三拆除三整治”专项行动工作，提升乡村环境面貌、促进生态文明建设，必须加强对专项行动工作产生的大量垃圾废弃物进行有效管理。通过垃圾分类收运、专业处置、堆肥利用、建材利用等方式，促进源头减量化、利用资源化，杜绝污染堆放场所附近的环境。

四、实施步骤

（一）全面摸底造册

以自然村为基本摸查单元，由各镇（街道）党（工）委牵头组织行政村（社区）、自然村，开展村庄“三拆除”摸底造册工作。对“三拆除”范围、数量进行分类登记、核实，组织村民指认，明确权属，明确危旧房保留、修缮、改建、拆除底数，为实施“三拆除”打下基础。此项工作于4月8日前完成。

（二）实施“三清理三拆除”

以自然村为基本整治单元，由各镇（街道）党（工）委牵头组织行政村（社区）、自然村，开展村庄“三清理三拆除”工作。

1.5月31日前，全区264个自然村基本完成“三清理三拆除”。

2.6月30日前，查漏补缺，巩固提升“三清理三拆除”成效。

（三）考核评估验收

区委实施乡村振兴战略领导小组将组织联合检查组对全区各镇、村“三清三拆”专项行动开展情况和综合整治效果进行验收评价，并对各镇（街道）、村任务完成情况进行排名。

1.考核评估验收办法。具体验收评价办法参照市委实施乡村振兴战略领导小组办公室牵头另行制订的相关文件。

以行政村为考核单位，总分100分，分三个评分等次：

90分以上（含90分）的行政村为好；80至90分（含80分不含90分）为较好；70至80分（含70分不含80分）为合格。

2.奖补资金设立三个等级

（1）综合评分90以上（含90分）的行政村为一等奖，给予奖补资金30万元；

（2）综合评分80至90分（含80分不含90分）的行政村为二等奖，给予奖补资金25万元；

（3）综合评分70至80分（含70分不含80分）的行政村为三等奖，给予奖补资金20万元；

（4）综合评分为70分以下（不含70分）的行政村一律不进行奖补。

3.评估考核结果运用。评估考核结果公布后，考核得分达不到90分以上的行政村，必须在20天内完成整改，达到整改标准；综合评分80分以下（不含80分）且排名倒数2名内的镇（街道），镇（街道）党政主要负责同志书面向区委区政府检讨。

（四）高质量做好村庄规划

乡村振兴，规划先行。质量不高的规划、落不了地的规划、不符合村庄实际的规划、不系统的规划都是美丽乡村建设的大问题。要建设美丽乡村，最重要的是保证规划能落地、规划是高质量的。各镇（街道）要结合实际，坚持先易后难，区分轻重缓急，合理确定年度目标任务，列出时间表、路线图，挂图作战，一个村一个村，一年一年推进落实。区委决定，今年每个镇（街道）选择1—2个行政村作为示范，由区委托第三方服务机构进行高质量村庄规划编制。

五、组织领导及任务分工

（一）全区村庄清洁“三清理三拆除三整治”专项行动由区委实施乡村振兴战略领导小组统一指挥，领导小组办公室（设在区委农办）负责牵头做好督导调度工作，会同相关职能部门协调行动，及时向上级报告工作。

（二）各镇（街道）党（工）委是专项行动的责任主体，要成立村庄清洁“三清理三拆除三整治”专项行动领导小组，由镇（街道）党（工）委书记担任组长，制定切实可行的工作计划和人居环境整治作战图，采取有力措施，组织指挥辖属行政村（社区）、自然村开展村庄环境综合整治。

（三）各行政村（社区）党组织是专项行动的实施主体，要明确具体工作任务、责任人和完成时间，实行挂图作战和网格化管理。要以自然村为整治单元，建立《人居环境整治任务清单》，一村一档，责任到人。

（四）要注重发挥农民主体作用，优先支持那些农民积极性高、愿意干的事，把推进农村人居环境整治的过程变成组织农民、引导农民的过程，变成教育农民、提升农民素质、改进城乡治理的过程。

（五）职能部门要抓总统筹，履职尽责。区住建局主抓农村生活垃圾处理，牵头负责农村危旧废置房屋评定工作，制订技术指引，并提供技术支持。区文化广电旅游体育局牵头负责历史文化建筑的鉴定，指导各地开展历史文化建筑保护和修复工作，并提供技术支持。区自然资源局牵头负责绿满家园行动，指导各地开展村庄植绿覆绿、美化绿化、古村名木保护、村庄拆旧复垦工作。区农业农村局和生态环境保护局主抓农村生活污水治理。区卫生健康局和农业农村局主抓厕所革命等。

六、工作要求

（一）强化宣传发动。各镇（街道）、各单位要加大宣传引导力度，充分发挥电视、报纸等新闻媒体，以及微信公众号等自媒体作用，揭东电视台要设立专栏滚动报道，广泛宣传“三清理三拆除三整治”专项行动等农村人居环境整治的重要意义，营造浓烈氛围。积极发挥村集体经济组织、乡贤咨询委员会、村民理事会组织发动的作用，进一步调动农民群众主动性、积极性，正确引导村民积极参与、投工投劳，努力形成正确的舆论导向和共建共治共享的工作态势。各镇（街道）落实专人做好宣传报道工作。

（二）强化资金保障。各级要加大资金投入，区统筹用好专项资金，在照顾面上的同时，建立奖补激励机制，对专项行动工作积极、推进快、成效明显的村多补，对推进慢、效果差的村少补或不补，形成“追、赶、超”的工作格局。

（三）强化信息报送。建立工作推进定期报送机制，在整治攻坚期，4月起至6月底实行每周五一报工作制度，区委实施乡村振兴领导小组办公室将对各地完成进度定期通报区委实施乡村振兴领导小组组长、副组长、成员和各镇（街道）党委、政府（办事处）主要负责同志。各镇（街道）、村（居）要落实责任领导和专人负责信息报送工作，各镇（街道）、村（居）责任领导和信息报送员名单于4月5日前，报区委实施乡村振兴战略领导小组办公室。

（四）强化督促检查。区几套班子领导成员要深入各自挂钩镇（街道）指导、督促、检查“三清理三拆除”工作。要加大工作的跟踪督查力度，确保工作稳步开展。区将建立常规督查，明查暗访制度，定期或不定期对各镇（街道）工作进展情况进行督查，对工作进展快、效果好的镇（街道）、行政村（社区）、自然村予以通报表扬；对工作落后的地方将进行通报批评，并于4月底在揭东电视台公布“三清理三拆除”落后地区名单。对消极应付、工作不力的单位和个人进行严肃追责；问题严重的地方，将责令有关行政村（社区）党组织书记、镇（街道）党（工）委书记上电视道歉；对工作进度严重滞后、问题特别突出的镇、村，由区实施乡村振兴领导小组办公室提请组织部门采取停职等措施。

中共揭东区委办公室 揭东区人民政府办公室关于印发《揭东区乡村振兴三年重点工作安排（2018—2020年）》的通知

揭东委办电〔2019〕15号

各镇（街道、开发区）党（工）委和人民政府（办事处、管委会）、区直及省、市驻揭东局以上单位：

《揭东区乡村振兴三年重点工作安排（2018—2020年）》已经区委、区政府同意，现印发给你们，认真抓好贯彻落实。

中共揭东区委办公室
揭东区人民政府办公室
2019年5月5日

揭东区乡村振兴三年重点工作安排（2018—2020年）

为深入贯彻落实习近平总书记“三农”思想，落实中央、省、市实施乡村振兴战略的重大决策部署，按照“3年取得重大进展、5年见到显著成效、10年实现根本改变”的总体要求，为使我区乡村振兴工作重点突出、更有针对性、更具可操作性，根据区委、区政府《关于推进乡村振兴战略的实施意见》，制订2018年至2020年三年重点工作安排如下：

一、指导思想

全面贯彻党的十九大精神，以习近平新时代中国特色社会主义思想为指导，按照“四个走在全国前列”新要求和产业兴旺、生态宜居、乡风文明、治理有效、生活富裕的总要求，加强党对“三农”工作的领导，坚持农业农村优先发展，加快推进农业农村现代化，为我区决胜全面建成小康社会，打造“生态型、效益型”新型城镇化示范区提供有力支撑。

二、目标任务

到2020年，乡村振兴取得重大进展，高质量全面建成小康社会。城乡融合发展体制机制初步建立；农业综合生产能力稳步提升，现代化乡村产业体系初步建立；党的农村工作领导体制机制全面建立，农村党组织体系进一步健全；所有自然村全面完成农村人居环境整治，农村居民人均可支配收入超过1.7万元，现行标准下农村相对贫困人口全部实现脱贫，为5年见到显著成效、10年实现根本改变打下坚实基础。

三、重点工作任务

（一）产业兴村

1.实施特色小镇和特色农业培育创建活动。以埔田镇创建国家特色小镇为重要抓手，大力争创省级现代农业产业园，聚力建设现代农业产业集群，加快规划建设揭东竹笋和茶叶种植基地，充分发挥现代农业产业园建设对农业高质量发展和乡村振兴的引领支撑作用。全力推进玉湖历史文化小镇、锡场电商小镇、中德合创小镇建设步伐，加快实施乡村旅游与休闲观光农业提质升级行动，规划建设一批民宿、农家乐、田园综合体、农业公园和3A级以上景区，推动连线连片乡村旅游发展。大力发展特色优质高效绿色现代农业，加快构建现代农业产业体系、生产体系、经营体系，集中培育发展优势特色产业。立足各地资源品赋和产业基础，2018年启动现代农业产业园、农鲜产品、农特产品、农业流通企业（户）、农村淘宝店、特色农庄、农贸市场、“潮菜师带徒”品牌培育创建，到2020年基本建成一批特色农业示范基地，形成一批拳头产品，打造一批农业“金字招牌”，推动一二三产业融合发展。今年每个镇（街道）要启动1个以上的产业兴村品牌培育创建项目。各相关单位要制订出台扶持政策，促进产业兴村品牌培育创建，区将适时开展产业兴村品牌评选活动，评选出十大最佳的产业兴村品牌。（区农业农村局、区发改局、区住建局、区自然资源局、区工信和科技局、区人社局等部门按照职能牵头负责，各镇〈街道〉组织实施）

2.开展土地流转示范村创建活动。创新土地流转形式，支持承包户依法采取转包、出租、互换、转让及入股等方式流转承包地。引导农民在集体经济组织内部开展互换并地，实现耕地集中连片，为农业适度规模经营创造基础条件。（区农业农村局牵头、区自然资源局配合）

3.广泛开展农村就业培训。全面建立健全培养培训、认定管理、生产经营、社会保障、退休养老“五位一体”的新型职业农民制度体系。加大财政投入，整合各类培训资源，实施新型职业农民培育工程、乡村专业人才培育工程，创办大学生创业培育孵化基地，开展农村青年创业致富带头人培育工作，提升农民的整体技能水平。以农业企业为主体，以项目为带动，广泛开展“产、学、研、教”合作，着力培育生产经营型、专业技能型、专业教育型涉农人才。积极探索乡土人才培育认定、职业农民技能人才评价工作。（区人社局牵头，区农业农村局、团区委配合）

4.推动农业科技创新。以院士工作站为引领，主动搭建与高等院校、职业技术学院互通平台，培育创建农业科技基地，开展农科示范教育、远程教育、网络信息教育。以农业龙头企业为主要依托，组织农村关键技术攻关，促进农业科技“产、学、研”一体化。加强优质新品种培育推广和现代农科技术应用，推广应用先进装备和现代管理模式，推动设施农业、数字农业发展。到2020年实现水稻综合机械化率达到72%以上。（区工信和科技局牵头，区农业农村局、区科协配合）

5.建设三级助农服务中心（站点）。采取政府引导、社会参与、互助合作方式，打造集生产、供销、信用合作于一体的区镇村三级助农服务中心（站点），开展测土配肥、农机服务、统防统治、农产品供销加工、冷链物流等服务，逐步拓展电子商务、金融保险、乡村旅游等业务。到2020年建设1个区域助农服务综合平台和7个镇村助农服务中心，到2020年助农服务综合平台和服务中心经营服务覆盖全区各个涉农村庄。（区供销社牵头，区农业农村局、区财政局配合）

（二）生态兴村

1.全覆盖建成农村雨污分流工程。以自然村为基本单元，区组织、镇主体、村（居）实施，全面开展农村雨污分流工程建设。因地制宜、选择合适模式，采用多种方式和工艺处理农村生活污水，全面建设城乡生活污水处理设施，实现生活污水集中收集和达标排放。2018年全区所有自然村铺开农村雨污分流工程建设；2019年底前，全区所有自然村全面完成雨污分流工程建设。（区委农办牵头、区住建局、区生态环境局、区财政局配合）

2.推进农村“厕所革命”。大力开展农村户用卫生厕所建设和改造，同步实施粪污治理；综合考虑村庄和村民的实际需求，力争用3年时间，全面消灭农村旱厕，全面普及乡村旅游景区等公共厕所。2018年底前，全区40%以上自然村，每个自然村建设1个以上标准化公厕。2019年底前，80%以上自然村，每个自然村建设1个以上标准化公厕。2020年底前，每个自然村按实际需求建设1个以上标准化公厕，农村无害化卫生户厕普及率达100%，乡村旅游区等公共场所建设A级以上厕所，农村无害化卫生户厕普及率达100%，厕所粪污基本得到有效处理或资源化利用。（区农业农村局、区住建局牵头、区文化广电旅游体育局配合）

3.开展村庄“三清理三拆除三整治”。以镇（街道）为单位，以自然村为基本单元，组织发动群众整治环境脏乱差，开展“三清理”“三拆除”“三整治”。2018年底前，60%以上自然村基本完成“三清理”“三拆除”“三整治”环境整治任务；2019年年底前，全区自然村完成“三清理”“三拆除”“三整治”环境整治任务。（区委农办、区住建局、区生态环境局、区农业农村局、区交通运输局、区公路局等相关部门按职能牵头负责）

4.开展“绿满家园”行动。以创建国家森林城市和“五路绿化”为引领，推进乡村绿化，建设绿色村庄，精心打造出一批生态景观林带、绿化风景区、林荫乡道、翠绿河岸、绿色长廊，力促田园变公园、果园变游园、产区变景区。2020年底前，全区森林覆盖率达56%，集中居住型村庄林木绿化率达30%，分散居住型村庄达15%以上，溪、河岸边绿化率达80%以上。（区农业农村局牵头负责）

5.开展“水岸同治”行动。结合“五河毓秀”工程，将农村水环境治理纳入河长制、湖长制管理，深入开展农村河道小流域综合整治，成片推进农村沟渠、池塘、河道清淤疏浚，保护好村域水面、水质，实现河道清洁、水体流畅，水质达到功能区划标准。拆除岸边乱搭、乱建、乱占的违章建（构）筑物，还水于民；有条件的村庄沿河岸植树绿化，逐步建设滨水休闲绿道、亲水平台，实现河清、水畅、岸绿。2020年底前，农村内河全面恢复河道基本功能，实现溪河水系连通，基本消除黑臭水体。（区农业农村局牵头，区生态环境局、区住建局配合）

6.推进生活垃圾处理现代化。统筹推进全区生活垃圾处理，编制全区及各镇生活垃圾处理规划和工作方案。2020年底前，基本实现设施设备齐全、治理技术成熟、保洁队伍稳定、资金保障长效、监管制度完善，基本完成非正规垃圾堆放点整治任务，村庄保洁覆盖面和行政村垃圾处理率达到100%，农村生活垃圾分类减量比例达35%、资源利用比例达20%，不断提高垃圾有效处理水平。（区住建局牵头负责）

7.加快推进乡村规划编制。坚持区统筹、镇（街道）为主体，编制全区乡村建设规划，连片统筹安排基础设施和公共服务设施建设，2019年底前全面完成乡村建设规划。以行政村为单位，按照整治型、行动式、群众参与、简便实用的村庄整治规划，明确村庄边界、功能分区布局，以及垃圾、污水、清拆、村道、绿化等整治内容，以村庄整治规划引领统筹项目和资金安排。2019年底前，全面实现村庄整治规划全覆盖。加强各类规划统筹管理和系统衔接，推行多规合一，到2020年基本完成村庄规划和村土地利用规划编制，农房风貌管控纳入村庄规划范围，实现所有自然村环境整治、宅基地和农房建设纳入规划管理全覆盖。（区住建局、区自然资源局按职能牵头负责）

8.创建省级干净整洁村、美丽宜居村、特色精品村。以农村人居环境综合整治为抓手，以“坚持总体谋划，规划引领；坚持点面结合，连线连片；坚持分类指导，梯次创建；坚持农民主体，共建共享；坚持整合资源，多方投入；坚持长效管护，持续发展”六个坚持为基本原则，重点加快“垃圾日清、污水处理、村道硬化、水岸同治、绿满家园、人畜分离、旧屋修缮、新屋戴帽”八项建设，在做好农村雨污分流全覆盖和垃圾日清的前提下，统筹推进全区农村人居环境整治、基层设施建设、产业发展和基本公共服务，进一步创新协作帮扶机制，加强统筹协调，加大涉农资金整合和用地政策支持力度，鼓励农民、企业和其他社会力量筹资投劳参与新农村建设，逐级打造干净整洁村、美丽宜居村、特色精品村。确保2019年底前，60%以上自然村达到干净整洁村标准；2020年底前，建成10个特色精品村（自然村）、100个美丽宜居村（自然村）和200个干净整洁村（自然村）。（区委农办牵头，区住建局、区财政局、区发改局、区生态环境局、区交通运输局、区农业农村局等相关职能部门配合）

（三）文明兴村

1.建立健全乡贤咨询委员会工作机制。建立完善各村乡贤咨询委员会，总结提炼我区乡贤咨询委员会在基层治理中的新经验，明确乡贤咨询委员会发展路径，弘扬新乡贤文化，充分调动村民参与乡村振兴的主动性、积极性和创造性，构建自治、法治、德治相结合的乡村治理体系。（区委组织部牵头）

2.推动制定践行“村规民约”。以社会主义核心价值观为引领，以创建全国文明城市为载体，在全区乡村全面推进村规民约、家风家训修订完善。新时期村规民约、家风家训，必须坚持党的领导、社会主义核心价值观引领，融入优秀传统文化蕴含的思想观念、人文精神和道德规范，符合时代精神、自治德治法治的要求，带动形成德业相劝、过失相规、守望相助、患难相恤的社会风尚。坚持教育引导、实践养成、制度保障“三管”齐下，采取符合农村特点的有效方式，持续推进社会主义核心价值观融入乡村生产生活。（区文明办、区民政局牵头负责）

3.实施村村通广播工程。进一步整合资源，依托全区广播电视网络，建设区镇村社四级互联可控的“村村通广播”系统，进一步巩固基层宣传阵地，壮大主流声音，提高应急能力，活跃农村文化生活。到2020年，争取全面实现数字广播电视户户通。（区委宣传部、揭东广播电视台牵头负责）

4.完善弱势群体保障机制。统筹城乡社会救助，完善最低生活保障制度，逐步提高最低生活保障标准。统筹各类保障措施，建立以社会保险、社会救助、社会福利制度为主体，以慈善帮扶、社工助力为辅助的综合保障体系，为无法依靠产业扶贫和就业帮扶实现脱贫的贫困人口提供兜底保障。开展农村儿童、妇女、老年人“三留守”人员关爱行动，建立健全“三留守”人员基础信息台帐，通过政府购买和社会组织提供专业化服务，到2020年基本实现行政村全覆盖。（区民政局、区扶贫办牵头负责）

5.持续推进文明创建。开展移风易俗行动，遏制大操大办、厚葬薄养、人情攀比等陈规陋习和抵制封建迷信、打击吸毒赌博违法行为；加强农村科普工作，丰富农民精神文化生活。推进区、镇、村、社四级文明联创，推进农村“星级文明户”创建，到2020年全区文明村镇全覆盖面达95%。健全乡村公共文化服务体系，到2020年建成覆盖镇村基层综合性文化服务场所。（区文明办牵头负责）

（四）组织兴村

1.实施扶贫攻坚工程。推进乡村振兴与脱贫攻坚有机融合，制定打好精准脱贫攻坚战3年行动方案，提升产业扶贫、就业扶贫水平，做好保障性扶贫。把作风建设贯穿脱贫攻坚全过程，强化对脱贫攻坚各领域各环节监督，严格落实行业主管部门和区帮扶工作班子、乡镇帮扶工作组、驻村工作队、村居干部责任。开展“回头看”，巩固提升第一、二轮扶贫开发脱贫质量。打造一批扶贫产业基地，与农业企业（合作社）、相对贫困户实现有效对接，确保如期高质量完成脱贫攻坚任务。（区扶贫办牵头负责）

2.建立健全“第一书记”和党建指导员驻村工作制度。进一步完善驻村“第一书记”工作机制，从区镇（街道）党政机关、企事业单位中选派45周岁下的优秀党员担任村党组织第一书记，实行统筹选派、统筹管理、统筹使用，作为培养科级后备干部队伍的重要平台。制订全区推行派驻村（居）党建指导员（常驻）制度试点工作实施方案，抓好玉湖镇试点工作。（区委组织部牵头负责）

3.加强村务公开督促检查。完善村务公开监督制度，健全村务监督委员会，创新村务公开方式，推动村务全方位公开接受群众监督。

督促相关职能部门积极履行村务公开组织、指导和协调职责；对部门履职情况进行监督；加强执纪问责，强化监督检查；基层纪委加大监督检查力度，促进各地村务公开落实到位，确保群众知情权、监督权得到真正落实。（区纪委监委、区民政局牵头负责）

4.重视村干部培养和使用。实施“头雁工程”，以配强配优农村党支部书记为重点，实施农村党员人才回乡计划；建立健全党组织书记激励机制，选定优秀村党组织书记进入镇(街道)领导班子和招录公务员、事业编内工作人员激励机制；实行“村推镇选区考察”的培养选拔制度，建立党组织书记后备队伍，加强农村干部后备队伍培养储备。开展区、镇分级对村两委成员、村民小组长、村全体党员、村民代表、自然村带头人的全员培训，提升农村党员队伍的“雁阵效应”。（区委组织部牵头负责）

（五）平安兴村

1.加大信访排查化解力度。梳理相关法律法规，依据《依法处置非正常上访行为法律指南》等法律指引，规范信访接访程序，强化基层干部用法律解决农村矛盾，引导农民依法解决合理诉求。（区信访局牵头负责）

2.开展平安维稳行动。按照广东省努力建设成为全国最安全稳定、最公平公正、法治环境最好的地区的要求，大力推进农村社会治安防控体系建设，深入开展扫黑除恶专项斗争，持续开展“众剑行动”。建立健全农村重大群体性事件、重大自然灾害、重大安全生产事故风险预警预防，打好防范化解农村社会稳定风险攻坚战。制订社、村、镇、区四级平安建设标准，开展平安家庭、平安学校、平安企业、平安路段创建活动。健全基层矛盾纠纷化解工作机制，推动基层群众性自治组织建设，形成齐抓共管、综合治理的乡村治理格局。（区委政法委牵头负责）

3.开展农村法治建设。开展法治宣传教育，增强基层干部法治观念、法治意识，引导农民遵法学法守法用法。推动庭审进村、检务进村、司法服务进村，健全“一村一法律顾问”和调解员队伍，到2020年实现全区民主法治村创建全覆盖。（区司法局牵头负责）

（六）补齐乡村基础设施短板

1.推进“四好农村路”建设。统筹规划区域内道路建设，全面推进镇（街道）通行政村公路改造、村委会通自然村村道路硬化、自然村村内道路硬化3类道路基础设施建设。2020年底前，所有自然村基本完成村内道路硬化，镇（街道）通行政村公路达到安全通客车条件，农村公路路面铺装率达到80%，农村公路列养率达到100%。（区交通运输局牵头负责）

2.推进村庄集中供水。按照规模化发展、标准化建设、市场化运营、专业化管理原则，统筹推进区镇村集中供水设施及配套管网建设，城镇周边村庄纳入城镇供水系统统一供水，全面完成村村通自来水工程建设任务。（区农业农村局牵头负责）

3.推进农田水利设施建设。基本完成域内枫江沿岸防汛路建设。加快水利示范县项目建设。大力推进灌区、泵站更新改造工程建设，发展高效节水灌溉，完善农田灌排工程体系。创新农村小型水利工程管理机制，明晰水利工程产权，分类分级落实镇、村建设管护责任。鼓励社会资本参与农村水利建设与管理，推进小水库、小山塘、小灌区、小泵站、小堤防、小水闸、机耕路等农村水利设施建设。（区农业农村局牵头负责）

4.推进农村现代化设施配套建设。推进新一轮农村电网改造，到2020年基本完成农村地区“低电压”治理。制定信息化基础设施建设规划，到2020年自然村60%以上实现现代通信网络普遍覆盖。加大信息化推广应用，鼓励互联网金融、网络远程教育、网络创业等“互联网+”向自然村延伸。制定农村物流现代化建设规划，到2020年以中心镇为单位基本建成物流配送中心、专业批发市场、冷链仓储物流等设施，物流节点覆盖60%以上镇村。实施乡村减灾防灾能力提升行动，加强应急基础设施建设，全面提升消防、地质灾害、森林防火、三防灾害、重大动植物疫病和流行疾病等应急管理能力。（区发改局、区供电局、区工信和科技局、区农业农村局、区消防大队、区邮政局按职能负责）

（七）建立健全乡村振兴新机制

1.强化规划引领。制定全区实施乡村振兴战略规划。区直有关职能部门要制定三年专项行动方案；统筹城乡，制定与国民经济社会发展规划相对应的乡村振兴规划，结合乡村建设规划，明确城乡基本公共服务、基础设施、土地利用和产业生态布局，明确生态宜居美丽乡村、历史文化名村以及纳入城镇建设范围等不同类型村庄；及时更新完善镇村规划体系、镇总体规划和详细规划。统筹城镇与乡村融合发展，以实施乡村振兴战略规划为基础，推进城乡建设规划、土地利用总体规划、产业发展规划、环境保护规划、经济和社会发展规划等有机衔接，形成城乡融合、区域一体、多规合一的规划体系。（区发改局、区住建局、区自然资源局、区生态环境局牵头负责）

2.深化农村土地制度改革。落实好第二轮土地承包到期后再延长30年的政策衔接，全面完成土地承包经营权确权登记颁证工作，实现承包土地信息联通共享。完善农村承包地“三权分置”制度，积极探索土地承包权和经营权有效流转，促进与融资担保、股份合作高度融合的农业产业化经营。落实水田垦造补偿制度，兑现农民互换并地奖补政策，加强农村宅基地和农房建设管理，严格实行土地用途管制，完善设施农用地政策，促进农村农业高质量发展，增加农民财产性收入。（区自然资源局、区农业农村局按职能负责）

3.推进集体产权制度改革。积极开展农村集体产权制度改革试点，重点推进“省农村集体产权制度改革试点区”工作。2018年底全面完成试点任务，2019年在全区全面推开农村集体经营性资产股份合作制改革；到2020年基本完成土地等农村集体资源性资产确权登记颁证。（区农业农村局、区自然资源局按职能负责）

4.落实用地、财政、金融政策措施。完善乡村发展用地保障机制。用好用活城乡建设用地增减挂钩政策，全面推进农村建设用地拆旧复垦，每年安排不少于10%的用地指标，保障乡村振兴新增建设用地需求。在不占用永久基本农田的前提下，宽度小于8米的农村道路用地按农用地管理。健全财政投入增长机制，加大投入力度优先保障乡村振兴领域支出，确保农业农村投入只增不减。按照省财政平均每个村1000万元标准的资金奖补政策、市财政平均每个行政村1000万元标准（分十年实施）和区财政平均每个行政村800万元标准（分十年实施）、各镇（街道）平均每个行政村200万元标准（分十年实施）给予资金支持政策，由区统筹使用，合理安排，支持各地推动乡村振兴。在三年大整治期，重点支持农村雨污分流工程建设和人居环境整治。加强建立财政涉农资金统筹整合长效机制，多渠道、多形式筹集财力支持农业农村现代化建设。加强用于乡村振兴的财政资金使用管理，精简优化审批流程，规范举债融资行为。完善农村金融服务机制，落实金融服务乡村振兴的实施办法。深入推进“两权”抵押贷款试点、普惠金融“村村通”建设，全方位高效率引进金融资源支持乡村振兴。推进农业保险扩面、增品、提标，到2020年农业保险基本实现主要农产品生产品种应保尽保。（区自然资源局、区财政局、区金融办、区农业农村局、人行揭东支行、揭东农商行按职能负责）

5.建立人才流向农村机制。研究出台吸引各路人才到乡村创业就业的扶持政策，推动各类人才“上山下乡”、由城市向农村流动。发挥农业企业作为农科技术研发、引进、推广应用的主体作用，以产业项目实施为载体，形成全方位、多层次、实用型的人才、技术引进培训机制。培育发展农村乡土人才，实施新型职业农民培育工程，将正常经营6个月以上的返乡创业农民工纳入一次性创业补贴范围，推广“政府+银行+保险”融资模式到返乡下乡创业企业。实施“百企帮百村”下乡行动，引导企业和企业家参与乡村振兴，鼓励企业整镇整村帮扶建设生态宜居美丽乡村。大力实施乡贤回归工程，做好乡贤回乡投资项目储备，建立乡村优势资源项目数据库和乡贤投资项目对接平台，完善乡贤回乡投资创业支持政策，吸引外出人员、实业家回乡投资办实业，捐资办公益，助推农村经济社会加速发展。（区人社局牵头，区工商联、区金融办、区农业农村局按职能负责）

四、工作要求

（一）加强乡村振兴战略工作领导。由区委实施乡村振兴战略工作领导小组统筹领导全区实施乡村振兴战略各项工作。各地、各部门也要相应成立领导小组，加强对乡村振兴工作的统筹领导。健全党委统一领导、政府负责、党委农村工作部门统筹协调的农村工作领导体制。建立实施乡村振兴战略领导责任制，建立健全党政“一把手”为第一负责人制度，落实好区、镇、村、社“一把手”共抓实施乡村振兴战略。各级党委书记要当好实施乡村振兴战略“一线总指挥”，建立健全落实乡村振兴战略工作责任制，镇（街道）党（工）委、政府（办事处）每年向区委、区政府报告推进乡村振兴进展情况；区直各有关部门每年向区委报告乡村振兴进展情况。

（二）加强“三农”工作队伍建设。按照懂农业、爱农村、爱农民的要求，加强各级“三农”干部队伍的培养、配备、管理和使用，全面提升各级干部特别是领导干部做好“三农”工作的能力水平。落实深化党和国家机构改革部署，按照中央、省委、市委的要求加快我区涉农机构改革，加强涉农职能的统筹整合。

（三）加强督查考核。落实省市推进乡村振兴战略实绩考核制度，将考核结果作为选拔任用领导干部的重要依据。持续开展全过程、常态化督查，对工作滞后的，约谈党政“一把手”，严重掉队的给予通报批评，不严不实、弄虚作假的严肃问责。

附件：揭东区乡村振兴工作近期主要任务（略）

中共揭东区委办公室 揭东区人民政府办公室关于印发《揭东区深化营商环境综合改革行动方案》的通知

揭东委办电〔2019〕27号

各镇（街道、开发区）党（工）委和人民政府（办事处、管委会）、区直及省、市驻揭东局以上单位：

《揭东区深化营商环境综合改革行动方案》已经区委、区政府领导同志同意，现印发给你们，请认真贯彻执行。

中共揭东区委办公室
揭东区人民政府办公室
2019年7月28日

揭东区深化营商环境综合改革行动方案

根据《中共揭阳市委办公室 揭阳市人民政府办公室关于印发〈揭阳市深化营商环境综合改革行动方案〉的通知》（揭委办发〔2019〕51号）精神，为深化我区营商环境改革，进一步激发市场主体活力，持续改善投资和市场环境，加快对外开放步伐，降低市场运行成本，营造稳定公平透明、可预期的营商环境，现结合我区实际，制定本方案。

一、总体要求

以习近平新时代中国特色社会主义思想为指导，全面贯彻党的十九大和十九届二中、三中全会精神，深入贯彻习近平总书记对广东重要讲话和重要批示指示精神，贯彻落实省委“1+1+9”工作部署，坚持优化营商环境就是解放生产力、提高综合竞争力，以地方机构改革为契机，抓住转变和优化政府职责这个关键，把“数字政府”改革建设作为着力点和突破口，正确处理好政府和市场的关系，使市场在资源配置中起决定性作用，更好发挥政府作用。坚持以企业为中心、以企业需求为导向，围绕企业生命周期，着力解决开办、运营、退出全流程各环节的“痛点”“堵点”和“难点”问题，推动行政办事从以政府部门为中心向以行政相对人为中心转变，不断提升企业办事便利度、满意率和获得感。坚持把补上营商环境短板作为营造良好发展环境的重中之重，以深化营商环境综合改革作为新时代揭东全面深化改革的系统集成工程和推进“从发展到服务”的政府职能转型为重要抓手，以体制机制的创新为关键，协同推进经济体制、行政体制等各领域改革，全面提升揭东的营商环境，努力实现更高质量、更有效率、更加公平、更可持续的发展。

二、深化商事制度改革

1.压减企业开办时间。实行名称自主申报，企业名称不再预先核准（企业名称依法应当由国家市场监督管理总局核准或者涉及前置审批事项的除外）；取消公章刻制许可，减少刻章办事环节，实施在线刻章；将办理补采集税务登记信息改为信息确认，推行新办纳税人“套餐式”服务，一次办结多项涉税业务；将企业开办时间压减至5个工作日以内。全面提升企业开立银行账户服务效率。（区市场监管局、区公安局、区税务局、人行揭东支行负责）

2.精简企业开办条件。实行住所（经营场所）自主承诺申报，除娱乐服务业、餐饮业等行业涉及负面清单的外，申请人申报商事主体住所（经营场所）登记时，自行申报地址、联系人、所有权人、法定使用用途、有关情况说明5项基本信息，登记机关对申请材料实行形式审查。允许符合条件且对环境污染小、人员流动小的商事主体使用住宅作为经营性用房。允许符合条件的多个商事主体共用同一地址登记为住所（经营场所）。允许商事主体（不含个体工商户）在其住所以外增设经营场所。实行经营范围自主决定，除涉及许可事项的经营范围外，商事主体可自主决定经营范围；对不涉及许可事项的经营范围，商事主体可参照国民经济行业分类表述；国民经济行业分类中没有规范的新兴行业或者具体经营项目，可参考政策文件、行业习惯或者专业文献自主确定，个性化表述经营范围。分步、分类实行企业登记注册业务“同域通办”，由申请人根据自身实际情况自主选择在市或区登记机关办理企业登记注册业务。（区市场监管局负责）

3.推进“照后减证”。深化“证照分离”改革，推进“照后减证”取得实质性进展，通过取消、改为备案或告知承诺等方式，分类改革涉企行政审批事项，重点对资质资格类审批及指标限额类审批事项开展专项清理。（区市场监管局、区司法局负责）

4.加快推行商事登记全程电子化。制定行政审批事项标准规范并对外公开，推动同一审批事项在不同层级不同区域内事项名称、类型、设定依据、审查裁量标准等关键要素统一，实行“一表申请、统一受理、并联审批、统一出证”全链条“索引式”办事服务模式。依托“数字政府”改革建设，高水平建设“互联网+政务服务”体系。全面实施行政审批“网上申请、网上受理、网上审核、网上发证”，推进部门间信息共享互认，加快实现“只进一扇门”“最多跑一次”。加快推进商事登记全程电子化，推动全程电子化商事登记区域、业务、市场主体全覆盖，更大力度推广电子营业执照等涉企电子证照应用。实行外商投资企业商务备案和工商登记“单一窗口”“单一表格”办理模式。（区委编办、区政务服务数据管理局、区工信和科技局、区市场监管局负责）

5.精简优化纳税程序。持续推进办税便利化改革，简化纳税人办税流程，推进企业开户信息共享，压减纳税人涉税资料四分之一以上。简化企业注销流程，推进清税信息共享。推进涉税（费）业务进驻政务服务中心，有条件的地区实现办税服务厅整体进驻。推广应用电子税务局，推进涉税文书电子化。对房地产税（从价计征）、城镇土地使用税实行一年申报一次。根据国家、省和市的部署，推进对跨省经营企业部分事项试行“全国通办”。优化大企业纳税服务机制，实现市县镇三级联动推行企业集团的个性化纳税服务。推行实名办税，建设标准化办税服务厅，推广增值税电子普通发票。（区税务局负责）

三、提升不动产登记便利度

6.优化不动产登记流程。实行不动产交易、纳税、登记统一受理、统一办结。严格按照“不重不漏”原则，重新制定《揭阳市揭东区不动产登记办事指南》，明确办理条件、办理材料、办理流程、收费标准等，实质性压减一批不必要的申请材料。全流程管理不动产申请、受理、审核、登簿、发证、归档等事项，实现不动产信息和权属信息在登簿后可即时查询使用；大幅压减不动产登记办理时限，除法人或其他组织建造房屋首次登记、涉及历史遗留问题、非公证继承等复杂的不动产登记外，将抵押登记办理时限由法定30个工作日压减至3个工作日，其他一般登记业务由法定30个工作日压减至5个工作日。（区自然资源局负责）

7.提升不动产登记满意度。推行网上预约、EMS速递寄证、自助查询、不动产登记便民服务点建设等创新方式，不断促进不动产登记工作提质增效，打通不动产登记提速最后一公里，全面实现登记“最多跑一次”，积极探索群众办事零跑腿。（区自然资源局负责）

8.推进信息协同共享。全面推进住房城乡建设、农业农村、自然资源、税务、公安、民政、银行、公证、政务服务数据管理等部门信息共享、互信、安全，加快推动“互联网+”、大数据与不动产登记管理工作深度融合。（区自然资源局负责）

9.加强不动产规范管理。加强对不动产登记工作人员的管理和培训，严格执行岗位责任制、一次性告知制等制度。按照不动产登记原则、规范、要求，对不动产登记全程加强管理、监督，切实做到全程留痕、有效追溯、结果公开、一岗双责，充分运用科技信息的力量防止腐败、强力追责、互相监督。（区自然资源局负责）

四、大力支持和服务实体经济发展

10.落实支持工业企业用地相关政策。支持工业企业完善历史用地手续，支持符合条件的工业企业，依照“三旧改造”政策，完善旧厂房历史用地手续，明确企业土地权属；支持工业企业盘活土地资产；降低企业用地成本，落实外地区落户我区省级产业园的产业共建项目相关土地出让和厂房阻赁相关政策；支持工业企业高效集约灵活使用土地。（区自然资源局、区财政局、区工信和科技局、区税务局负责）

11.支持制造业高质量发展。支持培育制造业新兴支柱产业；建立重大项目协调机制，对符合条件的重点产业项目给予产业扶持资金支持；实施重点领域研发计划；支持规上工业企业设立研发机构，鼓励企业积极申报高新技术企业，享受相关优惠政策。（区工信和科技局、区财政局负责）

12.加大重大产业项目支持力度。放宽技术改造普惠性事后奖补政策享受范围；对符合《广东省重大产业项目计划指标奖励办法》奖励条件的重大产业项目，积极向省申请用地指标奖励；加强区财政对科技专项资金投入力度；实行挂图作战，落实“五个一”的推进机制，加快推进重点项目建设；结合本地的企业行业用人需求优化我区高中职院校办学模式，构建适应揭东经济社会发展和企业用人需求的专业体系。（区工信和科技局、区发改局、区教育局、区财政局、区人社局负责）

五、深化投融资体制改革

13.落实市场准入负面清单制度。全面实施全国统一的市场准入负面清单，负面清单以外的行业、领域、业务等，各类市场主体皆可依法平等进入。按国家、省和市的部署，推动建立负面清单动态调整公开机制，及时提出清理负面清单限制性措施建议。加快建立适应市场准入负面清单管理的审批、监管、信用等配套制度。（区发改局、区工信和科技局负责）

14.推动实现外商投资准入前国民待遇。全面实行准入前国民待遇加负面清单管理制度。落实国家、省和市关于放宽银行、证券、保险行业外资准入限制政策。（区工信和科技局、区市场监管局负责）

15.创新融资机制。全面落实省、市扶持实体经济十条政策措施，加大金融服务实体经济力度，降低企业融资成本，缓解企业融资难问题。全面贯彻落实我市扶持企业上市的若干政策措施，对企业到境内外证券交易所发行上市，到“新三板”、省内股权交易场所挂牌给予资金奖励，集中资源支持企业加快上市、挂牌步伐。推动企业“个转企、企升规、规改股、股上市”，完善企业融资对接协调机制，重点为我区确定的梁柱企业提供综合性金融服务，支持企业利用金融工具和资本市场做大做强。加强政银企合作，用好广东（揭阳）中小微企业信用信息和融资对接平台，开展银企对接、产品推介、融资协调等服务，缓解中小微企业融资困难。做大中小微企业风险补偿金、金融科技产业风险准备金、小额贷款保证保险业务规模，发挥财政资金杠杆作用，撬动银行更多信贷投放。加强科技创新金融服务，创新“创投+孵化器”科技金融创业服务链，构建创新型金融服务体系。鼓励民间资本进入可实行市场化运作的领域，保障民间资本公平参与政府与社会资本合作（PPP）项目，推动民营企业与其他类型企业按同等标准、同等待遇参与PPP项目，不得实行差别待遇或歧视性待遇。（区金融办、区发改局、区工信和科技局、区财政局、人行揭东支行负责）

六、加快工程建设项目审批制度改革

16.优化审批程序。全流程、全覆盖统筹优化审批程序，取消施工合同备案，按省、市部署逐步取消建筑节能设计审查备案等事项，加快建立“多规合一”业务协同平台，实行“一张蓝图”明确项目建设条件、“一个系统”受理审批督办、“一个窗口”提供综合服务、“一张表单”整合申报材料、“一套机制”规范审批运行。全面实施“一家牵头、同步审批、同步评估、同步反馈、限时办结”的并联办事模式，推动土地取得、规划建设、综合服务等事项集成办理，实行限时联合验收。企业投资建设工程项目审批坚持效率优先，落实压减审批事项、合并审批环节、规范前置条件、取消中介服务事项等措施，形成以项目核准或项目备案、建设工程规划许可证核发、建筑工程施工许可、建设工程竣工验收备案等为主流程。大幅压减办理时限，工程建设领域行政确认类备案事项办理时限原则上不得超过3个工作日，行政许可类事项在现有办理时限基础上再压减一半，且原则上不得超过法定期限的30%（不含法定公示期限），将工程建设项目平均审批时限压减至100个工作日以内。实行重大项目办事绿色通道制度。（区住建局、区发改局、区工信和科技局、区自然资源

局、区政务服务数据管理局负责）

17.配合市做好中介超市管理和运营工作。实行行政审批中介服务事项清单管理制度，配合市做好中介超市管理和运营工作。清理和取消政府部门自行设定的区域性、行业性或部门间的中介服务机构执业限制、限额管理，禁止指定中介服务或其他违规行为，规范使用财政性资金委托中介服务机构的业主单位必须在网上中介服务超市选取中介服务机构（法律法规另有规定的除外）。严格落实国家、省和市关于行业商协会和行政机构脱钩的政策，杜绝中介机构利用政府影响违规收费。培育市场化检测评审机构，推进跨部门、跨行业、跨地区的检验检测认证互认。（区委编办、区财政局、区政务服务数据管理局、区发改局、区民政局、区市场监管局负责）

18.按规定推行区域评估制度和项目前期服务制度。按照省的部署，推行对地震安全性评价、地质灾害危险性评估、防空地下室可行性评估、环境影响评价、节能评价等事项由政府统一组织区域评估。落户该区域的工程建设项目可免费获得各专项评估数据，原则上不再进行出让地块项目相关评估。投资项目确定后，有关行政主管部门提前介入，指导和帮助建设单位做好有关工作。（区住建局、区发改局、区自然资源局、区应急管理局、区生态环境局负责）

19.根据级部署推广承诺制信任审批和“容缺受理”。在企业投资项目核准或备案、用地、规划、施工许可、环评等环节，对于标准明确或可通过制定标准进行管理的审批事项，项目建设单位签订承诺书，承诺其符合审批条件，并承诺在规定期限内提交材料、按标准进行规划建设的，审批部门即可以承诺书为依据办理相关许可事项。审批部门在规定时间内对项目建设单位履行承诺情况进行检查，发现其无法履行承诺的，撤销行政审批决定，由项目建设单位承担违反承诺造成后果的法律责任和所有经济损失。根据上级部署，全面实行“容缺受理”制度，对非即办类审批事项，在基本条件、关键材料具备，允许在非关键性材料缺少或存在瑕疵的前提下先行受理并进入审核程序，待材料补正后及时出具办理结果。（区发改局、区自然资源局、区人防办、区住建局、区应急管理局、区生态环境局、揭东消防大队负责）

20.推进行政审批与技术审查相分离。鼓励通过政府购买服务，委托具备条件的第三方专业技术服务机构对规划设计、节能评价、消防、环境影响评价、初步设计等专业性较强的审批类事项进行技术审查，出具技术审查意见并提供事前、事中咨询服务。审批部门依据技术审查意见作出行政审批。（区住建局、区发改局、区自然资源局、区生态环境局负责）

21.优化联合审图。根据省、市的部署，推进建设、消防、人防等图审联合由有资质的审图机构统一审查并出具结论，各部门实行并联审批或备案。推行网上联合审图。推进施工图审查收费定价机制市场化改革，打破施工图审查区域垄断，鼓励有资质审图机构跨区域参与集中审查工作。（区住建局、区人防办、区自然资源局负责）

22.改革消防审批管理体制。推动消防设计审核全面、深度融入工程建设审批，实行统一管理。大力精减消防审批程序，公布办事指南，减少审批前置条件，简化消防验收内容和类别，按要求压减消防审批及验收时限。大力培育消防技术社会服务机构，推进消防工程、消防用品等市场化改革，禁止消防机关指定销售和服务。（区住建局负责）

23.精简水电气报装程序。加快推动水电气事项流程再造，进一步压减申报材料、简化流程，不得将工程规划许可、施工许可作为办理水、电、气的前置程序。供水企业自受理用水报装后，开展现场勘查、内部给水方案审核、接水方案设计等环节，总时限不超过15个工作日。精简用电报装业务流程，对符合条件的10千伏以下项目实行供电方案免审批，取消中间检查环节，合并竣工检验与装表接电环节；低压报装业务总时限不超过10个工作日、高压单电源不超过20个工作日（不含外线工程时间）、高压双电源不超过30个工作日（不含外线工程时间）。供气企业自受理用气报装后，开展现场勘查、方案审核、验收等环节，总时限不超过10个工作日。按国家、省和市的部署，进一步降低企业用气成本。公开水、电、气报装各项费用，允许有资质的公司承揽报装工程业务。严禁供水、供电、供气公司向用户违规收取接入费、碰口费、点火费等。按照省、市的部署将参加电力市场交易的用户范围分阶段扩大到全部工业企业。全面推进供水、供电、供气服务进驻政务服务中心，实行“一站式”服务。（区发改局、区住建局、区财政局、揭东供电局、揭东自来水公司负责）

24.破除招投标隐性壁垒。落实国家、省和市深化公共资源交易管理体制改革措施，加快实现区与市、省、国家公共资源交易平台系统互联互通，持续推进“一门式、一网式”政务成服务创新。开展招投标领域专项整治，消除在招投标过程中对民营企业、外商投资企业的各种限制和壁垒。赋予社会投资的房屋建筑工程建设单位发包自主权，建立与采用财政资金工程建设有所区别的建筑勘察、设计、施工招投标制度。（区住建局、市公共资源交易中心揭东分中心负责）

七、营造互利共赢的开放环境

25.打造对外开放重大平台。深化与周边市、珠三角地区和海西经济区的合作，加快推进沿海经济带建设。理顺中德金属生态城投资运营机制，发挥中德中小企业合作区品牌效应，加大政策扶持力度，创新招商引资体制机制，聚焦环保装备、智能制造和高端五金等行业，尽快形成产业集群，将其打造为对外合作的亮丽名片。（区发改局、区交通运输局、区工信和科技局负责）

26.提升人员出入境便利化水平。在中德金属生态城全面实施外国人来华工作许可制度，对外籍高层次人才及家属，经相关主管部门推荐，可直接申请在华永久居留资格；对其创新创业团队的外籍成员和企业选聘的外籍技术人才在签证上给予一定便利。（区公安局、区人社局负责）

八、激发和保护企业家精神

27.严格依法保护产权。全面落实国家、省和市关于完善产权保护制度的政策措施，根据上级部署开展涉及产权保护的地方性法规、规章、规范性文件清理。落实国家、省和市有关土地、房屋等财产征收征用法律制度，不将公共利益扩大化，严格执行征收征用权限和程序；遵循及时合理补偿原则，实施补偿制度，严格依法依规执行补偿的范围、形式和标准，给予被征收征用者公平合理补偿。建立多元化的中小企业产权维权援助机制。坚持以发展眼光客观看待和依法妥善处理改革开放以来各类企业特别是民营企业经营过程中存在的不规范问题，抓紧甄别纠正一批社会反映强烈的产权纠纷案件。加大对非公有制财产刑事保护力度。落实涉案财产处置有关规定，明确区分企业法人财产与股东个人财产、涉案人员个人财产和家庭成员财产、合法财产和违法所得等标准和规范，不得超权限、超范围、超数额、超时限查封、扣押、冻结。在风险可控的前提下，运用特许经营权、政府采购合同、收费权、知识产权等作为质押进行融资，推动建立统一的动产担保登记公示制度。（区委依法治区办、区法院、区发改局、区公安局、区市场监管局〈知识产权局〉）、区金融办负责）

28.实施最严格的知识产权保护制度。完善知识产权代理、运营、鉴定、维权援助等服务体系。健全知识产权仲裁和纠纷调解机制。开展打击侵权专项行动，强化知识产权保护行政执法与刑事司法相衔接。根据省、市的部署深化知识产权审判领域改革创新。（区市场监管局〈知识产权局〉、区法院、区司法局负责）

29.全面推进营商法治化建设。严格落实行政执法责任制，落实行政执法标准、细化自由裁量规则，全面推行行政执法公示制度、全过程记录制度和重大行政执法决定法制审核制度。探索建立多元化商事纠纷解决机制。推动企业依法破产，完善破产程序启动机制和破产企业识别机制，推动建立府院联动破产统一协调机制。强化合同权益保护，合理判断各类交易模式和交易结构创新的合同效力，加强中小投资者股东权利司法保护，促进公司治理规范，建设执行网络查控系统，全面构建综合治理执行难工作格局。（区委政法委、区法院、区司法局负责）

30.构建亲清新型政商关系。推动落实我区构建亲清新型政商关系政策措施。坚持受贿行贿一起查，严肃查处官商勾结问题，斩断官商之间错综复杂的非法利益链，保持惩治腐败高压态势，对官商勾结，搞权钱交易、利益输送的典型案例进行公开曝光，发挥警示教育作用。加大对侵害企业利益的“四风”问题监督力度，严肃查处不作为、乱作为以及“吃拿卡要”问题。坚持依规依纪依法办案，深化运用监督执纪“四种形态”实现政治效果、纪法效果、社会效果有机统一。健全企业家参与涉企政策制定机制。强化政务诚信建设，完善政策落实兑现制度，建立健全政务失信责任追究制度和倒查机制，各级政府要认真履行在招商引资、政府与社会资本合作等活动中与投资主体依法签订的各类合同，不得以政府换届、领导人更替等理由违约毁约。（区政府办公室、区纪委监委、区发改局、区工商联负责）

31.营造亲商重商浓厚氛围。加强政治引领，激励新生代企业家茁壮成长。大力支持青年创新创业。大力弘扬潮商精神，鼓励设立潮商协会总部或永久会址，增强潮商向心力和归属感。实行行业协会商会类、科技类、公益慈善类、城乡社区服务类社会组织依法直接登记制度。实施行业协会商会转型升级工程，提升专业化、国际化水平。依托“数字政府”建设，建立涉企信息集中公开和推送制度。按规定权限开展评选优秀企业家等活动，总结典型优秀营商案例。（区委统战部、区民政局、区市场监管局、区政务服务数据管理局负责）

九、深化市场监管综合改革

32.建立统一权威、科学高效的市场监管体制。全面实施清单管理制度，建立区政府工作部门和乡镇权责清单制度。统筹配置行政处罚职能和执法资源，相对集中行政处罚权，整合精简执法队伍，解决多头执法问题。减少执法层级，推动市场监管执法重心下沉，对同一市场主体及生产经营行为均有监管职责的，原则上由最低一级市场监管部门实施，加快建立统一规范、权责明确、公正高效的市场监管体系。全面推行“双随机、一公开”和“互联网+监管”。（区委编办、区市场监管局牵头负责）

33.维护公平竞争秩序。建立竞争政策与产业、投资等政策的协调机制，严禁对外地企业、产品和服务设置歧视性准入条件、歧视性补贴政策。全面实行公平竞争审查制度，对涉及市场主体经营活动的规章、规范性文件和其他政策措施进行公平竞争审查。全面清理废除妨碍统一市场和公平竞争的各种规定和做法。根据省、市的部署清理影响统一市场形成的限制性措施。（区市场监管局、区司法局、区公安局牵头负责）

34.加快建立以信用监管为核心的新型监管方式。依托“信用揭阳”平台和国家企业信用信息公示系统广东平台，完善信用信息共享归集机制、信用修复机制和异议处理机制，落实法人和其他组织统一社会信用代码制度，建立覆盖全区的征信系统，2020年实现所有市场监管部门信息实时传递和无障碍交换。建立市场主体准入前信用承诺制度，将信用承诺纳入市场主体信用记录，建立信用信息查询与联合奖惩措施应用嵌入行政审批、事中事后监管、公共资源交易、招投标等业务流程机制。实施联合激励和联合惩戒措施，健全约束和惩戒失信行为机制，构建守信联合激励和失信联合惩戒协同机制。落实各行业各领域红黑名单认定标准，组织认定红黑名单主体，依法公示经营异常名录和严重违法失信企业名单。建立健全信用信息运用机制。（区发改局、区市场监管局牵头负责）

十、加强组织实施

35.狠抓任务落实。区委全面深化改革委员会将深化营商环境综合改革纳入重要改革事项，加强领导、谋划和组织实施等相关工作。区经济体制改革专项小组统筹推进深化营商环境综合改革，区发改局、区工信和科技局共同牵头负责，承担协调工作。以地方机构改革、“数字政府”改革建设为契机，加快政府信息系统互联互通，推动政府职能优化协同高效，更好利企便民。各地各部门要压实工作责任，进一步明确任务分工和时间节点，对涉及上级事权的措施，及时提请上级有关部门支持；对涉及调整现行规范性文件的，及时提请修改或废止相关规定；对需要出台细化措施的，在本方案印发后尽快制定实施方案；可以直接实施的，尽快落地见效。

36.强化责任意识。着力解决企业开办、施工许可、电力获取、税收、保护中小投资者、合同执行、跨境贸易等领域突出问题。把营商环境建设纳入区委、区政府重点督查事项，对落实不力的部门或地区进行追责问责，促进营商环境持续改善向好。

37.注重宣传推介。加大宣传推介力度，推进城市品牌营销，深入开展历史题材挖掘和文化素材提炼，展示揭东形象和魅力。加大营商政策宣传，提高揭东营商环境的影响力和美誉度。广泛开展相关法规政策宣传解读，鼓励建立统一的营商服务和咨询机构，营造全社会共同建设良好营商环境的浓厚氛围。

印发《揭东区落实揭阳市第五届中德（欧）中小企业合作交流会交办任务工作方案》的通知

揭东委办电〔2019〕25号

各镇（街道、开发区）党（工）委和人民政府（办事处、管委会）、区直及省、市驻揭东局以上单位：

《揭东区落实揭阳市第五届中德（欧）中小企业合作交流会交办任务工作方案》已经区委、区政府领导同志同意，现印发给你们，请认真贯彻执行。

中共揭东区委办公室
揭东区人民政府办公室
2019年8月5日

揭东区落实揭阳市第五届中德（欧）中小企业合作交流会交办任务工作方案

揭阳市第五届中德（欧）中小企业合作交流会将于2019年9月26日—27日在市区召开，为确保我区承接的各项工作任务落到实处。根据《揭阳市人民政府办公室关于印发第五届中德（欧）中小企业合作交流会筹备方案的通知》（揭府办明电〔2019〕29号）和《中德（欧）中小企业合作交流会筹备办公室关于印发第五届中德（欧）中小企业合作交流会任务分工方案的通知》的要求，特制订如下方案。

一、领导机构

区委、区政府决定成立揭东区落实揭阳市第五届中德（欧）中小企业合作交流会交办任务领导小组，组成人员如下：

组　长：许剑芒(区委副书记、区长)

副组长：钟金鸿(区委常委、常务副区长)

成　员：谢泽湖(区政府办主任)

杨庆鸿(区委办副主任)

江明东(区委办副主任)

陈淡明(区政府办主任科员)

郑创辉(揭东经济开发区党委书记)

柯再鹏(区工信和科技局局长)

吴国贤(区财政局局长)

林仲龙(区发改局局长)

柯寒青(区卫生健康局局长)

洪育新(市生态环境局揭东分局局长)

叶育佳(区应急管理局局长)

王少义(区市场监管局局长)

郑壮洁(区委宣传部主任科员)

郑楚群(区公安局政委)

杨思洁(团揭东区委书记)

黄英怀(区供电局局长)

李建榕(区住建局局长)

杨锐明(区环卫局局长)

黄壮杰(区公路局局长)

黄秋和(区招商局局长)

陈庆武(揭东消防大队大队长)

郑惠山(区广播电视台台长)

蔡泽堡(揭东经济开发区管委会主任)

吴克东(中德金属集团有限公司董事长)

陈经业(中德金属集团有限公司总裁)

杨志新(中德金属集团有限公司常务副总裁)

袁健雄(中德金属集团有限公司副总裁)

领导小组下设办公室，办公室设在中德金属生态城管委会（筹），由钟金鸿同志兼任办公室主任，谢泽湖、郑创辉、柯再鹏兼任办公室常务副主任，蔡泽堡、林晓龙（开发区）、庄朱协、陈经业、杨志新、袁健雄同志兼任办公室副主任，办公室工作人员从区委办、区政府办、区工信和科技局、中德金属生态城管委会（筹），中德金属集团有限公司抽调人员组成。

二、任务分工

根据交流会的任务分工和工作要求，我区对应设立8个工作小组，做好对接、协调和落实工作，具体如下：

（一）会务组

组长由郑创辉同志担任，副组长由杨庆鸿、柯再鹏、陈经业同志担任，主要工作任务由中德金属生态城管委会（筹）牵头中德金属集团、区工信和科技局、区外事部门等成员单位落实。

1.协助配合市交流会筹备组、会务组开展相关工作。

2.负责配合做好交流会期间各场次活动的相关工作，包括嘉宾参观中德金属生态城、“四位一体”项目揭牌仪式、中德（欧）企业产品技术展示等。

3. 区工信和科技局配合中德金属集团有限公司，负责对接、联络受邀参加交流会的广州、江门、太仓、芜湖、蒲江、嘉兴、济南、昆山、许昌、沧州、慈溪中外中小企业合作区及佛山中德工业服务区的代表。

4.中德金属集团有限公司协助市委外办负责外方主办、承办和协办单位的联络对接和邀请工作。

5.中德金属集团有限公司负责德（欧）企业和协会组织的参会邀请工作。

6.中德金属集团有限公司协助市对德（欧）合作企业家“百人团”落实好中方参会企业，负责落实国内央企、国企和重点企业。

7.中德金属集团有限公司配合市委外办负责外国政府部门、驻华使领馆官员的邀请工作。

8. 区工信和科技局会同中德金属集团有限公司，负责指导相关企业开展合作交流对接工作。

9.中德金属生态城管委会（筹）、揭阳中德中小企业合作区投资开发有限公司负责做好科教创新园区武汉理工大学“四位一体”项目落户的环境卫生、安全保卫及装修改造等的软硬件保障工作。

（二）配套活动筹备组

组长由郑创辉同志担任，副组长由柯再鹏、黄秋和、杨志新同志担任，主要工作任务由中德金属生态城管委会（筹）牵头中德金属集团、区工信和科技局、区招商局等成员单位落实。

1.中德金属生态城管委会（筹）牵头区工信和科技局、区招商局负责落实一批项目在交流会开幕式上签约，负责签约仪式的组织，中德金属集团有限公司协助。

2.中德金属生态城管委会（筹）牵头区工信和科技局、中德金属集团有限公司，协助配合市科技局做好“四位一体”项目揭牌仪式相关工作。

3.中德金属集团有限公司负责参加主旨演讲的外方专家的邀请、联络和协调工作。

4.中德金属生态城管委会（筹）牵头区工信和科技局、中德金属集团有限公司，协助配合市科技局做好新材料及应用论坛（暂定）相关工作。

5.区工信和科技局牵头中德金属生态城管委会（筹）、中德金属集团有限公司做好中德（欧）企业产品技术展示的相关工作。

6. 中德金属生态城管委会（筹）负责中外嘉宾参观中德金属生态城现场的路线制定和接待安排工作。

7.中德金属集团有限公司在市相关部门和中德金属生态城管委会（筹）的指导下，负责做好中德金属生态城“四大中心”展厅和时光隧道的重新布置工作。

8.中德金属生态城管委会（筹）负责“四大中心”入门形象改造，费用报区财政局审核。

（三）中德（欧）企业发动与联络组

组长由柯再鹏同志担任，副组长由蔡泽堡、杨志新同志担任，主要工作任务由区工信和科技局牵头中德金属生态城管委会（筹）、中德金属集团有限公司及其他成员单位落实。

1.协助配合市中德（欧）企业发动与联络组开展相关工作。

2.协助摸查、收集和汇总有意向开展对德（欧）合作的中方企业和机构名单，以及有意向开展对华技术与产业合作的德（欧）企业和机构名单。

3.协助落实合作项目信息的汇总和发布，编写项目具体合作需求的目录和清单（第一批可对接项目于8月20日前发布）。建立中德（欧）双方企业和机构的合作需求和项目数据库，在交流网上进行宣传展示，发动区内企业上网进行匹配、预约、对接，储备一批有合作愿望的中德（欧）中小企业数据资料。

4.协助中德（欧）双方出席交流会企业的发动和跟踪落实工作，确定对接、交流、合作德（欧）企业名单，做好各项组织筹备工作。

5.根据实际需要，协助组织中、德（欧）双方企业进行互访、考察、网上会谈交流等，并跟踪汇总企业对接情况。

（四）后勤服务组

组长由杨庆鸿同志担任，副组长由吴国贤、林汉亮、陈经业同志担任，主要工作任务由区委办牵头区财政局、中德金属生态城管委会（筹）、中德金属集团有限等单位落实。

1.协助配合市后勤服务组开展相关工作。

2.协助市接待办负责活动期间的车辆抽调、调配、停放、标志、编号、乘车安排等工作。

3.协助市接待办做好上级领导、国内重点嘉宾下榻酒店的现场组织、协调联络工作。

4.中德金属集团有限公司协助市接待办做好外方客人、国内客人和翻译人员下榻酒店的现场组织、协调联络工作。

5.中德金属集团有限公司配合市接待办做好签到工作。

6.指导中德金属集团有限公司做好9月26日晚上在中德金属生态城举行的中德（欧）嘉宾“香茗啤酒之夜”的相关工作。

7.中德金属集团有限公司负责交流会总体

和各场活动的策划、展示、宣传、招商、专家费、用车、翻译和部分重要嘉宾交通等的经费预算，区财政局负责落实有关经费保障。

（五）翻译交流组

组长由郑壮洁同志担任，副组长由杨庆鸿、郑惠山、杨志新担任，主要工作任务是区委宣传部牵头负责，中德金属集团有限公司具体负责，区外事部门、区广播电视台等其他成员单位配合。

1.中德金属集团有限公司负责交流会会议手册（中、英文版本）及相关资料的翻译，以及交流会期间同传设备的安排与落实。

2.负责安排和落实外方嘉宾参加各场次活动随团翻译人员，主要有：参观中德金属生态城、交流会开幕式、“四位一体”项目揭牌仪式、主旨演讲、新材料及应用论坛（暂定）、企业洽谈对接、主流媒体访谈、交流会闭幕致谢酒会、中德（欧）企业产品技术展示等。

3.负责翻译中德（欧）企业合作需求和项目清单。

（六）资料组

组长由江明东同志担任，副组长由陈淡明、庄朱协同志担任，主要工作任务由区政府研究室牵头中德金属生态城管委会（筹）、中德金属集团有限公司及其他成员单位落实。

1.协助配合市资料组开展相关工作。

2.区政府办负责起草国家、省、市等有关领导的致辞、主持词及嘉宾邀请函、活动新闻通稿以及交流会其他文稿材料，报市政府办公室审核。

3. 中德金属生态城管委会（筹）、中德金属集团有限公司，协助市政府办公室负责为领导、专家学者、外宾提供讲话、发言稿的素材。

（七）宣传组

组长由郑壮洁同志担任，副组长由袁伟鹏、郑惠山、袁健雄同志担任，主要工作任务由区委宣传部牵头中德金属生态城管委会（筹）、中德金属集团有限公司、区广播电视台及其他成员单位落实。

1.协助配合市宣传组开展相关工作。

2.区委宣传部负责做好相关户外广告位的协调工作。

3.中德金属集团有限公司负责做好户外广告的制作和安装。

（八）安全保障组

组长由郑楚群同志担任，副组长由柯再鹏、王少义、柯寒青、李建榕、王明怀、陈奕雄、陈庆武、陈经业、王伍和、钟榕光、洪小勇同志担任，主要工作任务由区公安分局牵头区消防大队、工信和科技局、市场监管局、卫生健康局、住建局和中德金属集团有限公司及其他成员单位落实。

1.协助配合市安全保障组开展相关工作。

2.区公安分局负责交流会在我区的安全保卫、沿途交通安全保障及活动现场的车辆停放指挥工作。

3.区消防大队负责交流会在我区的消防安全工作。

4.区市场监管局负责交流会在我区活动期间食品卫生安全工作；区卫生健康局负责现场医疗保健工作。

5.揭东供电局及电信营运企业负责现场供电、通讯保障工作，区工信和科技局协调落实。

6.区住建局牵头区环卫局、区生态环境局、区交通局、区公路局、曲溪街道办、云路镇政府、玉滘镇政府、埔田镇政府、锡场镇政府等单位落实交流会期间我区活动区域及沿途道路卫生、绿化、亮化工作。

三、建立工作机制

（一）建立责任落实机制。领导小组办公室及各工作小组要对接市交流会筹备办公室各工作小组的分工，结合我区实际，按照工作职责，细分工作任务，落实责任分工，抓紧制订各工作小组的子方案（具体工作安排要做到“定人员、定任务、定时间”），于8月15日前报领导小组办公室（gdjdkfq@126.com），其他参与单位要密切配合，扎实推进各项筹备工作有序开展。

（二）建立沟通协调机制。各相关单位要指定一名分管领导和联络员，填报附件《第五届中德（欧）中小企业合作交流会各单位负责人和联系人报名表》于8月12日前上报领导小组办公室（gdjdkfq@126.com）。领导小组办公室要及时做好情况收集工作，协调解决各工作小组及成员单位的有关问题，将重大事项及时报告区委、区政府。各工作小组的牵头单位要积极会同其他成员单位尽快开展工作，及时交流沟通各单位落实交流会筹备工作的做法、进度和效果，确保各工作小组负责的各项筹备工作扎实推进和有效落实。

附件：第五届中德（欧）中小企业合作交流会各单位负责人和联系人报名表（略）

关于印发《加强干部队伍建设和管理的若干意见》的通知

揭东委发〔2019〕8号

中共揭东区委办公室
2019年11月12日

中共揭东区委关于加强干部队伍建设和管理的若干意见

为坚持和加强党的全面领导，深入贯彻落实好党管干部原则，规范全区干部选拔任用和管理工作，着力建设一支忠诚干净担当的高素质干部队伍，根据新修订的《公务员法》、《党政领导干部选拔任用工作条例》等有关规定，结合我区实际，现就加强我区干部队伍建设和管理提出如下意见：

一、加强各级各类干部思想政治建设

坚持以马克思列宁主义、毛泽东思想、邓小平理论、“三个代表”重要思想、科学发展观、习近平新时代中国特色社会主义思想为指导，紧紧围绕“紧凑高效做强园区、融入城区、建美乡村”的工作目标，密切联系领导班子实际，把思想建设、组织建设、作风建设和专业化建设结合起来，进一步推进我区各级领导干部的思想政治建设，把全区各级领导干部队伍打造成为忠诚干净担当的高素质专业化干部队伍。

加强理论和党性教育培训。深入学习马克思列宁主义、毛泽东思想、邓小平理论、“三个代表”重要思想、科学发展观，大力开展习近平新时代中国特色社会主义思想教育培训，教育引导各级领导干部增强战略思维、创新思维、辩证思维、法治思维、底线思维能力。通过开展“不忘初心、牢记使命”主题教育，用党的创新理论武装头脑，加强党章党规党纪特别是政治纪律和政治规矩教育，强化党的宗旨和作风、党内政治文化和党史国史等教育，引导干部传承红色基因。强化廉政教育，引导干部知敬畏、存戒惧、守底线。

加强专业化能力培训。聚焦中央、省委、市委和我区中心工作，围绕城市规划管理、生态环境保护、实施乡村振兴战略、脱贫攻坚、金融管理等开展务实管用的专题培训或组织参加上级开展的培训，帮助领导干部丰富专业知识、提升专业能力、培育专业精神。

加强各级各类干部教育培训。把干部教育培训放在更加重要的战略地位，加强需求调研工作，掌握各级各类干部对学习培训的新需求，有针对性地安排教学内容，努力形成多层次、多渠道、针对性强的干部教育培训工作格局。在抓好思想政治理论学习培训的基础上，以提升组织力、执行力和创新能力为重点，加强各级各类干部的能力培养。

二、深化干部人事制度改革

贯彻落实中央关于全面从严治党要求，完善从严管理干部队伍制度体系，以建立健全干部选拔任用和管理监督机制为重点，以科学化、民主化和制度化为目标，积极推进干部人事制度改革，努力形成广纳群贤、人尽其才、能上能下、充满活力的用人机制。

贯彻落实公务员改革相关制度。全面贯彻落实《公务员职务与职级并行规定》，推行公务员职级套改工作，做好公务员职级晋升工作。实施专业技术类、行政执法类公务员管理制度，落实法官、检察官和司法辅助人员职务序列改革，推进人民警察执法勤务警员、警务技术职务序列改革。

坚持正确的选人用人导向。坚决落实好干部标准，大力选拔自觉践行“三严三实”要求，勇于承担协调推进“四个全面”战略布局重任，政治过硬、敢于负责、勇于担当、善于作为、实绩突出的优秀干部。重视在干事创业中掌握干部的情况，用敢于到急难险重地方的干部，用敢于突破难点重点问题的干部，用善于协调推动工作的干部；不用只说不干的干部，不用不讲政治、不讲规矩的干部，不用跑官要官、托人情找关系的干部，形成良好用人导向，使有为者有位。

严格执行干部选拔任用分析研判和动议。根据工作需要和领导班子建设实际，结合综合分析研判情况，按照干部管理权限，提出启动干部选拔任用工作意见。组织人事部门综合有关方面建议和平时了解掌握的情况，对领导班子和领导干部进行动议分析，就选拔任用的职位、资格条件、范围、方式、程序和人选意向等提出初步建议，并向主要领导报告后，在一定范围内进行沟通酝酿，形成工作方案。同时，落实动议即审，前移审核关口，对纳入考虑范围的有关人选，提前审核其政治表现和廉洁自律等情况。强化审核措施，做到干部相关信息该核早核。

完善民主推荐制度。健全不同类型、不同职位干部民主推荐的办法，按照知情度、关联度和广泛性、代表性原则，科学确定参加推荐人员范围。坚持正确分析和运用民主推荐结果，把干部的推荐得票与其德才素质、一贯表现结合起来，根据岗位需要、班子结构进行综合考虑，既尊重民意，又不简单以票取人。

改进干部考察方法。积极探索科学的干部评价体系，把政治标准放在首位，制定以实绩考核为核心，包括德、能、勤、绩、廉各个方面的评价标准，使干部考察考核工作制度化、规范化。根据实际需要，针对不同层级、不同岗位考察对象，实行差异化考察，对党政正职人选，坚持更高标准、更严要求，突出把握政治方向、驾驭全局、抓班子带队伍等方面情况的考察。坚持和完善考察预告制度、任前公示制度，丰富公示形式，充实公示内容，扩大公示知情面。对拟提拔或进一步使用人选做到“凡提四必”，强化人选审核把关，坚决防止“带病上岗”、“带病提拔”。

完善集体讨论干部任免议事规则。党委（党组）和不设党组有人事权的区直正科级单位决定干部任免事项，必须有应到会三分之二以上的成员到会，并保证与会成员有足够时间听取情况介绍，充分发表意见。与会成员对任免事项，应当逐一发表同意、不同意或者缓议等明确意见，党委（党组）主要负责人应当最后表态。与会成员在充分讨论的基础上进行表决，以应到会成员超过半数同意形成决定。不得以任何形式的党委（党组）扩大会、党政联席会、书记碰头会、领导圈阅代替党委（党组）或班子会集体讨论决定干部任免。不准个人或少数人说了算，不准临时动议决定干部，个人不能改变党委（党组）或班子会集体作出的干部任免决定，不准超越权限审批干部任免事项。认真执行回避制度，凡涉及与会人员按规定需要回避的，本人必须主动提出回避，必要时，由党委（党组）或单位主要负责人决定其回避。表决前先由单位分管组织（人事）工作的领导成员或组织（人事）部门负责人，逐个介绍拟任人选的推荐、考察和任免理由等情况，在充分讨论的基础上，采取口头表决、举手表决或者无记名投票等方式进行表决。

三、规范干部任免、调配审批管理权限

根据党管干部的原则，进一步调整规范干部人事任免的审批权限。具体分工如下：

区委常委会议审批的干部职务范围：区直单位和镇（街道）科级干部的任免调配。区人大、区政府、区政协党组书记、副书记、成员及区直正科级单位党组书记、副书记的任免；正科级事业单位正副职及副科级事业单位正职的任免。本级区委委员、候补委员、区纪委委员、区人大常委会委员、区政协常委会委员预备人选的确定。

区委书记认为需要提交常委会讨论的其他干部事项。

区委组织部审批的干部职务范围：科级干部到龄免职退休；科级干部试用期满正式任职（考核不合格的报区委常委会决定）；区直正科级单位党组成员；镇（街道、开发区）纪（工）委副书记、委员，组宣办主任，区直单位内设组织人事工作岗位的正职；全区科级以下公务员的调配。镇（街道、开发区）纪（工）委副书记的提名和考察以区纪委会同区委组织部为主，按照有关规定程序执行。

区人力资源和社会保障局审批的干部职务范围：非参照公务员法管理事业单位（含党群系统）人员的调动，由区人力资源和社会保障局审批办理，调入单位须提供区委编办出具的编制卡。

各镇（街道）和区直正科级以上单位审批的干部职务范围：各镇（街道）党（工）委、区直单位党委（党组）负责对本机关及其下属各单位的除区委及区委组织部审批以外的其他干部的任免。

各单位在启动干部选拔任用工作前，应事先与区委组织部沟通，动议后形成初步工作方案，报区委组织部同意后方可启动其他程序。

属破格提拔、因问责受到组织处理或者纪律处分领导干部重新任用的，按有关规定报区委组织部审批。

其他单位协管的干部职务范围：区纪委监委协管科级干部中的纪检干部、镇（街道、开发区）纪（工）委委员、区直单位的纪检干部；区委宣传部协管区文化广电旅游体育局、区广播电视台、区文联的科级干部；区委政法委员会协管区法院、区检察院、区公安局、区司法局、区民政局的科级干部；区委统战部协管区工商联及党外干部中的科级干部；区人民武装部协管区直、镇（街道）人民武装部的部长，以及其他专职人民武装干部，有关提名考察任免按有关规定执行。上述协管的干部需要考察的，由区委组织部会同协管单位进行考察。

征求意见和备案的范围：各镇（街道）和区直各单位任免的正股职干部应报区委组织部备案。其中，各镇（街道）办理工会主席、团委书记、妇联主席任免手续前，应事先征求区直相关部门意见，武装部副部长及以下专职人民武装干部的任命，由各镇（街道）党（工）委提名并考察，报区人民武装部批准。

各镇（街道）和区直各单位要严格执行干部任免备案制度。凡任免后应报区委组织部备案的干部，应在任免通知发出后5个工作日内将任免文件、干部名册等相关材料送区委组织部备案。

各镇（街道）和区直各单位要严格执行领导班子成员分工调整备案制度。区委管理的领导班子成员分工的调整，在党委（党组）研究提出意见后应及时向区委报备，经同意后方可调整。备案报告分别送区委办公室和区委组织部，由区委组织部代为履行审核程序。

公务员职级晋升、审批等有关事项，按照《揭东区实施公务员职务与职级并行制度工作方案》等相关规定办理。

四、加强干部队伍宏观管理

积极稳妥地推进干部交流和轮岗。镇（街道）和区直单位领导班子成员，在同一职位上任职时间较长，达到上级规定交流年限的，或者按照规定需要回避的，应当进行交流、轮岗。同一镇（街道）党政正职一般不同时交流；同一干部不宜频繁交流。经历单一或者缺少基层工作经历的年轻干部，应当有计划地交流到一线基层单位工作。镇（街道）党政领导班子及区直工作部门领导班子中长期分管干部人事、财政（财务）、建设项目的领导成员，应视实际情况适当进行交流、轮岗。同时，要保持领导班子及其成员工作分工的相对稳定，镇（街道）党政正职一般应任满一届。

建立形成领导干部能上能下机制。贯彻落实《推进领导干部能上能下若干规定（试行）》等有关规定，在干部职务职级晋升中注重择优，破除“论资排辈”，突出政治标准，注重工作实绩，提拔重用那些德才表现好、敢于担当、善于作为、工作实绩突出的干部，没有职位提拔使用的，给予晋升职级。严格执行领导干部到龄免职（退休）、任期届满离任等制度规定，特别是对那些不担当不作为，不能胜任职位职责要求的干部，按照规定调整职务或降低职级，在职务和职级上实行“能上能下”，有效激励公务员新时代新担当新作为。

严格执行退休制度。凡达到法定退休年龄的人员，必须及时办理退休手续。正副科级干部由区委组织部按期下发退休通知。股级及以下公务员的退休由区委组织部审批，其他人员的退休由区人力资源和社会保障局审批，由所在单位（或主管单位）下发退休通知。退休人员应按管理权限办理免职手续。审批单位或所在单位在退休人员到达退休年龄之前一个月内通知本人，且视实际情况，由有关领导与干部进行个别谈话或集体谈话，在到达退休年龄一个月之内办理完退休手续。干部个人不得以解决某些具体问题作为办理退休的前提条件。根据国家有关规定，允许符合条件的干部办理提前退休（由个人自愿提出申请，经任免机关批准）。

完善干部双重管理制度。市的部门与区委双重管理、以市的部门管理为主的干部的任免，由区委组织部征求区分管领导意见后，属正职的报区委书记、区长审批，属副职的，由分管领导审批。

认真处理领导干部兼职的问题。党政领导干部不得兼任企业、中介机构、经营性事业单位领导职务，原则上不得兼任社会团体的领导职务。个别经批准担任社会团体领导职务的，不得领取该社会团体任何形式的报酬。

五、完善干部激励保障和培养机制

建立健全关心爱护干部成长机制。健全公务员工资支付保障机制，落实上级对长期在基层工作的干部实行工资福利倾斜政策。研究关心关爱干部身心健康的具体措施，落实谈心谈话、干部休假、健康检查等制度。不断完善镇（街道）、区直单位领导班子和领导干部绩效考核制度，充分发挥考核的指挥棒、助推器作用，充分调动广大领导干部工作积极性。

加强干部的培养锻炼。采取有效措施，着力增强领导班子和领导干部驾驭复杂局面、应对突发事件的能力。鼓励年轻干部到一线工作，注意把那些年纪较轻、有发展潜力的干部派到情况复杂、困难较大的地方去任职。注意在完成急难险重任务中，在关键时刻和大是大非的考验中锻炼和考察干部。对经过培养锻炼，各方面条件确实比较成熟，发展潜力较大的年轻干部、女干部、党外干部，要大胆提拔使用。

六、严肃选人用人工作纪律

各级党委（党组）要按照《党政领导干部选拔任用工作条例》规定的原则和程序选拔任

用干部，特别是单位主要负责同志要带头学习文件精神、严格执行文件规定。没有按规定报告或报告未经批复同意的干部任免事项，有关单位组织人事部门不得启动选拔任用程序，有关单位党委（党组）不得上会讨论。凡不按规定原则、程序办理的干部任免、职级晋升及调动事项一律无效，并须按有关规定和程序予以纠正。对相关责任人要给予批评教育；情节严重的，给予党纪、政务处分。

强化职位职数、职级职数管理。严格按照“三定”规定和职数设置方案配备干部，各镇（街道）和区直单位干部的任职资格、职数审核由区委组织部负责。各单位不准在机构变动、主要领导变动前或组织部门决定离任后突击提拔干部，不准自行提高职级或改变、增设职务名称，不准擅自超职数配备干部，不准低职高配或擅自提高机构规格。

各单位组织人事部门要加强对干部工作的宏观管理和调控，采取切实有效措施，坚决防止和克服干部工作中的不正之风。区委组织部要切实加强对干部选拔任用工作的监督管理，对违反干部工作纪律的现象要敢抓敢管。对未履行规定程序或手续不完备的干部任免事项要严肃指出，责令纠正。定期或不定期对各镇（街道）及区直各单位进行检查，发现问题及时解决。

七、本意见由中共揭东区委组织部负责解释。

八、本意见自发文之日起施行，以前我区若有与本意见不相符的有关干部管理规定，以本意见为准。若本意见与上级文件规定不一致的，按上级文件规定执行。

中共揭东区委办公室 揭东区人民政府办公室
关于印发《揭东区农村雨污分流工程建设
责任落实管理办法》的通知

揭东委办电〔2019〕15号

各镇（街道、开发区、金属城），区直及省、市驻揭东局以上单位：

《揭东区农村雨污分流工程建设责任落实管理办法》已经区委、区政府领导同志同意，现印发给你们，请结合实际认真贯彻执行。

中共揭东区委办公室
揭东区人民政府办公室
2019年12月25日

揭东区农村雨污分流工程建设
责任落实管理办法

全面推进农村雨污分流及生活污水处理工程建设，是贯彻落实好党中央、国务院、省委、省政府和市委、市政府关于全面实施乡村振兴战略工作部署，补齐农村环境卫生和基础设施短板的重要措施。为压实各级工作责任，全力推进农村雨污分流及生活污水处理工程建设，按照“区组织、镇（街道）主体、村（居）实施”的原则，制订本责任落实管理办法。

一、明确目标，合力推进

（一）2019年12月31日前，全区20户以上自然村农村雨污分流及生活污水处理工程全部动工建设。

（二）2020年1月31日前，全区20户以上自然村全部完成农村雨污分流及生活污水处理工程建设。

（三）2020年1月31日前，已建成雨污分流的自然村，必须对“四水”收集、管网建设质量和接口通水质量进行全面检查，确保收纳污水的质量。

二、分级负责，分级问责

各镇（街道）实施统筹推进本辖区内农村雨污分流及生活污水处理工程建设工作，对未能按序时任务要求完成的单位和相关人员，由区委实施乡村振兴战略领导小组（以下简称“领导小组”）提出意见，按干部管理权限进行处理。

（一）2019年12月31日前未全面启动农村雨污分流及生活污水处理工程的：

1.由区领导小组对未完成序时进度任务的镇（街道）和村（社区）、自然村（经联社）进行书面通报；

2.由区领导小组约谈相关镇（街道）分管领导；

3.由区对相关镇（街道）党（工）委和政府（办事处）主要负责同志进行约谈；

4.由镇（街道）对相关村（社区）、自然村（经联社）主要负责同志进行诫勉谈话。

（二）2020年1月31日前未全面完成农村雨污分流及生活污水处理工程的：

1.由区领导小组对未完成工程建设任务的镇（街道）和村（社区）、自然村（经联社）进行书面通报，并将通报内容进行公开；

2.由区领导小组约谈相关镇（街道）党政主要领导；

3.由区对相关镇（街道）党（工）委和政府（办事处）主要负责同志进行诫勉谈话。必要时对镇（街道）党（工）委和政府（办事处）主要负责同志进行停职处理，限期完成；期限内完成建设任务的，予以恢复职务。

4.由镇（街道）对相关村（社区）、自然村（经联社）主要负责同志进行停职处理，限期一个月内完成工作任务。在延期一个月内完成任务的，可以恢复职务；仍不能完成任务的，提请免职处理。

三、相关工作要求

（一）各镇（街道）具体负责实施统筹推进本辖区农村雨污分流及生活污水处理工程建设，要按照本办法，落实任务目标，明确各镇（街道）和相关部门的职责，分级负责、分级推进，确保如期完成建设工作任务。

（二）各镇（街道）应加强对本辖区农村雨污分流工程建设情况的检查和跟踪力度，每月定期汇总整理并报送建设进展情况。对因检查不到位、跟踪不到位、收集不到位，造成工作进展情况错报漏报，并造成不良后果的，要追究相关人员责任。

（三）区委将派出督查问责组，对工程未按时完成、收纳污水质量、数量不达标的自然村，严格实行责任倒查，落实责任追究。

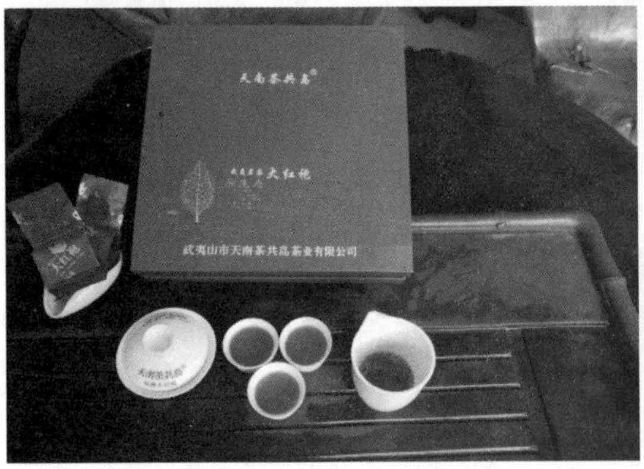

天南茶共岛茶叶批发部

地址：揭阳市榕城区东山南和茶叶批发市场西三街

电话：0663 -8745689

手机：15159997874

FULU

附 录

附　录

■责任编辑：何巧珠

2019年度揭东区人口统计表

单位：户、人

项目 单位	年末总户数	总人口	城镇人口
合计	154898	677779	396704
曲溪街道	23932	97745	97745
新亨镇	25507	120593	61187
玉湖镇	27053	116967	23226
锡场镇	27421	124242	124242
埔田镇	16486	68962	20891
云路镇	21047	91204	39789
玉滘镇	13452	58066	29624

说明：数据来源于揭东公安分局

2019年揭东区固定资产投资情况表

指标名称	2019年	同比增长（%）
固定资产投资完成总额	152.21亿元	18.8
按国民经济行业分		
1.第一产业	-	-
2.第二产业	85.13亿元	6.9
工业	85.13亿元	6.9
3.第三产业	67.08 亿元	39.7
房地产	25.68亿元	87.4
商品房屋竣工面积	77161 平方米	-78.0
住宅	35440 平方米	-80.9
商品房屋销售面积	164719 平方米	1.4
住宅	119187 平方米	1.5
商品房屋销售额	10.99亿元	-1.1
住宅	7.80 亿元	-6.5

说明：以上数据均为快报数；金融相关数据由人行提供；财政相关相关数据由区财政局提供；对外贸易数据由区经信局提供

2019年揭东区规模以上工业情况表

指标名称	2019年	同比增长（%）
规模以上工业		
（一）企业个数（含死火企业）	278个	-
新增规模上工业企业数	29个	-
（二）工业总产值	674.12亿元	5.1
轻工业	416.19亿元	4.2
重工业	257.94	6.7
集体工业	2.71亿元	-56.2
股份制企业	597.43亿元	4.9
外商及港澳台投资企业	36.75亿元	13.4
（三）工业增加值	130.89亿元	5.6
轻工业	83.18亿元	3.5
重工业	46.76亿元	9.6
集体企业	0.31亿元	-27.6
股份制企业	114.75亿元	5.1
外商及港澳台投资企业	6.68亿元	10.6
国有控股企业	0.90亿元	-3.9
民营企业	121.95亿元	5.2
全社会用电量	187357.4万千瓦时	4.4
工业用电量	131641.73万千瓦时	1.7

说明：以上数据均为快报数；金融相关数据由人行提供；财政相关相关数据由区财政局提供；对外贸易数据由区经信局提供

2019年揭东区国民经济主要指标快报

指标名称	2019年	同比增长（%）
一、地区生产总值（GDP）	336.58亿元	5.0
第一产业	26.24亿元	5.3
第二产业	156.25 亿元	4.3
工业	147.89亿元	4.5
第三产业	154.09 亿元	5.9
二、全部工业总值	768.59亿元	-
三、居民收入		
全体居民人均可支配收入	24749.9 元	6.5
城镇居民人均可支配收入	28653.5 元	5.3
农村居民人均可支配收入	18677.6 元	9.5
四、国内贸易		
社会消费品零售总额	144.08 亿元	8.6
批发零售贸易业	132.27亿元	9.3
住宿餐饮业	11.81 亿元	1.8
限上企业和个体户数	136 个	-3.5
其中，限上商业企业家数	129 个	6.6
新增限上商业企业	10 个	-23.1
五、金融		
金融机构各项存款余额	375.48 亿元	5.39
金融机构各项贷款余额	191.81 亿元	6.61
六、财政		
地方公共财政预算收入	8.40亿元	-7.8
其中，税收收入	4.9亿元	-13.0
地方公共财政预算支出	36.66亿元	15.2
七、对外贸易		
新签利用外资合同	0	-
合同利用外资金额	2386万美元	-
实际利用外资金额	900万美元	-

说明：以上数据均为快报数；金融相关数据由人行提供；财政相关相关数据由区财政局提供；对外贸易数据由区经信局提供

2019年揭东区农业情况表

指标名称	2019年	同比增长（%）
（一）农、林、牧、渔业总产值	39.13亿元	5.0
农业产值	26.47亿元	6.5
林业产值	5.05亿元	12.6
牧业产值	3.87亿元	-3.6
渔业产值	2.18亿元	-3.2
农、林、牧、渔、服务业	1.57	11.5
（二）农、林、牧、渔业主要产品产量		
粮食总产量	10.30万吨	-
稻谷总产量	6.34万吨	0.4
蔬菜总产量	42.42万吨	6.8
水果总产量	2.06万吨	6.8
茶叶总产量	0.23万吨	-23.5
肉类总产量	1.13万吨	-18.6
水产品总产量	0.99万吨	-1.6

说明：以上数据均为快报数；金融相关数据由人行提供；财政相关相关数据由区财政局提供；对外贸易数据由区经信局提供